문화원형과 콘텐츠의 세계

문화원형과 콘텐츠의 세계

초판 인쇄 · 2016년 2월 29일
초판 발행 · 2016년 3월 10일

지은이 · 송정화, 이기대, 박상언, 곽이삭, 이상우,
　　　　한　우, 김공숙, 김근혜, 박선민, 유진희
펴낸이 · 한봉숙
펴낸곳 · 푸른사상사

편집 · 지순이, 김선도 | 교정 · 김수란
등록 · 1999년 7월 8일 제2-2876호
주소 · 서울시 중구 충무로 29(초동) 아시아미디어타워 502호
대표전화 · 02) 2268-8706~7 | 팩시밀리 · 02) 2268-8708
이메일 · prun21c@hanmail.net
홈페이지 · http://www.prun21c.com

ⓒ 송정화, 이기대, 박상언, 곽이삭, 이상우,
　 한　우, 김공숙, 김근혜, 박선민, 유진희, 2015

ISBN 979-11-308-0605-1　93300

값 25,000원

원형과 문화콘텐츠의 현장의 적절한 조화를 이루는 융 · 복합

문화원형과 콘텐츠의 세계

송정화 이기대 박상언 곽이삭 이상우
한 우 김공숙 김근혜 박선민 유진희

푸른사상
PRUNSASANG

이 도서의 국립중앙도서관 출판예정도서목록(CIP)은 서지정보유통지원시스템 홈페이지(http://seoji.nl.go.kr)와
국가자료공동목록시스템(http://www.nl.go.kr/kolisnet)에서 이용하실 수 있습니다.(CIP제어번호: CIP2016002449)

문화의 시대이다. 인류의 문명은 산업사회와 정보사회를 거쳐 오늘, 문화사회로 접어들었다. 문화사회에서는 문화를 선도하는 집단이나 국가가 미래를 향도한다. 문화의 힘 때문이다. 그리고 문화의 힘은 그 문화를 누가, 어떻게 콘텐츠화하는가에 따라 결정된다.

21세기는 이미 문화의 시대이고 따라서 '고용 없는 저성장' 시대에 '문화'는 창조경제를 선도하여 국가 브랜드 가치를 제고하는 새로운 성장 동력이다. 또한 전통의 미덕을 계승하여 '문화 공동체'를 형성함으로써 우리 국민의 정체성을 확립하고 행복지수를 높일 수 있게 하는 시대의 키워드이다. 이처럼 새로운 시대에는 새로운 문화, 새로운 패러다임이 요구된다. 그래서 새 술은 새 부대에 담아야 하듯이 새로운 문화의 시대에 적합한 새로운 문화콘텐츠의 생산이 필요하다.

'문화'와 '문화콘텐츠'는 융·복합의 관점에서 인문학적 가치를 부여하여 '문화·예술·기술의 융합'을 통한 '문화의 민주주의'를 지향하는 것이 융·복합 패러다임에 적합한 모색이라 할 수 있다. '융합'은 단순한 혼합이 아니다. 온고지신(溫故知新)의 정신으로 전통과 현대를 아우르고, 문화가 기술을 만나고 기술이 문화와 어우러져서 새로운 가치를 창출해내는 것이 융합이고 복합이다. 나아가 인문학적 원천 소스의 연구·개발을 통해 원형과 문화콘텐츠 현장의 적절한 조화를 이루는 융·복합으로 '한국 문화의 세계화', '문화 다양성 증진', '문화 분권의 실현' 등을 이룰 수 있는 학문적 노둣돌이 절실히 필요한 시점이다.

이런 절실함으로 문화의 시대, 문화사회가 필요로 하는 문화의 힘을 학문적 역량으로 이끌어가기 위해 지난 2011년 '문화예술콘텐츠학회'가 설립되었다. 우리 학회는 학문적 융·복합을 지향하는 인문학 분야 교수들을 중심으로 문화콘텐츠 전공 대학원생, 그리고 우리나라 문화예술계에서 활약하고 있는 현장 전문가들이 주축을 이루고 있다. 그동안 우리 학회는 전통문화의 창조적 계승과 발전을 위해 인문학과 예술을 새로운 과학기술에 융합시켜 우리나라의 문화산업의 글로벌 경쟁력을 확고하게 다지는 학문적 역량를 제고하는 데 노력해왔다.

『콘텐츠 문화』는 바로 문화예술콘텐츠학회의 학술지로 2012년 창간 이래 지금까지 7호가 발간되었다. 특히 우리 학회의 『콘텐츠 문화』는 문화콘텐츠 현장에서 창조경제를 앞장서 실천해온 일꾼들과 공연예술 분야에서 그 탁월한 능력을 검증받아 한류 3.0을 이끌어가고 있는 공연자/기획자들까지 더해진 그야말로 이론과 현장이 겸비된 학술지이다. 또한 『콘텐츠 문화』는 무엇보다 신생·소외 학문인 문화예술 콘텐츠 분야의 학문적 역량 강화라는 측면에서 큰 의의가 있다. 학회지 발간을 통해 문화예술 콘텐츠 분야에 대한 학회원들의 다양한 연구들을 대내외적으로 알리는 계기를 마련하였고, 이를 바탕으로 이론과 실제의 현장, 곧 항상 연구하는 학자적 태도를 견지하면서 다양한 문화예술 콘텐츠 분야의 컨버전스를 통한 문화산업 현장이 강화되는 발판으로서의 한 역할을 담당하고 있기 때문이다. 나아가 대한민국 문화예술 콘텐츠의 선진화를 위해 역량 있는 연구자들을 중심으로 독립적인 과제 및 연구를 수행할 수 있다는 학문적 역량을 보여주었다.

이 책은 문화예술콘텐츠학회가 발간하는 학회지 『콘텐츠 문화』에 실린 논문 중에서 우리나라 문화콘텐츠 산업의 현재 모습을 비교적 잘 천착하고 있다고 생각되는 것들을 추려 단행본으로 묶은 것이다.

제1부 '원형과 콘텐츠'는 문화콘텐츠 생산에 원천 소스를 제공할 수 있는 원형(原型)들과 콘텐츠와의 관계에 대해 구체적 사례를 보여주는 연구이다. 문화콘텐츠를 전공하고 강의하는 젊은 학자들의 연구 성과물로서 문화콘텐츠의 원형적 요소에 관심이 깊은 독자들의 일독을 권한다.

제2부 '대중문화콘텐츠 연구'는 다양한 분야에서 실제 생산되고 있는 문화콘텐츠들을 연구한 것으로 영화, 드라마, 음악, 민속 등에서 나타나는 대중문화 콘텐츠의 양상을 분석하는 데 도움이 될 것이다.

고인물은 썩기 마련이고, 강물은 흘러야 바다를 만난다. 우리 문화예술콘텐츠학회의 모든 구성원들은 문화콘텐츠의 인문학적, 예술적 이론 토대를 확립하는 데 기여한다는 창립 목적을 수행하기 위해, 또한 아울러 일신우일신의 자세로 급변하는 시대에 부응하는 문화콘텐츠학의 정립을 위해 노력을 지속적으로 경주할 것이다.

독자 여러분들의 깊은 관심과 애정을 기대하며.

2016년 2월
문화예술콘텐츠학회 회장 선정규

제2부 대중문화콘텐츠 연구

제1부

원형과
콘텐츠

문화원형으로서『서유기』의 특징과 현대적인 수용 양상
: 중국을 중심으로

송정화

1. 들어가며

『서유기』는 중국의 명대에 쓰여진 고전소설이지만, 오늘날 중국뿐 아니라 동아시아 나아가 서구 문화에서도 중요한 콘텐츠로서 활용되고 있다. 특히 중국과 일본에서는『서유기』에 대한 현대적인 각색이 1920년대 이후로 지속적으로 이루어져왔으며 최근에 와서는『서유기』의 본산지인 중국을 중심으로 TV 드라마와 영화 등으로 활발하게 각색되고 있다. 급속한 경제성장을 거듭하고 있는 중국은 최근 문화산업에도 막대한 투자를 하면서 기존의 작품들과는 차별적인, 작품성과 영상기술에 있어도 뛰어난 『서유기』와 관련된 대중문화 상품들을 생산하고 있다.[1] 중국의 문화산업은

---

1   2015년 7월 중국에서 개봉된 애니메이션 〈西游記之大聖歸來〉는 소설『서유기』 를 새롭게 각색하여 대요천궁(大鬧天宮)으로 봉인된 손오공이 어린 현장(玄奘)의 도움으로 봉인이 풀리고 현장과 함께 여행을 하면서 초심을 찾고 자아를 찾아

거대한 자본을 바탕으로 눈부신 발전 가도에 있으며 중국인들의 문화적인 수준도 급속도로 높아지고 있다. 중국과 이웃한 우리로서는 이러한 중국의 문화적인 도약이 반가우면서도 내심 긴장이 되는 것이 사실이다. 국내뿐 아니라 중국과 일본으로 시야를 넓혀 그들의 취향을 저격할 흥미로운 콘텐츠를 개발해야 하는 것이 무엇보다 절실한 것은 이 때문이다. 이러한 맥락에서 국내외에서 『서유기』의 문화원형으로서의 가치를 인식하고 대중문화와 관련하여 연구한 성과들이 점차 증가하고 있는 것은 반가운 현상이다.[2] 향후 중국과 지형학적으로나 문화, 경제적으로 더욱 긴밀한 관계

간다는 이야기이다. 손오공과 어린 현장의 우정과 모험이 감동적이며, 3D 기법으로 촬영된 영상미는 이전의 『서유기』 관련 작품들보다 훨씬 뛰어나다. 이 작품은 방영되고 나서 중국의 영화상을 7개나 휩쓸었고 중국 영화사상 흥행 제7위의 성적을 거두었다.

2 중국에서 발표된 연구 업적들 중 대표적인 것으로는 拙稿, 「韓國大衆文化中的西游記」, 『明淸小說硏究』, 2008 ; 邵楊, 「西游記的視覺傳播硏究」, 浙江大學 碩士論文, 2009 ; 劉雪梅, 「論20世紀西游記影視劇改編及價値實現」, 山東大學 碩士論文, 2009 ; 張慶東, 「西游記影視文本民族審美心理硏究」, 西北大學 碩士論文, 2010 ; 拙稿, 「日本大衆文化中三藏的女性化」, 『明淸小說硏究』, 2010 ; 拙稿, 「西游記與東亞大衆文化」, 復旦大 博士論文, 2010 ; 拙著, 「西游記與東亞大衆文化－以中國, 韓國, 日本爲中心」, 鳳凰出版社, 2011 ; 陳延榮, 「西游記影視改編硏究」, 華東師範大學 碩士論文, 2012 ; 龍亞莉, 「西游記文化産業硏究」, 湖北民族學院 碩士論文, 2014 ; 張充, 「泰國大衆文化下的西游記」, 天津師範大學 博士論文, 2014 등을 언급할 수 있다. 최근 들어 국내의 연구 성과도 점차 증가하는 추세이며 송진영, 「서유기 현상으로 본 중국환상 서사의 힘」, 『중국어문학지』, 2010 ; 拙稿, 「韓中日 대중문화에 나타난 沙悟淨 이미지의 특징」, 『중국어문학지』, 2010 ; 정민경, 「디지털 시대 서유기의 교육적 변용 : 마법천자문을 중심으로」, 『디지털콘텐츠와 문화정책』, 2011 ; 최수웅, 「손오공 이야기 가치와 문화콘텐츠적 활용 양상 연구」, 『인문콘텐츠』, 2011 ; 拙稿, 「韓中日 대중문화에 수용된 삼장 이미지에 대한 연구」, 『중국어문논총』, 2013 ; 안창현, 「문화콘텐츠 원천소스로서 서유기의 구조 분석과 활용 전략 연구」, 한양대학교 박사학위 논문, 2013 ; 양녬, 「애니메이션에 나타난 손오공 캐릭터 특성 연구 : 날아라 슈퍼보드, 대뇨천궁, 최유

속에서 국익을 도모해야 하는 우리의 입장에서는 특히 13억 중국인들의 문화적인 전통과 성향을 연구해야 할 필요가 있다. 여기에서는 이러한 필요성에서 구상되었으며, 오늘날 대중문화에서도 활발하게 각색되고 있는 『서유기』를 대상으로 하여 그 문화원형으로서의 특징과 중국 대중문화에서의 수용 양상을 살펴보고자 한다.

2. 문화원형으로서 『서유기』의 특징

신화적인 상상의 세계

『서유기』가 오랜 세월 동안 중국뿐 아니라 전 세계인의 사랑을 꾸준히 받아온 요인들 중 하나는 무엇보다 『서유기』가 시공을 초월한 신화적인 상상의 세계를 문학 속에서 성공적으로 구현하고 있기 때문이다. 『서유기』에서 등장인물들은 천상과 지상, 지하의 공간을 자유자재로 유력(遊歷)할 뿐 아니라 현재와 과거, 미래의 시간을 거침없이 넘나든다. 『서유기』는 제1회에서 앞으로 이 책이 보여줄 무한한 신화적인 상상을 시로써 다음과 같이 예시하고 있다.

> 혼돈이 아직 나뉘지 않았을 때, 하늘과 땅이 어지러웠고
> 아득하기 그지없어 보이는 사람도 없었다네.
> 반고씨(盤古氏)가 그 큰 혼돈을 깨트려버린 뒤
> 개벽이 시작되어 맑음과 탁함이 구별되었네.

기를 중심으로」, 경기대학교 석사학위 논문, 2015 ; 송원찬, 「서유기를 통해 본 문화원형의 계승과 변용」, 『중국문화연구』, 2015 등을 꼽을 수 있다.

온갖 생명체를 안아 길러 지극한 어짊을 우러르게 하고
만물을 밝게 피어나게 하여 모두 선함을 이루게 하였네.
조물주가 안배한 회(會)와 원(元)의 공적을 알려거든
모름지기 『서유석액전(西游釋厄傳)』을 봐야 한다네.[3]

　『서유기』에 따르면 하나의 원(元)은 12만 9천 6백 년을 말하고, 이것은
하늘과 천지의 운수를 가리킨다. 그리고 하나의 원은 12개의 회(會)로 나
뉘는데 바로 자(子), 축(丑), 인(寅), 묘(卯), 진(辰), 사(巳), 오(午), 미(未), 신
(申), 유(酉), 술(戌), 해(亥)의 12간지가 그것이며, 1회는 1만 8백 년에 해당
하는 시간이다. 즉 위의 시는 『서유기』의 내용이 반고(盤古)가 혼돈을 깨고
천지가 창조된 신화의 시간으로부터 시작됨을 이야기하고 있다. 실제로
『서유기』는 공간의 구도에서부터 현실과 비현실의 경계가 모호한 환상적
인 경지를 제시하고 있다. 『서유기』의 공간은 천상, 지상, 지하의 세계로
삼분되어 있고 등장인물들은 일정한 공간에 거주하면서도 다른 공간으로
필요에 따라서 이동하기도 한다. 예컨대 위징(魏徵)과 당태종은 본래 인
간세계에 거주하는 인물이지만 명부(冥府)를 왕래할 수 있다. 『서유기』 제
9~10회에서 위징은 꿈속에서 명부의 용을 처형하며, 당태종은 죽어서 명
부에 갔다가 생사부(生死簿)를 관장하는 최각(崔珏)에게 위징의 편지를 보
여주고 다시 환생하여 인간세계에서 20여 년을 더 살기도 한다. 이와 같
이 지상과 지하는 『서유기』에서 꿈이라는 무의식의 세계를 매개로 하여
교통이 가능한 걸로 되어 있다. 정신분석학자인 칼 융(Carl Gustav Jung)에
의하면 꿈은 인간 내부에 잠재된 집단 무의식이며, 오랜 시간 동안 각 민

3　『서유기』 제1회 : 混沌未分天地亂, 茫茫渺渺無人見. 自從盤古破鴻濛, 開闢從玆
　清濁辨. 覆載群生仰至仁, 發明萬物皆成善. 欲知造化會元功, 須看西游釋厄傳
　(오승은 저, 서울대학교 서유기 번역연구회 역, 『서유기』, 솔, 2008, 29쪽).

족의 집단 무의식이었던 신화적인 원형(archetype)으로 표현된다. 즉 인간 세상에서 꿈을 꿈으로써 지하 세계인 명부를 왕래한다는 것은 바로 신화적인 상상과 다름없는 것이다. 지하의 세계에는 용왕이 다스리는 용궁도 등장하며, 지상 세계에는 수많은 요괴들이 삼장의 취경길을 방해한다. 그리고 지상 세계에서는 인간이지만 영생을 얻은 신적인 존재인 수많은 신선들과 법사들이 선경 혹은 도관(道觀)과 사원(寺院)에서 살고 있다. 천상의 세계에서는 최고신인 玉皇上帝를 중심으로 원시천존(元始天尊), 관음(觀音), 석가모니, 서왕모(西王母) 등의 불도(佛道)의 신들의 계보가 구성되어 있다. 그리고 각 영역의 신들과 요마(妖魔)들, 인간들은 필요에 따라 다른 영역으로 왕래를 하는데, 지하의 세계로는 꿈을 통해서 이동하고, 천상으로는 제한된 인원이 특별한 목적으로만 왕래할 수 있다. 지상의 요마들은 천상과 지하로는 이동이 거의 불가능하다. 이들은 꿈을 꾸지 않으며, 천상을 방문할 수 있는 자격도 충분하지 않다. 이와 같이 천상과 지상, 지하의 세계가 펼쳐져 있고 수많은 신과 요마들, 인간들이 공간을 이동하는 이야기는 바로 신화 속의 세계인 것이다. 중국 신화 속에서 인간이나 괴물들은 신의 세계로 마음대로 들어갈 순 없으나 신들은 인간을 구제하거나 징벌하기 위해 지상으로 하강하기도 하고 지하 세계를 방문하거나 다스리기도 한다.

또한 『서유기』는 삼장(三藏) 일행이 요마(妖魔)와의 81난(難)의 역경을 물리치고 성공적으로 천축국(天竺國)에 가서 신의 지위를 얻는다는 점에서 신화 속 영웅의 '개성화(individuation)'의 과정을 닮아 있다. 조지프 캠벨(Joseph Campbell)에 따르면 영웅 신화는 출발 → 입문 → 귀환의 틀로 설명할 수 있으며 융은 이것을 한 개인이 자신의 정체성을 확립해가는 개성화의 과정으로 볼 수 있다고 말한 바 있다. 『서유기』에서 삼장 일행은 모두 유한한 생명과 부족한 인격을 지닌 채 여행을 떠나지만 천축국으로의 여행의 길에

문화원형으로서 『서유기』의 특징과 현대적인 수용 양상   송정화

19
18

서 수많은 요마들과의 투쟁, 자신의 욕망과의 내적 갈등을 극복함으로써 결국 완성된 자아를 얻게 된다. 100회에 걸친 삼장 일행의 여행은 영생을 얻기 위한 길 떠남이기도 하지만 동시에 내면의 부족함을 극복하고 진정한 자아를 확립하는 영웅의 구도(求道)의 과정이기도 한 것이다.

그리고 『서유기』는 동물과 인간의 혼종적(混種的)인 하이브리드적인 캐릭터들로 충만하다. 손오공과 저팔계는 원숭이, 돼지의 머리에 사람의 몸을 지녔고 사오정은 다양한 동물의 혼종적인 이미지를 지녔다. 용마(龍馬)는 용왕의 아들이 말로 변신한 존재이기도 하다. 또한 『서유기』에 출현하는 다수의 妖魔들은 인간 여성 혹은 남성의 몸을 하고 있으나 동물적인 속성을 지녔거나 반인반수의 이미지를 지녔으며 수시로 인간과 동물의 형태로 변화한다. 이와 같은 혼종적이며 다른 형태로의 변신이 자유로운 존재들은 중국 신화에서 흔히 보이는 이미지들이다. 예를 들어 창조의 여신인 여와(女媧)는 인간의 상반신과 뱀의 하체를 지녔고, 염제(炎帝)는 소의 머리에 사람의 몸을 했으며, 곤(鯀)는 누런 곰으로 변신하고, 염제의 딸인 여왜(女娃)는 정위(精衛)라는 새로 변신한다. 이와 같이 『서유기』는 고대 원시 인류의 신화적인 상상을 문학적으로 수용함으로써 다른 소설에서는 찾아보기 힘든 광활한 공간 구조와 세계를 인식하는 참신한 시각을 우리에게 제시하고 있다.

신화적인 상상력은 『서유기』 속 몸에 대한 파악에도 보이는데, 『서유기』에서 몸은 온전한 신체로만 등장하는 것이 아니라 목이 잘라져도 말을 하고, 잘라진 목이 다시 붙으며, 팔이 잘려도 살아 있고, 갈라진 뱃속에서 내장이 튀어나와도 아물고 재생하는 다양한 형태로서 존재가 가능하다. 생명에 대한 인식도 마찬가지이다. 이성적인 판단에서는 용납할 수 없는 죽음이 곧 새로운 삶의 시작이고, 인간은 현실에서 열심히 수련을 하고 적선(積善)을 행하면 영원한 생명을 얻을 수 있다. 즉 죽음과 삶은 단절되는 것이 아니라 계속해서 연결된다는 이러한 순환론적인 사고는 바로 중국의 신화와 도교 철학의 근본적인 관념이다.

이상으로 살펴본『서유기』의 순환론적이며 물아일체(物我一體)적인 관념과 상상의 세계는 바로 중국인들의 오랜 집단 무의식으로서 내면에 잠재되어온 신화적인 사고와 통하며, 이러한 특징으로 말미암아『서유기』는 장구한 역사 동안 중국인들이 가장 사랑하는 고전문학으로서 그들의 문화 속에서 여전히 강한 생명력을 보존하고 있는 것이다.

질서에 대한 전복과 반항 정신

『서유기』가 하나의 문화원형으로서 오늘날에도 다양한 대중문화 작품으로 꾸준히 각색되고 있는 이유들 중 하나는 바로 기존 사회의 억압적인 질서를 전복하고 현실을 비판하는 강렬한 반항 정신을 내포하고 있기 때문이다.『서유기』에는 일반 서민과 요마 등의 비천한 계급과 이와는 대비되는 신(神), 선(仙), 불(佛), 도사(道士), 왕(王), 제후(諸侯)들과 같은 존귀한 두 개의 극단적인 부류의 인물들이 등장한다.『서유기』는 표면적으로는 삼장법사와 손오공 무리들의 모험 이야기인 듯이 보이지만 사실 그 이야기를 자세히 읽어보면 단순한 모험이 아닌, 기존의 계급 질서를 파괴하고 신성을 모독하며 그들의 가식과 허위를 꼬집는 이야기들이 많다.『서유기』내에서 이러한 역할을 담당하는 인물은 단연 손오공으로, 손오공은 반항적이고 불 같은 성격이어서 말썽도 많이 부리지만 독자들은 그로 인해서 오히려 현실의 부조리가 폭로되는 통쾌함을 느낀다. 대표적인 예가『서유기』의 제5회에서 7회에 나오는 '대료천궁(大鬧天宮)'의 이야기이다. '대료천궁'의 이야기는 손오공이 천상의 瑤池에서 열리는 서왕모의 반도연회(蟠桃宴會)에서 난동을 부리는 이야기이다. 여신 서왕모는 천상에서 칠선녀를 부리며 3천 년, 6천 년, 9천 년마다 한 번씩 복숭아가 열리는 선도(仙桃)나무를 애지중지 관리하고 있었다. 그러던 어느 날 서왕모는 선도를 대접하고자 신선들을 초대하여 반도연회를 열고자 했는데, 손오공은 이 성스럽고 권위 있는 축제에 초대받지 못했다. 자존심이 상한 손오공은 분노하여 반도연회에 가서 복숭아를 훔쳐 먹고 태상노군(太上老君)이 제조한 금단(金丹)도 몰래 먹어치운다. 결국 손오공은 석가여래의 손바닥 안에서 빠져나오지 못하고 제압당하며 석가여래와 서왕모, 옥황상제는 반도연회 대신 안천대회(安天大會)를 다시 성대하게 열고 천상의 소동을 원만하게 마무리한다.

사실 『서유기』의 '대료천궁' 이야기에는 반도연회와 관련된 중국적인 상징 의미가 내포되어 있다. '대료천궁' 이야기의 배경이 되는 반도연회는, 가장 이른 추형(雛形)을 신화서인 『목천자전(穆天子傳)』에서 주목왕(周穆王)과 서왕모가 요지에서 연회를 벌인 것에서부터 찾아볼 수 있다. 이후 제왕과 여신의 만남이라는 신화적인 모티프는 『한무제내전(漢武帝內傳)』에서 서왕모가 한나라 무제에게 선도를 하사하는 이야기와 결합되고, 서왕모 본래의 장생(長生)의 속성, 길조의 색채, 한(漢)·위(魏)·6조 이래의 도교에서의 서왕모의 신선연회 모티프가 더해지면서 『서유기』의 반도연회의 이야기로 만들어진 것이다. 특히 서왕모의 반도회(蟠桃會) 이야기는 송(宋)·원(元)대의 통속소설과 희곡의 대중문화에서 인기 있는 소재였고, 명대(明代)에 이르면 민간 종교의례와 대중예술에서 더욱 활발하게 활용된다.[4] 특히 『서유기』의 반도회의 특징은 명대에 유(儒)·불(佛)·도(道) 삼교의 합일과 각종 민간 종교가 번성한 당시의 사회적인 배경을 반영하며, 연회에 초대받는 불도와 민간의 신격들의

---

4   鄭志明 主編, 『西王母信仰』, 臺灣(嘉義): 南華管理學院, 1997.

규모가 더욱 커지고 스토리텔링도 이전보다 훨씬 풍부해진다. 즉 이러한 서왕모의 반도연회는 명나라 민중들에게 있어서 영생에 대한 간절한 바람이자 신들에 대한 지극한 신앙심의 상징적인 표현이었던 것이다. 그런데 손오공이라는 일개 원숭이가 신성한 반도연회를 한순간에 망쳐버렸다는 것은 최고의 신성(神聖)에 대한 도전이자 기득권에 대한 반항의 의미를 지닌다.

그런데 당시 민중들은 반도연회를 망쳐버린 손오공의 황당하고 무례한 행동에 단지 거부감만 느꼈던 것은 아니었다. 반도연회를 잘 들여다보면 사실 그 속성은 매우 폐쇄적이며 차별적이다. 요괴들은 물론이고 일반인들이나 제후장상들도 이 자리에 마음대로 참석할 수 없으며 소수의 선택된 손님들만이 이 축제에 초대받는다. 서왕모의 연회는 이상적인 유토피아를 구현하고 있지만 일반인들은 결코 초대받을 수 없는 소수의 특권층만의 전유물인 것이다. 따라서 『서유기』의 '대료천궁' 이야기는 반항적인 손오공의 캐릭터를 통해 견고한 하늘의 질서, 즉 유가의 예법과 계급질서가 전복되는 통쾌함을 독자들에게 선사하고 있는 것이다. 손오공 무리들의 위험한 행보는 여기에서 그치지 않는다. 사원에 놓여 있던 신상들을 치워버리고 자신들이 그 자리를 차지함으로써 신성들의 권위를 추락시키며 심지어 성수(聖水)라고 속이고 자신들의 배설물을 도사들에게 먹이는 신성모독도 거침없이 자행한다. 그리고 수성(壽星), 복성(福星), 녹성(祿星)의 삼선(三仙)의 외모를 거침없이 희롱하며 욕설도 마구 내뱉는다. 이와 같이 『서유기』에서 손오공의 무리들이 신성과 왕후장상들의 위선과 가식을 욕하고 비판하는 장면들은 바로 당시 종교인들과 상층 계급에 대한 신랄한 풍자의 표현이며 이와 같은 질서에 대한 전복과 반항 정신은 『서유기』가 오랜 시간 동안 민중들에게 사랑받을 수 있었던 중요한 요인들 중 하나였다.

원초적인 욕망에 대한 폭로 : 식(食), 색(色), 영생(永生)

『서유기』는 오랜 시간 동안 민중들에게 읽혀지고 연행(演行)되던 그야말로 속된 통속소설이다. 그래서 음식을 탐하고 색을 밝히며 오래 살고자 하는 인간의 근원적인 욕망들을 거침없이 폭로한다. 『서유기』에서 인간의 욕망을 가장 잘 대변해주는 캐릭터는 저팔계이다. 『서유기』에는 모든 욕망을 철저하게 절제하고 수행에만 정진하는 삼장과 같은 캐릭터도 있지만, 저팔계가 보여주는 욕망의 거리낌 없는 표현들은 어느 소설에서보다도 파격적이다. 식(食)과 색(色)에 대한 열망은 인간이면 예외 없이 지니고 있지만 오랜 시간 동안 학습을 통해서 이성과 도덕으로써 절제하도록 교육받아왔다. 그러므로 실제 현실에서는 누구나 삼장법사의 욕망에 대한 절제력과 고매한 정신을 추앙하며 본받고자 하지만 사실 그는 현실에서는 존재하기 힘든 지극히 이상화된 캐릭터이며, 독자들은 그의 고상한 이미지에 결코 공감할 수도 진심을 편하게 투영할 수 없다. 오히려 삼장보다는 저속한 저팔계야말로 현실에서 결코 드러내지 못하는 우리의 무의식 저 밑에 감춰둔 욕망들을 드러낼 수 있는 캐릭터인 것이다. 오늘날 중국인들이 가장 사랑하는 캐릭터는 사실 삼장법사가 아닌 손오공이나 저팔계라는 사실은 독자들이 진정 원하는 것은 그들의 울분과 한을 풀어주고 억눌린 욕망을 해소해주는 캐릭터임을 말해준다.

다음으로 『서유기』 제24회에서 26회에 이르는 인삼과(人參果)의 이야기를 우리는 주목할 필요가 있다. 인삼과 나무는 사람이 그 열매를 냄새만 맡아도 오래 살 수 있다는 신비한 장수의 나무이다. 인삼과 나무의 열매는 그 모습이 매우 특이하여, 태어난 지 사흘이 안 된 그야말로 갓난아기와 같고 눈, 코, 입이 달렸으며 손발을 꼬물거리고 엉덩이가 꼭지가 되어 나무에 매달려 있다. 잘못해서 열매가 땅에 떨어지면 바로 땅속으로 들어가 버리기 때문에 쇠로 된 막대기를 사용하면 안 되고 반드시 나무 막대기를 써서 열매를 따야 했다. 역시 이번에도 손오공과 저팔계가 인삼과 나무를 지키는 진원대선(鎭元大仙)이 외출한 사이 몰래 인삼과를 따 먹고 심지어 인삼과 나무를 쓰러뜨린다. 진원대선은 삼장을 볼모로 잡고 손오공에게 인삼과 나무를 살릴 비방을 찾아오라고 시킨다. 결국 관음보살의 정병(淨瓶)에 든 감로수(甘露水)의 힘으로 나무는 다시 살아나고 삼장 일행을 비롯하여 관음보살, 진원대선, 삼선 등의 신성들은 함께 둘러앉아 어린아이 모양의 인삼과를 따 먹으며 장수를 자축한다. 여기서 인삼과를 먹는 장면은 표면적으로는 즐거운 축제의 한순간으로 보일 수도 있다. 그러나 중국 고대 사회에서 실제로 자행된 민간의 식인(食人) 풍습과 연관시켜본다면, 우리는 영생의 욕망 앞에서 탐욕스럽게 아이들을 잡아먹는 식인의 그로테스크한 이미지를 인삼과의 이야기로부터 발견할 수 있다.[5] 송·원대의 전적(典籍)에서부터 인육 요리나 인육 애호가에 대한 기록들이 나타나는데 송대 말 도종의 (陶宗儀)가 쓴 『철경록(輟耕錄)』에는 인육으로 만든 요리들에 대해 자세히 기록되어 있다. 특히 어린아이 고기는 중국 고대로부터 최상품의 고기로 미식가들을 유혹해왔다. 오대(五代)의 좌금오위상장군인 장종간(萇從簡)과 조사관(趙思綰), 송의 농지고(儂智高)의 어머니인 아농(阿儂)은 모두 어린아이 고기를 좋아한 미식가들이었다. 『서유기』가 소설의 형태로 정착된 명대에는 특히 약용으로서 식인을 하는 식인문화가 유행하여 이탈리아 예수회 소속 선교사인 마르틴 마르티니(Martin Martini, 1614~1661)는 『중국사』에서 숭정(崇禎) 15년(1642)의 개봉(開封)의 모습을 모사하면서 죽은 사람의 고기를 돼지고기처럼 공공연히 시장에서 판매하고 있다고 기록하고 있다.[6] 명

---

5   이에 대한 자세한 논의는 송정화, 「『서유기』에 나타난 食人의 의미에 대한 고찰-신화, 종교적 분석을 중심으로」, 『중국어문학지』 제37집, 2011을 참고.

6   황문웅, 『중국의 식인문화』, 교문사, 1992, 74쪽.

대 3백 년간의 식인 풍습이 쇠퇴하지 않고 오히려 정착하자 급기야 청대(淸代) 순치(順治) 9년(1652)에는 정부에서 금지령을 내리기도 했다.[7] 즉『서유기』의 인삼과에 나타난 식인 모티프는 중국 역사상 지속되어온 식인 관습의 연속선상에 있는 것이다.[8] 또한 명대의 민간에서는 실제로 경수회(慶壽會)라고 하여 장수를 기원하는 축제가 자주 펼쳐졌으며 이 축제에서 경배의 대상은 장수의 길조의 상징인 서왕모였다.『서유기』의 인삼과 이야기는 명나라 당시의 사회 전반에 만연했던 영생에 대한 민중들의 광적인 집착의 반영이자 당시에 영생을 추구할 수 있었던 소수의 특권계층의 추악한 욕망에 대한 은밀한 비판으로도 볼 수 있다.

이상으로 살펴봤듯이『서유기』는 신화적인 무한한 상상의 세계를 독자들에게 제시함으로써 즐거움을 주고, 질서에 대한 전복과 반항 정신을 보여줌으로써 민중들의 억눌린 한을 풀어주는 해원(解寃)의 역할을 하고 있으며, 식, 색, 영생에 대한 인간의 욕망을 거침없이 보여줌으로써 시공을 초월하여 많은 대중들의 공감을 이끌어낼 수 있었다.『서유기』가 하나의 문화원형으로서 현대 대중문화에까지 다양한 작품으로 각색될 수 있었던 것은 바로 이러한『서유기』의 내용상의 특징에 있다고 말할 수 있다.

3.『서유기』의 현대적인 수용 양상 : 중국을 중심으로[9]

지금까지는 고전소설『서유기』가 오늘날 중국뿐 아니라 동아시아에서

---

7   위의 책, 71쪽.
8   송정화, 앞의 논문, 388~389쪽.
9   이 부분은 拙稿,『『서유기』與東亞大衆文化』, 復旦大博士論文, 2010년 6월과 拙

중요한 문화원형으로서 가치를 지니며 다양한 대중문화 작품으로 각색될 수 있었던 내적인 요인들을 살펴보았다. 다음으로는 『서유기』가 중국의 대중문화 안에서 TV 드라마, 영화, 출판물, 인터넷 문학으로 각색된 양상을 구체적인 작품들을 통해 살펴보고자 한다.

중국의 『서유기』는 오늘날 중국과 동아시아를 넘어서 서구의 대중문화에까지도 영향을 미치는 중요한 콘텐츠가 되었다. 2008년 미국에서 『서유기』를 각색한 〈The Forbidden Kingdom(功夫之王)〉[10]이 상영되었고, 2009년에는 『서유기』를 저본으로 한 일본의 애니메이션을 각색한 영화 〈Dragon ball Evolution〉[11]이 방영되었으며, 중국에서는 최근까지도 『서유기』를 각색한 영화 〈西游記之大鬧天宮〉[12]과 애니메이션 〈西游記之大聖歸來〉[13]이 꾸준히 제작되고 있다. 특히 중국 내에서는 『서유기』의 콘텐츠화가 갈수록 활발하게 이루어지고 있는데 이것은 중국인들에게 있어서 『서유기』라는 작품의 의미가 각별하기 때문이다. 중국인들은 소위 4대기서(四大奇書)로서 『서유기』를 다른 책들과 구분하여 국보(國寶)처럼 아껴왔고, 사대기서

著, 『서유기』與東亞大衆文化-以中國, 韓國, 日本爲中心』의 일부를 보완, 번역하여 소개한 것이다. 拙著, 『『서유기』與東亞大衆文化-以中國, 韓國, 日本爲中心』, 南京: 鳳凰出版社, 2011, 89~113쪽.

10 2008년 개봉, 감독 : Rob Minkoff, 출연 : 李連杰, 成龍, 劉亦菲, 李冰冰 등. 제작 : Lionsgate, The Weinstein Company.

11 2009년 개봉, 감독 : James Wong, 출연 : Justin Chatwin, Emmy Rossum, Jamie Chung, 周潤發 등. 제작 : 20세기폭스사.

12 2014년 개봉, 감독 : 鄭保瑞, 출연 : 甄子丹, 周潤發, 郭富城, 夏梓桐, 陳喬恩 등. 제작 : 星皓電影有限公司. 우리나라에서도 2014년에 '몽키킹 : 손오공의 탄생'이라는 제목으로 상영됐다.

13 2015년 개봉, 감독 : 田曉鵬, 제작사 : 聚合影聯. 제30회 중국영화 金鷄獎 최우수 미술작품상 수상, 제12회 중국 애니메이션 金龍獎 최우수 애니메이션 장편상 수상. 국내 미개봉.

중에서도 특히『서유기』만큼 남녀노소의 사랑을 두루 받은 작품은 찾아보기 힘들다. 일반적으로 시(詩), 산문(散文), 문언소설(文言小說)이 중국의 상류계급과 문인들을 중심으로 향유되었다면『서유기』는 계급과 성별을 뛰어넘어 다양한 독자층의 환영을 받았다.『서유기』가 창작된 明代는 통속문학의 가치가 점차 인정받고 소설이 활발하게 창작되기 시작한 시기였다.『서유기』는 통속적인 소설도 훌륭한 문학작품이 될 수 있고 대중들에게 오히려 더 큰 영향을 줄 수 있다는 것을 성공적으로 보여주었다. 그래서 오늘날 중국 대중문화에서『서유기』는 여전히 대중들에게 친근하고 감동을 주는 불후의 고전으로 숭앙받으며『서유기』에 대한 현대적인 각색 작업이 여전히 활발하게 이루어지고 있는 것이다.

『서유기』의 현대화 작업은 이미 1920년대부터 시작됐으나 본고에서는 소위 대중문화가 본격적으로 형성되기 시작한 1980년대 이후를 중심으로 『서유기』의 현대화 양상을 살펴보고자 하며, 1920년대부터 1980년대 이전은 대표적인 작품들만을 개괄적으로 살펴보는 것으로 하겠다. 그리고 연구대상을 영화, TV 드라마, 출판물, 인터넷 문학으로 나누어 살펴보고자 한다.

왕핑(王平)에 따르면『서유기』가 영상물로 개편된 역사는 1920년대부터 1940년대, 1940년대부터 1960년대, 1960년대부터 1980년대의 세 시기로 구분할 수 있다. 1926년 메이란팡(梅蘭芳)이 주연한 〈黛玉葬花〉[14]가 방송된 것을 계기로『서유기』의 현대적인 각색도 활발하게 진행되기 시작한다.[15] 1927년에 上海影戲公司가『서유기』의 내용 일부를 각색한 영화 〈盤絲洞〉[16]을 제작해 큰 인기를 끌었으며 그 여파로『盤絲洞特刊』[17]도 간

---

14 메이란팡이『紅樓夢』의 일부를 공연한 戲劇을 카메라로 찍어서 상영한 것이다.
15 王平,『明清小說傳播研究』, 山東大學出版社, 2006, p.426.
16 감독 : 但杜宇, 주연 : 殷明珠,『盤絲洞』, 上海影戲公司, 1927年.
17 鄭逸梅:影壇舊聞:但杜宇和殷明珠, 上海文藝出版社, 1982年版, 第32~33.

행된다.『中國電影發展史』[18]에 따르면 이후 1920년대부터 1940년대까지 『서유기』를 영상물로 각색하는 제작 사업이 활발하게 일어나게 된다. 당시 영화, 애니메이션 등의 영상물은 서구의 최신 문물이 가장 먼저 유입되는 통로였던 상하이를 중심으로 제작되었고, 그 제작의 중심에는 上海影戲公司가 있었다. 1927년 上海影戲公司가 〈盤絲洞〉[19]을 제작한 것을 시작으로 〈讀盤絲洞〉[20] 〈新西游記〉[21]을 연속해서 제작해 큰 성공을 거둔다. 동시에 長城畫片公司가 제작한 〈火焰山〉[22] 〈真假孫悟空〉[23], 太平洋影片公司가 제작한 〈古宮魔影〉[24], 天一影片公司이 제작한 〈孫行者大戰金錢豹〉[25] 〈西游記, 女兒國〉[26] 〈鐵扇公主〉[27], 大中國影片公司가 제작한 〈朱紫國〉[28], 大東金獅影片公司가 제작한 〈大破青龍洞〉(1, 2, 3集)[29], 合群影片公司가 제작한 〈猪八戒大鬧流沙洞〉, 中國聯合影業公司가 제작한 대형 애니메이션 〈鐵扇公主〉[30], 藝華影業公司이 제작한 〈新盤絲洞〉[31] 등이 잇달아 상영되면서 대중들의 뜨거운 사랑을 받는다. 당시 중국에서는 고전문학에 대한 관심이 전에 없이 뜨거웠고 오랜 역사 동안 중국인들의 사랑을 받아왔던『서유

---

18 程季華主編,『中國電影發展史』, 華藝出版社, 1980年版.
19 上海影戲公司, 1927年10本.
20 上海影戲公司, 1929年.
21 上海影戲公司, 1929年10本, 1930年10本第3集.
22 長城畫片公司, 1928年10本.
23 『真假孫悟空』, 長城畫片公司, 1928年.
24 太平洋影片公司, 1928年9本.
25 一名『서유기』, 天一影片公司, 1926年9本.
26 天一影片公司, 1927年12本.
27 一名『孫行者三盜芭蕉扇』, 天一影片公司, 1927年10本.
28 明月影片公司, 1928年.
29 大東金獅影片公司, 1929年.
30 繪制 : 萬籟鳴等, 中國聯合影業公司, 1941年.
31 藝華影業公司, 1940年9本.

기』는 중국인들의 고전에 대한 애정을 확인시켜줄 적절한 콘텐츠로 부상한다. 남녀노소 할 것 없이 이제껏 읽어왔던 소설『서유기』를 영화라는 새로운 미디어로 각색한 작품들은 중국인들에게 신선한 충격으로 다가왔으며 동시에 친근함을 불러일으켜 중국 대중문화가 근대로 한 단계 도약하는 계기가 되었다. 이처럼 1920년대부터 1940년대는 소설『서유기』가 영화로 새롭게 재탄생되는 시기였으며 제작, 상영된 작품 수는 갈수록 증가하였다.

그러나 이러한 호황은 그리 오래가지 못하니, 1950년대부터『서유기』와 관련된 영상물의 제작은 점차 감소하기 시작한다. 이러한 불황은 1980년대까지 지속되어 이 기간 동안은 이전에 비해『서유기』관련 영상물의 수가 현저히 감소한다. 이 시기의 대표적인 작품은 1962년에 上海電影制片廠이 제작한 소극(紹劇)〈孫悟空三打白骨精〉[32]와 1961년과 1964년에 上海美術電影制片廠이 제작한 애니메이션〈大鬧天宮〉(上, 下)[33] 두 편이 있다. 이 시기에 제작된 작품 수는 많지 않지만, 특히 애니메이션〈大鬧天宮〉은 영상미와 작품성에 있어서 모두 완성도가 높다고 평가된다.

TV 드라마

『서유기』의 TV 드라마 제작이 본격적으로 진행된 것은 1980년대 이후부터이다. 중국에서『서유기』는 특히 드라마의 형식으로 많이 제작되었는데 그 원인은『서유기』의 장회체(章回體) 서술 방식과 관련이 크다.『서유기』는 총 100회의 장편소설인데 각 회의 내용이, 당승(唐僧, 삼장법사) 무

---

32 감독 : 楊小仲, 俞仲英, 주연 : 六小齡童,, 上海電影制片廠, 1962年.
33 감독 : 萬籟鳴, 唐澄, 上海美術電影制片廠, 1961, 1964年.

리들의 취경 이야기를 중심으로 연결되어 있으면서 동시에 각각 독립적이기 때문에 드라마를 제작하는 데에 유리하다. 그리고 본래 장편인 원작의 고사들을 충분히 담아내기 위해서는 일회성인 영화보다는 시리즈로 이어지는 드라마 형식이 훨씬 적합하다.

1980년대 이후로 『서유기』의 드라마 제작이 활발하게 이루어지는데, 이 중 대표적인 작품은 1982년에 제작된 25집의 TV 드라마[34] 이다. 이 작품은 원작 『서유기』의 본래 내용에 대해 충실하면서도 각각의 캐릭터들의 개성을 부각시키고 내용 면에서는 오락성을 증가시켰다. 전반적으로 당승의 무리들이 모두 취경길에서 험난한 모험을 두려워하지 않는 적극적이고 용감한 캐릭터로 등장하고 특히 손오공은 강압적인 권력에 굴하지 않고 반항적인 면모가 강조되었다. 이 작품은 中央電視台가 6년에 걸쳐 야심을 기울여 제작한 대작이다.

이후 1996년 홍콩에서 제작한 드라마 〈서유기〉가 방송되는데 이 작품에서는 장웨이젠(張衛健)이 손오공 역할을 한다. 2000년 中央電視台에서 방송한 16집 〈서유기〉 속집은 기존의 25집 〈서유기〉를 근간으로 하여 개편한 작품으로 1998년부터 제작되었다. 당시 이 〈서유기〉 속집에 대한 평가는 극단적이어서 긍정적인 평가와 부정적인 평가가 공존했다. 우선 소설 『서유기』에 나오는 취경길에서 발생한 일련의 사건들을 비교적 충실하게 스크린 위에서 재현했다는 점에서 전문가들과 대중들의 호평을 받았지만, 1982년에 나온 25집 〈서유기〉에 비해서는 작품성이 떨어진다는 비판을 받기도 했다. 〈서유기〉 속집은 25집 〈서유기〉보다 소설 원작을 많이 개편하여 내용과 인물 및 81난(難)의 순서에도 변화를 주었다. 예를 들어 소설에서는 '夢斬涇河龍王'의 이야기가 제9~10회에 걸쳐 서술되어 있는데, 〈서유

---

34 감독 : 楊潔, 주연 : 六小齡童, 中央電視台攝制, 1982年.

기〉 속집에서는 7회에 등장한다. 소설에서는 제70회에서부터 제77회에 나오는 '阻獅陀之難'의 이야기가 〈서유기〉 속집에서는 제4회에서부터 제6회에 나온다. 또 원작에는 없던 공작공주(孔雀公主)와 구원외(寇員外)의 딸인 줄리아가 등장하며, 삼장법사의 유약한 성격은 원작보다 덜해졌고 저팔계의 단순하고 정직하며 선량한 면은 강화됐다. 예를 들어 소설 속에서는 저팔계가 고소저(高小姐)를 3년간 차지하고 있던 것과는 달리, 드라마에서는 고소저에게 며칠 더 생각해보라면서 시간을 준다. 그리고 손오공은 더 인간적인 캐릭터로 재창조되었다. 원작에서 손오공은 서왕모의 반도회에 초청받지 않았는데도 가지만, 〈서유기〉 속집에서는 팔선녀 중 한명인 자의고랑(紫衣姑娘)의 병을 고치기 위해 반도회에 간다. 손오공은 반도회의 선도를 따와 그녀의 병을 치료하는데, 결국 그 사실이 발각되고 왕모낭낭은 자의를 심문한다. 자의는 손오공을 연루시키지 않기 위해서 자기가 훔쳤다고 거짓 자백을 하고 자신은 하늘 감옥에 갇힌다. 손오공은 자의가 억울하게 옥살이를 하는 걸 알게 되고 다시 반도회에 가서 소란을 피운다. 이처럼 드라마에서는 자의라는 캐릭터를 등장시켜 손오공의 인간미를 더욱 부각시키고 있다. 이 밖에도 드라마에서는 소설과 달리 손오공과 나타(哪吒)가 싸우다가 친구가 된다. 두 사람은 水帘洞에 숨어 회포를 풀지만 결국 나타는 패배해 수렴동에서 물러나게 된다. 그리고 〈서유기〉 속집은 영상 기술적인 측면에서도 컴퓨터 3D 특수 기술을 사용함으로써 신마소설 본연의 환상성을 살리고자 노력했다.

위의 작품들이 비교적 원작의 내용을 충실하게 반영한 작품이라면 2000년에 제작된 〈서유기후전〉은 『서유기』의 환상성과 현대적 분위기를 살리는 것에 치중한 작품이다. 원작과는 달리 〈서유기후전〉의 내용의 중심은 취경길의 모험이 아니라 취경 이후의 이야기에 있다. 그리고 인물들도 동물적 특징을 탈피하고 완전히 인간의 외모를 갖췄으며 인간성을 지녔다. 원작에서 천방지축이었던 당승의 제자들은 이 작품에서는 정의와 공리(公利)를 위해 악과 싸우며 서로 도와 위험을 극복하는 성숙한 면모를 보여준다. 그리고 주인공들은 내면의 세속적인 욕망을 초월하고 깨달음에 이르고자 노력하며 그 과정에서 겪는 심적 고통이 작품에서 심리 묘사를 통해서 섬세하게 드러나고 있다. 이 작품이 중국에서 방송됐을 때, 실패를 두려워하지 않는 진취적인 당승의 제자들의 모습은 중국 젊은이들의 큰 호응을 받았다.

2001년에 방송된 38집 〈春光燦爛猪八戒〉[35]는 저팔계를 주인공으로 삼았다는 점에서 기존의 작품과는 구별된다. 이 작품은 '八大戒', '天崩地裂愛死你', '三戲孫悟空', '驚天動地搶新娘'의 네 부분으로 나뉘며, 저팔계가 서쪽으로 취경 여행을 떠나기 전에 돼지에서 사람이 되고 다시 신으로 변하는 과정을 이야기하고 있다. 저팔계는 원작에서 풀지 못한 소원, 즉 로맨스의 주인공으로서 사랑 때문에 고민하는 로맨티스트의 면모를 보여준다. 이 과정에서 저팔계의 심리적 갈등과 번민도 비교적 잘 묘사되어 있다. 이 작품에서 저팔계는 원작의 유머러스한 저팔계의 원형을 보존하고 있으면서 동시에 풍부한 감성의 소유자로서 현대적으로 새롭게 각색되었다. 이 작품은 방영되자마자 남녀노소의 환영을 받았고 특히 45~46세 시청자의 14.57%가 방영하는 등 높은 시청률을 올렸다.

〈春光燦爛猪八戒〉가 성공하자 2004년에는 40집 〈福星高照猪八戒〉[36]이 상영된다. 이 작품은 내용상 〈春光燦爛猪八戒〉의 마지막 1막과 연결되어 있고, '三打情聖牛魔王', '老鼠愛上猪', '豬王爭霸'의 세 부분으로 나뉜다.

---

35 감독 : 範小天, 주연 : 徐錚, 江蘇南方派文化傳播公司攝制, 2001年.
36 감독 : 夢繼, 주연 : 王永, 黃海波, 範冰冰, 蘇州福納文化科技股份有限公司攝制, 2004年.

이 작품도 저팔계를 주인공으로 삼았으며, 저팔계가 당승의 제자가 되기 전까지의 인생 역정을 다루었다. 작가는 소설『서유기』에서는 별로 다루어지지 않았던 저팔계의 인생 역정에 초점을 맞추고 상상력을 발휘하였다. 이 작품에서 저팔계는 감성적인 성격이 더욱 강해져서 정감이 넘치다 못해 치정에 몸부림치는 캐릭터로 변한다. 유머와 로맨스가 결합된 이 작품도 당시 대중들에게 큰 환영을 받았다.

2002년에는 台灣八大電視旗下第一媒體國際有限公司, 台灣新峰影業有限公司, 香港一元制作室有限公司가 연합하여 투자, 제작한 드라마〈齊天大聖孫悟空〉[37]이 나온다. 이 작품은 소설『서유기』의 주요 줄거리를 따르고 있으나 인물의 성격과 스토리의 배열 순서에 있어서 큰 변화를 주었으며 심지어는 완전히 새롭게 첨가된 부분도 있다. 예를 들면 猪八戒의 정사(情事), 대료천궁, 삼태백골정(三打白骨精), 반사동(盤絲洞), 여아국(女兒國) 등의 이야기를 대담하게 각색하여 제작했고, 특히 저팔계의 연인을 새롭게 창조한 점이 흥미롭다. 백골정과 왕자 이야기, 시시(詩詩)와 옥서(玉書) 이야기, 은은(恩恩)과 손오공 이야기, 여아국의 대장군과 당승 이야기도 작자가 새롭게 창작하여 덧붙인 부분이다. 원작의 소설 중의 사람을 해치는 인요(人妖)는 하늘과 땅을 감동시키는 로맨틱한 여성으로 변화했고, 당승도 소설에서보다 인간미가 많아졌으며, 손오공은 여성 요괴의 첫사랑이 된다. 원작 소설에서 감정의 기복이 심하고 욕심이 많던 저팔계는 다정다감한 성격의 소유자로 변해 관중들의 감동을 자아낸다. 원작에서 자신의 감정을 드러내는 법이 없고 제자들 중의 맏형으로서 곤경에 처했을 때마다 해결사의 역할을 자처하던 손오공은〈齊天大聖孫悟空〉에서는 풍부한 감성

---

37 감독 : 馮柏源, 黃偉明, 주연 : 張衛健, 台灣八大電視旗下第一媒體國際有限公司, 台灣新峰影業有限公司, 香港一元制作室有限公司, 2002年7月.

의 소유자로서 변신한다. 이 작품을 통해 손오공은 당시 젊은 여성들에게 연인으로서 새롭게 자리매김하게 된다. 이러한 손오공의 변신은 〈大話西游〉에서 두 여인과 사랑의 갈등을 벌이는 지존보(至尊寶)의 모습을 연상케 한다. 이처럼 손오공을 하나의 인격으로서 해석하려는 새로운 경향은 특히 홍콩의 작품에서 찾아볼 수 있으며 이후에 제작된 몇몇 연속극들은 이에 영향을 받아『서유기』의 취경 고사를 현대판 '로미오와 줄리엣'의 로맨스 이야기로 각색하기도 한다.

영화

『서유기』는 삼장법사 일행의 서천취경(西天取經)이라는 큰 틀 안에 수십 개의 모험 이야기를 포함한 장편소설이다. 그리고 각 회의 이야기는 대부분 시작과 끝이 있는 하나의 독립적인 이야기이기 때문에 각각 한 편의 영화로 각색되기에 적합한 구성을 지녔다. 그래서 영상물의 제작이 가능해진 1920년대부터 중국에서는『서유기』를 소재로 한 영화가 꾸준히 제작된다. 앞에서도 살펴보았듯이, 중국에서는 1980년대 이전까지 다양한『서유기』관련 영화가 제작됐다. 그중 중국의 대중문화에 비교적 큰 영향을 미친 작품으로는 다음과 같은 작품들이 있다. 中國聯合影業公司가 제작한 중국 최초의 장편 애니메이션 〈鐵扇公主〉(1942년), 上海美術電影制片廠이 제작한 〈火焰公主〉(나무인형극, 1958년), 〈猪八戒吃西瓜〉(剪紙劇, 1958년), 〈大鬧天宮〉(애니메이션, 1961~1964년), 天馬電影制片廠이 제작한 〈孫悟空三打白骨精〉(戲曲片, 1960년)이 있으며, 이 밖에도 홍콩의 쇼브라더즈(Shaw Brothers, 邵氏公司)가 1960년대에 제작한 〈서유기〉〈盤絲洞〉〈鐵扇公主〉〈女兒國〉 등은 모두『서유기』의 이야기를 각색한 영화이다.

앞에서도 언급한 바 있듯이 1980년대 이전의 작품들 중 특별히 주목할 만한 작품으로는 애니메이션 〈大鬧天宮〉이 있다. 이 작품의 중요한 특징이라고 한다면 등장인물들의 동작과 대사가 마치 전통 희극(戲劇)의 한 장면을 보는 듯한 느낌을 준다는 점이다. 주인공인 손오공의 얼굴도 희극의 가면을 쓴 것 같고, 동작들도 희극에서 공연하듯이 과장되고 자연스럽지 않다. 그러나 작품의 삽입곡과 장면 하나하나가 마치 동양화처럼 아름답고 스케일이 광대하다. 이 작품은 소설 『서유기』의 제5회에서 7회까지 나오는 손오공의 '대요천궁' 이야기를 주로 다루었으며, 무엇보다 주인공인 손오공이 아름답고 멋지게 묘사되어 있다. 그래서 원 소설에서는 13,500근이었던 여의봉은 애니메이션에서는 36,000근으로 바뀌었고, 손오공의 이미지에도 싸우면 반드시 이기고야 마는 영웅적인 색채가 강화됐다. 소설 속에서 손오공이 천궁에서 소란을 부리다가 오행산(五行山)에 갇히는 내용도 이 작품에서는 손오공이 팔괘로에서 나와 싸워 이겨서 화과산(花果山)으로 돌아오는 것으로 바뀐다. 이 작품은 전반적으로 유머러스하고 환상성이 과장되면서도 중국적인 영상미가 돋보여 중국뿐 아니라 외국의 시청자들에게도 높은 평가를 받았다. 그 결과 1962년 제13회 카를로비 바리(Karlovy Vary)[38] 국제영화제에서 단편 특별상을 수상했고, 1963년 제2회 중국영화 百花獎에서 최우수 미술상을 수상했다. 그리고 1978년에는 영국의 제20회 런던국제영화제에서 '그해의 가장 우수한 영화상'을 수상했으며, 1980년에는 '제2회 중국 소년아동문예창작 1등상'을 수상했다.

1980년대 이후의 작품으로는 上海美術電影制片廠이 제작한 〈人參果〉(애니메이션, 1981년), 〈金猴降妖〉(애니메이션, 1984~1985), 中央新聞紀錄電影制片廠이 제작한 〈孫悟空大鬧無底洞〉(故事片, 1988년), 珠江電影制

---

38 체코의 도시로, 영화제와 온천으로 유명하다.

片廠이 촬영한 〈真假美猴王〉(무대예술편, 1983) 등이 있다. 이 밖에도 홍콩의 쇼브라더즈가 蕭湘電影制片廠과 1991년에 공동 제작한 〈西行平妖〉 등이 있다. 이 중 〈金猴降妖〉은 1985년에 廣播電影電視部의 우수 영화상을 수상했고, 1986년에는 '제6회 중국 영화 金鷄奬 최우수 미술영화상'을 수상했으며, 1989년에는 '제6회 시카고 국제 아동영화제 애니메이션 1등상'을 수상했다. 이 작품은 『서유기』의 '孫悟空降白骨精'의 이야기를 가져와 어린이들이 즐기기에 적합한 애니메이션으로 개편한 작품이다. 이 이야기는 요괴 백골정이 아름다운 여인, 어린이, 노인으로 변신해서 당승의 제자들을 유인하고 당승의 고기를 먹으려 하는 내용이며, 원작에서 크게 벗어나지 않고 있다. 당승의 무리들을 죽이려는 백골정의 형상은 무섭다기보다 오히려 귀엽고, 손오공의 모습은 이전의 〈大鬧天宮〉의 용감무쌍하고 진취적인 형상을 그대로 따랐으며, 당승은 낯선 사람에게 잘 속아 넘어가는 유약한 모습으로 묘사되어 있다. 저팔계는 귀여운 이미지이지만 역시 식욕과 색욕을 밝히는 돼지의 모습이다. 이 작품의 개성 있고 귀여운 인물들과 동양화처럼 아름다운 영상은 보는 이로 하여금 이 작품이 다수의 국내외 상들을 휩쓴 이유를 충분히 납득하게 만든다.

1995년에는 『서유기』의 영화사에서 한 획을 그은 홍콩 작품 〈西游記之月光寶盒〉〈西游記之結局之仙履奇緣〉(즉 〈大話西游〉)[39] 가 나온다. 『서유기』는 중국인들에게 여타 고전소설들보다 각별한 의미를 지닌 작품이다. 그래서 근대 이후에 『서유기』를 영상물로 개편한 감독들은 우선 자신들의 작품이 얼마나 원작에 충실한가를 고민해야 했으며 원작에서 벗어날 경우 듣게 되는 비판과 질책에서 늘 자유로울 수 없는 상황이었다. 당시 이러한 분위기 속에서 영화 〈大話西游〉는 명저를 희극적(喜劇的)으로 재창조

---

39 감독 : 劉鎭偉, 주연 : 周星馳, 新星電影公司, 1995年.

하고도 욕을 먹지 않았으며 오히려 젊은 계층의 열렬한 호응을 받았다. 영화 〈大話西游〉는 당시 홍콩과 중국 대중문화에서 새로운 조류를 이끌면서 이후 희극적인 블랙코미디류의 영상물들을 제작하는데 하나의 선례가 된다. 그러므로 본고에서는 영화 〈大話西游〉의 중요성에 주목하여 다른 작품들보다 지면을 할애하여 살펴보고자 한다. 영화 〈大話西游〉는 1994년 홍콩의 彩星電影公司와 중국 대륙의 西安電影公司가 합작해 촬영했으며 모두 〈月光寶盒〉과 〈大聖娶親〉(仙履奇緣)의 두 부분으로 나뉜다. 〈月光寶盒〉에서는 당승이 자신의 생명을 손오공으로 바꿔 인간세상에서 다시 태어나는데, 5백 년 후의 범인(凡人)인 손오공 즉 지존보로 태어난다. 지존보는 월광보합의 힘으로 자신이 500년 전에 백정정(白晶晶)과 약혼을 했다는 것과 백정정이 자살을 한 이유를 알게 되는데 지존보는 이러한 전생의 삶을 인정하지 못한다. 〈仙履奇緣〉에서는 지존보가 백정정의 스승인 반사대선(盤絲大仙)인 자하고랑(紫霞姑娘)을 만나게 되고 두 사람은 감정이 싹트는데 우마왕(牛魔王)은 취자(娶紫)를 억지로 아내로 삼으려 하고 지존보는 월광보합을 찾기 위해 우마왕의 여동생인 향향(香香)을 아내로 맞는다. 나중에 수보리조사에 의해 깨달음을 얻은 지존보는 자신이 어쩔 수 없는 인생의 비애를 절감하고 불문에 귀의하기로 결심하며 『서유기』 속의 의지가 강한 대성(大聖) 손오공으로 돌아온다.

이처럼 〈大話西游〉의 내용을 보면 소설 『서유기』와는 상당히 다르며 새롭게 창작된 스토리가 많이 첨가되어 있다. 원작 『서유기』에서 따온 '西游'라는 제목과 손오공, 당승의 주요 인물 외에는 사실 원작과 거의 무관하다고 해도 과언이 아니다. 〈大話西游〉에서 여행은 당승의 취경이라는 의미심장한 구도의 여행이 아니라 손오공이 환생한 지존보의 사랑을 찾기 위한 여행이다. 물론 〈大話西游〉가 단순한 사랑 이야기에만 그치는 것은 아니다. 지존보가 자하와 백정정사이에서 진정한 사랑을 찾아가는 과정에서 갈등하고 스승 당승의 가르침을 받으며 선과 악, 자애와 비극, 고상함과 이기심을 분별하게 되면서 궁극적으로는 도를 깨닫게 된다. 지존보 즉 손오공은 소설에서처럼 요괴들을 무찌르고 험난한 여행을 완수한 뒤에 득도하여 신이 되지는 않지만 사랑이라는 인간의 원초적인 욕망을 통해서 삶의 진리를 깨닫게 되는 것이다.

〈大話西游〉가 기타 『서유기』를 각색한 작품들과 비교하여 특징적인 점은 포스트모더니즘적인 예술 특징을 표현해냈다는 것이다. 〈大話西游〉의 포스트모더니즘적인 특징이라면 크게 내용과 언어의 두 가지 측면에서 찾아볼 수 있다. 서구 사회에서 유래한 문화사조인 포스트모더니즘은 크게 해체와 아이러니로 그 특징을 이야기할 수 있으며, 기존의 심각한 역사의식, 숭고함, 정통적이고 절대적인 가치와 질서를 부정하고 해체한다. 그리고 순간적이고 멋대로 즐기는 문화와 깊이 없는 표현을 비판적이고 염세적인 태도로 거침없이 표현해낸다. 〈大話西游〉는 이러한 포스트모더니즘에서 추구하는 균질, 평등, 조화, 융통성을 열심히 보여주고 있다. 그러나 쑨스레이(孫石磊)에 따르면 〈大話西游〉의 포스트모더니즘적인 태도는 서구의 포스트모더니즘과는 차별성을 지닌다.[40] 서구의 포스트모더니즘은 반현대적 파괴성을 가지고 인식과 의미의 명확성, 거리의 항구성, 가치의 본질적인 결정성을 해체하고 파편화하며, 단편화의 가벼움을 표현하고자 한다. 그리고 다양한 공생적인 가치를 주장하고 모든 사유의 부정성과 권력주의, 엘리트주의에 대해 회의하며 명확, 영원, 종극을 파괴하고 현실이 확립하는 모든 등급을 파괴한다. 서구의 포스트모더니즘에서 볼 때 세계는 개체의 세계이고, 상대의 세계이며, 관용적이어야 하는 다원공생의

---

40 孫石磊, 『經典的解構 : 從『서유기』到『西遊補』, 『大話西游』, 淮海工學院學報 (人文社會科學報)第2卷, 第1期, 2004年.

세계로, 개개인의 표현을 인정하는 세계이다. 그러나 〈대화서유〉에서는 주인공이 추구하는 명확한 종극(終極)의 목표가 있다. 즉 손오공이 환생한 지존보에게는 진정한 사랑이라는 명확한 목표가 있다. 지존보는 백정정과의 약속을 지킴으로써 전통적인 가치에 복종하며, 자하에 대한 사랑을 지킨 뒤에는 스스로 과감하게 사랑을 포기하기도 한다. 당승이 내뱉는 간결하고 우스운 말 속에는 실은 의미심장한 메시지가 들어가 있기도 하다. 그러므로 〈대화서유〉는 염세적, 파괴적인 의미를 포함한 서구의 포스트모더니즘적인 표현과는 다르며 일종의 중국적인 특색을 갖춘 포스트모더니즘이라고 볼 수 있다. 〈대화서유〉에서 손오공이 환생한 지존보가 사랑에 빠지는 것도 기존 『서유기』의 손오공의 이미지에 대한 해체이다. 원작 소설에서는 남녀 간의 로맨스에 적극적으로 관심을 보인 것은 저팔계였고, 정작 손오공은 당승을 보좌하며 요괴를 물리치는 것에만 관심을 가졌다. 그러나 〈대화서유〉에서는 로맨스의 주인공이 저팔계가 아닌 손오공이며, 이것은 전통 소설의 권위에 대한 해체로 볼 수 있다. 또한 『서유기』의 당승이 여러 군데에서 제자인 손오공을 위해 노심초사했던 것과는 달리 〈대화서유〉의 당승은 손오공을 별로 배려하지 않는다. 『서유기』에서 엄격하고 진리만을 이야기하던 당승은 〈대화서유〉에서는 저속하고 희극적인 인물로 변화되었다. 〈대화서유〉의 당승의 태도는 원작에서 매사에 엄격했던 것과는 사뭇 다르다. 당승의 고상한 말투는 더 이상 보이지 않으며 속되고 폭발적인 웃음을 자아내는 그의 반어적인 말투만이 난무한다. 이러한 변화는 수보리조사(須菩提祖師)에게서도 찾아볼 수 있다. 불가의 고승으로서 손오공에게 깨우침을 주었던 그는 〈대화서유〉에서는 전혀 진지하지 않으며, 오히려 손오공의 환생인 지존보가 그보다 더 진지하다.

그리고 〈대화서유〉에서는 원작인 소설에서 정통을 대표했던 당승과 수보리조사를 비정통으로 각색하고, 철없는 손오공의 환생인 지존보를 오히려 정통의 인물로 등장시켜서 경전에 대한 포스트모더니즘적인 해체를 보여준다. 〈대화서유〉에서는 등장인물들의 언어에서도 포스트모더니즘적인 특징이 보인다. 〈대화서유〉의 대사에는 낯설고 우스꽝스러운 중국식 영어가 자주 등장한다. 정통의 영어가 아닌 중국어와 영어를 섞은 기이한 영어를 특히 정통의 화신인 당승이 남발하는 모습은 정통에 대한 비틀기의 효과를 주어 시청자로 하여금 통쾌한 즐거움을 느끼게 한다. 예를 들어 지존보는 "I 可服了 YOU", "LOOK"과 같은 말을 자주 사용하고, 당승은 중국어로 개편한 미국 팝송인 'ONLY YOU' 등을 심각한 태도로 부른다. 이외에도 〈대화서유〉에는 거대 담론을 거부하고 자잘한 지껄임과 파편화된 말이 자주 등장한다. 특히 당승의 말은 〈대화서유〉의 포스트모더니즘적인 언어의 해체를 잘 보여준다.

이처럼 〈대화서유〉는 어법에 안 맞는 중국식 영어와 지껄임, 혼잣말과 같은 속되고 저급한 언어들로 충만해 있으며 이러한 언어에서 초래되는 〈대화서유〉의 반권위, 반영웅, 반질서, 반속박의 정신은 당대(當代) 젊은이들의 염세주의적이며 반항적인 정신에 부합하여 홍콩과 대륙 젊은이들의 話西游 열풍을 이끌어냈다. 당시 젊은이들은 〈대화서유〉 속 등장인물들의 부조리한 대사들을 마치 격언처럼 암기하고 되풀이하면서 불안정한 중국의 사회현실과 정치체제에 소극적으로 반항하였다. 〈대화서유〉의 독특한 풍격은 이후 영상물에도 영향을 미쳐 〈春光燦爛猪八戒〉〈福星高照猪八戒〉〈西游記後傳〉〈大話西游後傳〉과 같은 작품들이 연이어 나오게 된다.

2004년에 나온 플래시 애니메이션 〈大話西游後傳〉[41]도 사실 내용상 소설 『서유기』와 거의 무관하다. 이 작품은 당승과 제자들이 취경하고 돌아와

---

41 編劇, 감독 : 俞生, 2004年.

몇 년이 흐른 뒤의 이야기를 하고 있다. 취경하고 몇 년이 지나서 옥황상제는 인간세상에 심각한 문제가 있음을 알게 되고 다시 손오공과 저팔계, 사오정을 인간세상으로 내려 보내고 당승을 찾아서 인간세상을 구하게 한다. 이 작품에서는 원작 소설에 보이는 철리성(哲理性)과 종교성을 거의 찾아볼 수 없다. 대신에 인물과 내용이 현대화되어 이해하기 쉽고 내용이 무겁지 않고 재미있다. 〈대화서유〉가 포스트모더니즘적인 각도에서 내용과 인물을 반어적으로 비틀었다면 〈대화서유후전〉은 그냥 한바탕 웃고 마는 유쾌한 패스트푸드와 같은 이야기이다. 이 작품의 독특한 점은 낯선 『서유기』의 이야기 안에 실제 현실의 사건들을 간간이 집어넣어서 낯섦과 익숙함을 대중들에게 동시에 전달하고 있다는 것이다. 예를 들면 옥황상제의 명을 받고 인간세상으로 내려간 사오정은 거대한 모기가 산에 부딪히는 것을 목격한다. 이것은 바로 2001년 미국에서 발생한 9·11 테러에서 비행기가 세계무역센터에 부딪힌 장면을 희극적으로 표현한 것이다. 이 밖에도 〈대화서유후전〉은 시청자들의 웃음을 유발하기 위한 장치들을 여러 군데에 배치해놓았다.[42] 이 애니메이션은 제목처럼 〈대화서유〉의 내용을 자주 끌어오고 있으며 〈대화서유〉보다 시청자를 웃기는 데에 주력한 오락성이 짙은 작품이다.

〈대화서유〉 다음으로 『서유기』를 각색한 영화는 2006년 초에 개봉된 〈情顛大聖〉[43] 이다. 이 영화는 특이하게 당승을 주인공으로 하여 당승과 요괴의 사랑을 이야기하고 있다. 영화 속 인물들의 말과 동작은 모두 현대

---

42 예를 들어 저팔계는 고로장(高老莊)에 떨어져서 고취취자(高翠翠者)라고 분명히 찍힌 대작 〈我的愛人猪八戒〉를 보고, 손오공은 반사동에 떨어져서 그가 사랑하는 "자하선자"를 만난다. 마지막에 세 사람은 우마왕이 만든 長富集團辦公樓로 함께 가서 당승을 찾는다.

43 감독 : 劉鎮偉, 주연 : 謝霆鋒, 蔡卓妍, 範冰冰, 『情顛大聖』, 西部電影集團, 西部股份有限公司, 華誼兄弟影業投資有限公司, 英星影業有限公司, 2006年.

화되었으며, 손오공과 저팔계는 사람의 형상을 하고는 있지만 기본적으로 동물의 특징도 지닌다. 신통력이 뛰어난 손오공은 이 영화에서는 공격도 한 번 못 해보고 요괴에게 쉽게 붙잡히는 유약한 모습을 보여준다. 원작 소설에서 손오공의 무기였던 여의봉은 이제 당승의 손에서 애정의 징표로써 새로운 기능을 발휘하게 된다. 예를 들어 여의봉은 "너를 만 년 동안 사랑해(愛你一萬年)"란 주문을 듣기만 하면 위력을 발휘하는데 심지어는 현대화된 모터보트나 우주선으로 변하기도 한다. 셰팅펑(謝霆鋒)이 분장한 당승은 멋진 외모의 소유자일 뿐 아니라 원작 소설 속의 근엄함을 버리고 사랑을 위해서는 울 줄도 아는 풍부한 감성의 소유자이다. 하지만 부조리한 성격에 도전 정신이 강하여 천궁에서 소란을 피우며 반항하기도 한다. 이와 같은 당승의 모습은 원작 소설의 손오공을 연상하게 만든다. 이 작품은 『서유기』의 고사를 일부 가져오기도 했지만 대부분 새롭게 창작한 내용이 많다. 그리고 중국의 〈대화서유〉〈오공전〉, 미국의 〈배트맨〉〈스타워즈〉에서 나오는 말들과 장면들뿐 아니라 외계인, UFO, 자동총, 폭탄, 핵폭탄 등을 작품 속에 많이 출현시켜 현대화된 새로운 작품을 탄생시켰다. 포스트모더니즘적인 경향을 띤 이 작품은 고전문학 작품을 현대적이고 희극적으로 해석했으며, 다양한 동서양의 작품들을 패러디하여 하나의 황당하고 무계한 코미디를 창작해냈다. 무엇보다 이 영화에서 주목할 만한 점은 『서유기』의 당승의 이미지가 철저하게 전복됐다는 점이다. 이제 당승은 불가의 도를 얻기 위해 취경하는 것이 아니라 사랑 때문에 취경한다. 취경은 당승이 사랑의 벌로 감수해야 하는 속죄행위이기도 하다. 원작 소설에서 수많은 요괴들의 유혹을 꿋꿋하게 견뎌내던 당승은 이제 사랑 때문에 괴로워하는 감성의 소유자로 변화되었다.

출판물

오늘날 다양한 미디어가 발명되었음에도 불구하고 대중문화에서 책은 여전히 전통적인 전파 수단으로서 일정한 우위를 점하고 있다. 중국에서 『서유기』와 관련된 현대 대중문화의 상황을 보아도 소설, 만화, 학습서 등 『서유기』를 각색한 다양한 출판물들이 꾸준히 출판되고 있고 대중에 대한 영향력도 여전히 크다. 『서유기』와 관련된 출판은 크게 두 범주로 나누어 살펴볼 수 있다. 우선 『서유기』의 원작 소설 전체 혹은 그 일부를 출판하는 것이다. 이것은 원작의 내용에 충실하면서 다른 내용을 첨가하지 않는 출판물을 말한다. 그리고 다른 하나로 『서유기』의 내용을 현대적으로 새롭게 각색한 대중서가 있다. 이 경우 『서유기』의 내용 일부를 각색하거나, 등장인물들을 작자의 의도에 맞게 새롭게 각색한다. 혹은 『서유기』의 이름만 빌렸을 뿐 내용은 원작과 전혀 다른 작품들도 있다. 본고에서는 『서유기』 관련 출판물을 이와 같은 두 가지 방향에서 살펴보고자 한다.

왕핑(王平)에 따르면 역사적인 시간에서 봤을 때, 20세기 『서유기』의 출판 인쇄물은 두 차례의 전성기를 맞는다. 첫째 1930년대부터 1940년대까지이고, 두 번째 시기는 1980년대부터 1990년대까지이다.[44] 20세기는 서양 학문의 조류가 동양으로 유입되면서 중국의 문학계와 소설계에 혁명적인 변화가 일어나기 시작하는 시기이다. 1960년대 이전까지 현대 학술계의 선구자들은 고전 명저에 관심을 갖기 시작했고, 『서유기』를 포함한 고전 명저에 대한 출판이 활발해진다. 그러나 이후 공산주의 체제로 진입하면서 1960년대부터 10년간 중국의 대중문화에서 문학은 공백의 시기를 맞게 된다. 그런데 사회적인 분위기와는 반대로 이 시기의 대중들은 문학

---

44 王平, 『明淸小說傳播硏究』, 山東大學出版社, 2006年, p.421.

열독(閱讀)에 대한 열망을 이전보다 강하게 가지게 되었으며, 특히 문화대혁명을 거치면서 그 열망은 최고조에 이르게 된다. 1970년대 말, 1980년대 초에 이르면 개혁개방이 학술 연구에서도 자유로운 분위기를 가져왔으며 사람들의 생각도 이전보다 유연하고 개방적으로 변화하면서, 중국 고전문학 연구도 생기를 띠게 된다. 이후로 고전문학 연구는 전에 없던 번영기를 맞게 되었고『서유기』의 연구 역시 활발하게 이루어졌으며『서유기』와 관련된 출판 인쇄도 급속도로 활기를 띠게 된다. 그리고 1980년대에 들어서면서 중국은 경제적으로도 전환기를 맞는다. 중국의 급격한 경제 발전은 사회 각 방면의 발전을 가져왔고, 출판 인쇄업도 종전에 없던 부흥기를 맞게 된다. 1930~1940년대에 상하이를 중심으로 하던 출판사업은 중국 건국 이후부터는 베이징을 중심으로 또 다른 구심점을 형성하게 됐다. 당시 베이징의 인민문학출판사(人民文學出版社)에서 출판된『서유기』를 포함한 고전문학 서적은 가장 권위를 갖춘 인쇄 판본으로서, 오늘날까지 그 가치를 인정받고 있다. 당시 발행량이 비교적 많고 상대적으로 널리 통용된 것은 인민문학출판사에서 1979년에 출판한『서유기』이며, 이 책은 명대 세덕당본(世德堂本)을 저본으로 하고 청나라 판본을 참고로 하여 다시 조판한 책이다. 1990년대 이후부터『서유기』는 고전소설 명저 혹은 시리즈 총서 중의 하나로 간행되었다. 예를 들어 '중국 고전문학 명저총서(中國古典文學名著叢書)', '각가회도진장전본 사대고전소설(名家繪圖珍藏全本四大古典小說)', '중국 고전소설명저(中國古典小說名著)', '중국 고전소설명저총서(中國古典小說名著叢書)' 등이다.[45] 당시에는 책을 출판할 때 초등학생과 중학생들을 염두에 두고 교육용으로서 읽기 쉬운 책을 출판하는 것이 대세였다. 그리고 상업적인 이윤을 추구하고 영리를 목적으로 하여

---

45 王平, 앞의 책, p.422.

서적을 출판하는 경향이 강했다. 오늘날 중국에서 소설 『서유기』는 비록 예전처럼 활발하게 출판되지는 않지만 여전히 학생들과 연구자들을 위해서 꾸준히 출판되고 있는 상황이다. 지금까지 살펴본 것이 소설 『서유기』의 전통적인 출판 상황이라면 다음으로는 『서유기』의 또 다른 출판의 갈래 즉 『서유기』의 영향을 받은 속작(續作)과 개작(改作)을 살펴보겠다.

왕핑에 따르면, 『서유기』의 문학 창작에 대한 영향은 우선 대량의 신마소설(神魔小說) 창작과 속작의 창작에 있다.[46] 신마소설은 명대에 가장 활발하게 창작됐고, 20세기에 들어와서는 이미 그 창작열은 많이 사그라졌다.[47] 『서유기』의 속서와 모방작은 명·청 시기에 가장 많이 보인다. 예를 들면 『속서유기(續西游記)』[48] 『후서유기(後西游記)』[49]는 취경의 제재와 『서유기』의 이야기 틀을 가져왔고, 『서유보(西遊補)』[50]는 '三調芭蕉扇'를 이어서 그 후로 16회를 더 보충해 쓰고 있다. 이 중 손오공이 고등어 세상에 들어가는 환상적인 이야기는 인생의 현실에 대해 깊은 우의(寓意)를 지니며 예술적으로도 독특하고 기이하다. 그리고 명말청초에 쓰여진 『사대요정(四大妖精)』[51] 중의 『손행자(孫行者)』 『저팔계(猪八戒)』 『홍해아(紅孩兒)』도 『서유기』와 『봉신연의(封神演義)』 중의 관련된 내용들을 가져왔다. 예를 들어 『홍해아』 제47회에는 옥면공주(玉面公主)를 만나는 이야기가 나오는데 『서유기』 제60회의 내용과 완전히 일치하며 단지 손오공이 홍해아로 대체되어 있는 것이 다를 뿐이다. 『손행자』 『저팔계』는 『서유기』 속의 손오공과 저팔계의 별전(別傳)이라고 볼 수 있

---

46 위의 책, p.442.
47 王平, 앞의 책, p.442.
48 季詭(?)未詳, 『續西游記』一百回, 雙目七言, 或成於明末淸初.
49 眞複居士(序)未詳, 『後西游記』四十回, 雙目雜言, 存淸初刻本, 成書或更早.
50 嶷如居士(序)未詳, 『西遊補』十六回, 雙目七言, 成於崇禎十三年(1640).
51 佚名, 『四大妖精』五十六回, 淸말 明초의 작품.

다. 저팔계는 인간미가 충만하고 고취란(高翠蘭)과 서로 사랑하여 죽음 앞에
서도 떨어지지 못하니 독자들의 동정을 불러일으킨다. 『홍해아』이야기는
『서유기』속의 홍해아와 관련된 스토리와 『봉신연의』속의 나타의 출신, 바
다에서 소동을 부린 이야기, 예술을 배우는 이야기를 한데 합친 내용이다.[52]

　　20세기에 들어와 『서유기』를 개편한 작품은 『신서유기(新西游記)』에서
부터 출발한다. 『신서유기』는 1909년 『소설림(小說林)』에 게재되었고 작자
는 진경한(陳景韓, 景寒이라고도 불림)[53]이며, 필명은 냉혈(冷血)이다. 이 책
은 황당무계한 풍자소설이며 사회적인 시사소설이기도 하다. 전 5회로 되
어 있으며 스토리는 『서유기』의 주요 인물들을 청말의 상하이로 데려와 이
들이 예전에 보고 듣지 못한 새로운 세태와 풍속에 대해 쓰고 있는데 이야
기성이 매우 풍부하다. 『신서유기』의 이야기성은 정교하게 고안된 것이며
『서유기』의 인물들을 모두 차용하고 있다. 예를 들어 진경한은 『신서유기』
의 서언에서 말하길, "『신서유기』는 비록 『서유기』의 인물과 사물을 빌려와
서 이야기를 전개하고 있지만 『서유기』는 허구인 데 비하여 『신서유기』는
모두 실제 사실들이다."[54] 해학과 골계의 필치로 엄숙한 사회 문제를 묘사
했으며 아이디어가 참신하고, 언어는 풍부한 희극성을 지니고 있다. 그러
나 진지하게 주제를 파고 들어가는 인상이 약하여 다소 가볍고 산만한 느
낌을 주기도 한다.[55]

　　이소백(李小白)[56]이 지은 『신서유기』[57] 역시 『서유기』의 틀을 모방한 작

52　胡勝, 『明淸神魔小說硏究』, 北京 : 中國社會科學出版社, 2004年, p.125.
53　松江人, 譯著家.
54　胡勝, 앞의 책, p.130.
55　王平, 앞의 책, p.443.
56　號煮夢, 小說家.
57　李小白, 『新西游記』六卷三十回, 1909年.

품이다. 당승의 제자들이 바뀐 시대를 배경으로 하여 신학문을 공부하는 학생들로 나온다. 인간세상으로 내려온 당승의 제자들은 문명 세계에 대해서 어찌할 바를 모른다. 당승, 오공, 팔계, 사승의 네 제자들은 가짜 졸업장을 사고 유학생을 사칭한다. 이들은 마약을 하고, 여자를 사며, 도박을 일삼고, 질투하며 싸우는 등 온갖 만행을 저지른다. 이 작품은 외형은 평범한 소설이지만 내용은 사실 사회를 예리하게 비판, 풍자한 소설이다.[58] 같은 해에 나온 이 두『신서유기』는 고전소설『서유기』의 인물을 그대로 가지고 왔으나 모두 현대를 배경으로 하고 있다. 그리고 고전소설의 분위기를 탈피하여 시대정신을 반영하며, 현실을 비판하는 우의적이고 풍자적인 성격을 지닌다. 이러한 특징은 역시 같은 해에 나온 육세악(陸世諤)[59]의『야시서유기(也是西游記)』[60]에도 드러난다.『야시서유기』는 우선 새로운 제목만큼이나 관점이 참신하고 생각도 새롭다. 예를 들어 '강한 자는 번성하고 약한 자는 쇠멸한다(優勝劣敗)'는 생각, 능력이 없으면 자연 도태한다는 생각, 전제주의와 자유에 대한 생각도 독특하다. 주인공인 손오공은 문명사회에서도 여전히 법보(法寶)를 지니고 다니면서 싸우면 무조건 이기는 거칠 것이 없는 성격으로 표현되고 있다.[61]

또 다른『신서유기』는 중국의 톈진(天津)에서 발행된 잡지『智慧樹』에 2년간(1983~1984) 게재되었으며, 작자 퉁언정(童恩正)은 저명한 고고학자이자 SF소설가이다. 당시에 잡지『智慧樹』는『신서유기』가 게재되면서 판매량이 폭발적으로 증가했다고 한다. 작자는 원래 희극소설을 쓰고자 했는데 1981년 9월에 미국으로부터 귀국을 고려할 무렵, 중국의 젊은이들에

58 李小白,『新西游記: 一琴一劍畜生"評話"』, 春風文藝出版社, 1997年版.
59 小說家.
60 陸世諤,『也是西游記』二卷二十回, 1909 이전.

게 미국의 실상을 소개하는 책을 쓰고 싶은 생각이 들었다고 한다. 즉 동양인의 눈으로 구체적인 미국의 실상을 바라보고 미국의 자본주의 제도의 문제점들뿐 아니라, 미국인들과 미국 사회의 우수한 요소들을 다루고자 했으며 나아가 동서양 문화의 전통의 차이가 초래한 오해와 모순도 이야기하고자 했다. 그래서 그는 모든 중국인들에게 익숙한『서유기』의 인물들 즉 손오공, 저팔계, 사승을 자신의 작품에 차용하기로 결심했다. 그리고『서유기』의 인물과 풍경, 사건에 대한 묘사들을 빌려와『서유기』를 각색하고 새로운 함의를 부여하였으며, 동양과 서양, 역사와 현실, 과학과 환상을 강하게 대비시킴으로써 의외의 유머의 효과를 만들어냈다.[62]

『신서유기』의 세 주인공들은 모두 농업 경제 사회에 익숙하며 오랜 시간 동안 동양의 전통적인 교육을 받았다. 그러던 어느 날 주인공들은 갑자기 첨단 과학의 은혜를 받게 되었고, 상상할 수 없는 충격에 빠지게 받게 된다. 그리고 그 과정에서 소소한 웃음거리들이 끊임없이 쏟아진다.『신서유기』에는 곳곳에 재미있는 장면들이 배치되어 있으니 예를 들면 세 명의 주인공이 처음 미국에 도착했을 때 이 중 저팔계가 '뛰면 10년이 젊어진다.'고 말하는 광고를 보고 디스코장에 가서 우쭐대다가 넘어진다. 이러한 웃음이 터지는 장면들이『신서유기』의 도처에 안배되어 있다.『신서유기』에서는 손오공의 기민한 성격과 저팔계의 탐식과 총명함이 더욱 과장해서 표현되어 있다. 고전소설에서는 특색이 없었던 사승은『신서유기』에서는 성실하고 고집이 센 뚜렷한 성격의 소유자로 등장한다.[63]

---

61 胡勝, 앞의 책, p.128.
62 童恩正,『西遊新記, 後記』,『童恩正作品集』, 新蕾出版社, 1985年版, p.324~327.
63 肯潔,『評童恩正惟一的科幻長篇,『西遊新記』』,『新華書目報, 科普走廊』728期, 2006年.

최근 출판된『서유기』와 관련된 대중서 가운데 볼 만한 것은 1997년에 출판된 중하이청(鍾海誠)이 쓴『신서유기』[64]가 있다. 이 책은『서유기』의 현대판으로 중국, 홍콩, 대만에서 각각 출판되었다. 작자는 작품에 현대적인 관념을 주입하기 위해서 취경의 무리들과 신들을 세속화하고 인격화시켰다. 『신서유기』는 당승과 사승의 이미지에 대한 묘사에 주력하고 그들을 내면세계가 풍부한 캐릭터로 재창조하려고 시도했다. 여색을 멀리하고 오로지 부처를 모시며 경전을 구하려는 당승에게는 인간의 감성을 더욱 불어 넣어 결국에서 색계를 파계하게 만들었다. 그리고 당승은 파계한 죄과로 홀로 영산(靈山)에서 고난을 이겨내는 징벌을 받는다. 사승은 비루하고 치욕을 모르는 인물로 묘사되었는데 심지어 손오공을 모함하기 위해 요마들과 결탁하고 사부를 팔아넘기기도 한다. 책에서는 취경의 무리들이 81난을 겪는 과정에서 벌어지는 심리적인 모순과 갈등, 그리고 고통을 세심하게 묘사해낸다. 그리고 등장인물들의 결말은, 정과(正果)를 이루었던 원작과는 달라지는데, 손오공은 화과산으로 돌아가고 저팔계는 고로장(高老莊)으로 돌아가서 아내와 만나며, 당승은 역사 속의 실제 현장과 마찬가지로 역경(譯經) 사업에 몰두한다. 그리고 아이러니하게도 사승만이 스승을 팔아넘긴 공으로 홀로 신이 되어 승천한다.『신서유기』에서 천상계는 인간세상으로 환원되었으며 신, 불, 요마들의 세속적이고 추악한 욕망이 적나라하게 묘사되어 있다.

21세기 이후에 중국에서 출판된『서유기』와 관련된 책들을 고찰해보면,『서유기』속의 저팔계, 당승, 사승, 손오공이 각각 독립적으로 소설의 주인공으로 되어 있다는 점이 특징적이다. 예를 들어 2001년에 출판된『당승전(唐僧傳)』[65]은 당승을 주인공으로 삼고 있으며, 훠지(火雞)가 쓴『천봉

64　鍾海誠,『新西游記』, 人民文學出版社, 1997年版.
65　明白人,『唐僧傳』, 巴蜀書社, 2001年.

전(天蓬傳)』⁶⁶⁾은 저팔계를 소설의 주인공으로 삼아서 저팔계만의 로맨스를 풀어내고 있다. 이 책에는 팔계와 취화(翠花)의 사랑의 줄거리 말고도 금선자(金蟬子)와 구천현녀(九天玄女), 손오공과 자하의 로맨스도 등장한다. 이 책은 본래 인터넷에서 먼저 유행하여 큰 인기를 얻은 뒤에 출판되었다. 『천봉전』은 천상의 세계에서 신, 요, 마들이 서로 싸우는 것을 몽환적으로 묘사하고 있으며, 저팔계가 진정한 사랑을 쟁취하기 위해 노력하는 로맨스는 상당히 감동적이다. 이 책은『오공전(悟空傳)』의 자매편이라고도 말할 수 있다.

『당승정사(唐僧情事)』⁶⁷⁾ 역시 당승을 정감이 풍부한 로맨티스트로 그리고 있다. 이 책에서 당승은 사랑을 위해서 스스로 요마에게 희생되기를 자처하여 고해(苦海)로 들어가서 만겁(萬劫)의 세월 동안 돌아오지 못한다. 그는 사랑을 위해서는 모든 것을 바치는 연애 지상주의자면서 우울한 정서의 소유자로 묘사되어 있다.

샤오화(韶華)⁶⁸⁾의『오승은, 손오공, 저팔계신전(吳承恩, 孫悟空, 猪八戒新傳)』⁶⁹⁾은 SF소설이자 신화소설이라고 말할 수 있다. 이 책은『서유기』의 인물들을 빌려왔으나 내용은 소설『서유기』와는 전혀 관련이 없다. 작자 샤오화에 따르면, 이 책에는 동화, SF, 신화적인 요소가 모두 녹아들어가 있다.⁷⁰⁾ 이 책의 내용은 미래의 2030년에 일어난 사건들로,『서유기』의 작자인 오승은이 부활해서 당승이 취경하는 것을 보호하고 정과를 이룬 손오공과 저팔계를 환속한다. 2030년에는 중국의 과학기술은 이미 눈부신 발전을 이루었

---

66 火鷄,『天蓬傳』, 光明日報出版社, 2002年4月.
67 慕容雪村,『唐僧情事』, 天津人民出版社, 2003年7月.
68 본명은 周玉銘이다.
69 韶華,『吳承恩,孫悟空,猪八戒新傳』, 蘭州大學出版社, 2004年.
70 韶華,『吳承恩,孫悟空,猪八戒新傳: 後記』, 蘭州大學出版社, 2004年.

으며 당승은 취경을 위해 동쪽 땅으로 돌아와 오승은의 GXK연구소에 들어가게 된다. 등장인물들의 성격은 조금씩 변화했으며 모두 현대적으로 바뀌어 있다. 오승은은 당승의 역할을 맡았고, 손오공은 여전히 용감한 지혜의 화신이며, 저팔계는 인간성에 여전히 약점을 갖고 있어서 독자들에게 웃음을 선사한다. 글의 형식에 있어서 작자는 고전소설의 장회체의 형식을 가져옴으로써 민족의 전통적인 문학 풍격을 강조했다.[71]

그리고 최근의 중국의 출판 현황을 살펴보면『서유기』를 현대의 경영학의 각도에서 해석한 책이 다수 출판되고 있다는 것을 알 수 있다. 청쥔이(成君憶)의『孫悟空是個好員工』[72]은『서유기』를 차용해 경영심리학을 이야기하고 있다. 작자는 손오공의 성장 과정에 주목하여『서유기』의 내용들을 해석하고 있으며, 개인적인 능력이 아무리 강한 사람이라도 반드시 단체에 소속되어 공동의 목표를 완성함으로써 개인 가치를 실현해야 한다고 주장한다. 이 책은 하나의 단체에서 어떻게 해야 완벽한 스타일(完美性), 에너지 스타일(力量型), 활발한 스타일(活潑性), 조화로운 스타일(和平型)의 서로 다른 네 유형의 사람들을 잘 단결하도록 해서『서유기』에서 취경의 목표를 달성했듯이 공동의 목표를 실현할 수 있는지를 썼다. 궈청(郭城)의『水煮西游記』[73]에서 당승은 그룹의 지도자이고, 손오공은 우수한 프로젝트 매니저, 저팔계는 고객 서비스 전문가, 사승은 능력 있는 인력 자원 매니저로 나온다. 작자는『서유기』의 단편적인 고사들을 뽑아서 현대 경영학 이론을 접목시켜『서유기』를 영도력, 단체 건설, 프로젝트 매니저와 고객봉사를 융합한 경영학의 교과서로 해석하고 있다. 샤진(沙金)의『沙僧是

---

71 韶華, 앞의 책.
72 成君憶,『孫悟空是個好員工』, 中信出版社, 2004年8月第1版.
73 郭城,『水煮西游記』, 中國傳媒大學出版社, 2004年11月第1版.

個人際關系高手』[74]도 현대 경영학의 각도에서『서유기』를 새롭게 해석했다. 작자는 기존에 전통적인 연구에서는 중시받지 못했던 사승에 주목했다. 작자는 서천취경의 그룹이 진짜 경전을 얻는 데 있어서 성공할 수 있었던 원인은 그룹의 정신력과 단결력에 있다고 주장한다. 그중에서도 단체의 결속력, 상호 보완성, 조화로운 인간관계가 매우 중요하며 사승의 중개자적인 능력이 바로 고차원적인 처세 방법이며 지도자로서의 깊은 의미를 갖는다고 보았다. 사승에 대해서는 전통적으로 이미지가 그다지 좋지 않으니, 자신의 주장이 없고 안목은 평범하며 시비를 구분하지 못하는 고리타분한 승려의 이미지였다. 그러나 이 책에서는 전통적인 사승의 이미지와는 판이한 새로운 사승의 이미지를 창조하였다.

저우싱츠(周星馳)의 영화 〈대화서유〉의 부조리한 유머 스타일이 유행한 뒤로, 포스트모더니즘적인 소설이 전통문화에도 영향을 끼치기 시작했고, 인터넷에서도 소설『沙僧日記 : 秀逗的青春』이 등장한다. 많은 독자들은 이 책을 지금까지의 소설들 중에서 가장 희극적이고 부조리한 문학으로 평가했다. 이 책은 일기 형식으로 쓰여져 있으며 매우 가볍고 유머가 풍부하며 재미있는 작품을 시도했다.

인터넷 문학

20세기 이후로 사람들의 일상은 인터넷이라는 새로운 매체와 긴밀한 연관성 속에 있어왔다. 인터넷은 '제4의 미디어'로서 새로운 뉴스와 정보들을 실시간으로 전 세계에 전달함으로써 이 세상을 하나의 거대한 지구촌으로 만들었다. 인터넷의 발명은 문학 발전에도 새로운 터전을 제공했

---

74 沙金,『沙僧是個人際關系高手』, 中國華僑出版社, 2004年10月第1版.

으니 문학은 컴퓨터나 핸드폰 등의 전자 제품을 매개로 하여 가상의 공간에서 창작되고 읽히며 의견이 공유된다. 이와 같은 가상공간에서 향유되는 인터넷 문학은 기존의 출판물의 제한된 감각과 시공간의 한계를 초월하여, 독자들에게 시청각적인 즐거움을 줄 뿐 아니라 실시간으로 장소에 구애받지 않고 작품을 감상할 수 있는, 지금까지와는 다른 독서의 심미감을 선사한다. 그러므로 인터넷 문학은 보고, 듣고, 느낄 수 있는 새로운 종합예술이라고 말할 수 있다. 오늘날 인터넷을 통해 문학작품을 전파하는 것은 대체로 다음의 두 가지 유형으로 나뉜다. 첫째, 인쇄된 작품을 인터넷이라는 미디어를 빌려서 전파하는 것이다. 둘째, 인터넷에서 직접 만들어지고, 인터넷을 통해서만 전파되는 작품이 있다. 셋째, 하이퍼텍스트 문학으로, 하이퍼텍스트의 기술을 통해서 인터넷에서 창작되고 공유되며 다양한 매체를 통해서 변화가 가능한 문학작품이다. 광의적으로 이 세 가지는 모두 인터넷 문학에 속하지만, 협의적으로 본다면 하이퍼텍스트 문학만이 진정한 인터넷 문학이라고 부를 수 있다.[75] 본고에서 이야기하고자 하는 것은 바로 이 협의적인 인터넷 문학이다.

중국은 1994년에 정식으로 국제 인터넷 네트워크에 가입하는데 이것은 중국인들의 생각과 행동 방식을 완전히 새롭게 변화시킨 일대 사건이었다. 통계에 따르면 광고와 TV라는 미디어는 모두 38년과 18년의 긴 시간을 들여서 4천만의 시청자들을 확보했지만, 인터넷 미디어는 겨우 4년만에 이 숫자를 돌파했으니 2005년 말에 중국의 네티즌 수는 이미 1억을 넘어섰고 인터넷은 뉴스, 광고, TV로 급속하게 파고들어 강력한 미디어

---

75 鄭笑兵, 「超文本文學的後現代性特徵」, 『齊齊哈爾大學學報(哲學社會科學版)』, 2006年3月, p.72.

로 자리매김하게 된다.[76] 인터넷이 눈부신 속도로 중국인들의 생활에 침투하면서 중국인들의 생각과 생활 방식뿐 아니라, 경제, 사회구조, 문화 전반에 깊은 영향을 미쳤다. 동시에 전통문화의 규범과 가치관에도 큰 충격을 가져왔고, 문학에 대한 사람들의 전통적인 관념도 변화가 일어나게 된다. 급속도로 발전하는 정보화 시대 속에서 중국인들은 자신들의 빠른 생활 리듬과 생활 방식에 적합한 새로운 문학 양식을 필요로 하게 됐으며, 인터넷 문학은 이러한 시대적인 요구와 필요성에 의해서 자연스럽게 탄생한 것이다. 2005년『現代漢語詞典』이 제공하는 인터넷 문학의 정의를 보면, "인터넷에서 발표하는 문학작품이다. 인터넷을 미디어로 삼고 있으며 빠르게 전파되고 실시간으로 피드백이 되는 특징을 갖는다."[77]라고 말하고 있다. 사람들은 인터넷이라는 새로운 도구를 가지고 자신들의 생각을 빠르게 창작하며, 작품을 함께 읽고 감상하고 자유롭게 비평을 올린다. 이러한 창작과 감상의 과정은 상호 교류하는 과정이므로, 작자는 독자가 올린 댓글을 보고 자신의 창작에 참고로 하고, 독자는 자신의 생각과 비판을 댓글로 올리면서 창작에 간접적인 영향을 줄 수도 있다. 이 모든 상호 교류하는 문학 창작의 과정은 바로 인터넷이라는 새로운 도구가 만들어낸 것이다. '중국 인터넷 정보 센터(中國互聯網信息中心)'에서 발표한 자료에 따르면, 중국에는 1억에 가까운 네티즌이 있으며 이중 65.2%가 15세에서 25세 사이의 도시 거주 젊은이들이다. 이러한 자료는 인터넷의 사용자층이 협소하며 편중되어 있다는 것을 의미하며[78] 마찬가지로 인터넷 문학의 독

---

76 鄭崇選, 『鏡中之舞 : 當代消費文化之語境中的文學敘事』, 華東師範大學出版社, 2006, p.67.

77 위의 책, p.68.

78 鄭崇選, 앞의 책, p.76.

자층 역시 젊은 계층에 편중되어 있음을 시사한다. 이러한 특수성으로 인해 인터넷 문학은 독특한 풍격을 지니는데 즉 인터넷 문학에서 다루는 내용은 대부분 현대사회의 젊은이들이 좋아하는 최신 유행의 것들이다. 깊은 철학 사상이나 심오한 이치는 젊은 네티즌이 기피하는 내용이기 때문에 인터넷 문학은 주로 오락적이며 가볍고 단순한 취미성의 소재들만을 다루게 된다. 이러한 경향은 『서유기』와 관련된 인터넷 문학에서도 예외 없이 보이는데, 이들은 모두 소설 『서유기』와는 달리 가볍고 재미있는 내용을 창작한다. 예를 들어 『오공전(悟空傳)』[79] 『사승전(沙僧傳)』[80] 『서유사승전(西遊沙僧傳)』[81] 『천봉전(天蓬傳)』 등은 모두 이러한 인터넷 소설의 특징을 잘 보여주는 작품이다.

중국에서 『서유기』를 개편한 인터넷 문학작품은 인터넷 사용이 보편화되기 시작한 2000년대부터 활발하게 창작된다. 『서유기』 관련 인터넷문학 가운데 손꼽을 만한 작품은 단연 『오공전』이다. 이 작품은 인터넷에서 많은 독자들을 확보한 뒤에 실제로 출판된다. 대부분의 인터넷 작품들은 먼저 인터넷에서 창작되고 다수의 독자들을 확보하게 되면 그 인기의 힘으로 출판사의 의뢰를 받아 출판된다. 진허자이(今何在)의 『오공전』은 중국에서 인터넷 열기가 시작된 2000년에 인터넷에 처음 연재되기 시작해 '가장 훌륭한 인터넷 문학작품(最佳網絡文學作品)'이라는 칭송을 받았고 급속하게 많은 네티즌들을 확보하면서 저자인 진허자이는 榕樹下原創文學大獎 대회에서 최우수 인기상을 수상하기에 이른다. 이 책은 인터넷상의 인기로 인해 2001년 光明日報出版社에서 출판되었고, 출판계에 진출해서도

---

79 今何在, 『悟空傳』, 2000年.
80 天涯冷月, 『沙僧傳』, 2008年.
81 青天上仙, 『西遊沙僧傳』, 2008年.

큰 반향을 일으켰으며, 오래지 않아서 中國電影集團公司는 작자 진허자이와 정식으로 계약을 하고『오공전』의 TV와 애니메이션 각색의 판권을 사들인다. 中國電影集團公司는 중국 돈으로 천만 원을 투자하여 3~4년에 걸쳐서 〈오공전〉을 제작해 스크린에 올리게 된다.[82]『오공전』의 내용을 개괄해보면, 손오공은 5백 년 전 홀로 여의봉을 가지고 하늘을 공격하여 오행산으로 쫓겨난다. 그 후 5백 년 동안 신이 만들어놓은 틀 안에서 이전 기억을 잃고 자유의지도 상실한 채 신선이 되고자 한다. 신은 그에게 당승이 서천취경하는 것을 돕고 '제천대성(齊天大聖) 미후왕(美猴王)'을 포함한 4대 마왕을 죽이라는 임무를 내린다. 결국 기억을 회복한 손오공은 당승과 용왕을 죽이고 명계(冥界)와 천궁(天宮)을 혼란에 빠뜨린다. 마지막에 그는 여의봉을 써서 천궁을 모두 불태운 뒤, 자신도 불 속에서 화석이 된다. 이 책은 특이하게도 원작『서유기』에는 나오지 않는 당승의 무리들의 전세의 인연을 중요한 이야기의 실마리로 잡고 있다. 네 명의 제자들이 취경을 시작하는 것에서부터 이야기가 시작되는데 중간에 계속해서 전세의 이야기가 겹쳐지면서 연결되는 독특한 구성으로 되어 있다. 소설은 취경의 과정보다 인물의 성격 묘사에 집중하고 있다. 당승은 금선자의 환생으로 고독한 고행승이자 진리를 추구하는 사람이며 인간미는 더욱 강해졌다. 원작에서는 평범한 외모였던 그는『오공전』에서는 흰 옷을 휘날리는 멋진 청년으로 변화된다. 그는 소룡녀(小龍女)의 사랑을 받아 청춘의 열정의 화신이 된다. 저팔계 역시 기존의 게으르고 탐욕스러운 호색한의 오명을 씻어버리고, 멋지고 사려 깊은 천봉수신(天蓬遂神)이 되어 사랑하는 월선녀(月仙女)를 위해서 자신이 보잘것없는 돼지로 폄적되는 것도 개의치 않는다. 그

---

82 林華瑜,『英雄的悲劇, 戲仿的經典—網絡小說『悟空傳』的深度解讀』,『網文點擊』, 2002年4月, p.105.

는 돼지가 된 괴로움 속에서도 사랑하는 사람을 굳게 지키고자 하며 월선녀가 망각 속에 방치되는 것을 거부한다. 저팔계가 월선녀와 화해(火海)를 건너는 모습은 많은 젊은이들의 심금을 울렸다. 사승은 이 작품에서 간사하고 비열한 소인으로 변화되어 있다. 그는 추악한 욕망 때문에 사람들에게 멸시당하면서도 그들을 위해 노력하고 고생한다. 그의 인생은 황량하며 한탄으로 얼룩져있다. 결국 그는 하늘로 돌아가기 위해 손오공을 배신하기에 이른다.

『오공전』은 소설『서유기』와 영화 〈대화서유〉의 영향을 모두 받아서 창작된 작품이다. 특히 언어적인 측면에서『오공전』은 〈대화서유〉의 영향을 깊이 받았다. 〈대화서유〉의 포스트모더니즘적인 언어 특징, 즉 깊이 없는 표현과 단편적인 반복, 부조리한 농담 등이『오공전』에도 그대로 표현되어 있다. 이것은 인터넷 문학의 특징과도 통하는 부분이다.

이 밖에도『오공전』은 인터넷 문학으로서의 뚜렷한 특징들을 보여준다. 예를 들어『오공전』안에는 거의 짧은 문구의 배열들만이 있을 뿐 전통적으로 길게 서술되는 소설 문장들을 거의 찾아볼 수 없다. 그리고 반항과 전복, 반역의 심리, 부조리한 유머의 풍격, 구어식의 조롱하는 글로 이야기가 채워져 있다.『오공전』안에서는 취경고사 자체가 부정되고 원저의 인물 각색들이 모두 변화되며 사제 관계는 깨지면서 전통적인 것들이 전복된다.

그런데 흥미로운 점은, 최근 중국에서『서유기』를 개편한 대중문화 상품들의 상황을 살펴보면 인터넷 문학의 비율이 상당히 높다는 점이다. 앞으로 미래에는 인터넷을 활용한 인터넷 문학의 창작이 더욱 활발해질 것은 자명한 이치이지만, 특히 인터넷 문학은 중국 문화와 모종의 친연성(親緣性)을 지닌다고 볼 수 있다. 이는 현대 중국의 정치, 사회적인 상황과도 관련이 있는데, 첫째 고전을 개편하는 것 자체에 대해서 중국 내의 분위기가 상당히 보수적이어왔고 이로 인해서 자신의 이름을 걸고 고전작품을 자유롭게 다시 쓰는 것이 작자들에게는 상당히 부담스럽게 다가왔을 것이다. 그러므로 어느 정도 익명성이 보장되고 작품의 개작도 자유롭게 이루어질 수 있는 새로운 인터넷의 장에서『서유기』에 대한 각색이 더 활발하게 진행될 수 있었을 것으로 생각된다. 또한 중국에서는 큰 히트작을 내지 않은 이상 작자층의 사람들은 대부분 경제적으로 별로 풍족하지 못하다. 특히 신인 작가의 경우에는 이들을 믿고 작품을 선뜻 출판해주겠다는 출판사는 거의 없다. 이 경우 신인 작가들은 우선 인터넷에서 자유롭게 자신들의 창작의 열정을 펴고 그 반응이 좋을 경우 출판사들로부터 자연스럽게 러브콜을 받을 수 있게 된다. 그래서 오늘날 중국에는 인터넷 문학을 통해 처음 등단하는 신인 작가들이 많다. 그들에게 있어서 인터넷은 글쓰기의 열정을 마음껏 펼치고 나아가 자신의 작품을 출판할 수 있는 중요한 매개가 되는 것이다.

4. 나가며

『서유기』는 고전문학 가운데 현대 대중문화에서의 수용이 가장 활발한 작품이라고 말할 수 있다. 이러한 결과는『서유기』가 400여 년이라는 장구한 세월을 견뎌오면서도 여전히 문학적인 매력과 문화적인 역량이 퇴색하지 않은 콘텐츠라는 데에 그 일차적인 원인이 있을 것이다. 대부분의 고전 명저는 이른 시기에 저작되었지만 시대를 초월하여 대중들의 공감을 끌어내며 재미와 교훈을 줄 수 있는 작품들이다.『서유기』도 다양한 각도에서 해석될 수 있는 풍부한 상징들과 철학적인 함의를 담고 있기 때문에 현대 대중문화에서도 끊임없이 수용되어 재창조되고 있다. 그러나『서유기』와 같은 현대적 수용에 성공한 고전문학 작품은 사실 드물며, 대부분의 작품들은 장구한 시대의 간극을 극복하지 못한 채 대중들로부터 점차 멀어지고 결국 역사의 뒤안길로 사라져버린다. 이러한 고전문학에 대한 무관심과 냉대는 상당히 아쉬운 현상임에는 분명하다. 그러나 급속하게 발전하는 현대문명 속에서 이미 감각적이고 재미있는 오락거리에 익숙해진 현대인들에게 무작정 고전의 필요성만을 외치는 것도 설득력이 없다. 미디어와 이미지들의 홍수 속에 살아가는 대중들에게 고전의 지혜와 감동을 전달하기 위해서는 무엇보다 그들이 흥미를 느끼고 쉽게 수용할 수 있는 다양한 콘텐츠로 고전작품을 개발하는 작업이 절실하다.

그러므로 필자는 문화원형으로서 『서유기』를 탐구하고 현대적인 수용양상을 연구함으로써 콘텐츠로서의 가치와 활용 방법을 연구하는 작업이 매우 중요한 의의를 지닌다고 생각한다. 『서유기』는 중국의 신화적인 상상의 세계를 성공적으로 구현해냈을 뿐 아니라, 위계질서를 전복하는 거침없는 반항 정신을 표현했으며, 인간의 식, 색, 영생에 대한 욕망을 통쾌하게 폭로함으로써 오늘날에도 전 세계인들의 보편적인 감성을 울리고 있다. 또한 중국 대중문화에서 실제로 TV 드라마, 영화, 출판물, 인터넷 문학 등으로 계속해서 재창조되고 있으며 여전히 높은 흥행 수익을 올리고 있다. 이러한 맥락에서 문화원형으로서 『서유기』의 가치와 수용 양상을 살펴보는 것은 단지 『서유기』에 대한 연구에 그치는 것이 아니라 다른 고전 명저들의 현대적인 수용과 재창조로의 다양한 통로를 모색하기 위한 하나의 초석이 될 수 있을 것으로 생각된다.

참고문헌

오승은,『서유기』, 서울대학교 서유기 번역연구회 역, 솔, 2008.

황문웅,『중국의 식인문화』, 교문사, 1992.

程季華 主編,『中國電影發展史』, 華藝出版社, 1980.

童恩正,『西遊新記,後記』,『童恩正作品集』, 新蕾出版社, 1985.

李小白,『新西游記: 一琴一劍畜生"評話"』, 春風文藝出版社, 1997.

鄭志明 主編,『西王母信仰』, 臺灣(嘉義): 南華管理學院, 1997.

鍾海誠,『新西游記』, 人民文學出版社, 1997.

明白人,『唐僧傳』, 巴蜀書社, 2001.

火雞,『天蓬傳』, 光明日報出版社, 2002.

林華瑜,「英雄的悲劇, 戲仿的經典─網絡小說『悟空傳』的深度解讀」,『網文點擊』, 2002.

慕容雪村,『唐僧情事』, 天津人民出版社, 2003.

孫石磊,『經典的解構: 從『서유기』到『西遊補』,『大話西游』, 淮海工學院學報(人文社
     會科學報)第2卷, 第1期, 2004.

胡勝,『明清神魔小說研究』, 北京: 中國社會科學出版社, 2004.

韶華,『吳承恩,孫悟空,猪八戒新傳』, 蘭州大學出版社, 2004.

成君憶,『孫悟空是個好員工』, 中信出版社, 2004.

郭城,『水煮西游記』, 中國傳媒大學出版社, 2004.

沙金,『沙僧是個人際關系高手』, 中國華僑出版社, 2004.

肖潔,「評童恩正惟一的科幻長篇,『西遊新記』」,『新華書目報,科普走廊』728期, 2006.

王平,『明清小說傳播研究』, 山東大學出版社, 2006.

鄭笑兵,「超文本文學的後現代性特征」,『齊齊哈爾大學學報(哲學社會科學版)』, 2006.

鄭崇選,『鏡中之舞:當代消費文化之語境中的文學敘事』, 華東師範大學出版社, 2006.

拙稿,『『서유기』與東亞大衆文化』, 復旦大博士論文, 2010.

──,「『서유기』에 나타난 食人의 의미에 대한 고찰─신화, 종교적 분석을 중심으
     로」,『중국어문학지』, 2011.

──,『『서유기』與東亞大衆文化─以中國, 韓國, 日本爲中心』, 南京: 鳳凰出版社,
     2011.

의인화 과정을 통해 본 꽃의 문화원형

: 한국 고전 서사작품을 중심으로

이기대

1. 들어가며 : **문화원형**으로서의 **꽃**

꽃은 우리들의 삶과 밀접하게 연관되어 있는 자연물이다. 행사를 진행하거나 공간을 장식하는 과정에서 꽃을 활용하는 것이 보편적이다. 또는 축하를 하거나 위로가 필요할 때에도 특별한 의미를 담아서 꽃을 주고받는다. 때로는 꽃을 보기 위해 특정한 장소를 방문하기도 하고 집과 같은 사적 공간에서 꽃을 직접 키우기도 한다.

꽃과의 연관성은 꽃 자체의 외형적 아름다움에 끌린 것이기도 하지만, 그 안에 다양한 상징적 의미를 부여하고 있다는 점도 간과할 수 없다. 자연물로만 보는 것이 아니라 꽃을 통해 인간 삶의 다양한 의미를 축약하고 있는 것이다. 그렇다면 꽃에 대하여 의미를 부여하는 행위는 우리나라를 포함하여 인류에게 있어 근원적이면서 보편적인 모습이었다고 할 수 있다.[1]

---

1   양인석, 『백화전서』, 송원문화원, 1983 ; 진 쿠퍼, 『그림으로 보는 세계문화상

때문에 서양이나 동양의 문화를 통해 꽃에 대한 이야기나 꽃말을 쉽게 찾아볼 수 있다. 단적으로 그리스 신화에 나오는 나르시스(narcissus, 수선화)에 대한 이야기에서부터, 하아신스(hyacinth, 백합), 아네모네(anemone, 바람꽃), 아이리스(iris, 붓꽃), 힐리앤서스(helianthus, 해바라기)와 같은 꽃들에 대한 꽃말들이 흥미롭게 전해지고 있다.[2] 또한 중국의 신화에서도 꽃과 나무에 대한 기록을 찾아볼 수 있다.[3] 주로 꽃의 효능과 관련되어 이야기가 전해지는데 이는 신농(神農)이라는 전설적인 인물의 삶과 밀접하게 연관된다. 이에 노란 꽃이 피며 달여 마시면 화를 내지 않게 된다는 제휴(帝休), 향기롭고 아름다운 꽃이 피는 영수(靈壽) 등에 대한 이야기를 접할 수 있다.

우리나라에서도 꽃과 관련된 기록은 일찍부터 찾아볼 수 있다. 중국의 『산해경(山海經)』을 보면 무궁화(無窮花)에 대한 이야기가 실려 있다. '군자국(君子國)에 훈화초(薰花草)가 있다고 하는데, 여기서 훈화초는 무궁화이다. 그리고 훈화초의 꽃은 아침에 피었다가 저녁에 시든다.'[4]라고 되어 있어 무궁화가 고대부터 우리나라를 상징적으로 드러내는 꽃이었음을 알 수 있다. 또한 관련 기록을 찾아보면, 「주몽신화」에는 주몽의 어머니를 유화(柳花)로 상정하고 있으며, 신라의 「산화공덕가」와 「헌화가」 등의 작품에서는 꽃이 작품을 이해하는 핵심적 요소로 제시되고 있다. 때문에 우리의 문화와 역사에 있어서도 초기부터 꽃은 중요하게 다루어져왔다고 할 수 있다.

징사전」, 이윤기 역, 까치, 1994 참조.
2 서구의 꽃말의 기원과 역사에 대해서는 그다지 상세하게 알려져 있지는 않다. 그러나 대체적으로 그 원형은 희랍이나 로마 신화에 등장하는 꽃에 관한 이야기에서 유래된 것이다. 이상희, 『꽃으로 보는 한국문화』 1, 넥서스, 1998, 39쪽.
3 "(중국에서도) 식물의 색깔이나 모양, 향기, 약효, 계절 등에 따라 각기 특정한 의미가 생겨나게 되어." 이상희, 위의 책, 40쪽.
4 정재서, 『산해경』, 민음사, 2004, 281쪽.

따라서 꽃에 대한 의미 부여의 과정은 인류에게 있어 보편적인 성격을 지니면서도 개별화된 양상으로 나타난다. 꽃은 자연물에서 다층적 의미가 부여된 대상으로 전환되었고, 이에 지역이나 문화에 따른 꽃에 대한 인식은 같기도 하지만 달라지기도 하는 것이다. 즉 꽃 자체가 지역과 문화의 특징을 대변하게 된 것이다. 때문에 노란색의 국화는 서양 기독교의 전통에 따르면 불길한 것으로 이해되지만, 일본에서 황국(黃菊)은 천황(天皇)을 의미한다. 반면에 우리나라에서는 전통적으로 군자, 은일을 상징하는 남성적인 이미지의 꽃이었다.[5]

이와 같은 꽃에 대한 전통적 인식은 문화 콘텐츠의 문화원형과 부합된다. 문화원형에 대한 개념은 매체와 활용의 방법에 따라 다르긴 하지만, 인류에게 있어 문화적 원형을 드러내는 것이라는 보편적 의미에서부터 특정 지역과 집단에 내재된 무의식적 문화의 특성에 이르기까지 그 의미가 다양하게 정리되고 있다.[6] 아울러 대체적으로 특정한 문화권에서 전통적인 의미를 지니면서 현재 다양한 콘텐츠로 개발할 수 있는 문화적 특징도 문화원형으로 이해된다.[7] 때문에 꽃은 단순한 지역 단위에서의 의미뿐만 아니라 인류 전체에 통용되는 보편적 의미를 지니고, 다른 매체를 통해 활용될 수 있기에 문화원형이라고 할 수 있다.[8]

실제로 무궁화는 우리나라를 상징하는 문화원형이다. 뿐만 아니라 범위를 축소한다면 꽃은 어떤 모임이나 단체 및 지역을 대표한다. 그리고 해

---

5 김환희, 『국화꽃의 비밀』, 새움, 2001, 26~27쪽.
6 안기수·이명현, 『이야기문학과 문화콘텐츠 스토리텔링』, 보고사, 2010, 14~16쪽.
7 김만석, 「문화원형이란 무엇인가」, 『컨버전스 시대, 전통문화원형의 문화콘텐츠화 전략』, 북코리아, 2010, 11~36쪽 참조.
8 이윤석, 『민속문화 기반의 문화콘텐츠 기획론』, 민속원, 2006, 59쪽.

당 단체는 이를 활용한 행사를 진행하기도 한다.[9] 예컨대 학교에서 열리는 목련제나 국화제 등의 행사는 해당 학교의 교화(校花)를 활용한 것이다. 아울러 지역 단위에 기반하여 개최되는 꽃과 관련된 축제도 이러한 맥락에 포함된다. 때문에 문화원형으로서의 꽃은 실제로 우리의 삶에서 일상적으로 확인된다.

꽃은 문화원형으로서 우리의 삶에 영향을 미치고 특별한 지역적 의미를 지니기도 하기에, 단순한 자연물로서의 성격을 넘어 산업적으로 이용되기도 한다. 꽃 자체가 상품이 되며 계절의 변화에 따라 특정한 공간을 홍보하기 위한 수단으로 활용되고 관광자원으로 이용되기도 한다. 이처럼 꽃을 활용한 다양한 콘텐츠들이 존재할 수 있다는 것 자체가 문화원형임을 반증한다. 따라서 꽃에 대한 인류의 보편적 문화원형과 함께 특정 문화권에서의 꽃에 대한 의미를 보다 섬세하게 살피는 것은 이러한 점에서 중요하다.

이 글에서는 꽃에 대한 문화원형으로서 우리 고전문학 가운데 서사문학을 중심으로 꽃이 형상화되어 있는 양상에 대해 살펴보고자 한다. 고전문학에서 꽃은 일찍부터 중요한 소재로 활용되어왔으며 상징적 측면이 확대되어 의인화를 통한 서사화가 전개되어왔기 때문이다. 특히 이러한 작품들에서 꽃은 단순한 의미 부여만을 통해 상징적으로 제시되는 것이 아니라, 꽃을 의인화하면서 국가의 흥망성쇠를 사실(史實)에 따른 순차적 구조로 서술하고 있다. 즉 꽃의 문화원형을 활용하여 하나의 이야기로 확장시켜 적극적인 의미 부여가 진행된 것이다. 이는 다른 문화권에서의 꽃에

---

9 우리나라에서는 지역이나 도시에 따라 각각의 단체화가 있으며, 학교에서는 교화(校花)를 제정한다. 예를 들어 서울시의 꽃은 개나리이며, 부산은 동백꽃이고, 제주도는 영산홍이 지역을 대표하는 꽃이 된다. 교화는 여학교의 것이 유명하며 학교 이름 자체가 이화(梨花)여고와 같이 꽃에서 유래된 경우도 있다.

대한 상징화 과정과 비교하여 특징적이기에 꽃 자체의 의미와 함께 서사화의 과정 자체도 문화원형으로 포괄하여 이해할 수 있다.[10]

이를 문헌에서 확인해보면 삼국시대에서 조선시대에 이르기까지 지속적으로 전개되어왔다. 때문에 어떤 특정 개인의 성향만을 보여주는 것은 아니며, 우리 문화에 있어서 중요한 전통으로 자리 잡고 있음을 알 수 있다. 이러한 흐름을 보여주는 작품으로 설총의 「화왕계(花王戒)」로부터 시작해서, 이후 조선시대의 임제의 「화사(花史)」, 이이순의 「화왕전(花王傳)」, 김수항의 「화왕전(花王傳)」, 이가원의 「화왕전(花王傳)」 등을 중요하게 거론할 수 있다. 이에 이들 작품에 나타난 꽃에 대한 의미 부여와 의인화가 어떻게 이루어졌는지에 대한 관심을 갖고자 한다. 이러한 논의의 결과를 통해 우리 문화에 내재되어 있는 문화원형의 성격을 보다 다채롭게 이해할 수 있는 계기가 되기를 기대한다.

2. 접근의 시각과 대상 자료의 소개

꽃을 소재로 하고 있는 작품은 일반적으로 의인화를 통해 형상화되는 동시에 서사화의 과정을 거친다. 그리고 꽃을 소재로 한 작품에서는 외형적 특징을 내면적 성향과 연계하여 의미를 부여하고 있다. 예를 들어 「화왕계」에는 백두옹(白頭翁)과 장미(薔薇)가 등장한다. 여기서 장미는 화려한 외모로 왕을 미혹하는 존재로 등장한다. 반면에 화려하지 않은 백두옹이

---

10 우리나라에서는 유럽적인 의미로서의 꽃말에 해당하는 개념은 없었다. 그러나 꽃말을 꽃이나 식물에 얽힌 우의 또는 상징성이라고 광의로 해석한다면 우리나라에서도 서양의 것에 못지 않은 풍부한 한국적인 꽃말의 세계가 있었다. 이상희, 앞의 책, 41쪽.

왕의 진정한 신하로 등장한다. 이는 꽃에 대한 의인화의 과정에서, 의미를 부여하는 방식이 외형적 모습만을 중시하지 않고 있다는 점을 의미한다. 그리고 내면적 상징을 부여하는 것은 일정한 공감이 전제되어야 하기 때문에 이에 대한 관습은 오래되었다고 할 수 있다.

꽃의 의인화에 대하여 개인적 창의의 결과나 사물에 대한 단순한 관심이라는 논의도 있었다.[11] 그렇지만 일반적으로 꽃을 의인화한 작품들은 현실에 밀접한 영향을 미칠 수 있었던 것으로 나타난다. 때문에 내면적 의미에 따른 사회적 공감이 꽃에 투영되면서 작자들이 지니고 있는 의식이 표출된다고 할 수 있다. 아울러 작자가 의도하는 바가 꽃을 의인화하여 당대의 현실을 비판하거나 혹은 권계하는 데에 있다면, 꽃에 대한 의미 부여는 작품을 읽는 독자도 쉽게 파악해낼 수 있는 의미의 보편성을 의식해야 한다. 때문에 꽃을 의인화하는 경험은 개별적이라기보다는 집단적인 성격에 기반하며 이를 통해 작품의 창작 의도와 목적이 독자에게 명확히 전달된다.

물론 부분적으로는 작자의 주관적이고 개인적인 정서나 선택에 의해 의인화된 경우도 있고, 꽃의 명칭을 역사적 인물과 비슷하게 엮어 특화시킨 것도 찾아볼 수 있다. 그렇지만 이러한 개별적 면모도 실제로는 개인의 창의에 의한 결과이기보다는 일반적인 공감을 전제로 한다. 따라서 꽃의 의미를 개별적으로 다루는 것이 아니라 공통적인 의미로 환원하여 해석하는 것을 전제로 이해한 상황에서 그 개별적 성격을 개성적인 면으로 이해

---

11 의인화에 대한 기존의 평가는 엇갈리고 있다. 즉 "의인의 비유는 사물에 대한 관심을 제고하기 위한 수사적 방편이나 흥미를 위해 이루어진 것이며, 비유를 통해 가탁된 인간적 흥미, 즉 정치·윤리적 주제 의식은 이에 비해 기껏해야 부차적인 중요성을 가질 수 있다"고 하여 의인화의 방법을 단순히 사물에 대한 관심을 제고하기 위한 수사적 기법으로만 평가하고 있기도 하다. 조수학, 「화사에 미치는 화왕계의 영향 여부」, 『국어국문학연구』 14, 영남대학교, 1972, 141~159쪽.

하는 것이 필요하다.

그리고 작품에 나타난 이러한 면은 사회적 공감에 따라 꽃이 의인화되며, 이 때문에 그 꽃은 문화원형으로서의 성격을 지닌다는 것을 의미한다. 역설적으로 문화원형에 기초함으로써 작품의 의미가 적절하게 서사화될 수 있었다고도 할 수 있다. 이와 같은 꽃에 대한 보편적 인식과 문화원형으로서의 성격은 후대에 이르러 꽃의 의미를 체계화하는 방향으로 나아간다. 꽃에 대한 인식이 이론적으로 정리되었기 때문이다. 『양화소록(養花小錄)』과 『화암수록(花庵隨錄)』의 내용을 통해 이러한 점을 찾아볼 수 있으며, 이러한 문헌을 현대적으로 이해하자면 꽃에 대한 문화사전이라고 할 수 있다.[12]

특히 『화암수록』은 꽃을 구등품제(九等品第)로 나누고 그 품성을 품평하고 있다. 이와 같이 꽃의 품성을 평한다는 것은 사람의 정서와 의미를 꽃에 그대로 부여한 것이라고 이해할 수 있다. 그리고 의미가 부여된 꽃들은 단순한 상징만을 드러내지 않는다. 따라서 『양화소록』이나 『화암수록』과 같은 기록에서 꽃에 의미를 부여하는 것은 단순한 개인의 취미에 따른 창의라기보다는 사회적으로 공감을 얻을 수 있는 의미를 바탕으로 꽃의 문화원형에 따른 정서와 의미를 반영하는 것이라고 이해할 수 있다.

때문에 작품에서 꽃이 어떤 문화원형에 기반하고 있는가를 살펴보는 것이 중요하다. 그리고 이러한 문화원형에 따른 작품의 의인화 과정을 통

---

12 『화암수록』에서는 '화목구등품제(花木九等品第)'를 통해 화목의 품제에 대해 다음과 같이 논하고 있다. "화목의 품제에 대해서 옛사람이 이미 구품으로 나누어 노정함이 있으므로 이제 나도 짐작, 가감해서 또한 구품으로 나누고, 등마다 각각 다섯 가지의 품종을 취하기로 했다. 1등은 높은 풍치와 뛰어난 운치를 취하고, 2등은 부와 귀를 취하고, 3·4등은 운치를 취하고, 5·6등은 번화함을 취하고, 7~9등은 각각 그 나름의 장점을 취했다." 강희안, 『화암수록』, 『양화소록』, 이병훈 역, 을유문화사, 1973, 141~142쪽.

해 꽃들이 작품 속에서 어떻게 관계를 맺고 있는지에 대한 관심이 결과적으로 작품에 대한 이해로 연결된다.

전통적인 서사문학 가운데 꽃을 의인화하는 경향을 본격적으로 보여준 첫 번째 작품은 「화왕계」이다. 「화왕계」는 신라 신문왕이 무료함을 달래기 위해 설총에게 재미있는 이야기를 청하자 설총이 꽃을 의인화하여 지어낸 이야기이다. 이 작품은 『삼국사기(三國史記)』 열전에 설총을 다루면서 제목 없이 언급된 것으로, 『동문선(東文選)』 권52에는 「풍왕서(諷王書)」라고 기록되어 있다. 지금까지 연구된 바에 의하면 고려 후기 성행하였던 가전체 문학의 선구적 형태라고 한다. 이러한 점에서 그 가치가 인정되고 있으며, 꽃에 인성을 부여한 의인 수법과 왕을 주인공으로 하여 풍자한 면이 이후의 작품들과 유사하다는 점에서 후대의 작품에 영향을 주었다고 할 수 있다.[13]

「화사」는 춘하추의 3계절 동안 피었다 지는 꽃들을 대상으로 매화, 모란, 부용을 각 나라의 왕으로 의인화하고 있는 작품이다. 그 체제는 편년체로 되어 있고 그 연월에 의거하여 한 사건이 전개되면 그와 유사한 사건이 첨부되어 있다. 이러한 이야기가 '사신왈(史臣曰)'로 시작되는 작자의 평을 통해 의미를 명확히 보여준다.

「화왕전」이란 제목을 단 작품으로는 이이순과 김수항의 작품이 앞선다. 이이순의 「화왕전」은 『후계문집(後溪文集)』에 실려 있다. 김수항의 「화왕전」은 이이순의 작품과 동명인 작품으로 『문곡집(文谷集)』 권26에 실려있으며, 이 작품은 김수항이 16세에 지은 작품이라 한다. 이러한 전통을 계승한 작품이 이가원의 「화왕전」이다. 이가원의 작품은 꽃을 의인화한 작품 가운데 가장 후대의 작품으로 『여한전기(麗韓傳奇)』에 실려 있다. 이 작

---

13 조동일, 『한국문학통사(2판)』, 지식산업사, 1989, 240~244쪽.

품은 시대적으로 근래에 지어진 작품이지만, 오히려 작자가 꽃을 의인하는 전통을 이었다는 점에서, 꽃을 의인화하는 작품들에 나타난 문화원형이 최근까지 이어지고 있는 양상을 보여주고 있다.

3. 문화원형으로서 꽃의 의인화

여기에서는 작품들에 나타난 꽃의 의미를 의인화의 대상에 따라 종합적으로 추출하고자 한다. 그리고 꽃과 수목에 대한 품평이 실려 있는 『양화소록』 및 『화암수록』과 작품에 나타난 꽃을 비교하면서 꽃의 의미가 문화원형으로 어떻게 설정되어 있는지에 대하여 논의하고자 한다.

화왕으로의 의인화와 문화원형

꽃을 의인화한 작품들에서 화왕으로 의인화하고 있는 대상은 주로 모란이다. 우선 「화왕계」부터 모란이 화왕으로 등장한다. 「화사」에는 도(陶) · 동도(東陶) · 하(夏) · 당(唐) 등 총 8개의 국가가 나오는데, 이 가운데 도와 동도 · 당을 제외한 다섯 국가에서 모란을 화왕으로 의인화하고 있다. 또한 김수항의 「화왕전」과 이이순의 「화왕전」, 이가원의 「화왕전」에서도 모란을 화왕으로 의인화하고 있다. 때문에 모란을 화왕으로 의인화하는 것은 그 연원이 상당히 오래되었으며, 그 전통이 지속되어왔다고 할 수 있다.[14]

---

14 모란을 왕에 비유하는 것은 『고려사절요』 등의 기록을 통해서 보다 직접적으로 드러난다. "어떤 사람이 왕에게 아뢰기를, 위왕관 뜰 안의 광채가 모두 모란

모란의 의미는 우선 묘사 부분을 통해 드러난다. 작품을 보면 모란이 화왕으로 의인화된 이유가 명확히 드러난다. "그는 살이 풍부하고, 얼굴이 빼어났으며, 빛이 화려하고 밝았으니 부귀를 누릴 상이었다."[15], "어렸을 때부터 기특한 재질이 있고, 차차 자라서도 얼굴이 악단과 같았으며, 풍채는 사람들을 놀라게 할 만큼 대단했다."[16], "타고난 성질이 빼어나 한아한 자태는 더욱 아름다웠고, 부귀기상도 있었다."[17]고 되어 있다. 아울러 이가원의 「화왕전」에서는 "왕은 이미 나면서 윤기 있는 피부에 색이 빼어났으며, 아름다운 빛이 밖으로 퍼지니, 번화부귀의 기상이 갖추어져 있었다."[18]라고 되어 있다. 이러한 형상을 통해, 화왕의 부귀영화와 권력이라는 상징성은 대체로 모란의 외적인 모양에서 비롯된 것을 알 수 있다. 그리고 이는 『화암수록』에서 품평한 모란의 모습과도 일치[19]한다. 이외에도 매화나 연꽃도 화왕으로 의인화된다.[20] 그렇지만 이러한 형상이 많지 않다는 점에서 화왕

꽃의 형상을 이루었으니, 어찌 하늘이 상서를 내리어 왕의 성덕을 표기한 것이 아니겠습니까?라고 하였다." 『고려사절요』, 충숙왕 4년.

15 "豊肥秀色 光華灼 眞富貴相也." 이이순, 「화왕전」, 『후계문집(後溪文集)』 권22.

16 "幼有異質 及長 顔如渥丹 風朵動人." 임제, 『화사』, 문선규 역, 통문관, 1961, 146쪽.

17 "資質拔萃 閒雅甚都 有富貴氣象." 김수항, 「화왕전」, 『문곡집(文谷集)』, 권26.

18 "王旣生矣 豊肌秀色 韶光外敷 備有繁華富貴氣象." 이가원, 「화왕전」, 『여한전기(麗韓傳奇)』.

19 (모란이) 부귀 번화한 꽃이라 함은 이미 공론으로 정해져 있다. 논하되, 모란은 그 자체가 본디 큼직하여 부귀를 오롯이 누려 혼자 우이(牛耳)를 잡으니 이 꽃은 실로 오패 중의 제환공이라 하겠다. 강희안, 앞의 책, 156쪽.

20 매화를 화왕으로 의인한 것은 「화사」의 도와 동도이다. 매화는 흔히 사군자로 불리며 난초, 국화, 대 등과 함께 산림에 은거한 처사의 형태로 작품에 나타나는데, 「화사」 중 도와 동도에서 화왕으로 의인되고 있다. 은둔처사나 군자의 상징성을 가진 매화가 화왕으로 의인되고 있는 이유는 「화사」의 구성이 한 국가의 흥망성쇠를 다룬 것이 아니고 4개 국가의 번영과 몰락이 계절의 변화에 따라 복합적으로 구성된데서 찾을 수 있다. 즉 초봄에서부터 여름까지 시기별로 피고지는 꽃들이 도 · 하 · 당에 각각 가탁되고 있기 때문에 매화는 초봄의 도

으로서의 모란이 문화원형으로 중요한 의미를 지닌다고 할 수 있다.

한 국가의 왕을 상징화한다면 일반적으로 부귀영화와 권력을 외형적으로 드러내는 것이 일반적이다. 다만 이러한 의인화 과정에서 중요한 점은 왕이 내적으로 덕을 잃을 수도 있고 사치나 호색에 빠질 가능성을 열어 놓고 있다는 점이다. 화려하고 덕스럽지만 완벽한 내적 수양에는 이르지 못하다는 점을 전제로 하는 것이다. 그리고 이러한 여지로 인해, 결국 화왕이 다스리는 나라는 늘 안정되어 있는 것이 아니라 위기를 겪게 된다는 것이 암시된다.

때문에 꽃을 통한 화왕의 의인화는 문화원형으로서 한 나라의 흥망성쇠를 이야기할 수 있는 계기가 된다. 그리고 왕을 이상적이면서 완전무결한 대상으로 보는 것이 아니기에 이 사이를 메꾸는 간신과 충신이 등장할 수 있게 된다. 그리고 작자는 이러한 인물의 설정을 통해 자신의 의도나 정치적 견해를 논할 수 있게 된다.

왕비로의 의인화와 문화원형

왕비로 의인화되는 꽃들로 우선 모란이 주목된다. 왕비도 왕과 마찬가지로 외형적으로 후덕한 아름다움과 부귀영화를 상징할 수 있어야 하기 때문이다.[21] 작품으로는 김수항의 「화왕전」과 이이순의 「화왕전」에서 모란이 왕비로 의인화되어 있다.

―――――――

와 동도의 왕으로, 모란은 초여름 하의 왕으로, 연(蓮)은 여름 당의 왕으로 의인되고 있다.

21 전통적으로 모란은 다양하게 상징화되면서 아름다운 여성과 여왕과 왕비를 의미하기도 한다. 이는 『삼국사기』에서 선덕여왕을 모란으로 상징화한 그림을 당태종이 보내주었다는 이야기를 통해서 드러난다.

그렇지만 왕비로 의인화되는 꽃들은 화왕과 비교해 상대적으로 다양하다. 「화사」의 동도에서는 매화, 「화사」의 도에서 계씨(계수나무), 하에서는 화예(꽃술)가 각각 왕비로 의인화되고 있기 때문이다. 또한 「화왕계」와 「화사」 중 당(唐)에는 왕비의 모습이 처음부터 나타나지 않는다.

왕비로 의인화된 꽃들의 모습은 왕비에 대한 일반적인 인식과 연관된다. 작품 내에서 왕비는 "정숙하고 요조한 덕이 있고 여공에 근면하여 왕의 덕화를 돕는 바가 되었으므로"[22]와 같이 묘사되어 있다. 덕이 있고 정숙한 모습으로 나타나고 있는 것인데, 이러한 점들은 대체로 전통적 관념에서 왕비가 갖추어야 할 품성으로 간주되었던 것들이라 할 수 있다. 특이한 점은 「화사」의 동도에서 화왕인 매화가 동성인 매씨를 왕비로 삼고자 하자 신하인 오균이 동성끼리 결혼할 수 없다고 충고하고 있는 것이다. 이는 작품이 지어지던 시대의 사상적 배경인 유교적 사고를 드러낸 것이다.

따라서 왕비류는 왕과 다르게 비교적 다양하다는 점에서 특징적이다. 한 나라에 왕은 한 명이지만 왕비는 여럿일 수 있다는 점과 가문에 따라 여러 인물을 간택할 수 있다는 현실 경험이 작품에 투영된 결과라고 판단된다. 따라서 왕비가 화왕과 반드시 같은 형상으로 등장하는 것도 아니다. 다만 기본적으로 품성이나 외형이 화왕과 왕비가 아름답고 부귀한 기상으로 나타나고 있다는 점에서 공통적이다.

궁녀 및 미인류로의 의인화와 문화원형

궁녀와 미인류로 의인화된 꽃들은 작품마다 특색이 있다. 그렇지만 대체적인 꽃의 외양과 이에 따른 의미는 비슷한 측면이 있는데, 외형상 화려

---

22 "有貞靜幽閑之德 能勤於女工 以助王化." 임제, 앞의 책, 141쪽.

하고 아름다운 꽃들로 의인화되고 있기 때문이다. 작품별로 살펴보면 「화왕계」에서는 장미가 화왕을 유혹하는 미인으로 되어 있고, 「화사」에서는 이씨부인(오얏), 도요요(복숭아꽃), 양귀인(버드나무), 화예(꽃술), 반씨(潘氏)가 궁녀로 의인화되고 있다. 이이순의 「화왕전」에서는 해당화, 김수항의 「화왕전」에서는 분섬교(粉孅嬌, 꽃술)가 궁녀로 의인화되고 있다. 그리고 이가원의 「화왕전」에서는 해당화가 나라를 망치는 경국지색(傾國之色)으로 의인화되었다.

여기서 「화사」의 하(夏)와 김수항의 「화왕전」에서 보여지는 화예와 분섬교는 꽃술의 이칭으로 그 생리적인 특성으로 인하여 의인화된 것이다. 양귀인은 다른 꽃들처럼 꽃 자체의 의미에 의한 것이 아닌 역사적 인명과의 유사점을 통하여 미인으로 의인화되고 있다. 이러한 점은 꽃의 외형적 특징과 함께 꽃과 관련된 고사를 활용하여 의인화하고 있다는 점에서 문화원형의 성격을 지닌다.

아울러 장미, 해당화, 이화, 도화 등이 미인으로 의인화되는 것은 일반적으로 이들 꽃이 화려하여 왕을 미혹시키는 역할을 감당할 수 있다는 생각에 따른 것이다.[23] 때문에 이러한 의미 부여와 의인화의 과정에는 일반적인 공감이 전제되어 있다. 실제로 이들이 모두 화려하고 아름다운 꽃들로 인식되고 있다는 점은 『화암수록』에 나타난 품평과도 일치한다.[24] 이

---

23 미인이면서 왕을 미혹시키는 존재로 대표적인 꽃은 도화이다. 도화는 전통적으로 복숭아 자체가 여성의 벗은 엉덩이로 이해되었기에(복숭아 같은 엉덩이를 치마 밑에 둥실(桃花團月掩羅裙), 「만화본춘향가(晩花本春香歌)」), 꽃 자체를 통해서도 여성성을 강조했다고 할 수 있다. 때문에 현대에 와서 도색(桃色)이라는 단어가 남녀 사이를 의미하며 사용되고, 그 관계를 비하하여 도색사진, 도색영화 등의 단어를 사용한다. 이상화, 앞의 책 3, 91쪽.

24 『화암수록』에는 "장미는 평하되, 순수한 황정색으로 그 자태가 아름답고 아담하다. 해당은 평하되, 깨끗하고 고운 맵시에 잠이 가득한 눈매가 몽롱하다. 홍

것은 당시 여성에 대한 이해의 과정과 부합된다고 판단할 수 있다.

충신류로의 의인화와 문화원형

충신류로 의인화된 것들은 대체로 꽃보다 나무의 종류가 많으며, 특히 「화사」에서 집중적으로 등장한다. 「화사」에서는 고죽군 오균(烏筠, 대나무), 대부 진봉(秦封, 소나무), 백직(栢直, 잣나무), 두충(杜沖), 동백(董栢), 노송(老松), 소철(蘇鐵), 작약(芍藥), 형초(荊楚, 가시나무), 두약(杜若), 문조(文藻, 조류의 일종), 강리(江籬, 조류의 일종) 등이 의인화된다. 한편 「화왕계」에서는 백두옹, 이이순의 「화왕전」에는 대나무와 작약, 김수항의 「화왕전」에는 작약이 충신으로 의인화되고 있다.

이러한 의인화는 대나무, 소나무, 국화 등에 대한 문화원형과 직접적으로 연관된다. 이들은 작품의 문맥과 관련이 없이도 그 자체로 '인(仁), 의(義)'나 '성(誠)' 따위의 이념을 대변할 수 있었던 존재들이다. 또한 고결, 절의, 충직 등과 같은 윤리적 가치를 상징하여왔다.[25] 한편 두충, 동백, 소철 등은 사시사철 잎이 지지 않는 의미를 지닌 특성으로 인하여 곧고 절개가 있는 충신으로 의인화되었다고 할 수 있다.

이와 같이 충신에 대한 의인화를 통해 드러내고자 한 것은 충신이란 어떤 인물이어야 하는가라는 점이다. 강직하고 절개가 높은 모습을 전형적인 충신으로 의인화하고 이를 강조하려 했던 의도가 내재되어 있는 것이다. 이런 점에서 나무가 꽃보다 충신으로 더 많이 등장하는 이유도 명확

벽도(紅碧桃)는 평하되, 문에 기대어 서서 웃으면 말 타고 지나가는 손들이 손에 쥔 말채찍을 놓치지 않는 이 없을 것이다."라고 되어 있다. 강희안, 앞의 책, 157~158쪽.

25 정학성, 「화사론」, 『한국한문학연구』 제5집, 한국한문학연구회, 1980, 27쪽.

해진다. 꽃은 상대적으로 피고 지는 모습이 분명하지만, 나무는 사계절을 겪으면서도 한결같다. 그리고 이러한 모습이 결과적으로 신하가 갖추어야 할 덕목으로 요청되고 있는 것이다.

한편 여러 작품에서 뛰어난 재상으로 의인화되어 있는 것은 작약이다. 작약은 화상(花相)이라는 명칭이 있을 정도로 전형적인 재상의 자격을 갖춘 꽃으로 이해되고 있다.[26] 특히 작약은 『화암수록』에서 "충실하고 화려함이 화왕보다 못하지 않"은 인물로까지 평가되고 있다. 때문에 대나무나 국화 등의 신하가 곧은 절개와 은일적인 성품이 두드러져 은둔처사류와 의미가 통합되는 것과 비교해 다르다.

이를 통해 일국의 재상은 단지 충실하거나 은둔자적인 성향이 중요시되는 것이 아니라 국정 전반에 걸쳐 왕과 대립할 수 있을 정도의 능력이 있어야 함을 드러내고자 하였음을 알 수 있다. 이러한 작약의 모습은 과거 신하의 역할에 대한 현재의 단편적인 생각과 다르며, 오히려 신하나 재상의 역할에 대한 다양한 이해의 경험을 확장시켜준다. 때문에 전통적인 의미에서의 문화원형은 당대에 일반적이었지만 오히려 잊혀진 부분들이 오늘날 존재한다고 할 수 있다. 따라서 전통적인 문화원형에 대한 이해가 현재도 중요한 이유를 작약이 잘 보여준다고 할 수 있다.

간신류로의 의인화와 문화원형

간신류로 의인화되는 꽃들은 다른 인물과 다르게 여러 작품에서 전반적

---

26 『화암수록』에서 평하기를 "모든 꽃부리에서 뛰어나고, 희고 붉은 것이 서로 높음을 자랑한다. 작약은 충실하고 화려함이 화왕보다 못하지 않으나, 이 또한 진나라의 모공과 초나라의 장왕에 비할 만하다."라고 되어 있다. 강희안, 앞의 책, 156쪽.

으로 나타나지 않는다. 부분적으로 「화사」와 김수항의 「화왕전」에서 찾아볼 수 있다. 구조적으로 이들 작품의 경우에는 충신과 간신 세력 간의 갈등 또는 반역자와의 갈등이 중요하게 다루어지고 있기 때문이다. 반면에 이이순과 이가원의 「화왕전」은 미인에 대한 왕의 경계를 주로 나타내고 있다.

「화사」에서는 이옥형(오얏), 석우(石尤, 풀이름), 가란(假蘭)이, 김수항의 「화왕전」에는 복숭아와 오얏이 간신으로 의인화되고 있다. 이들 꽃들이 간신으로 의인화되는 과정은 부분적으로 작가의 판단이 중요한 근거가 된다. 이에 간신의 모습을 지닌 꽃들은 대체로 화려하거나 다소 원색적인 색을 보이는 꽃들과 몽환적인 성격을 보여주는 꽃들로 제한된다.

꽃을 활용하여 간신을 드러내는 것이 문화원형과 직접 결합되는 양상은 이옥형과 석우를 통해 자세히 드러난다. 특히 석우는 「화사」의 동도에서 왕을 죽이고 하(夏)를 세워 하에 중요하게 등용되나 하의 문왕을 망쳐 하마저 망하게 하는 인물이다. 이들의 성품에 대해 서술된 부분을 살펴보면, 석우에 대해서 "절조의 변함이 무상하여 기쁘면 거짓 불고, 화가 나면 바람을 일으키어 만물을 일으키니 그는 태평한 세상에서는 능한 신하라 할 수 있고, 난세에서는 간웅이라 할 수 있다."[27]라고 서술되어 있다. 한편 이옥형에 대해서는 "타인을 시기하고 남을 모함하기를 좋아했다(猜疑多詐)."라고 되어 있다. 문헌을 통해 제시되었던 부정적 의미가 이들에게 내재되어 있는 것이다. 따라서 이의 활용을 통해 간신의 모습으로 각인된 것은 문화원형에 따른 결과가 된다.

이처럼 간신으로 의인화된 꽃은 결과적으로 나라를 멸망으로 이끈 인물로 인식된다. 이를 통해 일국의 흥망에는 화왕과 일개 신하의 성품 및

---

27 "風伯爲人 反覆無常 喜則吹噓 怒則吹折 此所謂治世之能臣 亂世之奸雄." 임제, 앞의 책, 147쪽.

능력이 중요하다는 의미가 부연되어 나타난다.

은둔처사류로의 의인화와 문화원형

작품에서 은둔처사의 모습으로 의인화되는 꽃들도 찾아볼 수 있다. 「화사」의 하(夏)와 이이순과 김수항의 「화왕전」 및 이가원의 「화왕전」에서는 매처사(梅處士)와 국은일(菊隱逸)이 나온다. 이 꽃들은 대체로 홀로 서산에서 고사리를 캐면서 화왕이 부르는데도 나오지 않는 은둔처사로 등장한다. 그리고 한국의 의란과 주지(朱芝)는 스스로를 은거처사, 상산처사라 한다. 한편 이이순의 「화왕전」에서는 매화, 대나무, 국화가 강호에 숨어 살며 벼슬을 구하지 않는 처사로 의인화되는데, 왕이 이들을 초빙하자 매화와 대나무가 조정에 나가는 것으로 설정되어 있다. 김수항의 「화왕전」에서는 매화, 국화, 난초, 연꽃이 각각 빙옥처사(氷玉處士), 오상처사(傲霜處士), 향원처사(香遠處士), 청정처사(淸淨處士)라 칭하며 산림과 강호에 묻혀 사는 은둔처사로 의인화되고 있다.

여기서 매화의 성품은 "성장하여 그는 아름다운 자태에 수려했으며, 성질이 박질한 데다가 풍채는 아결하였고, 선조의 유훈을 이어받아 그 덕이 높아서……"[28]라고 의인화되어 있어 일반적인 매화의 문화원형[29]에 따른 것임을 알 수 있다. 연꽃도 매화처럼 부귀영화나 권력보다 '고결하고 깨

---

28 "及長 英姿美秀 性質朴素 風采雅潔 克承先烈 厥德 香." 임제, 앞의 책, 141쪽.

29 『화암수록』에는 매화에 대해 "고매(古梅)는 아득한 먼 날부터 어떻다고 말하기 어렵거니와 말 잘하는 선비가 그 모습을 방불하게나마 형용하지 못한다면 이는 참으로 용의 모습처럼 그리기가 어렵다 하겠다. 태상노군이니, 홍황백천엽(紅黃白千葉)이니 하는 것은 속태가 흐르니 참으로 매화가 아니다."라고 하고 있다. 강희안, 앞의 책, 155쪽.

끗한 이미지'로 의인화되어 있다.[30]

이러한 은둔처사류의 꽃들은 충신류와 유사한 문화원형에 기반하고 있다. 전통적인 충신의 모습은 출처에 따라 조정에 나서기도 하지만 은거하는 것도 자연스러운 모습이기 때문이다. 신하로 의인화된 꽃들도 벼슬살이를 구하지 않으면 은둔하는 모습으로 지내며, 왕이 비단을 보내며 몇 번이나 청하였으나 응하지 않을 때 은일자로 의인화되고 있는 것이다. 더 나아가 꽃들의 특징에 따라 이름을 새롭게 부여하고, 그 이름에 적합한 처사로 부르고 있다. 이러한 이름은 은거하는 처사에 대한 모습을 상징적으로 보여준다는 점에서 문화원형의 성격을 지닌다.

4. 문화원형에 따른 **꽃의 서사화**와 **작품의 특징**

문화원형에 따른 꽃의 서사화

꽃을 의인화한 작품들은 문화원형을 토대로 하나의 나라에서 화왕과 신하의 관계를 중심으로 이야기를 구성하고 있다. 이 점은 다른 소재를 문화원형으로 활용하여 의인화한 작품이나 가전체와 구별된다. 꽃이 아닌 다른 대상으로 나라를 의인화하였다면, 왕과 신하의 관계가 희화화되었을 가능성이 높다는 점은 용궁이 묘사된 「토끼전」과 같은 작품을 통해 확인해 볼 수 있다. 대신에 꽃을 의인화하는 작품은 꽃의 다양성과 문화원형을 토

---

30 연꽃에 대하여 『화암수록』에서는 1등급으로 분류하고, 그 성품은 "홍백련(紅白蓮)은 강호에서 뛰어나서 이름 구함을 즐기지 않으나 자연히 그 이름을 감추기 어려우니 이것은 기산, 영천간에 숨어살던 소부(巢父), 허유(許由)와 같은 유라 하겠다."라고 품평하고 있다. 강희안, 앞의 책, 155~156쪽.

대로 인간 사회의 모습과 연계되면서 당대 현실을 비판하거나 풍유하기 위한 측면이 보다 직접적으로 드러난다.

더 나아가 꽃을 통해 한 국가의 흥망성쇠를 본격적으로 다룬다는 것은 작자가 살아가고 있는 현실 공간에 대한 인식을 의도적으로 결합시키는 과정에서 나온 결과이다. 따라서 기본적으로 꽃에 대한 문화원형은 인간 삶과 사회에 대한 작자의 판단과 긴밀하게 연관된다. 이는 강희안의 『양화소록』 서문을 통해 잘 드러난다.

> 불행히도 때를 얻지 못하면 부질없이 이상만을 가슴에 품고 있을 뿐 세상에 펴지 못하고, 교화가 한 집안에서만 그칠 뿐 널리 펴 나가지 못할 것이다. 이와 같이 대혜(大惠)를 혼자만 간직하고 펴볼 수 없을 때 사람들은 흔히 하잘것없고 작은 일에다가 전체 대용(大用)의 묘법을 시험해보기도 하니, 이는 곧 선비로서 크게 불행한 노릇이다. 그러나 한편 생각해보면 작은 일로 미루어 큰 일을 시험해봄이니 이 또한 해볼 만한 일이 아니라고 할 수 없다.[31]

위의 인용문에서는 꽃을 가꾸는 일이 비록 하잘것없는 일이지만, 이를 통해 세상을 다스리는 이치를 시험해보는 것이라 하고 있다. 이는 꽃을 키우는 과정을 인간 사회와 관련시켜 당대 정치 현실을 비판하기 위한 풍유나 사대부적 이상을 가탁하고 있다는 것을 토로한 것이다. 따라서 국가의 개국과 몰락의 과정 속에서 나타나는 정치의 부패와 왕의 실정을 폭로하며, 작가는 더 나아가서 '사신왈(史臣曰)' 또는 '태사공왈(太史公曰)'이라는 부분을 통해 왕에 대한 평가와 국가 몰락 이유를 직접적으로 서술하

---

31 "不幸時命 不偶 道蘊於心而不達 化止於家而不廣 斂我大惠 屈而莫伸 則或托於淺末之事 以寓夫全 體大用之妙 斯乃士之不幸 然亦推小以例大矣." 강희안, 앞의 책, 17쪽.

고 있다.[32]

다만 이러한 과정은 꽃의 문화원형을 나열하는 것을 통해 드러나는 것이 아니라 서사화의 과정을 거친 결과라는 점에 주목할 필요가 있다. 때문에 꽃을 소재로 의인화한 작품은 문화원형을 통해 꽃의 내적 의미를 이해하는 것에 그치는 것이 아니라 서사화의 과정과 결합되면서 작품의 의미가 개별적이면서 본격화된다. 즉 꽃 이야기의 전체적인 의미는 서사화의 과정을 통해 특징적으로 나타난다.

정리하자면 같은 문화원형과 이에 따른 꽃들에 대한 정서가 근간이 되었을 지라도, 작품별로 두드러진 의미는 꽃들끼리 어떤 관계를 취하고 있느냐에 따라 달라진다. 그리고 이러한 서사화를 통해, 꽃을 소재로 의인화한 작품들의 유형적 성격과 시대적 의미가 좀 더 정밀하게 제시된다고 할수 있다. 그리고 꽃을 의인화한 작품들이 소재 즉 꽃들을 이용하여 이야기를 풀어나가는 과정은 현대적 개념의 스토리텔링이라고 할 수 있다. 따라서 작품 내에서 문화원형에 따른 꽃들이 의인화되면서 구체적으로 어떻게 관계를 맺고 있는가와 이것이 한편의 이야기를 이루면서 어떤 의미를 개별적으로 창출해 내고 있는가를 살펴보는 것이 중요하다.

개별 작품의 특징

« 「화왕계」

「화왕계」의 등장인물은 화왕과 장미 그리고 백두옹으로 다른 작품에 비해 비교적 간단하다. 그러나 간단한 인물의 관계가 오히려 각각의 특징

---

32 김태준이 『조선문학사』에서 『화사』에 대해 이러한 견해를 제시한 이후 거의 통설로 받아들여지고 있는 듯하다. 김태준(1939), 『조선문학사』, 학예사, 74쪽.

을 선명하게 보여준다. 그리고 장미와 백두옹 사이의 대립 속에 화왕은 처음에 가졌던 마음이 변하는 인물로 서사화된다. 이를 통해 구체적으로 왕은 어떤 마음을 지녀야 하는가가 드러난다. 갈등하지만 끝내는 충신의 간언을 듣는 화왕을 통해 왕에게 필요한 덕목을 설명하는 것이다. 때문에 「화왕계」는 화왕을 유혹하는 장미와, 군자의 바른 길을 충간하는 백두옹을 통해 사치와 호색에 빠지는 것에 대한 경계를 드러낸다. 아울러 신하의 입장에서는 간언을 해야 한다는 군자의 도리를 보여주고 있다.

다만 「화왕계」는 화왕의 생활 태도나 정치를 하는 모습이 구체적으로 드러나지 않고, 단지 백두옹과 장미의 논쟁으로 시작하여 이후 왕이 백두옹의 충간을 받아들이는 형식으로 끝을 맺는다. 따라서 다른 작품에서 보이는 것처럼 화왕에 대한 적극적인 비판의 단계에 까지는 이르지 못한다. 단지 충간의 형태로서 화왕이 경계해야 할 바를 제시하여 치국의 기본적인 원칙만을 주장하고 있다는 특징만을 보여준다.

《 「화사」

「화사」는 춘하추(春夏秋)의 각 계절마다 피고 지는 꽃 가운데 매화를 도(陶)와 동도(東陶)의 왕으로 모란을 하(夏)의 왕으로 연(蓮)을 당의 왕으로 제시하고 있다. 그리고 계절마다 피고 지는 꽃을 문화원형에 따라 국가의 군신으로 의인화하고 있다. 이야기의 순서는 도(陶)·동도(東陶)·하(夏)·당(唐)으로 이어지며, 도국의 열왕(烈王)이 죽자 다음 국가인 동도의 영왕(英王)이 등위(登位)하고, 동도가 패망하자 하(夏)의 문왕이 등위하며, 하가 망하자 당의 명왕에게 등위가 넘어가는 것으로 되어 있다. 마지막으로 당에서 이야기의 끝을 맺을 수 있도록 황화(黃華)에게 왕위를 선양하려 했으나 사양하게 되는 과정이 전개되면서 전체적인 이야기는 유기적으로 연결되어 있다.

의인화 과정을 통해 본 꽃의 문화원형   이기대

83
82

이와 같은 연대기적 구성은 작자가 제목을 「화사」라 한 것에도 잘 드러나며 처음부터 한 국가의 흥망성쇠보다는 꽃나라의 역사적 흐름을 담아내고자 했음을 알 수 있다. 이를 통해 서술 방법은 김수항이나 이이순의 「화왕전」이 전통적인 '열전(列傳)'의 형식을 따르고 있는 것과 비교된다. 그렇기 때문에 「화사」의 서술 방법에서 주목되는 점은 전통적인 '본기(本紀)'의 서술 방법에 따라 한 국가의 흥함과 쇠함을 결정하는 원인을 무엇으로 제시하고 있는가에 있다.

이는 크게 왕과 신하의 역할을 강조하는 것으로 귀결된다. 작자는 「화사」를 서술하면서 한 국가의 흥망성쇠는 왕과 신하들 간의 관계에 따라 결정되며, 현명한 왕인 도의 열왕과 인간적 결점을 지닌 동도와 하, 당의 왕들을 통해 이상적인 왕의 모습을 제시한다. 반면에 동도, 하, 당의 신하를 통하여 신하는 어떤 역할을 해야 하는가를 드러내고 있다. 이와 같이 제시된 각 인물들의 모습과 행동을 통해 최종적으로 한 국가가 어떤 결과에 도달하는지를 보여주고 있다. 따라서 이러한 서사화의 과정을 주목하는 것이 궁극적으로 「화사」의 의미를 설명할 수 있는 실마리가 된다.

« 이이순의 「화왕전」

이이순의 「화왕전」은 「화사」에 나온 여러 나라 가운데 한 나라를 선택하여 서술한 것처럼 구조가 매우 흡사하다. 다만 중국의 역사와 지리를 배경으로 하고 있으며 작품의 분량이 적기 때문에 등장인물의 수도 적고 구성 또한 단순하다. 그리고 이 작품은 한 국가만을 다루고 있기에 「화사」보다 화왕의 역할이 부각된다. 즉 한 국가의 흥망성쇠는 무엇보다 왕에 의해 결정된다는 것을 단적으로 보여주고 있다. 특히 화왕이 충간을 듣지 않고 사치와 호색에 빠져 국가가 망하는 내용을 통해 이러한 점이 직접적으로 나타난다.

아울러 작품의 말미에서 청렴과 수신이라는 유교 관념을 재확인시켜 주고 있다. 즉 화왕이 나라를 다스림에 있어 충신과 은자의 도움으로 나라가 태평하게 되었으나, 제왕의 사치와 호색이 심해지고 정사가 피폐해져, 국가가 멸망하게 된다는 내용을 통해 정치의 모순을 냉소적으로 보여주는 것이다. 이러한 비판은 결국 부귀 영화, 사치와 호색에 빠지는 것을 경계해야 나라가 잘 다스려진다는 전통 유교 관념인 수신과 치국의 사상으로 귀결된다. 따라서 국가 멸망의 직접적인 원인을 왕의 호색으로 보고 있다는 점에서 호색에 대한 권계가 두드러지는 작품이라 할 수 있다. 이에 작품은 전체적으로 한 국가의 개국에서 몰락까지 긴 시간을 서사화하는 것 같지만, 몰락의 원인만을 집중적으로 제시하기에 작자가 의도한 바는 명확하게 드러난다.

« 김수항의 「화왕전」

김수항의 「화왕전」은 축융(불의 신, 여름)이 난을 일으키는 것으로 작품의 배경이 설정되어 있다. 따라서 왕이나 신하의 역할을 통해서도 어찌할 수 없는 국가의 운명을 보여준다. 축융의 난을 통해 나타난 계절의 변화는 피할 수 없는 현실이며, 이를 통해 한 국가의 번영과 몰락 그리고 국가 몰락에 대한 안타까움을 서사적으로 표현하고 있다.

한편으로는 화왕이 다스리면서 구체적으로 관심을 가져야 할 부분으로 은일지사를 발탁하여 등용하는 부분이 집중적으로 제시되기도 한다. 이를 통해 화왕의 역할에 대한 구체적 인식을 찾아볼 수 있다. 그렇지만 김수항의 「화왕전」은 다른 「화왕전」들과 다르게 작품에서 지향하고자 하는 바가 선명하게 제시되고 있지 않다는 점에서 운명이 다해 나라가 멸망했다는 인식을 드러낸다. 이를 볼 때 다분히 운명론적인 역사관이 서사화되었다고 할 수 있다.

« 이가원의 「화왕전」

이가원의 「화왕전」은 「화왕계」와 이이순의 「화왕전」을 계승한 작품이라 할 수 있다. 특히 이 작품은 이이순의 「화왕전」과 비교하여 작품에 등장하는 꽃의 의미라든가 전개 방식이 유사하다. 그리고 「화왕전」에서 주로 이야기되고 있는 것은 왕의 호색에 대한 문제이다. 화왕은 처음엔 정치를 잘하는 인물이었지만 호색으로 인해 나라를 망하게 하는 인물로 변화되고 있기 때문이다. 이러한 의미를 부각시키기 위해 작자는 작품의 말미에 '화사씨왈(花史氏曰)'로 시작하여 "(두 왕이) 각각 한 나라를 다스렸는데 하나는 연군자, 송대부의 충간을 듣지 않다가 나라가 무너지고 몸이 망해 버렸으니 어찌 경계하지 않겠는가."[33]라고 하여 왕의 역할을 구체적으로 설명하고 있다. 따라서 화왕의 의인화에 따른 의미가 서사화되면서 구체적으로 드러난다.

이가원의 「화왕전」에서 화왕은 원래 정치를 잘하는 인물이어서 여러 신하가 몰려들어 봉록과 작위를 받으려 할 정도였다. 매(梅)와 국(菊)이 서산에서 고사리를 캐면서 오지 않을 때, 이러한 은둔자를 보고 화왕은 "벗이 될 수는 있지만 신하가 될 수는 없다(可友而不可臣)."라고 하며 억지로 그 절개를 꺾지 않을 정도의 풍모를 드러낸다.

그러나 화왕은 작약을 왕비로 맞이하고도 이후 호색에 빠지면서 사치와 부귀를 극단적으로 누렸고 결국 백제장군(白帝將軍)의 침입으로 나라가 망한다. 이와 같은 내용은 이 작품이 전대의 작품에 내재된 전통을 계승하면서 문화원형을 활용한 서사화의 과정을 충실히 재현한 것임을 보여준다.

---

33 "各主一國 一則不聽蓮君子松大夫之忠懇 卒至國壞而身亡焉 可不戒哉." 이가원, 「화왕전」, 『麗韓傳奇』.

5. 나가며 : **꽃의 문화원형**을 활용한 **콘텐츠화**에 대한 제언

이 글에서는 꽃을 의인화한 작품인 「화왕계」와 「화사」 그리고 이이순, 김수항, 이가원의 「화왕전」을 대상으로 의인화에 따른 특징과 서사화의 과정에 대해 논의하였다. 이를 통해 작품 속에 나타나는 꽃들의 의미는 대체로 객관적 실재로서 자연물 자체를 지시하기보다는 문화적으로 내재화된 의미를 전제로 하고 있음을 확인하였다. 그리고 유사한 의미를 지닌 작품이 지속적으로 창작될 수 있었다는 점은 보편적인 공감에 기댄 것이라 할 수 있기 때문에, 결과적으로 꽃들의 의미는 우리의 전통적인 문화원형이라고 할 수 있다.

따라서 꽃에 대한 의미 부여가 개인의 일방적인 창의라기보다는 사회 내에 공유된 의미를 바탕으로 하고 있으며 원형적 성격을 지닌다. 이를 통해 작품에 대한 의미가 공감을 얻을 수 있었고 당대에 수용되기에 무리가 없었다. 이러한 점은 꽃의 품평 기록인 『화암수록』 등을 통해 구체적인 확인이 가능하며, 작품의 전체적인 주제도 선명하게 드러내는 효과를 가져온다.

꽃에 대한 문화원형이 오랜 기간 중요하게 다루어져왔지만, 작품의 전체적 의미가 다르게 나타나는 것은 서사화의 과정을 거치고 있기 때문이다. 즉 현대적 의미에서의 스토리텔링에 따라 결과적으로 같은 문화원형을 활용하더라도 작품의 의미가 달라지고, 다른 방식의 이야기가 전개되는 것과 같은 효과를 가져오는 것이다. 따라서 꽃의 문화원형이 활용되는 과정에서 관심을 끄는 부분은 그 자체의 원형에 대한 이해와 함께 이에 대한 이야기가 어떻게 전개되고 있는가에 있다.

이러한 점에서 꽃에 대한 문화원형과 의인화를 통한 서사화는 오늘날 꽃의 콘텐츠화에 있어서 시사하는 바가 크다. 문화원형을 불변의 고형으로 이해하는 것이 아니라, 이에 대한 스토리텔링이 실질적으로는 중요한 의미를 지닌다는 점을 꽃에 대한 전통적 이야기를 통해 확인해볼 수 있기 때문이다.

그렇지만 이런 측면과 비교해보았을 때, 오늘날 현대적 의미에서의 꽃에 대한 활용은 오히려 적극적이지 않다고 할 수 있다. 이는 꽃에 대한 문화적 의미 부여 과정이 주로 서양에서 유래한 꽃말을 활용하는 것에 집중되어 있기 때문이다. 따라서 현대에 이르러서는 꽃의 외형적 아름다움에 따른 상징성만을 부각시키거나, 아니면 일종의 자연물이라는 관점에서 꽃을 관상용으로 국한시켜 이해하고 있다고 할 수 있다.

때문에 과거의 꽃에 대한 문화적 활용이 오히려 현재보다 적극적이었다. 물론 이러한 점은 전통적인 삶의 방식에 따른 것이다. 현재와 같이 인위적으로 색을 표현하기 어려웠던 시대에 꽃은 자연물 가운데 가장 다채로운 색을 보여줄 수 있었던 대상이었다고 할 수 있다. 때문에 꽃은 서로 다른 상황을 상징화하고 의인화하는 데 가장 적합한 소재로서 적절하게 활용될 수 있다. 아울러 존재의 탄생, 성장, 소멸의 과정을 가장 선명하게 보여줄 수 있었던 것도 계절의 변화에 따라 피고 지는 꽃이었다고 할 수 있다. 그리고 이러한 과정은 인간 및 한 나라의 흥망성쇠를 보여주기에 적합하다. 이러한 점에서 역설적으로 꽃을 활용한 다양한 상징과 의인화 및 이야기화에 대하여 적극적이었다고 할 수 있다.

상대적으로 현재는 자연의 순환과 존재의 성장 및 소멸의 과정을 과학적 사고와 이성적 판단에 따라 이해하고 있다. 때문에 굳이 꽃과 같은 자연물을 통해 이를 이해할 필요성은 높지 않다. 이러한 점을 비유하자면 과거의 꽃에 대한 이해는 다양한 문화원형들이 치열하게 부딪혀 의미들이 분출되는 형세를 이루었다고 할 수 있다. 반면에 현재의 꽃에 대한 이해는 잘 가꾸어진 공원의 꽃밭과 같아 멀리서 바라보아야 하는 대상으로 존재한다. 우리의 삶을 직접적으로 표현할 수 있는 다양한 방법들이 나타나면서, 꽃의 활용에 대한 필요성은 약화되고 이야기 자체도 단선적인 성격을 띠게 된 것이다.

이러한 점에서 꽃에 대한 문화원형이 어떤 의미와 문화적 맥락을 통해 존재하였는지를 분명히 이해하는 것이 필요하다. 아울러 꽃에 대한 문화원형이 과거에서부터 스토리텔링을 통해 확장되었다는 점을 이해함으로서, 이를 콘텐츠 개발의 과정에 끌어들이는 것이 필요하다. 그렇지 않다면 꽃에 내재되어 있는 문화원형의 특징과 다양성이 사장되고 이해의 틀 또한 한정되면서, 콘텐츠로서의 활용도 국한된 면만이 반복될 것이라 예상할 수 있다.

참고문헌

『고려사절요』, WEB DB.

『삼국사기』, WEB DB.

『조선왕조실록』, WEB DB.

강희안, 『양화소록』, 이병훈 역, 을유문화사, 1973.

──, 『화암수록』, 이병훈 역, 을유문화사, 1973.

김만석, 「문화원형이란 무엇인가」, 『컨버전스 시대, 전통문화원형의 문화콘텐츠화
　　　　전략』, 북코리아, 2010.

김수항, 「화왕전」, 『문곡집(文谷集)』 권26.

김환희, 『국화꽃의 비밀』, 새움, 2001.

문선규 역, 『화사』, 통문관, 1961.

안기수 · 이명현, 『이야기문학과 문화콘텐츠 스토리텔링』, 보고사, 2010.

양인석, 『백화전서』, 송원문화원, 1983.

이가원, 「화왕전」, 『여한전기(麗韓傳奇)』.

이상희, 『꽃으로 보는 한국문화』 1 · 2 · 3, 넥서스, 1998.

이윤석, 『민속문화 기반의 문화콘텐츠 기획론』, 민속원, 2006.

이이순, 「화왕전」, 『후계문집(後溪文集)』 권22.

정재서, 『산해경』, 민음사, 2004.

조동일, 『한국문학통사(2판)』, 지식산업사, 1989.

조수학, 「화사에 미치는 화왕계의 영향여부」, 『국어국문학연구』 14, 영남대학교,
　　　　1972.

진 쿠퍼, 『그림으로 보는 세계문화상징사전』, 이윤기 역, 까치, 1994.

장욱진 그림에 나타난 나무의 원형성 해석

박상언

1. 들어가며 : **도상과 상징**, 그리고 **원형**

　도상(圖像, icon)은 문자보다 앞선다. 구석기 시대의 알타미라(Altamira)와 라스코(Lascaux) 동굴벽화가 인류 최초의 문자인 메소포타미아 수메르의 설형문자(楔形文字, cuneiform script)보다 적어도 7천 년에서 1만 년 이상 먼저 생겨났을 것이다. 사가들은 인류가 문자를 발명한 때를 기준으로 그 앞뒤를 각각 선사와 역사로 가르는데, 이는 인류의 물적·영적 자취를 이른바 '문자적(literal)'으로만 확인할 수 있는지의 여부를 따지려는 임의적 발상이다. 문자가 출현하기 이전 시대에 그려진 도상으로도 인류의 자취는 얼마든지 확인할 수 있다. 다만 그러한 도상이 많이 남아 있지 않을 뿐이다. 인간이 실체적인 것을 규정하려는 그 최초의 기록된 시도는 회화적인 것[1]이다.

1　Herbert Read, 『도상과 사상』, 김병익 역, 열화당, 2002, 18쪽.

입에서 나오는 순간 사라져버리는 말의 덧없음을 극복하고 그 내용을 남기고자 고안해낸 시각적 기호가 문자라면, 도상은 여기서 한 품을 더 넓힌다. 도상은 어느 한 의미를 최대한 명확하게 지시하려는 속성을 갖는 일상의 말과 문자보다 다의적(多義的)이다. 그리고 개개 사물이나 사안에 대하여 일대일 대응을 원칙으로 하는 말이나 문자의 특성과 바로 이러한 특성에서 기인하는 표현상의 한계는 필연적으로 예술을 탄생시켰다. 일상의 언어로 다 나타낼 수 없는 인간의 경험과 생각을 담는 그릇이 바로 시와 그림, 그리고 노래와 춤이다. 예술은 언어의 한계를 넘어 인간의 표현 욕구를 최대한 드러내고자 하는 지점에서 태어난 것이다.

도상은 한 낱말로 대체할 수 없다. '해'라는 언어가 쓰인 앞뒤 맥락을 알지 못한 채 기호로서의 '해' 한마디만을 듣거나 읽게 된다면, 사람들은 해를 하늘에 있는 객관적인 존재물로서만 이해하게 된다. 그러나 그림으로 그려져 있는 해를 앞에 두고는, 비록 백지에 그 해 하나만 있다 해도 저 하늘 위 존재물로서의 해임은 물론, 해의 조형(造形)에 나타난 그린 이의 속마음을 아울러 헤아리려 할 것이다. 이렇게 도상은 만들어지는 순간부터 이미 낱말과 낱말의 결합일 뿐 아니라 낱말들끼리 새로 형성하는 맥락이며 의미망이다. 우리는 이것을 상징(象徵, symbol)이라 부른다.

이러한 상징은 언어의 한계를 넘는 것일 뿐 허구가 아니다. 그래서 독일 철학자 카시러(Ernst Cassirer, 1874~1945)는 신학자 하르나크(Adolf von Harnack, 1851~1930)의 말을 빌려, 상징적인 것은 원시시대에는 객관적이거나 실재적인 것의 반대물이 아니라 자연적인 것, 세속적으로 명료한 것에 맞서 있는 비밀스러운 것, 신의 영험(Gottgewirkte)으로 생각할 수 있다[2]고 하였다. 그렇다면 자신을 표현하기 위한 예술가의 상징이 예술

2　Ernst Cassirer, 『인문학의 구조 내에서 상징형식 개념』, 오향미 역, 책세상,

가 혼자만의 것일까? 아니다. 우리가 천재라고 부르는 일부 예술가가 최초로 상징화한 것조차 보편성을 획득하기까지는 아마 상당한 세월이 필요했을 것이다. 그러므로 대부분의 상징은 결코 예술가 혼자서 만들 수 있는, 혼자만의 것이 아니다.

여기서 우리는 신화(神話, myth, mythology)를 떠올리게 된다. 인간은 신화를 통하여 우주와 인간에 대한 기본적인 세계관을 표현해왔으며, 이러한 신화를 융(Carl G. Jung, 1875~1961)은 집단무의식(集團無意識, collective unconscious)으로 파악하였다.[3] 융은 우리가 분석하려는 작품의 근원은 시인의 개인적 무의식이 아니며, 그 원초적 이미지들은 인류의 공동유산으로 간주되는 무의식적 신화의 영역에 있다[4]면서 그 영역을 집단무의식이라 부른 것이다. 이때의 신화는 인간 삶의 영적 잠재력을 찾는 데 필요한 실마리[5]이며, 원시사회에서 인류가 환상적 형식을 통해 자신의 심리와 원망에 따라 자연과 사회 잠재력에 대해 진행하는 묘사적 · 해석적 그리고 전술적(傳述的) 고사[6]이다.

융이 강조하는 것은 자신이 신화의 영역이라고 부르는 집단적 심리 속에 탁월한 예술의 몰개성적 · 보편적 근원이 있다는 점이다. 이런 신화학적 영역, 그의 표현에 의하면 이른바 원형(原型, archetype)으로부터 생산되는 원초적 이미지들은 신비한 마술적 능력을 소유하는 예술의 재료가 된다.[7] 그리고 이 초(超)시간적 · 범(凡)공간적인 예술의 재료는 고금동서를 막론

2002, 40쪽.

3 정재서 외, 『신화적 상상력과 문화』, 이화여자대학교 출판부, 2007, 305쪽.

4 신동욱 외, 『신화와 원형』, 고려원, 1992, 7쪽.

5 Joseph Campbell · Bill Moyers, 『신화의 힘』, 이윤기 역, 이글리오, 2002, 29쪽.

6 陶陽 · 鐘秀, 『中國創世神話』, 人民出版社, 1989, 2쪽. 선정규, 『중국 신화 연구』, 고려원, 1996, 15쪽에서 재인용.

7 신동욱 외, 앞의 책, 7~8쪽.

하고 인류의 모든 문화와 미적 표현 양식에 반복적으로 원용되어 왔다.

이 글의 목적은 화가 장욱진(1917~1990) 그림에 나타난 나무의 원형성(原型性)을 해석하는 데 있다. 장욱진은 우리 현대 화단에서 매우 소중한 존재이다. 일제 말 일본 유학을 마치고 돌아온 그는 해방 후에는 국립박물관, 6·25 후에는 서울대학교 미술대학을 직장으로 두고 작품 활동을 하였다. 1957년까지 김환기(1913~1974), 유영국(1916~2002), 이중섭(1916~1956) 등과 함께 동인 활동을 하였으며, 서울대학교 교수직을 그만둔 1960년부터는 전업 작가의 길을 걸었다. 덕소(경기도), 명륜동(서울), 수안보(충청북도), 신갈(경기도) 등지에서 홀로 작업하였으며, 그의 수많은 기행(奇行)과 명정(酩酊) 또한 작품 못잖은 관심을 끌었다. 그의 그림은 우리 주위에서 흔히 만나는 사람, 집, 해, 달, 나무, 동물, 그리고 동물 중에서도 특히 새를 주 소재로 한다.

이들 가운데 필자는 나무에 주목하였다. 나무는 어느 때 어느 곳의 인류에게도 늘 특별하게 인식되어왔다. 한 자리에 터를 잡고 뿌리를 내리면 결코 이동이 없으며, 가장 거대하면서도 가장 오래 산다. 지하와 지상과 천상을 잇는 반신적(半神的) 존재이면서도 지근거리에서 항존하는 인간적인 생명체이다. 장욱진 그림을 푸는 핵심 열쇠는 나무이다. 나무 말고도 빈번하게 등장하는 소재들 중 특히 사람(가족)과 집에 주목한 여러 글들이 있으나, 이들 소재도 결국 장욱진이 그리고 있는 나무의 신화적 상징을 완성해주는 역할을 하게 된다. 장욱진에게 나무는 단순한 소재적 특성을 넘어 어머니, 중심, 영원, 초월을 의미한다. 이들 넷은 필자가 추상(抽象)하는 나무의 원형성이다.

화가 장욱진에 대한 작가론으로는 1973년부터 화가가 타계하던 1990년까지 가장 가까이에서 지켜본 김형국의 『그 사람 장욱진』(1993)이 대표적이다. 또한 정영목의 『장욱진 : Catalogue Raisonné·유화』(2001), 김현숙 외 3인의 『장욱진 화가의 예술과 사상』(2004) 등 예리한 분석력을 앞세운 작품론이 있으며, 오광수, 이구열, 이경성, 이흥우 등의 평문도 매우 중요한 의의를 가지고 있다. 석사학위 논문만도 40편 가까이 되는데, 이들 대부분은 필자가 본론에서 범주화하고자 하는 민화적, 문인화적, 아동화적, 추상화적 등 네 가지 양식적 특성, 그리고 향토적, 가족적, 탈속적, 해학적 등 네 가지 내용적 경향들을 다루고 있다. 이 모든 연구는 각각 고유한 특장들을 지니고 있어 장욱진과 그의 작품을 이해하는 데 매우 유용하다. 그럼에도 지금까지 장욱진 작품 연구는 그의 그림 속 상징 체계를 추적하는 수준으로는 나아가지 못하였다. 따라서 장욱진 그림에 나타난 나무의 원형성을 해석하여 그 상징 체계를 밝히고자 하는 이 글은 장욱진 작품을 보다 깊이 있게 감상하는 데 일정 부분 기여할 것을 감히 믿는다.

2. 장욱진의 예술관과 작품 세계

생애와 예술관

« 생애[8]

장욱진은 1917년 충남 연기군 동면 송룡리에서 네 형제 중 둘째 아들로 태어났다. 1923년 아버지를 여의고 서울로 올라와 고모의 지도 아래 소년 시절을 보냈다. 경성사범 부속 보통학교 시절 소학생 미전에 당선되었고, 이 무렵 처음으로 유화를 시작하였다. 1930년 경성 제2고등보통학교

8　『강가의 아틀리에』(장욱진, 민음사, 2007 · 신장판), 『그 사람 장욱진』(김형국, 김영사, 1993), 『장욱진 이야기』(최경한 외, 김영사, 1991)의 작가 연보 등을 참조하여 정리하였다.

(현 경복고)에 입학하여 미술반 활동 등을 하였으나, 3학년 때인 1932년 역사 담당 일본인 교사의 불공정한 처사에 항의한 데 대한 징계로 퇴학당하였다.

1933년 성홍열에 감염되어 충남 예산의 수덕사에서 6개월간 정양하였는데, 여기서의 생활은 일찍부터 자아관과 주체성을 확립하는 데 큰 영향을 주었다. 특히 직관의 깨달음을 강조한 만공선사(滿空禪師, 1871~1946)의 가르침은 그에게 평생토록 지대한 정신적 감화를 끼쳤다. 1936년 양정고등보통학교(현 양정고) 3학년에 편입하였으며, 1937년 동아일보 주최 학생미전에서 입상하였다. 1938년 조선일보 주최 제2회 전조선학생미술전람회에 출품한 〈공기놀이〉가 특선과 사장상을 수상하였다.

1939년 고등학교를 졸업하고 일본 제국미술학교 양화과에 입학하였다. 이곳은 아카데믹한 풍의 교육을 실시하던 동경미술학교와 달리 자연스런 화풍의 분위기를 이루던 곳이었다. 1940년 제19회 조선미술전람회에서 〈소녀〉가 입선하였다. 1940년 역사학자 이병도의 장녀 이순경과 결혼하였으며, 1943년 대학을 졸업하던 해에 〈언덕〉이 제22회 조선미술전람회에 입선하였다.

해방 이후 국립박물관에 취직하여 도안과 제도 일을 하다 1947년 사직하였다. 1948년 김환기, 유영국, 이중섭, 이규상 등과 '신사실파'를 결성하고 1953년까지 세 차례의 전시회를 가졌다. 1950년 한국전쟁을 맞았지만 서울(내수동) 집에서 견디다, 1951년 1·4후퇴 때 부산으로 피난하였다. 이 해 여름 종군화가단에 들어가 보름 동안 50여 점의 그림을 그린 뒤 전쟁미술전에서 종군작가상을 받았으며, 초가을에는 고향인 연기군으로 옮겨 살았다.

1954년부터 1960년까지 서울대학교 미술대학 교수로 재직하였다. 1955년 제국미술학교 출신 모임인 '백우회' 전에 출품한 〈수하(樹下)〉가 수상하였고, 1958년 뉴욕의 월드하우스 갤러리가 주최한 한국현대회화전에 〈나무와 새〉 등을 출품하였다. 이즈음 국전 심사위원으로 활동하였으며, 1961년 경성 제2고보 졸업생 모임인 '2·9 동인회'를 결성, 제1회 전시회에 작품 2점을 출품하였다. 1964년 반도화랑에서 유화 20점으로 제1회 개인전을 열었으며, 서울대학교 미술대학 출신의 모임인 '앙가주망' 동인전에는 1967년 제5회부터 제21회까지 대부분 참여하였다.

서울대학교 미술대학 교수를 그만둔 뒤 장욱진은 네 차례에 걸쳐 화실 위치를 옮겼다. 경기도 덕소(1963~1975), 서울 명륜동(1975~1979), 충청북도 수안보(1980~1985), 경기도 신갈(1986~1990)에서 작업하였다. 명륜동을 제외하고는 모두 번잡한 도시를 떠난 것인데, 자연과 함께 어울리고자 했기 때문이다. 1970년 폐기종 진단을 받았다.

1974년 공간화랑에서 유화 32점으로 제2회 개인전을 가졌으며, 1976년 자신의 여러 기고문들을 모아 『강가의 아틀리에』[9]라는 문집을 발간하였다. 1977년 양산 통도사에서 만난 경봉(鏡峰) 스님(1892~1982)으로부터 '비공(非空)'이라는 법명을 받았다. 1978년 현대화랑(분청사기 도화전), 1979년 현대화랑(유화, 판화, 먹그림), 1981년 공간화랑(유화, 에칭판화), 1982년 미국 LA의 스코프갤러리(유화, 실크스크린, 에칭판화, 먹그림), 1983년 연화랑(판화), 1986년 국제화랑(유화, 먹그림 소묘), 1987년 두손화랑(유화) 등에서 개인전을 열었다.

1979년 차남의 죽음을 계기로 불교를 더욱 가까이하게 되었고, 해외여행으로는 1982년 미국, 1983년 유럽, 1987년 대만과 태국, 1988년 인도

---

9 장욱진, 『강가의 아틀리에』(신장판), 민음사, 2007. 이 책은 1950년대 중반부터 1976년까지 장욱진이 여러 신문, 잡지로부터 청탁받아 쓴 글을 모은 산문집으로, 1976년 민음사에서 초판이 나왔다. 그러나 이 글에서는 2007년 같은 출판사에서 나온 신장판을 참고하였다.

와 발리를 다녀왔다. 1986년 중앙일보사 제정 '예술대상'을 수상하였으며, 1987년 국제화랑의 서양화 칠인전과 1989년 미국 뉴저지주 버겐 예술·과학박물관의 한국현대화전에 출품하였다. 만 73세인 1990년 12월 27일 신갈에서 타계하였다.

« 예술관

장욱진은 자신의 고백대로 "절대로 합리적인 생활을 못"[10]했으며, 그의 인생은 "오직 그림과 술밖에 모르고"[11] 살았다. 젊은 시절 적을 두었던 박물관과 대학을 스스로 던져버린 뒤부터는 화실에 웅크리고 앉아 그림만을 그리다시피 하였다. "천성적으로 서울이 싫다. 서울로 표상되는 문명이 싫은 것"[12]이라면서 덕소, 수안보, 신갈 등지에서 작업하며 주로 술과 자연을 벗 삼아 살았다.

장욱진이 버릇처럼 되풀이했던 '나는 심플(simple)하다'라는 말에서 그의 인생관과 예술관의 큰 줄기를 확인할 수 있다. 장욱진은 산문집 『강가의 아틀리에』 첫 장을 "나는 심플하다."로 시작한다. 이어서 "나는 깨끗이 살려고 고집하고 있노라. …(중략)… 내 일에 충실하고 내 일에 충실한 한 스스로 떳떳한 생활이라 감히 자부하고 싶다."[13]고 하였다. 장욱진의 글 여러 곳에서 보이고 일상에서도 자주 사용한 '나는 심플하다'는, 그의 삶과 예술에 대한 태도를 가장 특징적으로 설명하고 있는 표현이라고 할 수 있다.

한편 "개성적인 발상과 방법만이 그림의 기준이 된다. …(중략)… 개성

---

10 장욱진, 앞의 책, 115쪽.
11 위의 책, 66쪽.
12 위의 책, 67쪽.
13 위의 책, 11쪽.

적인 동시에 그것은 또한 보편성을 가진 것이 아니어서는 안 된다.'[14]는 장욱진의 말에 대해 가족 아닌 사람으로서는 생전의 장욱진과 가장 교분이 두터웠던 김형국[15]은, 화가가 추구한 진실이 보편성의 경지라면서 화가는 이 보편성을 단순함에서 찾았다고 하였다. 그리고 심플은 단순함이란 뜻과 함께 순전함, 수수함, 소박함, 조촐함, 순진함, 성실함, 천진난만함을 포괄하는 다의적인 말이며, 그의 심플은 이 모두를 아우르는 말[16]이라고 규정하였다. 그러므로 장욱진이 수시로 밝히는 '나는 심플하다'는 그의 인생관과 예술관의 바탕을 이루는 방법론으로 보아도 무방할 것이다.

그가 부단한 창작열을 불태울 수 있었던 데는 무엇보다 술의 도움이 컸을 것이다. 명정(酩酊)은 화가 장욱진을 둘러싸고 있는 대표적인 인상(印象)이기도 한데, 술 마시기를 '휴식'이라 하는 데서 기인(奇人)의 면모가 보인다. 장욱진은 "취한다는 것, 그것은 의식의 마비를 위한 도피가 아니라 모든 것을 근본에서 사랑한다는 것이다. 악의 없이 노출되는 인간의 본성을 순수한 것으로 받아들이고 모든 것을 사랑하려는 마음을 가짐으로써 이기적인 내적 갈등과 감정이 긴장에서 해방되는 것이다. 그리고 동경에 찬 아름다움이 세계와 현실 사이에 가로 놓인 우울한 함정에서 절망 대신에 긍정의 발판을 마련하려는 것이다. 그것은 절실한 정신의 휴식인 것

---

14 위의 책, 23쪽.

15 김형국은 미국 유학 직후인 1973년 국립현대미술관에서 장욱진의 작품 〈까치〉 (1958)를 처음 본 뒤 감동을 받고 화가에게 편지를 쓴다. 같은 해 9월 『앙가주망』 제11회 동인전에서 화가를 처음 만나고, 그 후 18년 동안 화가와 나이를 넘는 친교를 나눈다. 『그 사람 장욱진』(김영사, 1993), 『장욱진 — 모더니스트 민화장』(열화당, 2004) 등 장욱진과 관련한 여러 권의 책을 냈으며, 서울대학교 환경대학원 교수를 역임하였다. 미술 비전공자임에도 그의 장욱진 관련 저서는 장욱진 연구에서 매우 중요한 텍스트로 인정되고 있다.

16 김형국, 『장욱진 — 모더니스트 민화장』, 열화당, 2004, 151쪽.

이다. 그렇다, 취하여 걷는 나의 인생의 긴 여로는 결코 삭막하지 않다. 그 길은 험하고 가시덤불에 쌓여 있지만 대기에는 들장미의 향기가 충만하다."[17]고 하였다.

장욱진이 술을 마시는 것은 긴장으로부터의 해방과 긍정의 발판을 마련하기 위해서였으며, 이는 곧 정신의 휴식이었던 것이다. 장욱진은 정작 "그림을 그릴 때면 몇 달이고 술을 입에 대지 않는다."[18], "내 술하고 그림하고는 상관없어요. 우린 술 먹고 일체 일 못해."[19]라고 고백한다. 다시 말해 그는 술의 힘을 빌려 세상과 팽팽한 관계에 있는 자신에게 휴식을 주었을 뿐이며, 이에 술은 그에게 예술혼과 예술적 상상력에 날개를 달아주는 뮤즈(Muse)였던 것이다. 또한 장욱진은 어떤 구체적이거나 치밀한 계획에 의해서가 아니라 고여 있다 결국 넘치는 내적 심상이 가지를 치듯 그림을 그렸다. "그리기 시작할 때와 결과는 전혀 다른 것이 되어간다."[20]는 그의 고백은 이를 이름이다.

한편 장욱진이 그림 속에서 매우 빈번하게 집을 등장시켰을 뿐 아니라 실제로도 여러 채의 집을 지었다는 사실은 그의 예술관을 더듬는 데 대단히 중요하다. "건축에 문외한인 내가 집을 짓다 보니 세 채가 되었다. 내나름에 그림 그리듯 해본 것이, 서울 살림집, 덕소에 있는 화실, 그리고 화실 옆에 새로 지은 공부방이다. 작품 가, 나, 다, 라고나 할까."[21]라는 글이 1969년에 쓰였으니 덕소 시절이었다. 그런데 그 이후로도 수안보, 신갈 집을 지었기에, 집을 짓는 일은 그림 그리는 일과 마찬가지였을 것이다. 집

---

17 장욱진, 앞의 책, 60~61쪽.
18 위의 책, 66쪽.
19 위의 책, 115쪽.
20 위의 책, 37쪽.
21 위의 책, 63쪽.

은 가족을 떠나 있는 자신에게, 또 자신의 목숨보다 더 소중한 그림 작업에도 가장 필요했을 터전이다. 장욱진의 집은 곧 그림이며, '작품 가, 나, 다'인 것이다. 집이 그 자체로 작품인 것은 그가 집을 만들거나 고치는 동안 거의 그림에 손을 대지 않았다[22]는 것에서도 알 수 있다.

인상주의 화가들을 거론하면서 장욱진은 "그들은 작품을 위해 불나비처럼 몸을 태우며 생활을 질질 끌고 다닌, 마치 예술만을 위해 태어난 귀재들이었다. 만일 그들이 생활을 가졌더라면 아니 적어도 호주머니 속에 돈푼깨나 만지작거렸다면, 가정에 눈곱만치라도 안일을 구했더라면 그들은 그렇게 흔해빠진 재료로 불멸을 창조하진 못했으리라."[23]고 강조하였다. 이렇게 장욱진은 인상주의 화가들에다 자신을 대입하고는 "나의 삶은 방향 없이 급회전하는 무질서한 현대의 소용돌이에서 벗어나는 시간을 필요로 한다. 나는 생활에서 기꺼이 도피한다. 자연과 나의 내부로"[24]와 같이 자신을 직설적으로 설명하기도 한다.

그럼에도 "누구보다도 나의 가족을 사랑한다."[25]는 고백과 가족 이미지를 대단히 많이 표현하고 있는 자신의 그림처럼 매우 화목한 가정생활을 영위하였다. 상식적으로 생각하면 외따로 떨어진 시골 화실에서 술과 자연을 벗 삼아 그림만 그리는 남편과 아버지가 그리 달가울 수 없을 텐데도, 놀랍게도 그의 부인과 자녀들은 화가를 헌신적인 화목스러움으로 받들었던 것[26]이다.

---

22 김형국, 『그 사람 장욱진』, 김영사, 1993, 101쪽.
23 장욱진, 앞의 책, 24쪽.
24 김현숙 외, 『장욱진 화가의 예술과 사상』, 태학사, 2004, 64쪽에서 재인용.
25 장욱진, 앞의 책, 68~69쪽.
26 이흥우, 「덕소의 화실」, 장욱진, 앞의 책, 139쪽. 그러나 과음만큼은 가족들의 비판의 대상이었다고 한다.

이렇게 장욱진은 일상 또는 비일상, 현실 또는 꿈 같은 대조적인 양단에 자신을 놓고 그림 작업에만 몰두하였다. 장욱진은 "자기의 예술은 자기만이 하며 그 누구에게도 비교할 수 없고, 때문에 창작 이외의 것은 쓸데없는 부담으로밖에 아무 소용이 없는 것이다. 예술작품은 인간의 생명처럼 무한한 고독이다. 아니 그것은 무한히 고독한 작업의 산물이다."[27]라고 하였다. 그리고 장욱진은 "대자연의 완전고독 속에 있는 자기를 발견한 그때의 내 모습이다. …(중략)… 자연 속에 나 홀로 걸어오고 있지만 공중에선 새들이 나를 따르고 길에는 강아지가 나를 따른다. 완전고독은 외롭지 않다."[28]라는 고백에서처럼 평생을 고독하게 살았다.

장욱진의 작가 정신은 "생활은 생명의 영위이며, 예술은 생동하는 생명의 추구이며 나아가 창조라고 한다면, 예술은 생활을 잉태하여 창조된 생명을 분만케 하는 원동력 그 자체인 것이리라. 그리하여 '분만될 시기를 꿋꿋이 기다리는 일, 이것만이 예술가의 삶'이라고 하는 라이너 마리아 릴케의 말처럼 꾸준하게 추구하며 만들어가는 과정에서 날마다 그것을 배우고, 괴로워하면서 배우고, 그 괴로움에 지침이 없이 그 괴로움에 감사하는 데 예술가의 생활은 충만하리라 믿는다."[29]고 한 데서 보다 분명히 드러난다.

이러한 자신의 예술에 대하여 장욱진은 '생활예술' 또는 '생활창조예술'이라 불리고 싶어 했던 것으로 보이며, 이에 대한 화가의 글은 이렇다. "생활예술이라는 말 …(중략)… 이는 아마도 생활의 예술이요, 생활하는 예술이요, 생활을 그리고 생활을 발견하며 나아가 생활을 중심으로 생활 그 자체를 소재로 하는 생활창조예술임을 뜻하는지 모르겠다."[30]실제 화가 장

---

27 장욱진, 앞의 책, 21쪽.
28 신세계 갤러리, 『장욱진』(도록), 2011, 1쪽. 작품 〈자화상〉(1951)에 대한 화가 자신의 글이다.
29 장욱진, 앞의 책, 27쪽.

욱진의 그림은 늘 삶과 예술이 어우러진 '생활예술'[31]이었다고 보는 데 큰 무리가 없을 것이다.

그러나 필자는 작가 정신을 가장 잘 드러내는 "생활은 생명의 영위이며, 예술은 생동하는 생명의 추구이며 나아가 창조"라는 화가 자신의 말과, 이 글이 주목하는 '나무'가 신화적 상징체계 속에서 '생명수(生命樹)'라는 사실과, 실제로도 장욱진의 거의 모든 그림이 '나무'를 중심으로 강한 생명력을 발하고 있다는 것 등을 확인하면서 굳이 이 시점에서 장욱진의 예술을 한 단어로 명명하자면 '생활예술'[32]보다는 '생명예술'이 보다 적절하다고 생각한다.

작품의 특성과 경향[33]

« 양식적 특성

장욱진의 그림은 양식적으로 민화적 특성, 문인화적 특성, 아동화적 특

---

30 위의 책, 20쪽, 24쪽.

31 이인범, 「그림도 삶도 그대로 자연이었던 화가, 장욱진」, 갤러리 현대, 『해와 달·나무와 장욱진』(도록), 2000, 12쪽.

32 더욱이 1990년대 이후 문화예술 현장에서 '생활예술'이라는 단어를 "실생활의 일부분이 되는 예술. 일반 민중이 창작 과정에 직접 참여할 수 있고, 실생활에 도움을 준다."(『국립국어연구원 표준국어대사전』, 두산동아, 1999)라는 뜻으로 사용해왔고, '생활문화란 지역의 주민이 문화적 욕구 충족을 위하여 자발적이거나 일상적으로 참여하여 행하는 유·무형의 문화적 활동'이라고 규정하고 있는 지역문화진흥법(2014. 1. 28 공표)을 고려하지 않을 수 없다.

33 장욱진의 작품 세계를 '양식적 특성'과 '내용적 경향'으로 구분하여 살펴볼 것이나, 작품 도판은 생략하기로 한다. 이는 이 글의 범위가 장욱진 작품의 종합 해석이 아닌 '나무의 원형성' 해석에 한정하기 때문이며, 이에 다음 3장 중 「화면 구성요소로의 장욱진의 나무」와 4장 「장욱진 그림과 나무의 원형성」은 작품 도판과 함께 고찰할 것이다.

성, 추상화적 특성으로 구분할 수 있다. 장욱진 작품의 이러한 양식적 특성은 다른 연구자들의 다양한 견해들을 종합하여 필자가 범주화한 것이다.

먼저 민화적 특성이다. 민화란 보통 속화(俗畵)라고도 불리며, 여염집의 병풍, 족자, 벽에 그려지는 그림을 말한다. 이러한 그림들은 서민의 생활양식이나 관습 등 항상성에 바탕을 두고 서민들의 기복 신앙과 벽사용으로 발전하였으며, 형식화한 유형에 따라 대부분 떠돌이 화가들에 의해 만들어졌다.[34] 또한 민화는 구체적인 대상을 표현함에 있어서 그 존재성을 넘어서서 자유롭게 과장하거나 단순화하여 그렸다.[35] 장욱진은 일본 유학 시절 민화풍의 그림을 제멋대로 그린다고 선생들로부터 지적을 받기도 하였으며[36], 타계할 때까지도 까치와 호랑이 같은 친숙한 민화 소재를 사용하는 등 민화적 특성을 버리지 않았다.[37] 장욱진의 그림은 자유로운 형태, 나열식 구도, 선명한 색채, 소재 등의 측면에서 민화와의 친연성을 가지고 있으며, 민화와 마찬가지로 오방색을 즐겨 사용하였을 뿐 아니라 민화에 나타나는 단순함을 평면 구성, 자유로운 배열 형식, 선으로 그리는 기본적인 형태 등과 결합함으로써 작품의 호소력을 직접적으로 배가하였다.[38] 대표적인 작품으로는 고구려 무용총의 〈수렵도〉를 닮은 〈풍경〉(1978), 매직으로 그린 〈봉황〉(1977), 공판화로 제작한 〈봉황〉(1978) 〈호작도〉(1977) 〈봉황과 가족〉(1979) 〈호도〉(1983) 〈산속의 집〉(1983) 등을 들 수 있다.

두 번째는 문인화적 특성이다. 장욱진은 주로 유화를 제작한 화가였기에 문인화가라고 할 수는 없다. 그리고 수묵화의 주재료인 먹을 사용

34 신무리뫼, 「장욱진 회화 연구」, 홍익대학교 석사학위 논문, 2008, 16쪽 참조.
35 오광수, 『20인의 한국미술가 2 ― 자연과 조형』, 시공사, 1997, 78쪽.
36 김현숙, 「장욱진의 초기 작품 연구」, 김현숙 외, 앞의 책, 33쪽.
37 정형민, 「장욱진의 자연관」, 위의 책, 133쪽.
38 김영나, 「장욱진의 작품에 나타난 인간과 자연」, 김현숙 외, 앞의 책, 74쪽 참조.

할 때도 스스로 '먹그림'이라 일컬으며 수묵화와 차별을 두었다. 장욱진은 옛 문인화가들이 산과 물을 소재로 끊임없이 반복되는 관념적인 풍경을 서로 다르게 그려내는 전통성과 그 맥을 같이한다.[39] 문인화가들이 즐기는 물, 나무, 산, 하늘과 같은 산수 표현, 여백의 사용 등에 관심을 가지고 있었다는 점 등 사물의 특징적 요소만을 택해 형상화하였다는 면에서 문인화가적 지향성[40]을 가지고 있었다. 문인화적 특성을 대표하는 먹그림으로는 자신의 은둔 생활을 상징하는 〈산〉(1979), 〈대나무 집 주인〉(1985), 와유 사상이 반영된 〈와유강산〉(1981), 〈무위자연〉(1990) 등이 있으며, 유화로는 〈강변풍경〉(1987), 〈기도하는 여인〉(1988), 〈집〉(1988), 〈무제〉(1988), 〈밤과 노인〉(1990) 등이 있다.

세 번째는 아동화적 특성으로서, 민화적 특성과 함께 평자들이 가장 흔히 꼽는 양식적 특성이다. 장욱진 그림의 주요 구성 요소인 까치, 어린 아이들, 강아지들은 모두 성인의, 즉 세속적인 세계보다는 동화의 세계를 상징하는 보편적인 기호[41]이다. 중광(1934~2002)은 박수근(1914~1965)과 장욱진을 비교하면서, 장욱진은 예술의 궁극이라 할 수 있는 치졸의 경지에까지 간 한 수 높은 그림[42]이라고도 하였다. 장욱진 그림의 아동화적 특성에 대한 김수정(2003)의 주장을 요약[43]하면 다음과 같다.

아동의 시각과 장욱진의 시각은 같다. 따라서 표현되는 양식 또한 같

---

39 정영목, 「삶의 표상과 이상으로서의 나무」, 갤러리 삼성플라자, 『장욱진 나무전』(도록), 1997.
40 김영나, 앞의 글, 76쪽 참조.
41 정형민, 앞의 글, 123쪽 참조.
42 김형국, 앞의 책, 270쪽.
43 김수정, 「장욱진 회화에서의 아동화적 표현에 관한 연구」, 한남대학교 석사학위 논문, 2003, 29~40쪽 참조.

으나, 그것은 형체에 관한 것에 한정한다. 그가 그림을 통해 형체를 다져가는 과정에서 발견할 수 있는 것은 성인이 도달한 한 궁극의 동심 같은 강렬한 개성이다. 그의 주요한 아동화적 특성은 낙서적인 선, 자기중심적 표현, 투시적 표현, 상징과 도형화된 표현, 중첩과 기저선, 공존화 양식과 전개도식 표현 등을 들 수 있다.

각각에 부합하는 주요 작품으로는 〈집과 아이〉(1959) 〈풍경〉(1965) 〈원두막〉(1972) 〈담장〉(1975)(이상 '낙서적인 선'), 〈자화상〉(1951) 〈모기장〉(1956) 〈자전거 있는 풍경〉(1956) 〈마을〉 시리즈(1960년대 이후, 이상 '자기중심적 표현'), 〈모기장〉(1956) 〈마을〉(1955) 〈노란 집〉(1976)(이상 '투시적 표현'), 〈나룻배〉(1951) 〈하얀 집〉(1969)(이상 '상징과 도형화된 표현'), 〈자동차 있는 풍경〉(1953) 〈들〉(1954) 〈연동풍경〉(1955) 〈집안 풍경〉(1976) 〈가족〉(1978)(이상 '중첩과 기저선'), 〈마을〉(1955) 〈노란집〉(1976) 〈사찰〉(1978) 〈나무가 있는 야경〉(1987) 〈감나무〉(1987)(이상 '공존화 양식과 전개도식 표현') 등이다.

마지막으로 추상화적 특성이다. 이 양식적 특성 또한 장욱진 그림의 많은 부분이 해당한다. 장욱진은 1962년부터 1964년까지 추상 실험을 하면서 〈덕소 풍경〉(1963) 〈무제〉(1963) 〈눈〉(1964) 등 10점 가량의 본격적인 추상 작품을 남겼지만[44], 그 이전 또는 이후에는 뚜렷하게 보이지는 않는다. 그러나 그의 화면 구성은 합리적인 원근법이나 입체감을 거부하고 매우 비약적이며, 그 형태는 평면적이고 선적으로서 추상화적 특성을 지닌다. 장욱진 그림의 추상화적 특성은 민화적 · 문인화적 · 아동화적 양식을 추구함으로써 나오는 자연스런 결과로 보는 것이 타당할 것이다.

---

44 정영목, 『장욱진 : Catalogue Raisonné · 유화』, 학고재, 2001, 104~120쪽 참조.

« 내용적 경향

장욱진 그림은 내용적으로 향토적, 가족적, 탈속적, 해학적 경향을 갖는다. 이러한 내용적 경향 또한 앞의 양식적 특성과 마찬가지로 필자만의 독특한 견해가 아니라 여러 다양한 연구 결과들을 종합하여 필자가 범주화한 것이다.

먼저 향토적 경향[45]이다. 장욱진 그림은 자신의 주변에 있는 사람, 집, 해, 달, 나무, 동물, 새 등을 주요 소재로 하는데, 이들 소재는 지나간 시대에 대한 향수를 동반한 향토성을 띤다. 장욱진은 일본 유학 전후 시기(1937~1947)에 전형적인 조선의 향토적 소재를 다루었으며, 서양화의 추상 이념을 받아들여 점차 형상의 단순화를 이루어갔다. 장욱진의 초기 대표 작품 중 하나인 〈공기놀이〉에는 한복을 입은 소녀들과 돌담 등 향토적 소재들이 보인다. 〈마을〉(1940)에는 하얀 한복 저고리와 앞치마를 두른 검은 피부의 두 여인이 등장한다. 이들은 화면의 중앙부에 앉은 모습으로 배치되었고, 배경에는 초가집들과 멀리 광주리를 들고 항아리를 인 촌부들의 모습이 보이며, 초가집 앞 좌측으로는 개가 한 마리 그려져 있다. 〈소녀〉(1939) 〈독〉(1949) 〈마을〉(1951) 〈수하〉(1954) 〈산수〉(1961) 등이 향토적 경향을 띤 초기 작품의 대표작들이며, 이후 이러한 경향은 30년 동안 그대로 이어지고 있다.

두 번째로 가족적 경향이다. 장욱진은 자기 삶의 터전인 집을 많이 그렸다. 실제로도 그는 덕소, 명륜동, 수안보, 신갈 등 여러 채의 집을 지었는데, 집은 사랑하는 가족의 보금자리이자 자신의 작업장이었다. 집 안에는 가족을 그려 넣었는데, 이는 작품의 자전적(自傳的) · 일상적 성격과 함께하는 것

---

45 신무리뫼, 앞의 논문, 10~13쪽 참조.

이다. 일곱 살 때 갑자기 부친을 잃는 바람에 장욱진은 성인 남자의 가장 역할을 제대로 습득할 기회를 갖지 못하였다.[46] 이러한 아동기의 특수한 경험에 따른 심리적 갈등, 그리고 화가로서는 가족을 온전히 책임질 수 없는 사회구조 때문에 지녔던 죄책감을 해소하기 위하여 가족그림 안에서나마 가장으로서의 역할을 다하고자 하였을 것[47]이다. 서울대학교 교수직을 그만둔 뒤부터 그림 말고는 아무것도 할 줄 모르는 자신의 작업을 위해 헌신해온 아내, 그리고 불평할 줄 모르는 자식들, 특히 마흔 넘어 얻었지만 불치병으로 일찍 죽은 막내아들 등이 그의 가족 중심적인 사고와 가족적 경향의 작품을 생산하게 만든 주요인일 것이다. 대표적인 작품으로는 〈가족도〉(1972) 〈흰 집〉(1973) 〈마을의 아이들〉(1974) 〈가족〉(1978) 등을 들 수 있다.

세 번째는 탈속적 경향[48]이다. 장욱진 그림의 탈속성은 불교적·도가적 정신세계와 동일 선상에 있다. 장욱진의 가풍은 불교에 근원한다. 그의 고모와 어머니, 부인 모두 불교 신자였으며, 자신 또한 수덕사의 만공선사, 동국대 총장을 역임한 백성욱(1897~1981), 통도사의 경봉 스님 등과 깊은 인연을 맺는다. 장욱진의 집이나 방에는 거의 책이 없었는데도 책상 위에 『금강반야바라밀경(金剛般若波羅密經)』을 두고 읽곤 하였다고 한다.[49] 그의 불성은 종교라기보다는 생활의 한 조건이었으며, 이러한 불교적 세계관과 심성은 장욱진 예술에서 큰 의미를 갖는다. 또한 장욱진이 자

---

46 이하림, 「장욱진의 가족그림에 보이는 전통성」, 『미술사논단』 제11호, 2000, 234쪽.

47 위의 글, 239쪽.

48 고경옥, 「장욱진의 삶과 회화에 나타난 '탈속성' 해석」, 홍익대학교 석사학위 논문, 2009, 40~50쪽 참조.

49 김철순, 「금강석처럼 단단한 지혜」, 최경한 외, 『장욱진 이야기』, 김영사, 1991, 223쪽 참조.

신의 아틀리에를 덕소, 수안보, 신갈로 옮기며 도피와 은둔의 모습을 취한 점, 작품에서도 무위자연(無爲自然)과 안빈낙도(安貧樂道)를 형상화하였다는 점 등은 도가적 정신세계의 표상으로 볼 수 있다. 불교적 색채를 띤 주요 작품으로는 〈진진묘〉(1970), 또 다른 〈진진묘〉(1973) 〈팔상도〉(1976) 〈사찰〉(1977) 〈심우도〉(1979) 〈달마도〉(1979) 등이 있으며, 도가적 색채를 띤 주요 작품으로는 〈동산〉(1978) 〈마을노인〉(1978) 〈산〉(1986) 〈산수도〉(1986) 〈정자〉(1978) 〈풍경〉(1978) 〈밤과 노인〉(1990) 등이 있다.

마지막으로 해학적 경향[50]이다. 장욱진의 작품은 유머러스하고 기발한 표현의 예가 적지 않으며, 매우 낙천적이다. 화면을 보고 있으면 누구든 금방 웃음을 머금는다. 〈자화상〉(1951)은 그 시절 궁벽했던 삶을 가장 역설적으로 보여주는 그림이다. 황금빛 보리밭 사잇길에 서양 신사풍의 남자가 연미복 차림으로 걸음을 멈춘 자세로 그려져 있다. 〈모기장〉(1956)은 어려운 형편 속에서도 자족하는 화가의 독백과도 같은 작품이다. 덕소 시절 부엌 벽에다 포크, 숟가락, 생선 등을 소재로 〈식탁〉(1963)을 그렸는데, 이 그림으로 식사를 대신하기도 하였다 한다. 〈가족〉(1978)에서는 유난히 얼굴이 크고 팔과 다리는 가늘고 짧게 표현되어 있다. 아이들 그림 같은 유머러스한 조형적 특징이 발견된다. 1979년 즈음의 그림에는 눈이 한쪽으로 쏠린 토라진 인물이 자주 등장하는데, 이는 술을 싫어하는 화가 부인을 그린 것이라고 한다.

이들 내용적 네 경향 중 향토적, 가족적 경향은 이 글 4장에서 제시하는 나무의 네 원형성 가운데 많은 부분이 모성과 중심성에 닿고, 탈속적, 해학적 경향은 역시 상당 부분이 영원성과 초월성에 닿는다.

---

50 신혜선, 「장욱진 회화에 나타난 민화적 발상 연구」, 전남대학교 석사학위 논문, 2003, 20~22쪽 참조.

장욱진 그림에 나타난 나무의 원형성 해석 박상언

3. 장욱진 그림의 **나무**와 **나무 신화**

화면 구성 요소로서의 장욱진의 나무

장욱진 그림의 소재가 된 사물은 언제나 화가 자신이 곁에서 쉽게 볼 수 있거나 언젠가 보았던 것들이다. 장욱진이 그림에서 이들 소재를 어느 정도 사용하는지 분석[51]해보면 다음과 같다.

표 1 장욱진 그림의 주요 소재 사용 정도[52]

구분		사람	집	동물 (새 제외)	새	해 · 달	나무
1937~1972	작품 수	91	65	44	27	38	44	45
	비율(%)	12.6	71.4	48.4	29.7	41.2	48.4	49.5
1973~1979	작품 수	136	119	116	89	99	117	93
	비율(%)	18.9	87.5	85.3	65.4	72.8	86.0	68.4
1980~1985	작품 수	217	200	172	201	195	210	181
	비율(%)	30.1	92.2	79.3	92.6	89.9	96.8	83.40

---

51 정영목은 장욱진의 유화 작품 거의 모두(721점)를 수록한 책에서 그 작품 세계 전체를 8기, 즉 1937~1949년(8점), 1950~1955년(16점), 1956~1961년(26점), 1962~1964년(16점), 1965~1972년(25점), 1973~1979년(136점), 1980~1985년(217점), 1986~1990년(277점)으로 나눴다(『장욱진 : Catalogue Raisonné · 유화』, 학고재, 2001). 그러나 〈표 1〉에서 필자는 1937~1972년을 한데 묶었는데, 이는 장욱진 작품의 시기별 특성이나 경향이 아닌, 주요 소재의 사용 정도와 그 개략적인 추세를 확인하는 것이 필요했기 때문이다. 1972년까지 장욱진의 작품은 연간 평균 3편 정도밖에 남아 있지 않으며, 이에 그때까지를 정영목처럼 다섯 시기로 세분할 경우 각 시기별 작품 수가 지나치게 적은 데서 발생하는 통계상의 오차로 인해 정확한 추세를 확인하기 어렵다. 한편 필자가 분석 대상으로 한 721점은 모두 이 책에 수록된 작품들이며, 이후 이 글에서 제시하는 모든 장욱진 작품 도판과 그 제목 · 크기도 이 책의 것을 기준으로 하였다.

구분			사람	집	동물 (새 제외)	새	해·달	나무
1986~1990	작품 수	277	215	194	186	232	274	265
	비율(%)	38.4	77.6	70.0	67.1	83.8	98.9	95.7
계	작품 수	721	599	526	619	564	645	584
	비율(%)	100.0	83.1	73.0	85.9	78.2	89.5	81.0

이들 중 합계 값을 그래프로 나타내면 다음과 같다.

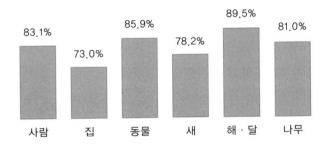

83.1%   73.0%   85.9%   78.2%   89.5%   81.0%

사람   집   동물   새   해·달   나무

그래프 1 장욱진 그림의 주요 소재 사용 비율(1937~1990)

---

52 한 작품 안에서 소재가 수적으로 얼마나 사용됐느냐는 빈도는 고려하지 않았
다. 주요 소재의 한 작품 내 수효보다는 그 작품에 이들 소재가 과연 사용됐느
냐는 그 자체가 화가의 화면 구성 의식을 이해하는 데 훨씬 유용할 것이기 때
문이다. 그러나 이들 소재의 수적 빈도를 통계화한 한 연구(정은숙, 「장욱진 회
화에 대한 연구」, 전남대학교 석사학위 논문, 1997, 35~39쪽 재구성)를 참고용
으로 제시하면 다음과 같다.

구분	작품	사람	집	동물(새 제외)	새	해·달	나무
초기(1950~1963)	28편	48	27	29	39	25	41
중기(1964~1974)	26편	38	13	21	20	23	11
말기(1975~1990)	82편	140	95	113	118	113	95
계	136편	226	135	163	177	161	147
작품별 평균빈도	–	1.7	1.0	1.2	1.3	1.2	1.1

장욱진 그림에 나타난 나무의 원형성 해석 박상언

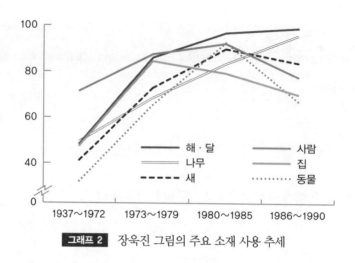

그래프 2 장욱진 그림의 주요 소재 사용 추세

장욱진은 721점의 유화 작품에 해·달(645점, 89.5%)을 가장 자주 그렸으며, 이어 동물(새 제외)(619점, 85.9%), 사람(599점, 83.1%), 나무(584점, 81.0%), 새(564점, 78.2%), 집(526점, 73.0%)의 순이다. 그러나 이들 소재의 시기별 사용 추세를 살펴보면, 중년기를 지나 노년기로 접어들면서 사람(71.4→87.5→92.2→77.6%), 집(48.4→85.3→79.3→70.0%), 동물(29.7→65.4→92.6→67.1%), 새(41.2→72.8→89.9→83.8%)는 현저하게 줄어들고, 해·달(48.4→86.0→96.8→98.9%), 나무(49.5→68.4→83.4→95.7%)가 늘어남을 확인할 수 있다. 특히 위의 그래프에서처럼 그 증가 추세가 가장 가파른 소재가 나무인데, 이는 나무가 화가의 인생과 세월의 흐름과 함께 더욱 뚜렷하게 조형 의식의 한가운데로 자리하게 됨을 의미한다.[53]

나무와 장욱진은 뗄 수 없는 상응 관계에 있다.[54] 장욱진에게 나무는

---

53 해·달의 경우 중년기부터 그 사용이 급격하게 증가한 후 노년기까지 꾸준하게 유지되는데, 이에 대하여는 이 글 4장에서 언급할 계획이다.

54 정영목, 앞의 도록 『장욱진 나무전』.

자신의 정서적·사상적 지향을 품고 있지만, 이
에 앞서 그림의 조형미를 획득하는 구성 요소만
으로서도 큰 의의가 있다. 장욱진의 많은 작품에
서 화면 구성상 중심으로 설정되는 소재는 크고
둥근 나무가 가장 흔하다. 그리고 그 주위에 배
치되는 다른 소재들은 독립된 채 제 역할을 다하
면서도 나무와의 통일성을 잃지 않고 있다.

그림 1 〈나무〉(1987)

〈나무〉(그림 1)에서는 큰 원형의 나무를 중심
으로 두 채의 집, 해와 달, 그리고 새를 그리고 있
는데, 화면 가운데의 나무가 그림 전체를 끌어안
고 있다. 〈두 사람〉(그림 2)에서도 나무의 좌우로
두 사람을 앉힌 다음 나무 위에는 여러 채의 작
은 집들 또는 마을을 올려놓았다. 이렇게 그의 작
품에서 보이는 안정적인 짜임새는 많은 경우 중
앙에 배치한 나무를 중심으로 한 구도, 또는 다른
소재들을 그 나무와 대칭으로 배치하는 구도에
따른 것이다.[55] 그리고 〈언덕 위의 가족〉(그림 3)
에서처럼 나무가 중앙에서 다소 비껴나 배치되는

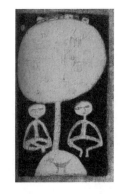

그림 2 〈두 사람〉(1973)

경우에도 나무는 변함없이 화면 구성상 중심 역할을 유지한다.

〈앞뜰〉(그림 4)의 경우 화면 좌우에 큰 나무를 대칭으로 두었는데, 여
기서 두 나무는 분할된 화면을 가운데로 모으는 역할을 한다. 〈나무와 가족

---

55 그러나 1970년대 말 먹그림을 그리기 시작할 즈음부터는 먹그림뿐 아니라 평
생 그려온 유화에서도 이러한 형식의 구도를 벗어나는 등 보다 자유분방한 구
도로 바뀌는데, 이에 대해 오광수는 '자유로움의 증식'이라고 표현하였다. 오
광수, 『장욱진의 예술』, 호암미술관, 1997, 314쪽.

장욱진 그림에 나타난 나무의 원형성 해석 박상언

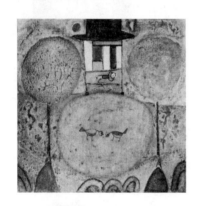

〉(그림 5)에서는 좌우 두 나무 위에 둥근 나무 하나를 더 배치함으로써 화면의 무게 중심을 낮추어 그림 전체를 눌러준다. 〈가로수〉(그림 6)에서는 해를 향해 왼편 위로 비상하는 새로 인해 자칫 뜰 수 있는 화면을 오른편으로 기운 세 그루의 나무가 잡아준다.

이렇게 화가는 〈나무〉(그림 1), 〈두 사람〉(그림 2), 〈언덕 위 가족〉(그림 3)에서와 같이 나무가 한 그루일 때는 그 좌우에 다른 소재들을 대칭으로 배치하거나 여러 소재들과 함께 화면을 가라앉힌다. 또한 〈앞뜰〉(그림 4), 〈나무와 가족〉(그림 5), 〈가로수〉(그림 6)에서와 같이 여러 그루일 때는 나무들 스스로 대칭의 소재가 되어 좌우로 나뉘거나 서로 흩어질 수 있는 화면 속 여러 소재들을 한데 모은다. 장욱진에게 나무는 화면 전체의 조화와 균형을 위한 가장 중요한 요소이다.

어떤 화면에서든 나무는 강력한 자력(磁力)으로 구성상의 통일성에 절대적으로 기여한다. 다른 여러 소재들이 공중에 떠 있는 듯한 느낌을 줄 때 나무는 저 혼자 땅에 뿌리를 내린 채 화면의 부유(浮遊) 또는 산만(散漫)을 억제하고 그림 전체를 안정화한다. 그러면서도 모든 소재들이 하나같이 원환적인 구성 속에 서로 유기적인 관계를 맺고 있어 화면 속 여러 소재들이 각각 또는 한꺼번에 통일적 공간을 구성하게 한다. 오광수(2000)의 다음 글[56]은 이를 설명하고 있다.

그의 그림은 건축에 비유될 수 있다. 상하의 대비와 좌우의 균형이 완벽하다. 그것을 일부러 드러내지는 않으나 바탕에는 이 같은 건축적 감정이 지배한다. 그의 작품이 단순한 것 같으면서도 높은 밀도를 지니고 있음은 바로 이 같은 건축적 바탕에 기인함이다. …(중략)… 그가 생전에 여러 채의 자기 집과 화실을 지은 것처럼 화면에서도 집을 세우고 마을을 계획한다.

그림 5 〈나무와 가족〉
(1989)

장욱진은 집을 짓듯 화면을 구성한다. 이렇게 구성되는 화면의 안정성은 화면 속에 표현되는 집 때문이기도 하지만, 장욱진 화면의 근본적인 안정성은 집을 넘어 나무로부터 비롯된다고 볼 수 있다. 집에 비해 나무는 더 고정적이고 대개는 더 크게 그려지기 때문이다.

한편 장욱진에게 집은 모성(母性)과 중심성(中心性)을 획득하는 것에 머물지만, 나무는 모성과 중심성뿐 아니라 영원성(永遠性)과 초월성(超越性)까지 획득하게 된다. 장욱진 그림의 주요 소재들 중 사람, 집, 동물(새 제외)은 지상의 존재

그림 6 〈가로수〉(1987)

로서 모성과 중심성을, 해·달은 천상의 존재로서 영원성과 초월성을, 그리고 새는 그들 상호간 매개자로서의 역할을 주로 함의하고 있다. 그러나 나무는 인간계(人間界)와 천계(天界)는 물론 지하계(地下界)까지 다 잇고 있으며, 이에 그 모든 존재들의 전달 통로가 되기 때문이다.[57]

---

56 오광수, 「한국화가 장욱진」, 갤러리 현대, 앞의 도록, 9쪽.
57 이 글의 주제와 직접 관련되는 이에 대하여는 뒤의 '장욱진 그림과 나무의 원형

일상적 삶 속에서의 장욱진의 나무

롤랑 바르트(Roland Gérard Barthes, 1915~1980)는 인간 역사를 통해 가장 많이 그려진 대상은 의심할 바 없이 나무이며, 회화의 진행은 예술가들이 나무에 부과했었던 계속적인 변형 속에 새겨진다[58]고 하였다. 여기에 꼭 부합하는 화가가 장욱진이다. 거의 자연에 귀의한 채 그림을 그린 화가의 눈앞에 가장 많이 보이는 소재는 당연히 나무였을 것이다. 그러나 장욱진이 동원하는 주 소재들 중 집이나 새와는 달리 나무에 대해 스스로 쓴 글은 아래 말고는 없다.

> 언제부터인진 몰라도 나에게는 이른 새벽의 산책이 몸에 붙었다. 고요하고 맑은 대기를 마시며 어둑어둑한 한적한 길을 걷노라면 새들의 지저귐 속에 우뚝우뚝 서 있는 모든 물체의 부각(浮刻)이 쓸쓸한 맛의 색채를 던져준다. 이럴 때처럼 싱싱한 나무들의 생명을 느껴본 일은 없다. 저마다 구김살 없는 다른 꼴의 얼굴들로 소리 없이 웃으며 생생한 핏줄의 약동으로 속삭여주는 듯도 하다. 시끄러운 잡음과 먼지를 뒤집어쓰지 않은 싱싱한 새벽의 표정을 나는 영원히 닮고 싶은 것이다.[59]

이 글도 실은 새벽 산책에 관하여 쓴 글이며, 산책 중 만나는 한 대상으로서 나무를 묘사한 것일 뿐이다. 장욱진의 글을 통해서는 나무가 왜 그렇게 둥그렇게 부푼 채 그려지는지, 아니면 바람을 일으키거나 열기가 휩싸인 듯한 모양으로까지 변형되는지 등에 대한 단서들은 찾기 쉽지 않다. 거의 모든 그림에 나무를 배치하고, 또 거의 모든 경우 그 나무를 가장 크

성' 에서 상세히 논할 것이다.

58 오규원, 「무릉일기 · 5」, 『문예중앙』 봄호, 1996, 42쪽에서 재인용.
59 『경향신문』, 1958. 4. 12.

게 그리면서도 나무에 대한 자신의 평소 생각이나 심상을 드러내지 않았다는 것은 오히려 장욱진의 나무가 자신의 그림 소재들 중에서 가장 기본적인 지위를 누렸음을 뜻한다.

마치 평소에는 그 존재와 소중함을 의식하지 못하는 산소처럼 장욱진에게 나무는 일상적 삶 속에서 따로 떼어놓고는 생각조차 할 수 없는 합일의 존재이며, 아울러 그림 속에서는 그렇게 거의 무의식 상태에서 가장 크고도 중요하게 자연스레 배치될 수밖에 없었던 소재이다. 그러므로 글이나 말 따위로 따로 언급할 필요성조차 못 느꼈을 것이며, 이와 관련해서는 김형국의 글[60]이 매우 흥미롭다.

김형국은 한국 사람의 체질이 목성(木性)이라 하였다는 화가 자신의 말을 전하면서 화가도 목성이고 그 그림도 목성임이 분명하다 하였다. 또한 화가는 조선시대 목기를 아꼈다고 한다. 화가가 그림에 즐겨 다루는 나무는 토종이거나 토착화한 우리 고유의 나무들로서, 시골의 신작로를 장식하는 양버드나무, 한국인 체질을 닮았다는 소나무, 시냇가의 풍류를 돋우는 수양버드나무, 동구나무나 정자나무로 사랑을 받아온 느티나무 등이었다. 장욱진의 나무는 정원에 인위적으로 심어진 나무가 아니라 그렇게 이미 자연의 일부가 되어 있던 나무들이다. 김형국은, 장욱진이 그림 속에서나 일상적 삶 속에서 꽃과 화초가 아닌 나무에게 최고의 역할을 부여한 까닭을 이양하(1904~1963)의 수필에 나타나는 나무의 덕성(德性)에서 찾았다.

> 나무는 덕을 가졌다. 나무는 주어진 분수에 만족할 줄을 안다. 나무
> 로 태어난 것을 탓하지 아니하고, 왜 여기에 놓이고 저기 놓이지 않았
> 는가를 말하지 아니한다. …(중략)… 나무는 고독하다. 나무는 모든 고

---

60 김형국, 앞의 책, 287~296쪽 참조.

독을 안다. 안개에 잠긴 아침의 고독을 알고, 구름에 덮인 저녁의 고독을 안다. 부슬비 내리는 가을 저녁의 고독도 알고, 함박눈 펄펄 날리는 겨울 아침의 고독도 안다. 나무는 파리 옴짝 않는 한여름 대낮의 고독도 알고, 별 얼고 돌 우는 동짓달 한밤의 고독도 안다. 그러나 나무는 어디까지든지 고독에 견디고 고독을 이기고 또 고독을 즐긴다. …(중략)… 나무에 하나 더 원하는 것이 있다면, 그것은 천명을 다한 뒤에 하늘 뜻대로 다시 흙과 물로 돌아가는 것이다. …(중략)… 나무는 훌륭한 견인주의자요, 고독의 철인이요, 안분지족의 현인이다.[61]

장욱진은 나무와 달리 꽃이나 화초에 대한 애착이 거의 없었는데, 나무들에게는 한때의 요염을 자랑하는 꽃이 바랄 수 없는 높고 깊은 품위가 있고, 사람에게는 도저히 찾아볼 수 없는 점잖고 너그럽고 거룩하기까지 한 범할 수 없는 위의(威儀)가 있기[62] 때문이었을 것이다. 장욱진의 나무는 "단순한 나무로서의 의미를 넘어 인간과 상응하는 자연 전체를 의미하는 하나의 관념일 수밖에 없다. 또한 그 관념은 인간이 지향해야 할 어떠한 이상을 제시해 주는 듯 당당하고 튼튼한 나무로서 표상된다."[63] 오규원(1941~2007)은 장욱진의 나무를 다음과 같이 논하였다.

'자연'이라는 존재를 자신의 몸을 부풀려 강조하고 있는 그 나무, 수많은 나무가 한데 모여서 된 그 나무, 장욱진의 그 나무는 그러므로 사실적인 '자연' 그대로의 모습을 가질 수는 없다. 그 나무는 모든 나무의 모습인 동시에 그 어떤 나무의 형상도 아닌 다른 나무여야 하기 때문이다. 그 나무는 그러므로 생산적인 왜곡을 통과해야 한다. 그 왜곡이 바로 모든 나무인 동시에 절대적으로 하나인 나무의 예술적 개체증식의

---

61 이양하, 「나무」, 송명희 편, 『이양하 수필 전집』, 현대문학, 2009, 173~175쪽.
62 이양하, 「나무의 위의(威儀)」, 위의 책, 178쪽.
63 정영목, 앞의 도록, 『장욱진 나무전』.

운동이다. 장욱진의 그 나무도 바로 그런 운동의 결과이다. 또한 장욱진 회화 속의 그 운동은 당연히 한 그루 나무를 중심으로 모든 존재에까지 미친다. 무엇보다 먼저 그림 속의 모든 존재는 원칙적으로 나무보다 작아진다. 그 나무는 그냥 나무가 아니라 살아서 직립해 있으며, 또한 살아 있으므로 부풀어 오르는 모든 것을 강조하는 존재이기 때문이다. 장욱진의 한 그루 '그 나무'가 거의 모두 풍선처럼 부풀어 있는 것도 우연이 아니다.[64]

나무는 자연 생태계를 구성하고 있는 다른 어떤 것보다 인간의 직접적인 생명 활동에 필수불가결한 존재이며, 모든 생명체에서 산소를 공급하는 가장 결정적인 생명체의 중앙에 있다. 따라서 인간은 나무를 통하여 자연을 인식하며 생명력을 느끼게 된다. 나무는 자연 그 자체이며, 생명의 상징이기도 하다. 예술은 생동하는 생명의 추구이며 나아가 창조[65]라고 생각하는 장욱진에게 나무는 화가 자신이 새벽 산책길에서 느꼈다고 고백[66]한 생명감의 결집체이다. 이 생명감은 나무의 네 가지 원형성의 바탕을 이룬다. 즉, 장욱진에게 나무의 생명감은 정서적 차원에서는 모성, 의지적 차원에서는 중심성, 시간적 차원에서는 영원성, 공간적 차원에서는 초월성으로 닿게 되는 것이다.

나무의 상징적 의미와 나무 신화

인간에게 나무는 지하, 지상, 천상을 잇는 수직적 통로이자 불사(不死)

---

64 오규원, 앞의 글, 52쪽.
65 장욱진, 앞의 책, 27쪽.
66 『경향신문』, 1958. 4. 12.

장욱진 그림에 나타난 나무의 원형성 해석 박상언

<footer>119
118</footer>

의 상징으로서 언제나 외경과 숭배의 대상이 되어왔다.

> 우주수(宇宙樹) 또는 세계수(世界樹)는 나무를 우주의 근본으로 여긴
> 고대인들의 의식을 잘 반영한다. 땅에 뿌리를 내림으로써 영양분을 흡수
> 하고 하늘로부터 빛을 받아 광합성을 하는 나무는 하늘과 땅을 이어줌으
> 로써 왕성한 생명력을 발휘한다고 여겨졌다. …(중략)… 나무는 긴 수명
> 을 자랑하면서 한 사회의 역사와 함께 했기에 노인보다 훨씬 더 높은 지
> 위를 누린다. 또한 봄, 여름, 가을, 겨울로 대변되는 계절의 변화를 지속
> 적으로 반복함으로써 우주 주기의 영원성을 상징하기도 한다. 다산성과
> 생명력 등은 모든 문화에 공통되는 나무의 상징적 의미를 나타낸다.[67]

또한 나무는 어느 종교, 어느 문화권에서도 경배되고 있는데, 이는 나
무가 인간의 심신(心身)으로는 도저히 따를 수 없는 우주의 질서와 함께하
는 존재이기 때문이다.

> 지구상에 살아 있는 생명체 가운데 나무 이상으로 우주의 리듬을
> 상징적으로 잘 나타내고 있는 생명체는 없다. 우주의 리듬이란 태양계
> 의 순환 주기에 따라서 하루가, 달이, 그리고 절기가 끊임없이 순환되
> 는 주기적 현상을 의미한다. 수백 년 동안 지속적으로 봄에는 싹을 틔
> 우고 가을에는 잎을 떨어뜨리는 나무의 생육 특성은 고대 인류에게 태
> 양이나 달이 가지고 있는 우주의 리듬과 다름없었다. 나무만이 가지고
> 있는 장구한 수명과 거대한 덩치와 재생성은 고대 인류에게 끝없이 재
> 생되는 우주나 영생의 원천을 상징하는 데 부족함이 없었다. 수많은
> 자연물 중에 유별나게 나무만이 지닌 독특한 생육 특성은 고대 인류로
> 하여금 나무를 자연스럽게 숭배하도록 만들었고, 결국 우주수나 세계

---

67 조애래, 「디자인 활용을 위한 한국 전통 나무이미지의 상징성과 조형성 분석」,
연세대학교 박사학위 논문, 2008, 14쪽.

수 또는 생명수처럼 신성한 나무로 형상화되었다.[68]

따라서 종교나 동서양을 가리지 않고 인간 삶의 대부분의 영역에서 신성한 나무가 등장한다. 불교에서는 보리수가 세계수[69]이며, 기독교의 구약성서 창세기에 나오는 에덴동산 한가운데 있는 '생명의 나무'와 '지혜의 나무'도 일종의 세계수라고 할 수 있다. 우리나라에서는 신단수(神檀樹)나 부상(扶桑)이 우주수이다. 한 민족이 공유한 상징체계는 그 민족문화 형성의 출발점이므로 단군신화의 신단수는 나무에 대한 우리 한민족의 보편적 상징체계의 맨 처음이라 할 수 있다. 이러한 신수(神樹) 또는 신목(神木)은 하늘과 땅을 왕래하는 통로, 천신과 인간의 뜻을 소통하는 상징적 매체[70]로서 신성시되었다. 신목은 우리나라뿐 아니라 세계 곳곳, 특히 우랄 알타이 어족 사이에서는 매우 보편적이다. 부상은 뽕나무 잎을 가진 거대한 신목으로서 아래가지에는 아홉 개의 태양이, 윗가지에는 한 개의 태양이 걸려 있다고 한다.[71]

또한 시베리아 사하(Saha) 족의 신화에 전해지는 우주수에 대한 주강현 (2010)의 설명은 다음과 같다.

> 시베리아 사하 족은 '세상의 황금배꼽'에 가지가 여덟 개인 나무가
> 자라고 있다고 믿는다. 이 낙원은 최초의 남성이 태어나, 나무 둥치에
> 서 윗몸만 내민 여성의 젖을 먹고 자라는 그런 땅이다. 그들 시베리아

---

68 전영우, 「동서양의 신성한 나무, 우주수」, 탁광일 외, 『숲이 희망이다』, 책씨,
    2005, 150~ 151쪽.
69 김열규, 『한국인의 신화』, 일조각, 2005, 68쪽.
70 서연호, 『한국 공연예술의 원리와 역사』, 연극과인간, 2012, 22쪽.
71 조선시대 민화 「일월부상도(日月扶桑圖)」에 나타나는 우주수는 하늘까지 닿는 뽕
    나무(扶桑)였으며, 이 뽕나무에서 해와 달이 뜬다고 믿었다.

장욱진 그림에 나타난 나무의 원형성 해석 박상언

인에게 세상은 천상, 지상, 지하 3층으로 나뉜다. 생명의 나무는 이들 세계로 통하는 우주축으로 작동한다. 시베리아 무당인 오윤(oyun)의 성스런 주거처에는 신수인 캐리약스 마흐(위대한 오윤나무)가 서 있다. 오윤나무에는 아홉 개의 가지가 하늘로 뻗어 있어 우주로 통한다.[72]

중국의 대표적신 신수는 부상(扶桑), 건목(建木), 불사목(不死木)이다. 다음은 이에 대한 빈미정(2003)의 설명이다.

> 부상은 고대 중국의 우주관에 관한 기본관념과 결부되었다. 이는 의미상 신비한 태양나무를 가리키지만 실제로는 해가 뜨는 장소이거나 혹은 그 현상을 말하는 것이었다. 부상은 부목(扶木)이나 약목(若木)이라고도 불렀는데, 근원적인 물인 양곡(暘谷)이나 삼천(三泉) 등 신성한 물과 관련되었으니 모두 생명을 위한 물과 나무의 상생적 관계를 의미하는 상징체계를 보여주는 것이라 하겠다. 건목은 곤륜산 위에 있으며 천지의 중앙축으로 인식되는 세계수였다. 그것은 지상과 땅을 연결하는 천지의 한 중앙에 위치한 일종의 사다리였다. 따라서 엘리아데가 지적한 지심(地心)과 다르지 않으며, 결국 후대의 신화고사에 등장하는, 하늘을 연결하는 사다리인 천제(天梯)의 원형인 셈이다. 한편, 불사의 사상이나 재생 모티프와 관련을 갖는 것이 바로 불사목이었다. 수목이나 불사목과 관련된 고사는 불사ㆍ불멸의 관념을 구조적으로 내재화하고 있다.[73]

세계 신화에 나타나는 가장 전형적인 우주수는 노르웨이 지방의 이그드라실(Yggdrasil)이라는 거대한 물푸레나무이다. 이를 자크 브로스(Jacque

---

72 주강현, 『우리 문화의 수수께끼 2』(개정판), 한겨레출판, 2010, 101쪽.
73 빈미정, 「중국신화에서 신수와 그 의미」, 『중국학보』 제48호, 한국중국학회, 2003, 59쪽.

Brosse, 1922~2008)는 다음과 같이 설명한다.

> 우주를 뚫고 솟아 있는 이 이그드라실은 주신(主神) 오딘(Odin)이 세
> 계 창조 후에 심었으며, 무성한 잔가지들은 온 세상 위로 뻗어 하늘에
> 닿아 있다. 세계를 떠받치는 거대한 세 뿌리 중 하나는 신들의 세계인
> 아스가르드 안에 박혀 있고, 두 번째 뿌리는 인류 이전부터 있었던 서
> 리 거인의 집에, 세 번째 뿌리는 죽은 자가 머무르는 니플하임에 닿아
> 있다. 이그드라실이 뿌리를 통해 중첩된 지하의 세 영역, 즉 신들의 영
> 역과 선사시대 거인들의 영역과 인간 조상들의 영역을 지상으로 떠오
> 르게 하면, 그 물푸레나무의 줄기는 하늘과 땅 사이에 있는 중간층으로
> 인간들이 사는 곳인 미드가르드를 가로지르게 되며, 그 나무의 꼭대기
> 는 신들의 천상 거주지인 아스가르드에까지 닿는다. 이 우주목 신화는
> 비교적 늦게 등장했음에도 '전체적인 일관성을 가져야만 하는 무수한
> 종류의 성스러운 신화와 전승에 대해 통일적이며 기준이 되는 원리'를
> 갖고 있다. 이그드라실은 세계의 축인 동시에 버팀목인 것이다.[74]

신화는 인류 최초의 사유 형식을 간직하고 있다.[75] 그러므로 고대 동
서양의 나무 신화들은 나무를 대상으로 한 인간의 정신 활동을 상징적으
로 나타낸다. 그리고 이러한 신화는 고대인에게만 중요했던 잔존물이 아
니라 융의 말대로 집단무의식 속에서 원형화하여 개개인의 관념 속에 유
전인자처럼 물려받고 있는 것이다. 원시시대의 나무 신화와 그 상징은 오
늘날 대부분의 사람들에게는 당산나무와 같이 가끔씩 희미하게 의미화
할 뿐이겠지만, 예술가, 특히 조형 작업을 하는 미술가들에게는 언제나
가까이 살아 숨 쉬고 있는 현재형이다. 화가 장욱진의 그림에서 이를 확
인해본다.

---

74 Jacque Brosse, 『나무의 신화』, 주향은 역, 이학사, 1998, 14~16쪽 참조.
75 조현설, 『우리 신화의 수수께끼』, 한겨레출판, 2006, 5쪽.

4. 장욱진 그림과 **나무의 원형성**

세계 곳곳에서 신화로 전해지는 우주수는 어느 민족에게나 가장 보편적인 상징수(象徵樹)이다. 물론 이 우주수 신화는 지리적 · 환경적 조건에 따라 조금씩 가지를 치면서 여러 다양한 나무 신화로 변이해왔으며, 이에 이 우주수 신화와 다른 구조의 나무 신화가 전해오기도 한다. 그러나 대부분의 나무 신화는 모성, 중심성, 영원성, 초월성 등 네 특성을 모두 지니고 있다.

이들 특성은 필자가 인간의 정서적/의지적 차원과 시간적/공간적 차원에서 나무의 원형성을 각각 대응한 것이다. 정서적 차원에서는 모성을, 의지적 차원에서는 중심성을, 그리고 시간적 차원에서는 영원성을, 공간적 차원에서는 초월성을 추상(抽象)한 것인데, 이들 각각이 장욱진 그림에서는 어떻게 나타나고 있는지 살펴보기로 한다.

먼저 나무 원형성의 관점에서 해석한 장욱진 그림을 종합 정리하면 다음과 같다.

표 2 장욱진 그림에 나타난 나무의 원형성

나무의 원형성	차원	상징	장욱진 그림		
			소재(素材) 주(主) 부(副)	특징적 화면 구성	주요 작품
모성 (母性)	정서적	다산, 창조, 관대, 감사, 수호(守護)	나무, 가족 / 아내, 아이, 마을, 동물 (새 제외)	나무 위 · 아래 사람 · 집 · 동물, 집 속 사람, 원형의 나무	〈수하〉(1954) 〈가족〉(1973) 〈가족〉(1977) 〈들〉(1974) 〈두 어른〉(1977) 〈나무〉(1987)

나무의 원형성	차원	상징	장욱진 그림			
			소재(素材) 주(主)	부(副)	특징적 화면 구성	주요 작품
중심성 (中心性)	의지적	안정, 신뢰, 질서, 균형, 소우주	나무, 집	땅, 길, 산	소재의 대칭적 배치, 나무의 과장적 표현	〈나무〉(1985) 〈나무 아래 부부〉 (1986) 〈정자〉(1986) 〈산과 나무〉(1984) 〈자화상〉(1986) 〈나무와 초가〉(1988)
영원성 (永遠性)	시간적	장수, 영생, 불멸, 부활	나무, 해·달	산	소재의 무시간적· 평면적 배치	〈나무〉(1987) 〈나무〉(1986) 〈무제〉(1990) 〈풍경〉(1989) 〈노인〉(1988) 〈까치와 마을〉(1990)
초월성 (超越性)	공간적	탈속, 초극, 주술, 통천(通天)	나무, 새	해·달, 도인	날아가는 새· 사람, 나무 위 집·마을·아 이, 나무 옆 누 운 사람, 나무 의 수직성· 높이 강조	〈까치와 나무〉(1987) 〈밤과 노인〉(1990) 〈집〉(1988) 〈나무와 새〉(1957) 〈나무 위 아이들〉 (1990) 〈나무〉(1984) 〈나무〉(1987) 〈가로수〉(1989) 〈나무 위의 까치〉 (1987)

모성

나무는 자애롭고 넉넉한 모성의 원형을 지니고 있다. 큰 나무는 눈과 비, 그리고 햇볕을 가려준다. 살아서는 수많은 열매로 굶주린 배를 채워주 고, 죽어서는 땔감이나 집의 기둥이 되어 추위를 막아주는 등 나무는 언제

그림 7 〈수하〉(1954)

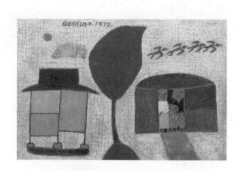

그림 8 〈가족〉(1973)

나 어머니 또는 고향처럼 우리를 품어준다. 나무의 열매는 신의 선물로서 젖과 같은 것이고, 땔감과 기둥은 옷과 같은 것이다. 나무의 이러한 여성적 의미는 지금도 우리 마을 곳곳에 정자나무, 당산나무, 서낭나무 등으로 엄연히 살아 있다. 그리하여 나무는 다산, 창조, 관대, 감사, 수호(守護) 등을 상징한다.

　〈수하〉(그림 7), 〈가족〉(그림 8, 그림 9)에서 보듯 장욱진은 나무를 주소재로 하고, 가족이나 아내, 아이, 마을, 동물(새 제외) 들을 또 다른 주 소재나 부 소재로 하여 대부분의 그림을 그

그림 9 〈가족〉(1977)

림으로써 이 세상에서는 보통의 모습으로 살아갈 수밖에 없는 화가로서의 숙명적인 불안감에서 벗어날 수 있었다. 모성의 직접적인 표현인 집과 가족 그림에서도 나무가 빠지지 않는 것을 주목할 필요가 있다. 그리고 이러한 방법론은 실생활에서도 아내와 가족에 대한 사랑으로 나타났고, 역설적으로 초월을 추구하는 자신에게 든든

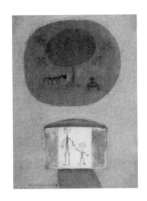

그림 10 ⟨들⟩(1974)　　　**그림 11** ⟨두 어른⟩(1978)　　　**그림 12** ⟨나무⟩(1987)

한 배경이 되었다.

⟨들⟩(그림 10), ⟨두 어른⟩(그림 11), ⟨나무⟩(그림 12)와 같이 어머니의 품이 상대적으로 더 크게 느껴지는 장욱진의 나무 그림들은 원형(圓形)이 압도적으로 많다. 이 원형이 바로 모성의 표상이다.

중심성

세계수에 대하여 김열규는 다음과 같이 말한다.

> 세계수는 세계를 떠받드는 기둥이다. 하늘이 내려앉지 않게 버티고 있는 나무. 땅이 가라앉지 않게 지탱해주고 있는 나무. 이 나무가 있었기에 하늘과 땅, 세계와 우주는 잘 짜인 조직체로서 의식된 것이다. 우주공간을 역학적으로 잘 조직된, 한 거대한 구조물로 보려 한 노력이 세계수를 자라게 한 것이다. 세계수는 우주공간을 분할하고 그것들을 질서화하는 원리다.[76)]

우리에게 그렇듯 장욱진에게도 나무는 언제나 중요한 자리에 서 있는

| 그림 13 | 〈나무〉(1985) | 그림 14 | 〈나무 아래 부부〉(1986) | 그림 15 | 〈정자〉(1986) |

존재로 인식된다. 모진 비바람과 눈보라에도 흔들림 없이 질서정연하게 살아 있다. 그리하여 〈나무〉(그림 13), 〈나무 아래 부부〉(그림 14), 〈정자〉(그림 15)에서와 같이 안정감과 함께 신뢰감을 준다. 또한 지표면을 중심으로 할 때 하늘로 자란 나무의 가지와 잎은 대개 땅속으로 뻗은 뿌리와 형태상 대칭을 이룬다. 인간에게 대칭구조는 그 자체만으로도 아름답고 경건한 권위를 지니며, 따라서 충분히 믿음직스럽다. 큰 나무는 이렇게 스스로도 자신의 주위에서 언제나 중심이다.

큰 나무는 우주의 축이다. 장욱진에게도 그러하며, 때로는 집이 그 역할을 대신하기도 한다. 그러나 〈산과 나무〉(그림 16), 〈자화상〉(그림 17), 〈나무와 초가〉(그림 18)와 같이 대개의 경우 나무는 집과 함께, 또는 땅, 길, 산과 함께 그려져 더욱 견고한 중심을 이룬다.

---

76 김열규, 앞의 책, 72쪽.

| **그림 16** 〈산과 나무〉 (1984) | **그림 17** 〈자화상〉 (1986) | **그림 18** 〈나무와 초가〉(1988) |

영원성

장욱진의 그림에는 시간이 존재하지 않음에도 정작 화가 자신은 소지품 가운데 시계를 아주 좋아했으며, 하루 종일 집에서 시간을 보내면서도 정확한 시간을 가리키는 시계 가지기를 고집했다.[77] 시계에는 해와 달이 아무 구분 없이 언제나 떠 있다. 장욱진의 그림 속 해와 달은 노년으로 갈수록 더 자주 나타난다(〈표 1〉 참조). 시계에 대한 장욱진의 집착을 이해하기는 그리 쉽지 않겠으나, 인간의 시간의식에 대한 다음과 같은 옥타비오 파스(Octavio Paz, 1914~1998)의 생각에 따르면 충분히 수긍할 수 있다.

> 시간은 우리 밖에 있지 않으며, 시계바늘처럼 우리 눈앞을 지나가는 어떤 것도 아니다. 우리가 바로 시간이며, 지나가는 것은 시간이 아니라 우리 자신이다. 시간이 방향성, 느낌을 갖는 것은 시간이 우리 자신이기 때문이다.[78]

---

77 김형국, 앞의 책, 352쪽.

장욱진 그림에 나타난 나무의 원형성 해석 박상언

이는 인간의 유한성(有限性)에 대한 냉정한 자각이며, 이로부터 벗어나기 위하여 인간이 할 수 있는 일은 상징 형식을 고안해내는 것이다. 신화, 종교, 토템, 주술, 예술 따위가 바로 그 상징 형식이다. 인간은 계절의 순환이나 천체의 운행 질서 안에서 영원성을 지닌 대상을 찾아 동일화하기 마련이다. 인간과 가장 가까이 있으면서도 그 조건을 완벽하게 충족해주는 존재가 나무이다.

　　나무는 인간과는 비교할 수 없을 만큼 오래 산다. 봄이면 새 잎이 돋아 불멸과 부활을 증거한다. 잘못되어서 죽는 나무를 드물게 볼 수는 있지만 펄펄 살아 있는 나무가 언제 죽을지는 아무도 모른다. 따라서 장수, 나아가 영생은 나무의 가장 보편적인 상징이다. 장욱진은 많은 작업에서 그리하였듯 나무와 함께 해와 달을 동시에, 아니면 해 또는 달을 그림으로써 자신의 조형 의식과 예술 작업의 영원성을 희구한다.

　　〈나무〉(그림 19, 그림 20), 〈무제〉(그림 21), 〈풍경〉(그림 22), 〈노인〉(그림 23), 〈까치와 마을〉(그림 24)은 이를 뚜렷하게 보여준다.

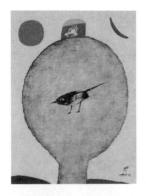
그림 19　〈나무〉(1987)

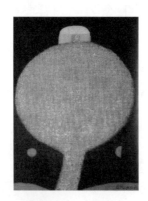
그림 20　〈나무〉(1986)

그림 21　〈무제〉(1990)

78　Octavio Paz,『활과 리라』, 김홍근 · 김은중 역, 솔, 1998, 72쪽.

| 그림 22 | 〈풍경〉(1989) | 그림 23 | 〈노인〉(1988) | 그림 24 | 〈까치와 마을〉 |

(1990)

미르치아 엘리아데(Mircea Eliade, 1907~1986)는 말한다.

우주는 살아 있는 유기체라는 것, 그래서 자신을 주기적으로 갱신한
다는 것이다. 끝없는 생명 출현의 신비는 우주의 주기적인 갱신과 결합
하고 있다. 이 때문에 우주는 거대한 나무의 모습으로 생각된다. 즉, 우
주의 존재 양식, 특히 끝없는 갱생의 능력은 나무의 생명에서 그 상징
적 표현을 볼 수 있다.[79]

장욱진의 나무는 영원성의 한 상징이다. 화면 속 장욱진의 나무는 해
와 달, 그리고 현실에서는 함께할 수 없는 소재들과 평면적으로 동시에
배치되거나 산과 함께 그려짐으로써 영원성에 대한 갈망이 표출된다. 에
른스트 카시러의 말[80]대로, 유한한 존재인 인간이 죽음을 극복하는 방법
은 이렇게 자신이 유한한 존재라는 것을 명확히 인식하는 것이며, 나아가

---

79 Mircea Eliade, 『성(聖)과 속(俗)』, 이은봉 역, 한길사, 1998, 144~145쪽.
80 Ernst Cassirer, 앞의 책, 102쪽.

그 앎을 상징 형식을 통해 표현하는 것이다. 안다는 것, 아는 것을 상징 형식화하는 것, 즉 자신에게 객관화함으로써 죽음이 인간적으로 극복된다는 것이다.

초월성(超越性)

환웅이 태백산 신단수 아래로 내려와 신시를 세웠다는 이야기를 통해 우리는 신들이 다니는 통로가 나무임을 알고 있다. 이렇게 나무는 땅과 하늘을 이어주는데, 이는 나무의 수직선 이미지에서 우선 기인하는 것이다. 나무를 향한 우리의 외경심은 이렇게 수직적 우주관과 관계가 깊다.[81] 어린 날 우리가 나무 오르기를 즐겨 하였던 것도 작은 초월이었다.

장욱진은 〈까치와 나무〉(그림 25), 〈밤과 노인〉(그림 26), 〈집〉(그림 27)에서처럼 나무 너머 하늘로 날아가는 새나 사람 등을 그림[82]으로써 초

그림 25　〈까치와 나무〉(1987)　　그림 26　〈밤과 노인〉(1990)　　그림 27　〈집〉(1988)

81　주강현, 앞의 책, 100쪽.

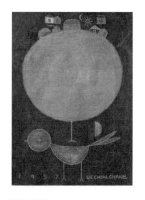

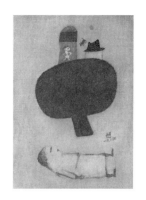

그림 28 〈나무와 새〉(1957)　　**그림 29** 〈나무 위의 아이들〉　　**그림 30** 〈나무〉(1984)
(1990)

월에 대한 의지를 직접적으로 표출하기도 하고, 〈나무와 새〉(그림 28), 〈나무 위의 아이들〉(그림 29), 〈나무〉(그림 30)에서처럼 나무 위에 집이나 마을, 또는 새나 아이를 올려놓거나 나무 옆에 세상과 무관한 듯 누워 있는 자세의 도인 또는 자신인 듯한 사람을 그려 넣어 현실적으로는 초월하지 못하는 스스로를 투사하기도 한다.

　　장욱진의 조형 정신의 정점은 한 자리에 굳건하게 서 있으면서도 지하, 지상, 천상의 삼계를 이어주는 사다리로서의 나무의 초월성을 지향하는 데 있다. 〈나무〉(그림 31), 〈가로수〉(그림 32), 〈나무 위의 까치〉(그림 33)에서처럼 나무 자체의 수직성과 높이로 이를 드러내기도 하면서 새 등 다른 소재와 함께 보다 호소력 있게 표현하는 것이 장욱진의 주된 화법(畵法)이다.

---

82 장욱진은 다른 일부 소재들과 달리 나무를 무질서한 듯 떠다니도록 표현하는 경우가 거의 없다. 나무에 대한 이러한 조형 감각은 장욱진에게 나무가 앞에서 언급한 모성과 중심성을 표상하는 것이기도 한 때문이다.

그림 31 〈나무〉(1987)   그림 32 〈가로수〉(1989)   그림 33 〈나무 위의 까치〉
(1987)

5. 나가며 : 생명 에너지의 중심 통로, '나무'

장욱진이 타계한 지 7년이 지난 1997년 11월 1일부터 30일까지 갤러리 삼성플라자(경기도 성남)에서 장욱진 나무전이 열렸다. 갤러리 측은 도록의 인사말을 통해 장욱진의 작품에서 뿜어져 나오는 자연과 생명의 에너지는 그 중심에 나무가 있고, 이에 나무는 장욱진 예술 세계의 이상이며 삶의 표상으로서 자리 잡고 있다고 하였다. 또한 도록에는 정영목의 「삶의 표상과 이상으로서의 나무」[83]라는 짧은 해설이 실려 있다. 그는 장욱진의 나무를 이렇게 설명한다.[84]

그것은 나무를 매개로 한 메타포로서의 상징을 위한 의도적인 서구

---

83 정영목, 앞의 도록『장욱진 나무전』.
84 정영목의 이러한 해설이 있은 후에도 장욱진의 나무에 대한 본격적인 연구나 분석은 전무하다. 그러므로 이 글은 필자의 공부 부족과 역량 한계에도 불구하고 장욱진의 나무와 그 나무의 원형성에 대한 최초의 해석이라는 나름대로의 작은 의의가 있을 것이다.

식 미학 개념의 표상이 아니다. 즉, 어떤 자연 대상을 보고 느껴 표현
(expression)으로서의 상징을 나타내려 하는 것이 아니라, 이러한 과정이
이미 녹아들어 나무 이상도 나무 이하도 아닌 마치 종교적 심성과도 같
은 하나의 관념으로 존재할 뿐이다. 마치 어느 마을 초입에 우뚝 솟아
그 마을 사람들의 모든 심성을 대변해주는 하나의 관념으로 이야기할
수 있는 그런 나무일 것이다.

또한 장욱진은 집안 내력과 자신의 이력에 따라 깊은 불심(佛心)을 갖고
있었는데, 이러한 불심은 다음과 같은 오규원의 설명[85]을 가능하게 한다.

불교가 전하는 바에 의하면 생명의 에너지를 전하는 세 가지 통로
(nadi)가 있다. 척추를 중심으로 오른쪽에는 태양에 상응하는 '핑갈라'가
있고, 왼쪽에는 달에 상응하는 '이다'가 있고, 그 가운데는 이 둘을 종합
한 '쑤슘나'가 있는 것이다. 그런데 수미산에는 맨 아래 바다 밑에서 하
늘 끝까지 닿아 있는 한 그루 거대한 나무가 있다고 한다. 그 나무는 세
계의 중심 중에서도 축을 이루는 까닭에 생명 에너지는 이 통로로 오간
다.[86] 이 나무가 그러니까 우주의 에너지를 전하는 중심 통로인 것이다.
〈까치〉(1987)[87]라는 작품에서 보는 바처럼, 그리고 우리가 지금까지 보
았듯이, 장욱진의 나무는 바로 그의 '쑤슘나'이다. (중략) 그는 그 '나디

---

85 오규원, 앞의 글, 68쪽.

86 가르마 첸치창 영역, 『미라래빠의 십만송』, 이정섭 역, 시공사, 1994, 28~36쪽.
오규원, 앞의 글, 68쪽에서 재인용.

87 이 작품을 이른다.

〈까치〉(1987)

장욱진 그림에 나타난 나무의 원형성 해석 박상언

(nadi)'인 나무를 통해 우리에게 자연과 생명과 세계의 에너지를 회화라
는 예술양식을 통해 줄곧 전하려고 하면서 평생을 보냈다.

"생활은 생명의 영위이며, 예술은 생동하는 생명의 추구이며 나아가
창조라고 한다면, 예술은 생활을 잉태하여 창조된 생명을 분만케 하는 원
동력 그 자체인 것"이라는 이미 앞에서 인용한 장욱진의 말은 일찍이 화가
스스로가 자신의 예술을 규정한 가장 내밀한 고백이었다. 장욱진 예술의
핵심은 바로 이 '생명'에 있다. 결국 장욱진의 삶과 예술에서 '심플'이 형식
이자 방법이었다면 '생명'은 내용이자 목적이었다.

나무의 상징에 대한 김선자(2000)의 설명을 들어보자.

> 나무와 인간과 달은 하나의 영혼이면서 여러 개의 몸을 갖는다. 온갖
> 신들이 숨 쉬고 있는 어두운 야성의 숲, 인간과 나무가 하나가 되어 영
> 혼을 교류하며 살던 시대를 인간은 다시 그리워한다. 그리하여 야성의
> 숲은 오늘날 우리 속으로 다시 돌아오고 있으며, 인간들은 다시 거대한
> 나무가 되기를 꿈꾼다. 상징으로, 이미지로, 그것들은 돌아오고 있는
> 것이다. 하늘과 인간을 연결지어주는 '나무'라는 규범적 모델에 대해
> 인간은 상상력을 동원해 수많은 생명수(生命樹)와 통천수(通天樹)의 이
> 미지를 만들어낸다. 그리고 그것은 상징체계의 일부가 된다. 그것이 바
> 로 상상력과 이미지와 상징의 일관된 체계이다.[88]

신화적 상징체계 속에서처럼 장욱진의 나무 또한 일상에서든 그림에
서든 생명 에너지의 중심 통로이다. 이 통로를 오가는 생명 에너지가 화
가 장욱진에게 정서적으로는 모성을, 의지적으로는 중심성을, 시간적으
로는 영원성을, 공간적으로는 초월성을 주었던 것이며, 이들 넷이 바로

---

88 김선자, 「중국 변형신화전설 연구」, 연세대학교 박사학위 논문, 2000, 170쪽.

나무의 신화적 원형이다. 신화는 은유와 상징의 방법으로 인류가 경험해 온 자연 현상과 삶의 원리를 설명하고 있기에 인간과 우주의 기본과 원리를 무수하게 쌓아놓은 보물창고와 같으며, 이 때문에 결국 신화는 우리가 잊어버린 과거의 기억을 되살려 생명의 세계로 되돌아가게 하는 힘을 가지고 있다.[89]

　　나무는 전 인류의 가장 근원적인 신화를 간직하고 있다. 그러므로 나무 신화의 상징을 고찰하는 것은 보이지도 잡히지도 않는 우리의 태곳적 기억을 더듬어 생명을 회복하는 일이 될 수 있다. 장욱진의 그림을 통해 나무 원형성을 해석하는 필자에게 가장 큰 버팀목이 되었던 것은 인간과 함께하는 수많은 자연물 중에서도 나무가 가장 보편적인 상징물이라는 사실이다. 이에 나무의 상징과 그 원형이 장욱진에게 어떻게 의미화하는지를 해석하는 것은 분명 뜻 있는 일이었다.

　　한 사물을 두고 형성되는 인간군(群)의 보편성과 한 개인의 특수성을 비교하는 것은 예술가뿐 아니라 모든 인간의 자기 바깥 존재에 대한 인식 태도, 즉 세계관을 해석하는 가장 중요한 방법이다. 상징은 삶의 구체화를 넘어 객관적인 형식에 담아냄으로써 일반화하는 성질을 갖는 것으로서 상징 형성은 개별자가 개인성을 넘어 초개인성을 실현하는 과정[90]이다. 그러므로 신, 그리고 신화의 신성성이 사라진 시대에 장욱진이라는 한 화가가 자신의 조형 정신을 어떠한 상징체계로 구현해내는지 살피는 것은, 우리 각자의 인생을 성찰하는 것과 같다.

89　선정규, 『여와의 오색돌 — 중국 문화의 신화적 원형』, 고려대학교 출판부, 2013, 16~18쪽 참조.

90　Ernst Cassirer, 앞의 책, 103쪽.

참고문헌

고경옥, 「장욱진의 삶과 회화에 나타난 '탈속성' 해석」, 홍익대학교 석사학위 논문,
      2009.

김선자, 「중국 변형신화전설 연구」, 연세대학교 박사학위 논문, 2000.

김수정, 「장욱진 회화에서의 아동화적 표현에 관한 연구」, 한남대학교 석사학위 논
      문, 2003.

김열규, 『한국인의 신화』, 일조각, 2005.

김현숙 외, 『장욱진 화가의 예술과 사상』, 태학사, 2004.

김형국, 『그 사람 장욱진』, 김영사, 1993.

———, 『장욱진 — 모더니스트 민화장』, 열화당, 2004.

서연호, 『한국 공연예술의 원리와 역사』, 연극과인간, 2012.

선정규, 『여와의 오색돌 — 중국 문화의 신화적 원형』, 고려대학교 출판부, 2013.

———, 『중국 신화 연구』, 고려원, 1996.

송명희 편, 『이양하 수필 전집』, 현대문학, 2009.

신동욱 외, 『신화와 원형』, 고려원, 1992.

신무리뫼, 「장욱진 회화 연구」, 홍익대학교 석사학위 논문, 2008.

신혜선, 「장욱진 회화에 나타난 민화적 발상 연구」, 전남대학교 석사학위 논문,
      2003.

오광수, 『20인의 한국미술가 2 — 자연과 조형』, 시공사, 1997.

———, 『장욱진의 예술』, 호암미술관, 1997.

장욱진, 『강가의 아틀리에』(신장판), 민음사, 2007.

정영목, 『장욱진 : Catalogue Raisonné · 유화』, 학고재, 2001.

정은숙, 「장욱진 회화에 대한 연구」, 전남대학교 석사학위 논문, 1997.

정재서 외, 『신화적 상상력과 문화』, 이화여자대학교 출판부, 2007.

조애래, 「디자인 활용을 위한 한국 전통 나무이미지의 상징성과 조형성 분석」, 연
      세대학교 박사학위 논문, 2008.

조현설, 『우리 신화의 수수께끼』, 한겨레출판, 2006.

주강현, 『우리 문화의 수수께끼』 2(개정판), 한겨레출판, 2010.

최경한 외,『장욱진 이야기』, 김영사, 1991.

탁광일 외,『숲이 희망이다』, 책씨, 2005.

Ernst Cassirer,『인문학의 구조 내에서 상징형식 개념』, 오향미 역, 책세상, 2002.

Herbert Read,『도상과 사상』, 김병익 역, 열화당, 2002.

Jacque Brosse,『나무의 신화』, 주향은 역, 이학사, 1998.

Joseph Campbell · Bill Moyers,『신화의 힘』, 이윤기 역, 이끌리오, 2002.

Mircea Eliade,『성(聖)과 속(俗)』, 이은봉 역, 한길사, 1998.

Octavio Paz,『활과 리라』, 김홍근 · 김은중 역, 솔, 1998.

『문예중앙』, 봄호, 1996.

『미술사논단』, 제11호, 2000.

『중국학보』, 제48호, 2003.

갤러리 삼성플라자,『장욱진 나무전』(1997. 11. 1~11. 30), 1997.

갤러리 현대,『해와 달 · 나무와 장욱진』(2001. 1. 5~2. 15), 2000.

신세계 갤러리,『장욱진』(2011. 3. 3~4. 4), 2011.

예술형식으로의 게임에 대한 사유와 분석

: 루카치의 미메시스 속성을 이용한 〈심즈〉 분석을 중심으로

곽이삭

1. 들어가며 : **기술과 예술**

케빈 캘리(Kevin Kelly)가 그의 저서『기술의 충격』에서 미래에는 '테크늄'[1]의 시대가 도래할 것이라고 말한 것처럼 기술의 발전은 많은 변화와 함께 사회 전반에 기술화, 기계화의 풍토를 가져왔다. 기계화가 예술작품에 미친 폐해로 주로 이야기되는 것이 대량화인데, 대량화 자체가 한순간에 일어난 변혁이 아니라 사람들의 의식 변화에 기반을 두고 순차적으로 발생했다는 것에 주목한다면 이 글의 관점을 좀 더 쉽게 이해할 수 있을 것이다. 최초의 기계가 나왔을 당시 사람들은 기계의 빠름에 매료되었고 이는 곧 가속화와 연결되어 소설『모모』에서처럼 시간에 쫓겨 사는 어

---

1   우리 주변에서 요동치는 더 크고 세계적이며 대규모로 상호 연결된 기술계(system of technology)를 가리켜 테크늄(Technium)이라고 한다. Kevin Kelly,『기술의 충격』, 이한음 역, 민음사, 2011, 21쪽.

른들[2]을 만들어냈다. 이후 전화, 기차 등의 발달로 속도의 욕구는 사회 분위기 속에 만연하여 이는 예술가들의 작품[3]에도 영향을 미치게 되었다. 이러한 속도에 대한 관심은 점차 기계의 발전을 일으켰고 자연스럽게 예술과 기술의 융합을 유도하게 되면서 예술작품을 복제하기에 이른다. 프랑크푸르트학파는 이러한 변화를 두고 기술의 폐해라고 보았으나, 그 가운데 발터 벤야민(Walter Bendix Schönflies Benjamin)은 기계 복제에 의한 예술을 새로운 예술형식으로 보면서 오히려 구예술과 신예술의 차이를 '아우라(Aura)'에 있다고 보았다. 이를 통해 현재 예술의 발전이 예술 고유의 형식으로 발전된 것이 아니며, 예술의 가장 큰 변환점에 '기술'이 있음을 알 수 있다. 즉, 기술의 발전을 논하지 않고는 예술의 발전도 논할 수 없다.

사실 기술과 예술은 같이 이야기되던 개념이다. 아리스토텔레스와 플라톤에 의하면 '기술'과 '예술'은 다른 층위가 아니다. 아리스토텔레스는 기술을 '필요를 위한 기술', 예술을 '기분 전환과 쾌락을 위한 기술'로 구분하였다. 플라톤은 기술을 '획득적인 것'과 '제작하는 것'으로 양분하는데, '획득적인 것'을 실천적 기술(수렵술, 상업술, 전쟁술)과 인식적 기술로

---

2 『모모』는 독일의 아동문학자가 미하엘 엔데가 1973년에 발표한 책으로 시간 도둑과 사람들에게 빼앗긴 시간을 돌려준 한 아이의 이상한 이야기라는 부제를 가진 소설이다. 현대 철학자인 데이비드 로이와 린다 굿휴는 2002년『모모, 도건, 시간의 일반화』라는 책에서 "이 책은 1973년에 쓰였지만, 시간이 지나면서 (시간 도둑의) 악몽이 현실이 되고 있다."며『모모』를 20세기의 가장 중요한 소설 중의 하나로 꼽은 바 있다(Goodhew, Linda · Loy, David, "Momo, Dogen, and the Commodification of Time", *KronoScope*, Volume 2, Number 1, 2002, pp.97~107).
3 대표적인 영국의 화가 윌리엄 터너는 그의 작품인 〈비, 연기 그리고 속도〉에서 상승하는 속도와 힘에 맞서는 속도, 기계들을 주제로 그림을 그렸으며 스치듯 칠한 색채, 빠른 붓놀림 등을 화폭에 담으려고 노력하기도 했다. 미래파 화가인 마르셀 뒤샹(1912)은 그의 작품 〈돌치니아〉〈계단을 내려오는 나체상, 2호〉 등에서 현기증 나는 빠른 속도를 화폭에 담고자 했다.

분류하고 '제작하는 것'을 자연(신적인) 생성과 인간적 생성인 미메시스를 예술[4]로 분류했었다. 그러나 현대 사회에 들어와서 기계와 기술을 동일하게 여기게 되었고 사람들에게 '기술'에 대한 정의가 도구로 인식되었다. 따라서 현대인들은 기술을 인공물로의 기술, 지식으로의 기술, 의지작용으로의 기술 등 과정 또는 활동으로서의 기술로 유형화[5]시키면서 기술과 예술을 암묵적으로 이분화하여 정의하고 있음을 볼 수 있다. 이에 이 글은 아리스토텔레스와 플라톤의 정의를 기반으로 기술과 예술을 보고 있으며, 따라서 예술의 범위 안에 순수예술만을 포함하지는 않을 것이다. 이 글은 예술형식 가운데 '미메시스(mimesis)'에 초점을 맞춰 예술형식으로의 게임을 사유하고자 한다. 이를 위해 첫째, 예술로서의 게임에 대한 기존의 담론들을 살펴본다. 먼저 예술과 게임이라는 정의를 통해 게임을 왜 예술형식으로의 가능성을 갖는지 정의하고, 예술 형식으로의 게임에 대한 기존 담론들을 간략하게 정리하고자 한다. 둘째, 예술에서의 미메시스의 의미와 이 글에서 분석의 틀로써 사용하고자 미메시스 속성에 대해 알아본다. 셋째, 게임 〈심즈〉를 미메시스 속성으로 분석함으로써 예술형식으로의 게임에 대해 새로운 관점을 제안하고자 한다.

2. 예술형식으로의 게임

예술과 게임

우리 사회에서 흔히 말하는 예술(藝術, Art)의 사전적 의미를 살펴보면

---

4   竹內敏雄, 『미학 예술학 사전』, 안영길 역, 미진사, 1989, 24쪽 참조.
5   C. Mitcham, *Thinking Through Technology*, 1994, p.160.

① 아름다움을 표현하고 창조하는 일에 목적을 두고 제작하는 모든 인간 활동과 그 산물을 통틀어 이르는 말, ② 어떤 재주나 능력이 탁월하여 아름답고 숭고해 보이는 경지에 이른 것을 비유적으로 이르는 말, ③ 학예와 기술을 아울러 이르는 말이라고 정의된다. 이 글에서는 앞서 아리스토텔레스와 플라톤의 정의를 통해 예술을 '기분 전환과 쾌락을 위한 기술', '자연 생성과 인간적 생성인 미메시스 기술'로 재정의하였고, 이를 바탕으로 예술형식으로의 게임을 논의하고자 하므로 예술의 범주는 사전적 의미 ③번에 해당한다. 흔히 예술과 게임이라고 하면 예술적인, 예술성을 가진 게임이라고 생각한다. 이는 주로 아름다운 그래픽의 게임, 기존의 전투 방식을 벗어난 게임들을 이르는 경우가 많다. 〈Journey〉(2012)[6]와 같은 게임이 흔히 사람들이 말하는 예술 게임에 해당한다. 이 글에서 말하고자 하는 것은 '예술형식으로의 게임'으로 예술 게임과는 다르며 게임이 예술의 플랫폼으로 작용할 수 있다는 점을 말하고자 한다. 영화는 이미 예술의 형식으로서 인정받고 있고, 게임 엔진을 이용한 머시니마[7] 영상이 머시니마 영화제를 열며 인정받고 있는바, 게임은 예술형식으로의 가능성을 일부 인정받았다고 볼 수 있다. 그럼에도 불구하고 게임이 예술형식으로 여전히 논란이 되는 이유들을 기존의 논의들을 통해 살펴보면 다음과 같다.

---

6   2012년 3월, 댓 게임 컴퍼니에서 제작한 어드벤처 게임.

7   머시니마(Machinima)란 기계(Machine), 애니메이션(Animation), 영화(Cinema)의 합성어로 공개된 게임 엔진을 사용하여 만든 동영상 장르를 말하며, 직업과 관계없이 모든 사람이 만들 수 있다는 점에서 접근도가 높다. 곽이삭, 「팬덤을 통한 크로스미디어 연구 : 미국과 한국의 머시니마를 중심으로」, 『콘텐츠 문화』, 2013, 201쪽 참조.

예술형식으로의 게임에 대한 논의

예술형식으로의 게임에 대한 논의는 1980년대 후반 미국에서부터 시작되었다. 뉴욕 동영상 박물관에서 열린 'Hot Circuits : A Video Arcade'전에서 1세대와 2세대 게임이 전시된 것이 최초의 논의가 되었으며, 이는 비디오게임에 한정되기는 하였으나 이후 다양한 전시물[8]에 영향을 주면서 확실히 비디오게임을 사회적으로 알리는 계기를 만들어주었다. 예술형식으로의 게임이 본격적으로 대중들에게 관심받기 시작한 것은 2006년 프랑스 문화부 장관 드 바브르(Renaud Donnedieu de Vabres)가 비디오게임을 "예술적인 표현의 형식"으로서 최초로 공표한 것을 시작[9]으로 한다. 이후, 2011년 미국에서 예술 프로젝트 보조금을 받을 수 있는 분야에 '상호작용 게임'을 포함[10]하면서 비디오게임만이 예술의 형식에 포함된다던 종래의 논의를 상호작용을 포함하는 모든 게임에 확장하여 볼 수 있게 되었다. 국내의 논의는 국내 대기업 게임사인 넥슨의 'BORDERLESS'(2012)

---

8 〈Hot Circuits : A Video Arcade〉(1989) 이후 〈Beyond Interface〉(1998), 〈Cracking the Maze — Game Plug — Ins as Hacker Art〉(1999), 〈Shift—Ctrl〉(2000) 등의 비디오게임 전시가 있었다.

9 한국콘텐츠진흥원, 「게임의 예술화? 예술의 게임화? 이제는 게임도 예술이 되는 세상」, 『CT이슈분석』 II 통권 32호 10월호, 2013, 20쪽.

10 "2011년 5월 NEA(미국국립예술기금, National Endowment for the Arts)은 2012년도 예술 프로젝트 보조금 분야(라디오, TV, 영화 카테고리)에 게임을 포함하였다. 기존의 카테고리는 예술적인 방송, 라디오 프로그램과 영화 프로젝트에 지원하는 라디오 및 텔레비전 예술(Arts on Radio and Televixion) 부문이었으나, 명칭이 미디어 예술(Arts in Media)로 변경되면서 인터랙티브 게임(Interactive Games)과 웹에서 상영되는 영상인 웨비소드(Webisodes)를 포함하게 되었다." 한국콘텐츠진흥원, 위의 책, 21쪽.

전시회를 시작으로 다양한 전시회와 포럼[11]이 진행될 수 있는 분위기를 조성했다. 이처럼 게임이 하나의 여가 문화로 자리 잡은 국가들에서는 게임의 위치를 제고하고자 다양한 방법으로 연구를 시도하였고, 그 가운데 하나가 '게임을 예술형식으로 볼 것인가?'에 대한 연구였다. 이에 대해 논란이 많았던 이유중에 하나를 '예술'과 '게임'이라는 용어를 사람들이 암묵적으로 규정하고 있기 때문이라고 본다. 또한 예술의 이미지는 정적인(static) 것에 비해 게임의 이미지는 동적인(dynamic) 데다가 예술은 현실에 기반을 두고, 게임은 비현실(가상)을 기반을 두기 때문에 비교할 수 없다는 입장도 존재한다. 현재 예술형식으로의 게임 연구는 상당 부분 확장된 상태이며 그 흐름을 보면 다음과 같다.

위스콘신 대학교의 철학과 교수인 아론 스머츠(Aaron Smuts, 2005)는 그의 논문에서 역사적, 미학적, 관습적, 상징적인 표현예술 이론에 기반을 두고 게임을 분석하였다. 많은 게임이 모두 예술이라고 간주할 수 없지만 어떤 게임은 예술로 분류될 만큼 타당한 이유를 가지고 있다고 보았다. 그는 데이비드 베스트(David Best)가 스포츠를 미적인 스포츠(aesthetic sports)와 목적 지향적인 스포츠(purposive sports)로 구분한 것을 예로 들어 야구 · 축구 · 복싱과 같은 운동은 승패가 중요하기에 미적인 부분을 채점하지는 않지만, 체조 · 다이빙 · 피겨스케이팅과 같은 종목은 미적인 부분이 큰 비중을 차지한다는 점을 예로 들었다. 그러나 모든 스포츠는 경쟁하도록 설계되어 있는데 그 경쟁적인 특징 때문에 예술로 인정받기 힘들다면 게임에서도 점수와 규칙 같은 요소 때문에 예술이 없다고 반대하는 의

---

11 'BORDERLESS'(2012, 전시)를 시작으로 '바츠해방전쟁'(2012, 전시), 'e-Fun'(2013, 전시), 'Next Level of Art : Game'(2013, 포럼), '게임은 문화다!'(2013, 포럼), '게임 중독인가, 예술인가?'(2014, 포럼), '제1회 대한민국 게임포럼'(2014, 포럼) 등의 전시회와 포럼이 꾸준히 진행되고 있다.

견이 존재할 수 있다고 인정했다. 그러나 우리가 예술이라고 생각하는 고대의 그리스 비극은 여러 편이 경연 무대에 올라가 서로 우승하기 위해 경쟁했기 때문에 이를 예술이라고 생각한다면 게임의 경쟁 또한 예술로부터 배제하는 것도 타당하지 못하다고 지적[12]하였다.

미국의 영화 평론가 로저 이버트(Roger Ebert, 2006)는 대중들에게 예술형식으로의 게임이 고려될 수 있을 것인가에 대해 큰 논란을 불러온 인물이다. 그는 비디오게임이 다른 예술처럼 인간 존재의 의미를 탐구하지 않으며[13], 상대적 가치에 대한 근거를 들지 못하고[14], 게임은 규칙을 가지고 있으며 목표 기반의 상호작용성에 바탕을 두고 있기 때문에 절대로 예술이 될 수 없다고 주장[15]했다. 이러한 주장은 게이머들에게 비판받았고,

---

12 Aaron Smuts, "Are Video Games Art?", *Contemporary Aesthetics*, University of Wisconsin, 2005(http://www.contempaesthetics.org/newvolume/pages/article.php?articleID=299).

13 Emerson, Jim, "Video games: The 'epic debate'", *Chicago Sun-Times*, 2006. 4. 16.

14 로저 이버트(2006)는 자신의 책에서 "나의 지식에 따르면, 위대한 드라마 작가, 시인, 영화제작자, 소설가, 작곡자와 비교해볼 때, 그 (게임) 영역 안의 혹은 밖의 그 누구도 게임의 상대적 가치에 대한 근거를 들지 못한다. 내가 보기엔, 그 게임은 시각적인 경험의 예술적인 중요성을 갈망할 수 있다. 그러나 대부분의 게이머들에게, 비디오 게임은 우리가 우리 자신을 보다 문화화된, 문명화된, 이해심 있는 존재로 만들 수 있는 값진 시간의 낭비를 의미할 뿐이다."라고 기술하였다. Ebert, Roger, "Why did the chicken cross the genders?", *Chicago Sun-Times*, 2005. 11. 27.

15 로저 이버트(2006)는 자신의 책에서 "예술과 게임의 당연한 한 가지 차이는 당신은 게임에서 이길 수 있다는 것이다. 게임은 규칙(rules), 점수(points), 목적(objectives), 결과(outcome)를 가지고 있다. 산티아고는 아마 점수나 규칙 없이 몰입적인 게임의 예를 들 것이다. 그러나 이는 게임이 되기를 중단하는 것이며, 이야기, 소설, 연극, 춤, 영화의 재현이 되는 것일 뿐이다. 이러한 예술들에서 당신은 이길 수 없다. 당신은 오직 그것들을 경험할 수만 있다."고 기술하였다. Ebert, Roger, "Video games can never be art", *Chicago Sun-Times*, 2010. 4. 16.

이후에는 게임이 비전통적인 측면에서는 예술이 될 수도 있을 것이라는 가능성을 열어두고 이후 예술과 게임에 대해 언급하지 않았다. 이버트의 발언은 게임의 상업성과 다변수적 서사가 순수예술(fine art)로는 부적격하다는 인상을 남겨주었다.

짐 먼로(Jim Munroe, 2010)는 비디오게임을 새로운 매체로 인정하는 것과 관련하여 몇몇 비평가들은 포비아를 느끼고 있는 상황과 비디오게임이 갖는 이중적 담론(어린애들의 전유물이라는 전통적 관념과 게임 속에 심각하고 어른스러운 주제를 제시함으로써 한계를 초월하려는 관념)에 대해 이야기하였다. 그는 더 나아가 비디오게임은 문학이나 영화의 선형적 서사구조와는 다르며, 3차원의 가상공간이나 세계를 만들어내고 게이머는 그 안에 그들만의 방식으로 경험한다는 점에서 비디오게임 예술이 논의되는 방향성에도 문제가 있다고 보았다.

브라이언 모리어티(Brian Moriarty, 2011)는 로저 이버트에 대한 변증론을 통해 비디오 게임은 전통적인 규칙 기반 게임의 확장이며 체스나 바둑이 그랬던 것처럼 예술로 자리매김하려는 시도가 없었다는 부분을 강조[16] 했다. 이어 비디오게임을 키치(kitsch)와 비교하고, 비디오게임의 미학적 감상을 캠프(camp)로 묘사하면서 근대 이후에 예술이라는 정의가 대중예술로 확장되는 것을 비난했다. 또한, 상업적으로 변한 인디 게임에 대해서도 비판했으며, 게임 플레이 자체가 개발자의 조종으로 왜곡한 작품은 구조적으로 예술이라는 용어가 어울리지 않는다며 이를 날카롭게 부정했다.[17]

비디오게임 예술가 잭 게이지(Zach Gage, 2011)는 모리어티의 주장에

---

16 Moriarty, Brian; Caoili, Eric, "Opinion: Brian Moriarty's Apology For Roger Ebert", GameSetWatch, 2011. 3. 15.
17 위의 글.

예술은 주관적이며, 상업적인 부분이 있다고 해서 예술의 가능성을 무효화할 수는 없고, 참여예술의 역사가 1950년 이전부터 발생했다는 점, 게임은 향유자의 상황에 따라 좋은 의미와 나쁜 의미를 전달할 수 있으며 이는 예술의 형식이기도 하다는 점들을 예로 들어 차례차례 반박했다. 〈메탈 기어 솔리드〉 시리즈로 잘 알려진 게임 디자이너 코지마 히데오(小島秀夫, 2006)는 비디오 게임이 예술이 아니라는 이버트의 평가에 동의하면서 게임이 예술작품을 포함하고 있다고 하였다. 그러나 예술은 적게는 한 사람만을 대상으로 삼는 데 반해, 모든 게임은 100% 게이머의 만족을 달성하는 것을 지향한다고 말하면서 비디오게임은 예술적인 시도보다는 서비스에 주안점을 두는 것이 옳다고 주장[18]하였다. 즉, 코지마 히데오는 게임이 예술작품을 포함한다고 말하면서도 이와 동시에 서비스라는 방식으로 접근되고 있어 두 논의에 대한 연계성에 대해서는 의문이 남는다.

미디어학자인 헨리 젠킨스(Henry Jenkins, 2005)는 『테크놀로지 리뷰』에 기고한 칼럼에서 최근의 게임들은 퀄리티가 높고 영화적 표현기법들을 차용하기도 했지만, 반대로 영화에 영향을 미치기도 했다고 말하였다. 초기에는 그저 움직이는 신기한 영상에 지나지 않았던 영화가 현재는 대표적인 예술로 인정받고 있는 것과 마찬가지로 게임의 특징인 다변수적 내러티브와 상호작용성을 통해 디지털 매체의 새로운 예술로서 대중에게 인기 있는 팝아트와 같은 형태로 발전할 수 있는 매체적 잠재성을 가지고 있다[19]고 하였다.

---

18 Gibson, Ellie, "Games aren't art, says Kojima", Eurogamer, 2006. 1. 24.
19 Henry Jenkins, "GAMES, THE NEW LIVELY ART", Henry Jenkins blog. (http://web.mit.edu/21fms/People/henry3/GamesNewLively.html)

유원준(2013)[20]은 그의 저서 『뉴미디어 아트와 게임 예술』에서 디지털 미디어 간의 관계 고찰과 영화와 같은 시청각 미디어들과의 비교를 통해 게임을 본다면 게임의 형식을 예술이라고 여기지 않는 것이 더 어려운 일이라고 저술하였다. 게임이 예술이 아니라고 생각하는 사람들은 예술을 고상한 것(high art)으로 취급하는 경향이 있는데 이들이 생각하는 예술 개념은 굉장히 협소한 개념이고, 본래 예술의 범위는 굉장히 광범위하고 포괄적이라고 말하였다. 심지어 어린이들의 낙서도 예술이라고 정의할 수도 있다고 말하며 예술의 놀이적 공통점을 추출해낸다. 앞의 논의들을 간략하게 정리하면 아래 표와 같다.

예술로의 게임에 대한 시각

구분	항목	논의 내용 요약	연구자
중립	게임 담론	예술로의 게임이 논의되기 전에 게임이 갖는 이중담론이 먼저 해결되어야 한다.	짐 먼로 (2010)
긍정	예술의 주관성	예술은 주관적이다.	잭 게이지 (2011)
	상업성	게임의 상업적인 부분이 게임 전체를 비예술로 보는 이유는 되지 못한다(부분으로 전체를 볼 수 없다).	잭 게이지 (2011)
	상호작용성	참여예술의 역사는 1950년대부터 시작되었다. 게임의 상호작용성이 예술이 되지 못할 이유가 없다.	잭 게이지 (2011)
	상호작용성	게임의 상호작용성은 게임이 팝아트와 같은 형태로 발전할 수 있는 매체적 잠재성을 가지고 있다는 증거다.	헨리 젠킨스 (2005)
	예술형식	게임은 향유자의 성격에 따라 좋게 작용되기도 하고, 나쁘게 작용되기도 한다. 이는 예술의 형식이다.	잭 게이지 (2011)

---

20 유원준, 『뉴미디어 아트와 게임 예술』, 커뮤니케이션북스, 2013.

구분	항목	논의 내용 요약	연구자
긍정	점수, 규칙	모든 게임을 예술이라고 볼 수는 없지만, 스포츠를 미적 지향 스포츠와 목적 지향 스포츠로 나누는 것처럼 게임도 나눌 수 있다.	아론 스머츠 (2005)
	경쟁	그리스 비극 또한 경연 무대에서의 경쟁을 통해 발전했다. 게임의 경쟁 또한 예술로부터 배제되어서는 안 된다.	아론 스머츠 (2005)
	내러티브	게임의 다변수적 내러티브 전개에서 팝아트와 같은 잠재성을 볼 수 있다.	헨리 젠킨스 (2005)
	미디어 간 관계	디지털 미디어 간의 관계 고찰과 영화와 같은 시청각 미디어와의 비교를 통해 보면, 게임의 형식은 이미 예술이다.	유원준 (2013)
부정	인간 존재	게임은 인간 존재를 파악하지 않는다.	로저 이버트 (2006)
		게임 제작자는 자신의 의도대로 플레이어(게이머)를 조종한다.	브라이언 모리어티 (2011)
	상대적 가치	게임에서는 상대적 가치를 얘기할 수 없다.	로저 이버트 (2006)
	규칙, 목표	게임은 규칙과 목표를 기반으로 하기 때문에 예술이 될 수 없다.	로저 이버트 (2006)
	상업성	상업적으로 변해버린 인디 게임은 더 이상 예술이 아니다.	브라이언 모리어티 (2011)
		게임은 예술적으로 나아갈 방향을 찾지 말고 상업적으로의 가능성을 찾아야 한다.	코지마 히데오(2006)
	내러티브	게임이 갖는 특징인 다변수적 서사는 순수예술로 볼 수 없다.	로저 이버트 (2006)
	초기 게임 방향성	초기 게임인 바둑이나 체스는 게임을 예술로 보려는 시도 자체를 하지 않았다.	브라이언 모리어티 (2011)

구분	항목	논의 내용 요약	연구자
부정	게임의 위치	게임이 예술의 형식이 되는 것이 아니라, 게임이 예술을 포함한다.	코지마 히데오 (2006)
	대상	예술은 1인을 대상으로 하기도 하지만 게임은 대중을 대상으로 한다.	코지마 히데오 (2006)

앞서 살펴본 것처럼 예술형식으로의 게임의 논의는 2000년대 중반부터 시작하여 꾸준하게 이루어져왔음을 알 수 있다. 예술형식으로의 게임에 대한 논의 가운데 중립적인 항목으로는 게임이 가진 오랜 이중적 담론을 먼저 해결해야 한다는 내용이 있는데, 이 부분은 쉽게 해답을 찾을 수 없는 부분으로 게임 연구자들이 꾸준히 노력해야 한다고 본다. 긍정적인 측면에서 논의되고 있는 것이 예술의 주관성, 상업성, 상호작용성, 예술형식, 점수와 규칙, 경쟁, 내러티브, 타 미디어와의 비교를 통한 논의이다. 이 가운데 규칙, 상업성, 내러티브는 부정 요소에도 있는 항목들이기 때문에 꾸준한 검증의 노력이 필요하다고 본다. 부정 요소에는 인간 존재, 상대적 가치, 규칙과 목표, 상업성, 내러티브, 초기 게임 방향성과의 관계, 현 게임의 위치, 예술과 게임의 대상이라는 차이가 있다. 이 글은 이러한 관점 가운데 부정적 관점에 있는 '인간 존재'에 대한 문제를 다시 살펴보고자 한다. 로저 이버트(2006)는 게임은 인간 존재를 파악하지 않으려 한다고 말하였으며 브라이언 모리어티(2011)는 게임 제작자가 자신의 의도대로 플레이어(게이머)를 조종한다고 말하였다. 이 글은 이러한 주장에 대한 반론으로 예술형식 가운데 미메시스 방식을 통해 사유하고자 한다.

3. 미메시스로서의 예술

　타타르키비츠는 예술을 '하나의 의식적인 인간 활동'으로 여기고 인간의 예술적 활동과 비예술적 활동을 구분짓는 것을 '미의 산출', '실재의 재현', '형식의 창조' 라는 세 가지 논점으로 정의한다.[21] 예술이 미를 산출한다는 것은 미를 지각하게 하는 예술작품의 시각적인 형식을 말하고, 예술이 실재를 재현한다[22]는 것은 미메시스를 말한다. 또한 예술 형식의 창조라는 것은 순수한 예술 형식으로의 예술을 말한다. 이 글은 게임 역시 인간의 존재를 파악하고, 플레이어(게이머)가 게임 제작자에 의해 조종되는 것이 아니라는 것을 반론하기 위해 예술의 특징 가운데 미메시스를 적용하고자 한다. 따라서 미메시스(다른 말로는 '모방')와 게임에 대해 다루기 전에 미메시스의 의미를 살펴볼 필요가 있다. 미메시스는 최초에는 사제가 행하는 숭배 행위, 즉 무용, 흉내 내기, 음악 등에 적용되었던 것으로서, 원래는 외면적 실재를 재생한다는 의미가 아니라 내면적 실재를 표현하는 의미였다. 미메시스가 외면적 실재를 재생한다는 의미로 쓰이기 시작한 것은 BC 5세기경에 데모크리토스, 소크라테스, 플라톤 등이 미메시스를 철학적 용어로 사용한 때부터였다. 소크라테스는 회화술을 미메시스라고 칭하지 않고 '엑크-미메시스'와 '아포-미메시스'로 나누어 사용했다. 이후 미메시스는 회화 및 조각과 같은 예술들의 기본적 기능이라는 요지의 이론으로 정립되었고 예술 사상사에서 중요한 사건[23]이 되었다. 이후

21　블라디슬로프 타타르키비츠, 『미학의 기본 개념사』, 손효주 역, 미술문화, 1990, 44쪽 참조.

22　위의 책, 311쪽.

23　구민경, 「예술과 현실의 관계에 비추어 본 미메시스 : 루카치 후기미학을 토대로」, 단국대학교 석사학위 논문, 2003, 6쪽 참조.

그의 제자인 플라톤과 아리스토텔레스에 의해 '사물의 외관을 복제한다'는 의미에서의 '미메시스'로 정립되었다. 플라톤은 '이데아론'을 통해 미메시스를 말하였는데, '이데아'는 현실의 인간에 대한 원인으로 이데아가 존재하기 때문에 인간이 현상 세계에 실재할 수 있다고 보았다. 더불어 현상 세계의 것들은 낡고 사라지지만, 이데아는 변하지 않으며 현상 세계의 사물들이 궁극적으로 되고자 하는 것에 해당한다고 주장하였다. 반면 아리스토텔레스는 스승 플라톤과 다르게 이데아의 세계를 거부했다. 플라톤과 마찬가지로 예술을 미메시스로 정의하긴 하였으나 예술을 윤리적, 실천적 요구 때문에 제한하지는 않았다. 물론 아리스토텔레스도 예술의 도덕적 효과를 고려하지 않은 것은 아니다. 예컨대 그의 '카타르시스' 개념은 예술의 사회적, 윤리적 작용과 관련해 해석될 여지를 남겨놓고 있다. 그렇지만 『시학』에 나타난 예술의 수용 효과는 주로 미적 효과로서 고찰된 것이라고 보아야 하며, 그것이 직접 현실을 변화시킨다고 보아서는 안 된다[24]고 보았다.

미메시스의 의미를 예술작품에 잘 적용한 사람은 루카치이다. 루카치는 자본주의 사회에서 상업화되어가는 예술 경향에 대한 비판적 사고를 하고 있으나, 이 글이 루카치의 미메시스 이론을 끌어들여 상업화된 게임 세계를 분석하고자 하는 이유는 다음과 같다. 먼저, 루카치는 '익명의 주체'만이 존재하여 급기야 '주체 사망'이 선고되고 있는 현재를 통해 현실 변혁에 적극 개입하고 사물화된 비인간적 현실에 맞서도록[25] 한다는 점에서 주체성을 강조하고 있는데 게임이 제3의 공간이 아닌 현실을 모방하고

---

24 이주영, 『루카치 미학 연구』, 서광사, 1998, 57쪽.
25 변상출, 「게오르크 루카치의 문학 · 예술이론 연구 : 예술적 사유의 맑스주의적 실천」, 서강대학교 박사학위 논문, 2000, 2쪽 참조.

있다는 점에서 가능하다고 보았다. 또한 게임 세계에서 미디어가 주는 환상성에 젖어 현실을 망각하는 것이 아니라 게임 속에서의 생각이나 행동이 현실까지도 유기성을 가지며, 이후 행동에 영향을 미칠 수도 있다(실천)는 점에서 총체성을 적용할 수 있을 것이라고 보았다. 즉, (어떤) 게임들은 현실을 모방하고 있으며, 그 안에서 현실 체험을 하기 때문에 루카치의 이론 적용이 가능하다고 보았다. 다시 루카치의 논의로 돌아가 그의 미메시스 개념을 보면, 그는 미메시스를 삶의 전 영역에 적용되는 인간의 고유한 능력이자 기본 사실이라고 여겼다. 루카치는 현실의 미메시스적 의사소통으로부터 미적인 것이 발생하는 중요한 요소를 감정의 '환기(Evocation)'로 보고 미적인 것의 기원을 발생론적으로 추적[26]했다. 미메시스적 동작에 있어서 선택의 원리가 의미의 명료함에 있다는 것은 의문의 여지가 없다. 몸짓의 경우에는 특히 감정을 불러일으키는 문제가 개재한다. 감정 환기란 실제로는 단순한 수단인데 이 수단으로 말미암아 구체적인 대상과 특수한 사건 등이 가능한 한 정확히 규정되고 고정되고 또는 구체적 행위로의 각오가 준비된다. 감정 환기와 더불어 '분위기(Aura)'에 의해 대상이 풍부하게 되는 것으로부터 생긴다. 아우라와 더불어 말과 몸짓과 행동을 둘러싸는 대단히 오랜 과정이 없이는 예술은 삶의 소재, 또는 삶으로부터 잘려 나와 그 효과에 의해 삶을 풍부하게 해주는 형식을 가질 수 없을 것이다. 즉, 루카치의 미메시스에 있어서 '감정 환기'가 미적인 것을 구성하기 위한 중요한 요소가 된다. 미메시스의 감정 환기 요소는 '유희'에서도 나타난다. 유희하는 동작과 떼어놓을 수 없는 것은 유희가 일으키는 쾌감이다. 예술적 미메시스의 고유성은 감정과 사상을 환기하는 데 집중되는 것이며 따라서 오직 일상적 표현 방식의 질적인 새로움의 획득만을 의미한다. 예

---

26 이주영, 앞의 책, 187쪽.

술은 이러한 감정 환기에 힘입어 현실 세계와는 또 다른 하나의 객관화된 세계상을 창조해내고, 이 세계상은 스스로 하나의 "세계"로 완결되며 또한 그러한 자기 완결성을 통해 대자적 존재를 획득하게 되고 주관성을 지양하면서도 보존과 보다 높은 단계로의 승화를 지양의 주도적 동인으로 진지하게 된다[27]고 보았다. 이러한 루카치의 미메시스 개념을 토대로 게임에서의 인간 존재에 대해 분석하고자 하므로 루카치가 말하는 미메시스 속성에 대해 알아볼 필요가 있다. 루카치가 말하는 미메시스 속성은 총 5가지로 총체성, 특수성, 상징, 유적인 것, 카타르시스가 미메시스 중심 원리에 해당한다.

첫 번째 속성은 '총체성'이다. 루카치는 언제나 현실이 총체적이어야 한다는 요구 또는 총체적인 것을 전제하고 이에 비추어 부분을 생각해야 함을 내세웠기 때문에 루카치의 전 저작을 관통하는 중심 테마[28]라고 볼 수 있다. 루카치의 초기 미학에서 총체성이 함축하는 내용은 실제 현실 속에서는 존재하지 않거나 찾기 어려운 '삶의 의미'라고 할 수 있다. 그러므로 작품이라는 '형식'을 통해 만들어낸 총체성 속에서 인간이 현실의 의미를 찾을 수 있다고 본다. 루카치의 이러한 입장은 문화를 통해 현실 속에서 의미를 찾고자 하는 태도가 예술을 통한 총체성의 추구로 나타난다고 할 수 있다. 두 번째 속성은 '특수성'이다. 이는 미적인 것과 구성을 위한 근본 원리로서 괴테 예술론을 직접 수용한 부분[29]이기도 하다. 루카치는 특수성을 '조직하는 중심'으로 규정하였다. 여기에서 중심이란 특수한 기능을 가진다. 중심이 단지 방법적 의미만을 가지는 것이 아니라 복잡한 현상들의 사실적 중심이기

---

27 이주영, 앞의 책, 190~192쪽 참조.
28 위의 책, 198~199쪽 참조.
29 여균동,『미와 변증법』, 이론과실천, 1991, 158쪽.

때문이다. 따라서 중심은 탐구 대상을 의미하기도 하고 인간을 위한 매개를 의미하기도 한다. 그래서 루카치에게 특수성은 단순히 보편성과 개별성 사이의 매개일 뿐만 아니라 중심의 윤리[30]이기도 하다. 특수성의 범주는 루카치의 후기 미학에 와서 예술의 영역에서 인간 전체의 휴머니즘과 연결된 하나의 범주에서 통일되었다. 루카치는 상징과 알레고리를 현실에 대한 미메시스의 대표적인 구조로 보았다. 그는 초기부터 다른 인식 영역과 구별되는 미적 인식의 고유성을 명확히 하여 미적인 것의 자율성을 구하고자 하였다. 특히 미적인 영역이 학문적 영역 및 윤리적 영역과 어떻게 구별되는가를 탐구하는 것이 초기 미학의 주요한 관심사였다. 세 번째 속성은 '상징'이다. 루카치는 후기 미학에서 괴테와 칸트로부터 예술의 자율성을 확증해 주는 몇 가지 명제를 끌어온다. 이를 토대로 예술이 갖는 고유하고도 본질적인 형상화 방식이 '상징'을 통해 나타난다고 주장하였다. 상징에 대한 루카치의 논의는 특수성이나 총체성과 같은 미메시스의 중심 원리들과 밀접하게 결합하고 있다. 그는 또한 '상징'과 '알레고리'를 통하여 예술이 형상화를 통해 목표하는 현실의 성격을 '현세성'과 '초월성'이라는 두 개의 큰 흐름으로 정리하고 있다. 또한, 상징과 알레고리의 성격을 명확히 하기 위하여 개념(Begriff)과 이념(Idee)을 구분한다. 개념은 '의미가 부여된 것(알레고리)'이며 이념은 '의미가 충족된 것(상징)'으로 정의된다.[31] 네 번째 속성은 '유적인 것'이다. 자연인으로서의 인간은 개별적인 존재이나 사회 속에서 끊임없이 자신의 개별성을 극복하고자 한다. 루카치는 사회 속에서 끊임없이 자신을 극복하고자 하는 사회 지향 기준을 '유적인 것', 한 개인의 활

---

30 정종환, 「루카치 미학의 윤리성에 대한 연구」, 『범한철학회논문집』, 2002, 194쪽.

31 이주영, 앞의 책, 241~242쪽 참조.

동이 인류 전체를 위한 활동에 적합하게 된 성질을 '유적합성'이라고 일컬었다. 루카치의 후기 미학에서는 이 개념을 통해 미메시스의 형성물이 담는 미적인 객관성을 인간학적인 관점에서 파악하고 있다. 루카치는 인간의 존재론적 규정은 '사회적 존재'로 나타나며, 인간이 사회적 존재라는 기본 전제를 떠나서는 인간에 대한 모든 규정이 추상적으로 되기 때문에 인간의 본질에 대해 알 수 없다[32]고까지 생각하였다. 다섯 번째 속성은 '카타르시스'이다. 루카치는 예술에서 감상자의 수용 효과를 아리스토텔레스의 카타르시스에서 찾으며 이를 진정한 예술의 미적 완성의 기준으로 확대시킨다. 루카치는 예술 체험이 감상자의 정서를 고양시키고, 인격에 윤리적인 영향을 미칠 수 있다는 점에서 카타르시스의 윤리적, 사회적 작용을 배제하지 않는다. 따라서 현실을 반영한 예술작품의 수용 체험으로서 카타르시스는 인간의 삶과 관련되어 감상자에게 새로운 내용과 방향성을 제공하는 것이 된다. 카타르시스의 경험은 감상자에게 수용 체험 이전과 이후로 변화되며 다시 삶으로 확장되면서 윤리적 범주로 전이되기 때문이다. 단, 예술의 수용 효과는 예술의 미적 자기완성으로부터 자연스럽게 나와야 한다는 면이 강조된다. 예술의 미적 자기완성을 전형으로 하는 창작 과정에서는 미적으로 순화되고 동질화된 삶의 내용을 형식화하고, 그 형식은 내용과 더불어 동일성으로 지향되어 작품 내용을 최고도의 구체적인 형식으로 이끌어나가게 되며, 그 결과 작품은 감상자를 그것의 세계 속으로 인도하는 것[33]이다. 따라서 루카치의 예술작품은 일상생활의 차원을 넘어서서 승화된 어떤 것이면서도 현실과의 긴밀한 접촉을 잃지 않고 있다. 즉, 창작 과정에서 형식과 내

---

32 위의 책, 231쪽 참조.
33 박대조, 「인간적 삶의 '현실반영' 표현 연구」, 상명대학교 박사학위 논문, 2012, 100~101쪽 참조.

용이 동일성으로 확대된 작품 구조로서 수용 체험의 내용을 이루는 '세계'는 내용의 모든 미세한 부분에 이르기까지 속속들이 그때그때마다 작품의 구체적인 내용을 각인하는 특수한 형식의 산물[34]이라고 볼 수 있으며, 특수한 형식의 산물은 정서적 공감을 바탕으로 사실적인 현실을 반영한 대상이어야만 카타르시스를 발휘할 수 있게 된다고 볼 수 있다.

4. 분석 사례 : 〈심즈〉

게임과 미메시스

게임에서 현실을 반영하는 경우는 사실감 때문이다. 게임에 사실감이 생기면 몰입이 가능하기 때문이다. 현실을 반영하는 방법들도 다양한데 〈헤비레인〉[35]의 경우에는 게이머가 조종하는 캐릭터가 돌아다니는 공간을 재현하였고, 〈닌텐독스〉[36]의 경우에는 현실에서 인간과 동물이 교감하는 감성을 재현하였으며, 〈플라이트 시뮬레이터 X〉[37]의 경우에는 마치 비행기를 조종하는 듯한 실재감을 재현하였다. 각각의 게임들이 각기 다른 요소들을 재현하고 있으나, 현실을 재현함으로써 실재감을 얻고자 한것은 공통적이다. 이 글이 앞서 분석하고자 언급했던 〈심즈〉[38]는 맥시스에서 제작

---

34 게오르크 루카치, 『루카치 미학』 제3권, 임홍배 역, 미술문화, 2002, 10~11쪽 참조.

35 2010년 퀸틱 드림에서 개발하고 소니에서 유통한 어드벤처 게임.

36 2007년 닌텐도에서 개발한 커뮤니케이션 게임.

37 2006년 마이크로소프트에서 개발한 비행 시뮬레이션 게임. 최초의 시리즈는 1980년에 나왔다.

38 〈심즈〉는 맥시스에서 제작한 생활 시뮬레이션 게임이다. 〈심즈1〉(2000),

하고 EA에서 서비스한 시뮬레이션 장르의 게임으로 PC게임 가운데 세계적으로 가장 높은 판매고를 올린 게임[39]이다. 지금까지 PC, 플레이스테이션2, 엑스박스, 게임큐브 등 다양한 게임 플랫폼으로 출시되었으며, 이는 〈심즈〉의 상업적인 성공을 의미하기도 한다. 〈심즈〉의 첫 플레이는 '심'을 선택하는 것에서부터 시작한다. '심(Sim)'은 게이머가 생성하는 캐릭터로 〈심즈〉라는 게임 공간에서 살아갈 객체들로 볼 수 있다. 게이머는 각기 다른 심에게 원하는 성격과 개성을 부여할 수 있다. 이렇게 태어난 심들은 자신의 성격, 개성, 주변 환경에 맞는 관계를 형성하게 된다. 〈심즈〉는 마치 인형놀이와 같은 역할놀이를 하고 있다는 점에서 게임 캐릭터는 게이머의 관점을 반영하고 있다고 볼 수 있다. 심들의 관계형성은 주로 이야기 나누기, 전화 통화하기, 웃겨주기 등과 같은 현실과 비슷한 형태의 교류를 통해 이루어지며 성향이 맞는 심끼리는 긍정적(+) 효과를 보이고 그렇지 않은 심끼리는 부정적(-) 효과를 보이게 된다. 심들은 끊임없이 교류하면서 다양한 관계를 맺는데, 이는 심 개개의 스토리를 형성한다는 점에서 다변수

〈심즈2〉(2004), 〈심즈3〉(2009), 〈심즈4〉(2014)가 있다. 〈심즈1〉은 '별난 세상', '신나는 파티', '두근두근 데이트', '지금은 휴가중', '멍멍이와 야옹이', '슈퍼스타', '수리수리 마수리' 확장팩을 출시했고, 〈심즈2〉는 '못말리는 캠퍼스', '화려한 예술', '나도 사장님', '펫츠', '사계절 이야기', '여행을 떠나요', '자유 시간', '알콩달콩 아파트' 확장팩과 '즐거운 크리스마스', '패밀리 펀', '럭셔리 쇼핑', 'H&M 패션 따라잡기', '꿈의 파티', '틴에이저 스타일', '주방&욕실 꾸미기', 'IKEA 홈 데코', '나의 집 & 나의 정원' 아이템팩을 출시했다. 〈심즈3〉는 '좌충우돌 세계모험', '달콤살벌 커리어', '모두 잠든 후에', '브라보! 마이 라이프', '나는 심 너는 펫', '두근두근 쇼타임', '슈퍼내츄럴', '사계절 이야기', '콩닥콩닥 캠퍼스 라이프', '아일랜드 파라다이스', '신나는 미래세계' 확장팩과 '하이엔드 엣지 홈', '패스트 레인', '아웃도어 리빙 스터프', '타운 라이프', '마스터 스위트', '케이티 페리 스위트', '디젤 스터프', '70, 80 & 90년대 스터프', '무비 스터프' 아이템팩을 출시했다.

39 TCM NEWS, "The Sims Franchise Celebrates Its Fifth Anniversary and Continues to Break Records", 2005. 2. 7.

적 서사를 갖는다고 볼 수 있다. 따라서 이러한 게임적 리얼리즘은 기존 게임이 갖고 있는 이야기 구조에서 일탈하고 있음을 보여준다. 즉, 게이머는 심의 성격이나 개성을 통해 얼마든지 새로운 이야기를 만들어낼 수 있다는 점에서 현실과 같은 예측불가능한 리얼한 상황을 만들기도 한다. 따라서 이 글은 〈심즈〉의 구조가 현실의 삶과 흡사한 구조라는 점에 착안하여 게임이 현실의 인간 존재를 미메시스 하는 방식을 알아보고자 한다.

미메시스로서의 〈심즈〉 분석

« 총체성 : 게임 향유자와 심(sim)

〈심즈〉에 접속하면 게이머는 가장 먼저 심의 성별, 성격, 특성, 심의 평생 소망까지를 선택하여 심이 살아갈 삶의 목표와 방향을 결정한다. 이 때 심의 성격이나 평생 소망은 심의 일생을 결정짓는 사명이 된다. 예를 들어, 완벽한 설정을 부여받은 심은 완벽한 객체로서 살아가게 되는 것이다. 이 점에 착안하여 게이머는 심을 자기가 원하는 모습으로 설정한다. 그리고 심을 통해 대리만족을 느끼기도 하고, 삶의 의미를 되새기기도 한다.

> 처음에 그냥 기본 심들로만 할 때는 그런 걸 못 느꼈는데 아무래도 다운받은 아이템을 해서 예쁘게 꾸며놓은 애들한테 조금 더 정이 가는 건 맞아요. 뭐랄까 대리만족 그런 게 반영이 안 돼 있다고 하면 그게 거짓말이구요. …(중략)… 화려한 드레스라든가 그런 거 입는 걸 보면 막 부러워요. 아 나도 저런 옷 한번만 입어봤으면 이러면서 그런 거에 대리만족을 느끼고. 〈사례 A-7〉[40]

---

40 안선영, 「디지털게임 가상공간의 변화와 여성주의 실천에 대한 연구 : PC게임 〈심즈〉 사용을 중심으로」, 숙명여자대학교 석사학위 논문, 2009, 52쪽.

〈심즈〉에는 기본 아이템과 다운로드 아이템이 존재한다. 누구나 갖고 싶은 아이템은 거의 다운로드 아이템에 해당한다. 게이머는 마음에 드는 아이템을 구매하기 위해 아이템을 상세하게 살펴보는 쇼핑의 단계를 거쳐 아이템을 구매하고, 아이템을 이용하여 심의 외형을 꾸민다. 게이머는 심에게 자신의 소망을 입힌다. 그러나 이러한 행위는 현실에서 바라보면 소망이 반영된 비현실[41]일 뿐이다. 그럼에도 불구하고 게이머는 〈심즈〉에 여러 형태의 소망을 반영하고 소망이 반영된 심을 통해 삶의 의미를 깨닫기도 한다. 가령, 심의 꿈을 이루는 모습을 보고 현실에서의 꿈에 대해 다시 생각해보는 것이다.

> 〈심즈〉를 하는 친구가 '사람은 항상 꿈이 있어야 된다', 그런 느낌을 받았대요. 듣고 나니까 저도 되게 공감이 되더라고요. 뭐 '심'이 바라는 '평생 야망'의 개념이라든지 아니면 중간중간에 뜨는 '바람' 그런 거를 이용자는 은연중에 충족시켜주려고 노력을 하잖아요. 그런 점에서 항상 사람이 그렇게 일상적인 것이건 원대한 것이건 간에 성취할 대상이 있고 그걸 향해서 매진해가는 거에 의미를 찾는 게 아닌가 하는 생각도 들고. 〈사례 B-2〉[42]

---

41 벤스키는 인형에 대해 다음과 같이 말하였다. "인형에 의해 환기되어진 '현실'은 객관적인 현실이 아니라 주관적으로 또한 상징적으로 고려된 현실, 말하자면 가치를 부여할 수 있는 어떤 비현실이다. 상징은 인형에게 있어서 본질의 성질 자체인 것처럼 부과되는데 현실의 '개념적 조형성'이라는 표현을 내포한다. 따라서 인형극은 현실을 상징적으로 표현할 수 있게 된다. 인형의 공간 법칙은 주관적인 환상을 전달하도록 지정한다. 본래의 비현실성으로 인하여 인형은 관람자로부터의 적극적인 가담에 힘입어서만 현실을 상기시키는 능력을 얻을 수 있다. 김청자, 『인형의 구조와 상징 체계에 관한 연구』, 대원사, 1989, 27~31쪽 참조.
42 안선영, 앞의 논문, 61쪽.

심은 자신의 목표(게이머에 의해 세팅된 삶의 목표)를 향해 끊임없이 살아가도록 프로그램되어 있다. 그리고 목표는 어린이심과 어른심에게 각기 다르게 적용된다. 예를 들어, 유아와 어린이 심은 '야망 게이지'[43]가 없지만, 청소년이 되면 가족 야망, 재산 야망, 지식 야망, 인기 야망, 로맨스 야망 등을 선택하게 되고 선택된 야망에 따라 그들의 삶은 이전과는 확연하게 달라진다. 가족 야망은 가족 중심의 생활을 통해 대가족을 이루는 것, 재산 야망은 최정상에 오르기 위해 승진하는 것, 지식 야망은 항상 책을 읽는 것, 인기 야망은 대인 관계를 소홀히 하지 않는 것, 로맨스 야망은 빈번한 애정행위를 하는 것이다. 심시티(가상)에서 심(객체)은 야망을 위해 최선을 다해 살아가게 되고 게이머(주체)는 심을 바라보되 환상성으로만 보지 않기 때문에 현실에서의 삶을 되짚어보는 계기를 만든다.

« 특수성 : 윤리와 휴머니즘

게임에서 윤리적인 모습을 찾는 것은 쉽지 않다. 게임은 현실 공간을 반영하더라도 지속적인 플레이 동기를 제공하기 위해 현실과는 다른 과장된 상황이나 일탈한 상황을 제공하기 때문이다. 윤리라는 것은 한 사회의 도덕적인 면을 다루기 때문에 현실에서의 윤리와 게임에서의 윤리가 공통된 의미로 해석되는 것은 옳지 않다. 게임에서 윤리적인 행위는 다른 게이머에게 피해를 주지 않는 매너 있는 행동 같은 것이다. 반면, 타 게이머가 배제된 게임에서는 게이머와 NPC(None Player Character) 사이의 매너 있는 행동을 윤리성이라고 보기 어렵다. 현실처럼 다양한 상황과 심이 존재하는 〈심즈〉에서는 현실과 완전히 동일하다고 볼 수는 없지만, 일부 윤리적 관점에 대한 사례를 일부 살펴볼 수 있다. 심시티라는 세계에는 지배계

---

43 야망 게이지란 삶의 만족도로 볼 수 있다.

층과 비지배계층이 존재하지 않기 때문에 우월한 계층이라는 개념 자체가 존재하지 않는다. 그들은 재벌가, 소방관, 선생님, 과학자 등이 될 수 있지만 이들은 다른 직업일 뿐 직업에 계층 차이는 없다. 또한, 심시티 내에는 다양한 인종이 존재하는데 이 역시 피부 색깔의 차이일 뿐 인종에 따른 차별은 존재하지 않는다. 모든 심은 심리시(Simlish)라는 공통의 언어를 사용함으로써 심시티의 구성원이라는 자격을 갖는다. 이는 현실과 대조된다.

> 옛날 미국 같으면 인종차별이 심하잖아요. 흑인 차별. 거기서도. 〈심즈〉에서는 흑인 백인 상관없이 친구를 하는데 거기서는 흑인 안 좋게 생각을 하니까 백인끼리만 친구를 하고 다 그렇게 사회에 저렇게 우열? 이런 게 있는데 〈심즈〉에서는 없잖아요. 〈사례 A-3〉[44]

즉, 〈심즈〉에서는 윤리적 문제가 도출될 수 있는 상황들이 사전에 통제된다. 모든 심은 태어난 후 100일이 지나면 노인이 되는 동일한 노화 속도를 갖고 있다는 점 또한 현실과는 다르지만 100일이라는 시간에서 영유아기, 유아기, 어린이, 청소년기, 어른, 노인이라는 삶의 흐름을 겪으면서(아이템을 사용하여 나이를 안 먹게 할 수도 있으나 기본으로 지원하지는 않는다) 게이머는 나이 들어감에 대해 생각하게 된다. 그리고 나이 듦의 과정은 반드시 죽음을 동반한다. 〈심즈〉에서는 죽음의 과정이 '죽음의 신'이 찾아오는 것으로 그려지는데, 죽음의 신이 나타났을 때, 심은 살려달라고 빌기도 하지만 그렇다고 해서 죽음을 피할 수는 없다. 심이 죽는 경우는 늙어 죽거나 화재, 익사, 식중독, 파리 떼의 습격, 귀신을 보고 놀라 죽는[45]

---

44 안선영, 앞의 논문, 46쪽.
45 〈심즈〉에서의 죽음은 현실처럼 리얼한 죽음은 아니다. 죽은 심은 유령이 되어 가족과 함께 살아가기도 하고 죽음의 형태에 따라 다양한 색깔을 갖는다.

등 다양하다. 즉, 현실의 인간이 언제고 위험에 처할 수 있는 것처럼 심시티에서의 심 또한 언제든 위험에 처할 수 있다. 그리고 죽음을 목격한 심이 있다면 절망 상태가 되어 야망 게이지가 줄어들고 이상행동을 하는 등 치료사에게 치료가 필요한 상태가 된다. 이러한 심의 행동은 상황의 충격이나 슬픔으로부터 고통받을 수도 있다는 점에서 인간적인 면을 보인다. 심들은 슬픔 외에도 기쁨이나 위로 같은 감정 표현을 하기도 하는데 가령 아버지심이 은퇴를 했을 경우 은퇴를 위로하거나 축하하기 위한 파티를 열기도 하고, 마음에 드는 선물을 받은 심이 감사의 편지를 쓰기도 하며, 사랑하는 심들끼리 애정 표현을 하는 것 또한 휴머니즘적인 면이라고 볼 수 있다.

« 상징 : 이념의 반영

심은 인간처럼 시간이 지나면 배고픔의 욕구를 느낀다. 배고픔을 충족시키기 위해서는 허기를 달래줘야 한다. 이 경우 냉장고에서 음식을 꺼내 먹거나, 냉장고의 재료를 이용하여 가스레인지나 전자레인지, 바비큐통을 이용해 요리를 만들어 먹는데 주로 베이컨이나 칠면조등을 이용한 서구식 식사를 한다. 앞서 〈심즈〉는 미국의 맥시스(Maxis)에서 제작한 게임이기 때문에 미국의 현실이 반영되어 있는 부분이라고 볼 수 있다. 또한 유아심, 어린이심은 보호자(청소년심 이상)가 없는 집에 혼자 있을 수 없다는 법(시스템 제약)을 보면, 이는 미국의 아동 보호법이 반영된 것이라고도 볼 수 있다. 또한 미국에 퍼져 있는 입양 문화가 하나의 시스템으로 반영되어 있어 미국의 현세성을 드러내고 있다고 볼 수 있다.

> 제가 언젠간 애를 하나 입양하고 싶거든요. 그래서 맨날 플레이할 때엔 심들이 첫째 애를 갖잖아요. 맨날 첫째 애는 입양을 다 시켜줘요. 심

들 집에다가. 〈사례 A-6〉[46]

심이 아이를 입양하여 키운다고 해서 게이머가 현실에서 아이를 입양한 것과 같은 착각을 일으키는 것은 아니지만, 게임에서의 입양 시스템을 통해 현실의 입양을 편하게 받아들일 수 있고 또 그것을 통해 만족감을 얻거나 현실에서의 행동으로까지 이어진다면, 이는 게임의 가상공간을 초월한 행위로도 볼 수 있을 것이다.

« 유적인 것 : 사회적 존재

현대 사회 풍토에 개인주의가 팽배하면서 이웃끼리의 교류가 적어지게 되었으나, 여전히 인간 사이의 커뮤니케이션이란 없어서는 안 되는 요소이다. 〈심즈〉 속의 심시티에서는 현실에서보다 더 커뮤니케이션이 활발한 편이다. 고독을 즐기는 예술가형 심을 제외하면 대부분의 심은 커뮤니케이션하기를 원하며, 친화력이 강한 심의 경우 다른 심과 교류하지 못할 경우, 외로워서 죽기도 한다.

솔직히 요즘은 이웃들끼리 대화하고 그런 세상이 아니잖아요. 다 서먹서먹하고 그런데, 그냥 막 〈심즈〉에서는 이사를 오면 이웃에서 놀러와서 대화도 하고 그런 걸 보고, 특히 더 그럴 때는 여심이나 남심이, 그니까 부모심이 자신의 자식심을 안고 막 달랠 때, 같이 놀아줄 때 정말 사람과 다를 게 없다는 모습을 느낄 때 진짜 가슴 한쪽이 먹먹해져 오는 걸 느껴요. 그러면서 또 잊어버렸던 감정, 그런 것도 다시 느낄 수 있게 되고. 현실 세계에서 누리지 못한 걸 심 세계에서 느끼면서 대리 만족도 얻고. 〈사례 A-7〉[47]

---

46 안선영, 앞의 논문, 60쪽.
47 안선영, 앞의 논문, 60쪽.

〈사례 A-7〉처럼 게이머는 심의 사는 방식을 통해 커뮤니케이션 욕구를 떠올린다. 커뮤니케이션을 통해 심들은 강한 유대 관계를 형성하고, 심시티 내에서 바보 같은 행동을 해도 다른 심으로부터 이해받는다. 따라서 게이머는 심을 통해 자신이 원하는 것을 시뮬레이션하기도 한다.

> 제가 어떤 살고 싶어 하는 이상적인 삶을 게임으로 실현해보는 그런 건 있어요. 직업의 경우에는 일단 다양하게 해보는 편인데요. …(중략)… 지금은 〈심즈3〉에서는 뭐 군인 직업군의 제일 최고가 우주 비행기 조종사더라고요. 그래서 지금은 군인 직업군으로 계속하고 있고 그런 편이에요. 저도 뭐 경찰을 원했기 때문에 (경찰행정학과에) 지원을 했지만 좀 차선책 같은 거로 군인을 할까 해서 지금 군 장학생도 지원을 했고 그쪽으로도 생각을 하고 있기 때문에. 〈사례 B-3〉[48]

〈사례 B-3〉의 경우, 게이머는 '심'이 되어 심시티 내에서의 심(타인)에게 자신의 행동을 이해받고자 한다. 이는 심시티를 현실을 시뮬레이션할 수 있는 공간이라고 생각한다는 것이다. 즉, 루카치가 말한 '예술 체험'을 통해 소외된 개인들이 통합된 '유적 존재'로서 자기 자신을 체험할 기회를 갖고 자신의 인격을 고양하며 개별성으로부터 벗어나서 전인적 개성의 통일을 이룰 수 있다고 믿고 있음[49]이 실현되는 것이다.

« 카타르시스 : 공감

심시티는 마치 현실에 존재하는 어떤 곳일지도 모르겠다는 생각을 품게끔 한다. 이는 심시티가 현실의 공간을 모방하고 있기 때문이기도 하다.

---

48 위의 논문, 61~62쪽.
49 이주영, 「루카치의 괴테 수용 : 미학과 미술관을 중심으로」, 『괴테연구』 16권, 한국괴테학회, 2004, 170쪽 참조.

예술형식으로의 게임에 대한 사유와 분석 곽이삭

게이머는 심이 살아가는 것을 보거나 개입하는 과정에서 간접적인 경험을 하고 공감을 한다.

> 태어나서 지금까지 도시에서만 살아왔기 때문에 미련이 없다고 해야 하나. 여기서 더 살아보고 싶은 생각도 없고. 그리고 서울이 너무 복잡하구. 이렇게 좋은 땅에 서울에서 막 사람들이 북적북적하면서 사는 게 너무 답답한 거예요. 너무 답답해서 미련 없이 그냥 밖에 나가서 살고 싶다 이런 생각이 더 많이 들어요. …(중략)… 〈심즈〉에서처럼 진짜 실제로도 농사일을 해보고 싶고, 꿈이에요. 신랑이랑 노후에 꼭 이렇게 시골 같은 데 와서 농사 지으면서 살자, 우리는. 전원주택 같은 거 예쁘게 지어놓고 살자 그렇게 이야기하거든요. 〈심즈〉 하고 있으면 너무 많이 행복해요. 진짜 이렇게 되면 좋겠다 하면서. 〈사례 A-5〉[50]

심의 삶을 통해 게이머는 단 한 번도 겪어본 적 없는 것에 대해 환상을 갖고 자신의 생각을 구체화할 수 있게 된다. 그러면서 심시티를 이상향의 공간으로까지 확대시킨다.

> 이상향, 유토피아. …(중략)… 그래 네가 나 대신 느껴줘라 나만의 이상 세계에서. 왜 되게 힘들 때 있잖아요. 이거에 치이고 저거에 치이다 보면 사람이 되게 지치잖아요. 몸도 그렇고 마음도 그렇고. 그럴 때 보면 일단 그런 쪽에서 탈출구를 하나 만들어놓으면 가끔은 아무것도 안 하고 거기에 빠져서 그 뭐라 그래야 되지 그 정신적인 휴식? 그런 거를 취하는 것도 나쁘진 않은 거 같아요. 저한테는. 나름대로 거기서 또 활력을 얻어요. …(중략)… 오히려 심에게 고맙기도 하고. 〈사례 A-7〉[51]

게이머들은 현실에서 지친 마음을 달래는 위로의 공간으로 〈심즈〉에

---

50 안선영, 앞의 논문, 46쪽.
51 위의 논문, 50쪽.

공감한다. 그리고 더 나아가 심의 모습을 통해 현실의 자신을 되돌아보고 행동으로 옮기기도 한다.

> 〈심즈〉를 할 때에도 체형들이 조금만 관심을 덜 가져도 살이 찌고 이러잖아요. 이렇게 많이 먹이고 하면. 운동을 많이 시켜요, 〈심즈〉에서. 현실에서도 살이 찌는 게 싫어 죽겠는데 게임까지 살이 찌는 게 너무 싫어가지고 막 운동시켜서 살 빼고. 그런 거 보고 나면 '아 나도 운동해야지' 이 생각이 들어서 집에 있는 운동기구로 막 하고. TV로 보고 따라 하고. 〈사례 A-5〉[52]

심시티는 가상의 공간이며, 가상의 인간 '심'을 시뮬레이션하는 게임이지만, 가상에서의 경험과 시뮬레이션 결과를 통해 현실을 회유할 수 있다는 점에서 공감을 얻을 수 있다.

5. 나가며

아리스토텔레스는 그의 저서 『시학』에서 '모방은 창조의 어머니'라는 말을 했다. 여기에서 모방은 미메시스로 볼 수 있다. 이 말의 내면에는 창조적 예술의 바탕이 '삶'이기 때문에 삶의 여러 모습을 모방하여 작품을 만드는 것은 '예술작품'이라는 뜻이 내포된 것이다. 따라서 이 글은 예술 형식으로의 게임의 가능성을 사유하기 위하여 게임 〈심즈〉를 통해 삶이 어떻게 미메시스되었는지, 삶의 의미가 어떻게 나타나는지, 그 의미가 게이머들에게는 어떠한 의미를 주는지를 알아보기 위해 루카치의 미메시스 속

---

52 위의 논문, 62쪽.

성인 총체성, 특수성, 상징, 유적인 것, 카타르시스의 측면에서 이 게임을 살펴보았다. 물론 모든 속성이 정확하게 매칭된다고 볼 수는 없지만 분명 게이머들에게 〈심즈〉는 게임 자체, 현실, 그리고 자기 자신을 확인하는 계기가 된 것은 분명하다. 이 글의 이러한 사유는 예술형식으로의 게임에 대한 연구자들의 의견들 가운데 로저 이버트(2006)가 말한 "게임은 인간 존재를 파악하지 않으려 한다."와 브라이언 모리어티(2011)가 말한 "게임 제작자가 자신의 의도대로 게이머를 조종하려고 한다."는 의견에 대한 반론에서 시작되었다. 미메시스 속성으로서 게임 〈심즈〉를 살펴본 결과 〈심즈〉는 심(sim)을 통해 인간의 성격, 욕망, 외형, 의식주, 유전적인 것, 이념, 탄생과 죽음까지의 인생 단계 등을 반영하고 있음을 알 수 있었다. 이처럼 실재감 있는 인간의 모습은 인간에 대한 탐구 없이는 불가능한 것이다. 더불어 게임을 통해 게이머 스스로가 의미를 사유함으로써 게임은 인간 존재를 파악하며, 파악하도록 느끼게도 한다고 재정의할 수 있다. 〈심즈〉에서는 게임의 거의 모든 상황이 제작자에 의해 제어된다기보다 게이머에 의해 제어된다는 점에서 게임은 제작자가 자신의 의도대로 게이머를 조종한다는 의견 또한 시뮬레이션 게임에 한해서는 적용되지 않는다고 볼 수 있다. 또한, 타 게임에 있어서도 게임(컨텍스트)은 제작자(발신자)와 게이머(수신자) 사이에 존재하는 것으로 제작자의 의도가 충분히 반영되지 않거나, 게이머의 반응을 예측하지 못하여 게이머를 만족하게 할 수 없는 상황이 된다면 콘텐츠로서의 의미가 없으므로 발신자와 수신자 간의 소통[53] 정도로 볼 것을 권유한다. 마지막으로 더 다양한 각도와 사례 분석을 통해 인간 존재를 다루는 게임이 얼마나 많은가를 분석하는 것은 추후 연구로 남긴다.

---

53 필자는 게임 〈ICO〉를 제작자의 의도와 게이머의 반응이 동일한 콘솔 게임으로 소통이 잘 된 컨텍스트라고 보았다. 곽이삭, 「기호학 적용을 통한 〈ICO〉의 의미 분석」, 한국게임학회, 2014, 15~24쪽.

참고문헌

곽이삭, 「기호학 적용을 통한 〈ICO〉의 의미 분석」, 한국게임학회, 2014.

────, 「팬덤을 통한 크로스미디어 연구 : 미국과 한국의 머시니마를 중심으로」,
『콘텐츠 문화』, 2013.

구민경, 「예술과 현실의 관계에 비추어 본 미메시스 : 루카치 후기미학을 토대로」,
단국대학교 석사학위 논문, 2003.

김청자, 『인형의 구조와 상징 체계에 관한 연구』, 대원사, 1989.

박대조, 「인간적 삶의 '현실반영' 표현 연구」, 상명대학교 박사학위 논문, 2012.

안선영, 「디지털게임 가상공간의 변화와 여성주의 실천에 대한 연구 : PC게임
〈심즈〉 사용을 중심으로」, 숙명여자대학교 석사학위 논문, 2009.

여균동, 『미와 변증법』, 이론과실천, 1991.

유원준, 『뉴미디어 아트와 게임 예술』, 커뮤니케이션북스, 2013.

이주영, 「루카치의 괴테 수용 : 미학과 미술관을 중심으로」, 『괴테연구』 16권, 한국
괴테학회, 2004.

이주영, 『루카치 미학 연구』, 서광사, 1998.

정종환, 「루카치 미학의 윤리성에 대한 연구」, 범한철학회논문집, 2002.

게오르크 루카치, 『루카치 미학』 제3권, 임홍배 역, 미술문화, 2002.

다께우찌 도우지, 『미학 예술학 사전』, 안영길 등 역, 미진사, 1989.

블라디슬로프 타타르키비츠, 『미학의 기본 개념사』, 손효주 역, 미진사, 1990.

케빈 켈리, 『기술의 충격』, 이한음 역, 민음사, 2011.

Aaron Smuts, "Are Video Games Art?", *Contemporary Aesthetics*, University of Wisconsin, 2005.

C. Mitcham, *Thinking Through Technology*, University of Chicago Press, 1994.

Ebert, Roger, "Video games can never be art", *Chicago Sun-Times*, 2010. 4. 16.

────, "Why did the chicken cross the genders?", *Chicago Sun-Times*, 2005. 11.
27.

Emerson, Jim, "Video games: The 'epic debate'", *Chicago Sun-Times*, 2006. 4. 16.

Gibson, Ellie, "Games aren't art, says Kojima", Eurogamer, 2006. 1. 24.

Goodhew, Linda · Loy, David, "Momo, Dogen, and the Commodification of

Time", *KronoScope*, Volume 2, Number 1, 2002.

Henry Jenkins, "GAMES, THE NEW LIVELY ART", Henry Jenkins blog.

Moriarty, Brian; Caoili, Eric, "Opinion: Brian Moriarty's Apology For Roger Ebert",
GameSetWatch, 2011. 3. 15.

TCM NEWS, "The Sims Franchise Celebrates Its Fifth Anniversary and Continues to
Break Records", 2005. 2. 7.

그람시주의와 대중문화 연구

: 대항적 헤게모니론을 중심으로

이상우

1. 들어가며

이 글은 기간 대중문화 이론의 흐름 속에서 다루어진 대중문화의 주체를
그람시의 (대항적) 헤게모니론의 관점에서 고찰하고 이를 바탕으로 문화콘
텐츠의 방향성 모색을 위한 단초를 제시하는 것에 그 목적을 두고 있다.

21세기 오늘, (문화)콘텐츠라는 용어는 이미 문화산업이란 이름으로
선진 자본주의 국가와 우리나라의 문화를 향도하고 있다. 그러나 모든 (문
화)콘텐츠는 선(善)인가? 라는 질문을 두고 그에 대한 긍정적 답을 내리는
데 주저가 되는 것이 사실이다. 이는 문화를 상품화시키는 문화산업이 대
세인 지금, 문화콘텐츠를 생산할 때 경제적 가치를 제1의 기준으로 삼는다
는 것에 상당한 우려를 갖지 않을 수 없기 때문이다. 더 이상 체제 경쟁을
하지 않아도 되는 자본주의 시장경제 체제는 단기적이며 즉각적인 이윤의
극대화를 일차적 목표로 삼는다. 자본의 지배 헤게모니가 관철되고 있는
신자유주의 체제에서 문화 상품이란 지배 블록을 생산, 유지하는 데 그 본

질적 유용성이 있어서 그를 위해 그 문화 상품들은 대중들에게 유포되어 끊임없는 구매를 조장하는 본성을 지닐 수밖에 없다.

문화 상품의 이러한 소비를 통한 대중들의 문화적 종속의 유도에 지식인들까지 일조할 필요는 없을 것이다. 오히려 대중문화를 올바로 파악하고 비판적으로 평가할 수 있는 이론적 준거를 마련해야 한다. 존슨은 「도대체 문화연구란 무엇인가?」에서 문화연구의 영향력에 대해 다음과 같이 말하고 있다.

> 첫째, 문화적 과정들이 사회관계, 특히 계급관계와 계급구성체, 젠더 구별, 사회관계의 인종적 구조 및 연령별 억압과 밀접하게 관련되어 있다는 점이다. 둘째, 문화가 권력을 포함하고 개인에게 있어서 그들의 능력과 욕구를 규정하고 현실화하기 위해 불균형을 낳도록 한다는 점이다. 셋째, 문화란 자연발생적이지도 않으며 영구적으로 결정된 영역도 아닌 사회적 차별과 투쟁의 영역이라는 것이다.[1]

이는 문화연구[2]가 문화 산물의 생산뿐 아니라 정치적 비판과 개입의

---

1   리처드 존슨, 「도대체 문화연구란 무엇인가?」, 존 스토리, 『문화연구란 무엇인가』, 커뮤니케이션북스, 2000, 164~165쪽.
2   "문화연구는 거대담론에 대한 비판으로부터 시작했다. 특히 경제결정론, 계급환원론, 목적론적 역사관 등이 특징적인 전통적 마르크스주의에 대한 비판이 핵심을 이룬다. 그 결과, 학문적 관심이 주변 · 일상 · 소수 등으로 옮겨갔고, 이 영역을 아우르는 문화에 대한 본격적인 이론적 연구가 시작됐다. 효시는 1964년 만들어진 영국 버밍엄대 현대문화연구소다. 레이먼드 윌리엄스, 스튜어트 홀, 리처드 호가트 등 좌파 비평가 및 연구자들이 주축을 이뤘다. 이 연구소는 처음부터 역사 · 철학 · 사회학 · 인류학 · 문학비평 등을 아우르는 '학제적 연구'의 성격을 분명히 했다. 문화연구는 마르크스는 물론 알튀세르와 그람시, 프랑크푸르트학파 등의 성과를 차용했다. 특정 문화 텍스트에 대한 비평을 넘어 문화생산−분배−수용 과정을 둘러싼 모든 문제로 연구 영역을 넓혀갔다. 이 때문에 탈구조주의, 페미니즘, 포스트모더니즘, 포스트식민주의 등 최신 이

장소로서 자신의 역할을 해야 한다는 의미이다. 기간 대중문화 연구론들은 마르크스주의 문화론, 프랑크푸르트학파 문화론, 구조주의 문화론, 헤게모니론적 문화론, 포스트구조주의 문화론, 여성 해방주의 문화론 등 여러 가지가 있었다. 이 중 그람시[3]의 헤게모니론은 그것이 기반한 마르크스

___

론이 문화연구 안에 녹아 있다. 각 이론에 대한 쟁점을 촉발하는 동력도 문화연구 분야에서 나오고 있다.

한국의 문화연구는 90년대 초부터 본격적으로 시작됐다. 대부분은 영국의 문화연구로부터 직접적 영향을 받았다. 대중음악, 영화, 광고 등 각종 문화 텍스트에 대한 비평이 '문화정치'의 이름으로 시작됐다. 2005년 중앙대학교에 문화연구학과가 개설되었지만 상대적으로 이론적 모색은 큰 진전을 이루지 못했다. 그 결과 '문화연구' 열풍은 대중문화와 일상세계의 가치를 재평가하는 수준에서 맴돌고 있다. 영국의 문화연구가 모든 이론적 모색을 아우르는 거대한 바다를 이루고 있다면, 한국의 문화연구는 이론적 가능성을 다른 학문분야에 제공만 하고 스스로 매말라가는 옹달샘에 머물러 있는 것이다. 김누리 교수는 자본과 문화가 만나는 자리에 '미래'가 있다며 여기에 천착하는 본격적인 문화연구는 이제부터 시작이라고 말했다."『한겨레신문』, 2005. 10. 7.

3 안토니오 그람시(Antonio Gramsci, 1891~1937)는 이탈리아의 사상가이자 혁명가이다. 샤르데냐의 한 작은 마을인 알레스에서 일곱 형제 중 넷째로 태어났다. 토리노대학에 입학하여 인문과학 및 사회과학, 그리고 특히 언어학에 깊은 관심을 갖고 공부하였다. 사회당에서 활발한 활동을 하였으며,『전진(Avanti)!』의 칼럼니스트로서 연극 비평가로서 활동하였다. 타스카, 테라치니, 톨리야티와 함께『신질서』를 만들었는데, 이 잡지는 그 후 5년간 이탈리아의 급진적인 좌파에 큰 영향을 끼쳤으며 유럽과 러시아와 미국에서도 주목받았다. 1921년 이탈리아 공산당의 창립을 주도해 중앙위원을 지냈으며, 기관지『신질서』의 발기인이자 기고자로, 의회 의원이자 코민테른 파견 공산당 대표로 활약했다. 사회주의와 공산주의 및 모두 세력들이 단결해야만 무솔리니의 파시즘에 대항하여 앞으로 다가올 재앙을 막을 수 있다고 예언하였고, 모스크바에서 아내 줄카를 만났으며 아들 델리오와 줄리아노가 있다. 1926년 체포되어 11년간의 감옥생활이 시작되었다.

그의 정치사상은 한 계급에 대한 다른 계급의 지배가 경제적, 물리적 힘에만 의존하는 것이 아니라, 피지배계급이 지배계급의 신념 체계를 받아들이며 그들이 사회적, 문화적, 도덕적 가치를 공유하게끔 동의를 구하고 설득하는 데도

주의 이데올로기 개념의 경직되고 편협한 성격들을 극복하고 대중문화를 파악할 수 있는 유연한 문화연구의 틀을 제공해준다.

'시민사회[4]', 헤게모니, 유기적 지식인' 등 그람시 사상의 핵심 키워드 중 하나인 헤게모니론은 그람시가 특히 강조했던 '대중의 자발성' 또는 '창조적 정신'이 다양한 문화 주제들 속에 균일하게 존재하고 있음을 밝혀 대중문화의 주체를 파악하는 데 상당한 힘을 발휘하기 때문이다.

이렇게 볼 때 상품화되지 않은 문화는 정녕 무의미한가, 어떤 문화를 누가 어떤 방식으로 생산해야 되는가, 보다 근본적으로는 콘텐츠화되어야 할 문화란 어떤 것들인가 등의 문제들을 해결하기 위해 먼저 '(문화)콘텐츠'가 생산·소비되는 대중문화 공간의 주체에 대한 파악이 필요하다. 따라서 이 글은 이를 그람시의 문화이론, 특히 '강제'와 '동의'로 압축되는 헤게모니론을 통해 연구해보고자 한다.

의존한다는 헤게모니 이론으로 요약되곤 한다. 유능한 편집자이자 문화평론가이기도 했던 그에게 1916년부터 시작된 평론 활동은 '시민사회'와 '헤게모니'라는 개념으로 나아가는 가교 역할을 했다. 또 의회 선거와 공장평의회 시기를 거치면서 남부주의의 정치적 중요성에 눈을 뜨면서 이를 자신의 이론과 유기적으로 통합시켜 독창적인 이론 체계를 완성하기에 이른다. 1937년 질병들을 제대로 치료받지 못하면서 지내온 감옥 생활을 이기지 못하고 뇌일혈로 눈을 감았다.

4 그람시는 시민사회의 본질과 중요성을 현대적 의미로 인식한 최초의 맑시스트였다. 서유럽의 선진 자본주의 국가에서 의회민주주의 제도가 정착하여 더 이상 국가의 정통성에 대해 부정하고 타도하려는 정치사회 운동이 활발해지지 못하고, 다양한 욕구들이 표출되기 시작하며 이들의 요구가 기존의 지배체제를 전면적으로 부정하지 않는 한 점차적으로 수용되면서 시민사회가 점차 중요한 비중을 차지하게 되는 것을 최초로 인식한 맑시스트였던 것이다. 차명제, 「그람시와 그의 이론에 대한 현실적 고찰」, 『한독사회과학논총』, 한독사회과학회, 1996, 204쪽.

2. 왜 **그람시주의**인가?

대중문화[5]에 대한 정의는 단순히 많은 사람들이 좋아하는 문화라는 것부터 고급문화 이외의 문화, 대량 소비를 위해 대량생산된 상업문화, 마비된 정신으로 또는 무감각한 상태에서 수동적으로 소비되는 문화, 현대 자본주의 사회에 대한 상징적 저항이 주로 나타나는 낭만화된 노동계급의 문화, 위에서 강요된 것도 아래로부터 자발적으로 일어난 대항적 문화도 아닌 지배-피지배 문화 간의 이데올로기적 투쟁이 일어나는 영역, 고급문화와 대중문화의 구분이 더 이상 무의미하며 모든 문화는 상업문화이고 문화산업적·정치경제학적 논리가 아니라 문화 자체가 상업이다 까지 다양하다.

---

5 문화 개념에 대한 존 비 톰슨의 견해에 의하면 대략 네 가지로 구분할 수 있다. "그 첫 번째 것은 고전적인 문화 개념으로서 문화를 '지적 또는 정신적인 발전과정'이라고 보는 개념이다. 그러나 이 개념은 지적이고 정신적인 가치만을 중시한 협소한 엘리트주의적인 문화관으로서 19세기에 인류학의 발달과 더불어 무너지게 된다. 두 번째 문화 개념은 묘사적 개념인데 여기서 문화는 특수한 사회나 역사적 시기에 특유한 가치, 신념, 관습, 규약, 습관, 실천들의 서로다른 배열을 가리킨다. 그런데 이 문화 개념은 그 범위가 너무 광범위해서 그개념의 독특한 의미와 유용성을 상실해버린다는 결점을 가지고 있다. 세 번째 문화 개념은 상징적 개념이다. 여기서 문화적 현상은 상징적 현상으로 간주되고, 문화 연구는 본질적으로 상징과 상징적 행위의 해석에 관계하는 것이 된다. 그런데 이러한 문화 개념은 많은 장점에도 불구하고 상징과 상징적 행위가자리 잡고 있는 구조화된 사회관계에 충분히 주목하지 않았다는 단점을 갖고있다. 네 번째 문화 개념은 구조적 개념이다. 여기서 문화 현상은 구조화된 맥락 속의 상징형식이며, 문화 연구는 상징 형식의 의미있는 구성과 사회적 맥락화에 대한 연구가 된다. 톰슨은 바로 이 네 번째 구조적인 문화 개념을 가장 적합한 문화 개념이라고 하면서 이 개념을 자신의 견해로 채택한다. 톰슨에 따르면 구조적 개념은 문화적 현상의 상징적 성격과 그러한 현상들이 구조화된 사회적 맥락 속에서 구현된다는 사실을 동시에 강조한다." (이찬훈, 「시민강좌 봄학기 현대 대중문화의 이해」, 민주주의사회연구소, 2005, 5쪽 재인용.)

대중문화의 정의에 대한 이 같은 다양함에도 불구하고 확실히 해둘 것은 문화란 물질적인 생산이나 분배를 둘러싼 사회적 과정, 관계와 결코 분리될 수 없다는 것이다. 그리고 이를 바탕으로 (대중)문화와 관련된 질문이나 문제를 제기하고, 어떠한 구체적인 기술과 분석을 수행해왔는지에 대한 연구들, 즉 지금까지의 문화연구 이론들을 이데올로기적 지배 체계로서 문화연구와 수용자 중심의 문화연구라는 두 가지 범주[6]로 나눠 살펴보고자 한다.

먼저 이데올로기적 지배 체계로서 문화연구는 마르크스주의 문화론이 대표적이다. 여기에는 고전적 마르크스주의 문화론, 루카치와 프랑크푸르트학파[7]의 문화론 등이 포함된다.

이들에 따르면 어느 시대에나 지배 이데올로기는 지배계급의 이데올로기이다. 지배계급은 마치 자신들의 이데올로기가 보편적이고 이성적인 것처럼 주장한다. 마르크스주의적 관점에서 문화는 상부구조의 이데올로기적 형태의 하나이다. 때문에 인간의 의식이 그들의 존재를 규정하는 것이 아니라 그들의 사회적(경제적) 존재가 그들의 의식을 규정한다. 이 같은 상부구조의 이데올로기가 의식 수준에서 그것을 재생산함으로써 모순

---

6 여기서 문화연구 이론을 "이데올로기적 지배로서의 문화연구와 수용자 중심의 문화연구"로 구분하는 것은 이 글의 분명한 연구 방향을 위한 필자 임의적인 분류이다. 또한 이 분류가 그람시 문화이론의 다면적이고 다층적인 의미를 단순하게 이분법으로 정리하기에는 그 복합적 시선을 충분히 담을 수 없는 한계가 있을 것이지만 문화 수용의 '주체'를 중심으로 한 연구 방향의 단선화를 위해서 불가피한 방법이었음을 밝힌다.

7 프랑크푸르트학파는 '프랑크푸르트대학 사회연구소'와 관련된 일련의 독일 지식인들을 지칭한다. 이 연구소는 1923년에 창설되었으며, 1933년 히틀러 정권 수립에 따라 뉴욕의 콜롬비아대학으로 자리를 옮겼다가 1949년에 다시 독일로 돌아갔다. '비판이론'은 연구소가 마르크스주의와 정신분석을 비판적으로 결합시킨 것에 붙여진 이름이다. 대중문화 연구는 대부분 테오도르 아도르노와 발터 벤야민, 막스 호르크하이머, 레의 뢰벤탈, 허버트 마르쿠제의 저술들과 연관되어 있다.

적인 본질적 관계들을 숨기고 왜곡하고 더 깊은 현실 속에 실제로 존재하고 있는 모순과 착취를 감추는 기능을 한다. 문화에 대한 마르크스주의적 설명이 자리 잡고 있는 터전도 바로 이 관계이다. 상부구조는 토대의 수동적인 반영일 뿐이다. 그리고 이는 문화 산물의 정치학이 생산의 경제적 조건으로만 읽히거나 축소되어버리는 마르크스주의 문화 '반영 이론'으로 나타난다. 이러한 시각에서 모든 문화는 그것을 생산한 사회의 경제구조의 단순한 반영일 뿐이며, 대중문화의 의미는 단지 그것을 생산한 경제구조에 의해 이미 결정지어지는 것이다. 때문에 마르크스주의 문화연구에서는 상부구조를 관통하고 있는 이데올로기의 정체를 폭로하고 그에 저항하게 만드는 것이 문화 영역에서 가장 중요한 일이었다.

프랑크푸르트학파의 경우는 토대와 상부구조의 결정 관계에 있어 반영이론보다는 넓은 의미로 접근한다. 그들의 문화산업론은 후기 자본주의 사회에서 문화가 상품화됨으로써 문화도 상품 생산과 교환의 논리에 의해 규정된다는 데 기반한다. 이로 인해 문화산업은 문화 상품들을 대량생산하고 유통시키기 위해 문화 형식들을 표준화, 규격화, 동질화, 합리화시켜 문화는 더 이상 현실의 고통과 모순을 표현하거나 아름다운 삶의 이상을 제시하거나, 인간의 개성과 상상력을 마음껏 발휘하는 공간이 아니다.

이 같은 현상에 대해 이찬훈은, 문화 산물들은 단지 소비함으로써 즐거움을 얻을 수 있는 소비상품이요 오락거리일 뿐이다, 오락이 됨으로써 그것은 비인간적인 삶과 참기 어려운 착취를 어느 정도 견딜 수 있게 만드는 마취적 기능을 한다, 나아가 문화산업은 문화를 상품화하여 그것을 소비하는 것이 곧 선(善)이라고 여기게 만들어, 소비지상주의를 부추김으로써 사람들을 멍청한 수동적 관조자로 만든다[8]고 설명하고 있다.

---

8 또한 그는 "상품화된 대중문화의 생산, 유통, 소비는 자본가의 이윤을 보장하

프랑크푸르트학파는 문화산업론을 가지고 최초로 문화산업이 유포하는 이데올로기를 체계적이고 지속적으로 비판하기 시작했다는 점에서 의의가 있다. 하지만 노동자 대중에 대한 이들의 절망은 결과적으로 엘리트주의적인 문화관으로 연결된다. 그들이 대안으로 제시하는 비판 이론과 자율예술의 개념은 지극히 반(反)대중적이며 엘리트주의적이다. 따라서 기존의 문화적 형식에 물들지 않은 창조적인 자율예술은 필연적으로 대중의 보편적인 정서와 거리가 먼 것일 수밖에 없고 그런 자율예술로는 어떤 대중의 힘도 결집시킬 수 없다, 는 오류로 귀결되고 만다.

이후 1980년대 중반부터 문화연구 영역에서는 대중문화 속에서 작동하는 이데올로기의 지배라는 명제를 부정하는 견해들이 점차 우세해진다. 수요자 중심의 문화연구가 대두된 것이다. 이 견해들은 이데올로기의 지배가 아니라 오히려 이데올로기의 지배가 저항에 부딪쳐 실패하는 방식에 연구의 초점을 맞춘다.

이때부터 문화연구는 이데올로기론의 지배에서 벗어나 대중문화 수용자들이 능동적인 다양한 해독과 수용 과정에서 지배 이념에 저항하고 그들 나름의 쾌락을 이끌어내는 방식들에 주목하게 되었다. 그에게서 영향을 받은 문화연구는 대중들을 능동적인 쾌락 추구자로 간주하면서 그러한

고 급진적 사고를 억누름으로써 사람들로 하여금 현존하는 사회질서에 순응하고 적응하게 만든다. 대중문화는 이처럼 경제적 차원과 이데올로기적 차원을 동시에 포함한다. 문화 산물들은 모든 비판적이고 초월적인 성질을 상실한 채 순전히 교환의 대상과 쾌락을 위한 소비의 대상이 됨으로써 현존하는 사회질서를 옹호하는 이데올로기적 역할을 수행한다. 그러므로 대중문화는 후기 자본주의 사회의 지배 헤게모니를 심화시키는 데 매우 효과적이다. 이렇게 볼 때 결국 현대 대중문화는 마르크스가 말한 부정적 의미의 이데올로기가 관철되는 영역이라 할 수 있다."고 덧붙이고 있다. 이찬훈, 「대중문화와 헤게모니」, 새한철학회 논문집, 1998, 9쪽.

쾌락의 건강성과 지배 이데올로기에 대한 그것의 저항성을 높이 평가한다.[9] 이러한 문화연구 경향[10]을 보통 '문화 대중주의'라고 부르는데, 그 대표자가 존 피스크[11]이다. 피스크는 지금까지 이데올로기적 지배 틀에서의 문화연구들이 대중을 과소평가하고 체계의 희생자로만 파악했다고 비판한다. 피스크는 대중문화가 문화산업에 의해 생산되어 대중에게 일방적으로 부과되는 것이 아니라 오히려 대중에 의해 만들어진다고 주장한다. 대중문화는 문화산업이 만들어내는 것이 아니라 대중이 만드는 것으로, 문화산업에 의해 위로부터 주어지는 것이 아니라 대중들에 의해 아래로부터 만들어진다는 것이다.

따라서 문화 대중주의의 핵심적 특징은 문화의 수동적 소비보다 능동적 생산, 즉 인간의 실천을 강조한다는 점에 있다. 정통 마르크스주의에 대해서도 반대하는데 문화라는 영역이 물질적 토대에서 상대적인 자율성을 누리며 적극적으로 물질적 토대에 개입한다는 관점을 보여주기 때문이다. 또한 문화적 산물이 지배계급의 전략보다는 피지배계급의 전술이라는 데 기반하여 대중이 문화적 실천을 통해 자신들의 계급적 영역을 구축해 가는 능동적인 모습을 찾으려 시도한다.

살펴보았듯이 이 두 가지 범주의 문화연구론은 그 의의도 크지만 한계

---

9 이찬훈, 위의 논문, 12쪽 참조.
10 이렇듯 문화에 있어 계급 지배의 기능이라는 측면을 배제하고, 사회의 다양한 영역에서 다양한 주체성을 지닌 대중들이 일상 생활의 미시적인 영역에서 행하는 능동적이고 창조적인 사회·문화적 실천을 중시하는 대표적인 사회 이론들을 포스트구조주의와 포스트마르크스주의라고 분류할 수 있다.
11 1842~1901. 미국의 역사가·철학자. 유럽의 진화론을 미국에 보급시켰으며 역사는 필연적으로 진보한다는 낙관론에 이 이론을 적용시키려고 했다. 그는 거대한 인류 역사의 일부분인 '미국편'이 인류가 진보하는 과정에서 마지막 발전단계라고 파악했다.『브리태니커 백과사전』

도 뚜렷하다. 우선 이데올로기적 지배로서 문화연구론은 경제결정론적 한계를 보인다. 그것은 이데올로기와 문화를 획일적인 것으로 간주하는 경향, 즉 지배 이데올로기가 아무런 모순도 없이 지배계급의 이익과 결합되어 있어 대중문화는 지배계급의 이해관계만을 대변한다고 보는 경향이다. 이는 문화가 역사의 주된 힘은 아니지만 역사적 변화나 사회 안정에 있어 중요한 도구로서의 역할을 할 수 있다는 것을 간과했기 때문이다. 또한 프랑크푸르트학파의 문화론에서 보여지듯 지나치게 비관적이고 엘리트주의적이라는 한계를 드러낸다.

한편 수용자 중심의 문화이론 또한 부족함이 있다. 과연 대중들은 그들에게 제시된 문화적 산물들을 그 구조와 내용에 상관없이 언제나 능동적이고 실용적으로 즐길 수 있는지에 대한 의문이 그것이다. 대중들이 생산된 문화적 산물들을 '실용'과 '쾌락'이라는 긍정적 즐거움으로 승화시킬 수 있는 것인가에 대한 이 같은 의심은 그들에게 제시된 문화적 산물들에 대한 본질적 의미와 영향력을 오히려 과소평가하여, 대중이 보이는 문화적 산물들에 대한 저항성만을 찬양하고 있다는 비판을 면할 길 없다.

이 같은 문제점들로 인해 이 글은 그람시주의 문화이론에 주목하고자 한다. 그람시주의 역시 근본적으로는 마르크스주의에 기반하고 있지만 그것이 갖는 경직성과 편협성을 극복하고자 했기 때문이다. 그람시는 대중문화를 사회 피지배계층의 저항력과 지배계층의 통합력 사이의 투쟁의 장으로 파악한다. 이는 비판적 입장의 고전적 대중문화론과 문화대중주의적 개념의 대중문화론을 변증법적으로 통일한 것으로 볼 수 있다. 또한 그람시는 제한적인 조건 속에서 주체의 창조적인 의지에 의한 문화수용을 처음으로 언급한다.[12]

---

12 그는 "인간의 본성이 자신이 되고자 원하는 것을 이루고자 하는 투쟁"에 의해

특히 그의 헤게모니론은 대중문화 연구 틀을 정립하는 데 매우 유효하다. 본래 헤게모니란 용어는 1890년에서 1917년 러시아 사회주의 운동 과정에서 사용된 정치적 슬로건이었는데 이후 그람시가 기존 헤게모니 이론에 자신만의 독창적인 개념을 추가하여 문화이론을 설명하는 데 사용하였다.[13]

그람시에게 헤게모니는 정치적 개념이며, 발전된 서구 민주사회에서 자본주의의 억압과 착취에도 불구하고 왜 사회주의 혁명이 일어나지 않는 지를 해명하려는 이론적 틀이었다. 지배 계층은 단순히 사회를 통치하는 데 그치는 것이 아니라 도덕적·지적 리더십을 가지고 사회를 이끌어가는데 헤게모니는 바로 이런 상황을 가리키기 위해 그람시가 사용한 개념이다. 헤게모니란 지배계급이 대중들의 지지와 동의를 획득하면서 행사할 수 있는 (경제적, 정치적, 지적, 도덕적인) 광범위한 권위를 의미한다. 그람시는 이를 자본주의 사회에서 지배의 메커니즘을 설명하는 데 적용하였다.

그람시에 의하면 지배계층의 억압과 착취에도 불구하고 다수의 합의와 고도의 사회적 안정이 이루어지고 있는 까닭은 피지배계층이 그들을 현재의 권력 구조에 묶어두는 가치나 이상, 목적, 문화적 의미들을 자발적

서 자신이 되고자 하는 특정 역사적–사회적–문화적 모델이 결정된다고 말했으며 이는 "민족적–민중적이지 못한 이탈리아 지식인들의 작품을 외면하고 훨씬 생동적이며 민족적–민중적인 프랑스 지식인들의 작품을 찾는 이탈리아 독자들의 독서형태에서도 확인된다."고 강조했다. 이태규, 「그람시 문화정치의 재구성」, 서강대학교 대학원 석사학위논문, 2001, 94쪽.

13 첫째는 헤게모니가 계급 지배 일반의 특징을 나타내도록 프롤레타리아로부터 부르조아에게까지 개념을 확장시킨 것이며, 둘째는 헤게모니가 다른 계급에 대한 계급에 대한 계급의 정치적 지도뿐만 아니라 문화적, 도덕적, 이데올로기적인 지도로까지 확장되었다는 점이다. 신혜경, 「대중문화연구에 있어서 그람시주의의 재해석 : '옥중수고'를 중심으로」, 『미학』 제31집, 2001, 68쪽.

으로 지지하고 있기 때문이다. 다시 말하면 자본주의의 지배는 피지배계급으로 하여금 현재의 질서에 동의하는 것이 자기의 이익에 부합한다고 믿도록 상황을 정의시킴으로써 이루어진다는 것이다.

그람시의 이러한 헤게모니 개념은 대중문화를 새롭게 다룰 수 있는 효과적인 해석 틀을 제공한다. 헤게모니로 인해서 경제적, 정치적, 문화적 활동들이 전체적으로 이해될 수 있기 때문이다. 그람시가 기반하고 있는 마르크스주의 문화론에서 대중문화를 이해하는 방식에는 억압적인 구조를 영속화시키기 위한 폭력, 강제, 조작, 강요, 기만이라는 키워드는 있었으나 대중들의 동의를 창출해내는 방식에 대한 이해는 결여되어 있었다. 그러나 그람시는 대중문화의 영역에서 지배적인 헤게모니는 지배층의 이해관계를 보편화시키려는 시도가 내재되어 있으면서도 대중들의 평균적 삶의 방식과 가치가 드러나며 동시에 대중들의 저항이 관철되는 투쟁의 장소라고 파악하였다. 그것은 지배계급이 그들의 헤게모니를 관철시키기 위해 단순히 강요된 문화일 뿐 아니라 대중들의 자발적인 동의가 내재되어 있는 양자의 혼합물이었던 것이다. 비로소 대중문화, 문화적 산물들은 지배와 착취의 수단이면서 동시에 적극적인 저항의 수단이 된 것이다.

이는 '대중의 창조적 정신'이 발현되기에 가능하다. 지배문화의 헤게모니가 유지되고 생산된다면, 그것은 동시에 대중의 동의에 의한 것이어서 헤게모니가 일방적인 지배만을 가리키는 것은 아니다. 대중이 자신의 주체적 욕망을 표현하는 방식은 비록 체계적이지는 못할지라도 그들의 문화를 주체적으로 형성하고 수용할 수 있기 때문이다. 이렇게 그람시는 문화의 생산자와 소비자의 상호작용을 고찰함으로써 일방적인 헤게모니가 구성되지 않는다는 것을 강조하였다.

한편 그람시는, 헤게모니는 '유기적 지식인'들에 의해 조직된다고 보았다. 그람시는 "지식인이란 뛰어난 지적 능력의 소유자가 아닌 그 지식을 다른 사람들에게 주입할 사회적 책무가 있는 사람"[14]이라고 규정하였다.

모든 사회집단은 그들만의 지식인 계층을 지니고 있으며 각 집단은 자신들의 지식인들을 유기적으로 조직하여 상부구조의 기본 계급, 지도적 집단의 세계관과 의지를 형성 결집 확대시키는 역할, 즉 계급적 헤게모니 지배가 될 수 있게 한다. 예를 들면, 기업가는 정치경제 전문가, 테크노라트, 문화나 법체계의 전문가를 양성하여 엘리트로서 문화나 이데올로기분야에서 리더십을 제공하게 한다는 것이다. 때문에 그람시는 대중적 영역에서도 유기적 지식인들을 통해 대중들의 자발적 동의를 이끌어내야 하며 각 부분마다 지도자가 존재하여야 한다고 생각했다. 그래서 지식인은 특히 유기적 지식인은 항상 대중의 열정을 느끼고 이해하도록 노력해야만 된다.

이렇듯 대중문화에 적대적이거나 무비판적으로 찬양하는 태도를 경계하면서 대중문화의 분석을 가능하게 하고, 이데올로기나 계급환원주의에서 벗어나 인종, 젠더, 세대 같은 다양하고 상이한 영역에 대한 분석을 가능하게 한 그람시의 헤게모니론은 효과적인 문화연구 방법틀로서 그 유용성이 크다 할 것이다.[15]

---

14 또한 이와 관련하여 그람시는, 전통적 지식인과 유기적 지식인으로 지식인을 크게 두 가지로 구분했다. 그는 지식인이란, 인간의식, 관념, 사상 등의 상부구조 영역을 담당하는 집단이어서 모든 지식인은 어떤 형태로든지 '계급적 배경'을 가지고 있다고 보았다. 새로운 하부구조가 형성될 때에는 그것을 옹호하고 전파시키는 그들 나름의 지식인 계급을 배출시키고 있다. 따라서 기본적으로 보면 모든 지식인들은 자신들이 속한 계급이 가진 집단의지를 결집/확산시키는 특수한 성격의 집단이고 이것이 바로 유기적 지식인이다. 권력이 생산되고 변형되는 과정에서 전통적 지식인과는 구별되는 유기적 지식인들이 수행하는 역할을 강조했다. 이런 맥락에서 "모든 사람은 지식이지만, 모든 사람이 사회에서 지식인의 기능을 떠맡는 것은 아니다."라고 말한다. (안토니오 그람시, 『그람시의 옥중수고』, 이상훈 역, 거름, 2004, 20~40쪽 참조.)
15 물론 그람시 헤게모니론은 본질적으로는 계급적이고 이데올로기적이다. 이 글

3. 대중문화의 **그람시주의적 독해**

문화는 생산의 측면뿐 아니라 소비의 측면도 함께 살펴봐야 한다. 그래서 대중문화의 소비적 측면을 간과하여 대중을 수동적이고, 일방적으로 조작되는 무기력한 존재로 간주하는 것은 타당하지 않다. 오히려 대중들이 대중문화의 산물들을 소비하는 과정에서 나타내는 의미들을 주목해야 한다. 이 밖에도 문화의 소비는 가족주의나 남녀 차별적인 집단적 요인, 광고나 유행 같은 사회적 요인 등에 영향을 받으며 동시에 체면으로 인한 과소비 등 개인적 성향도 무시할 수 없다.

예를 들어 엄청난 광고에도 불구하고 8~90%의 문화적 신제품은 실패하고, 많은 영화들이 광고비도 건지지 못한 사례가 많다. 레코드 음반의 80%가 손해를 본다는 통계도 있다. 이는 문화 소비를 기계적이고 수동적인 행위로 간주하는 것에 의문을 제기하고 상업문화가 단순히 수동적인 것이 아님을 보여준다.

이를 그람시적으로 읽는다면 생산적 측면을 지배로, 소비적 측면을 저항의 관계로도 규정해볼 수도 있겠다. 이렇게 보면 대중문화는 지배와 저항이 대립·경합하는 투쟁의 영역이므로 생산과 소비가 유도·권유되고 이를 수용·저항하는 '접합(接合)'과 '반접합(反接合)'의 영역이 된다. 이에 대해 선정규는 다음과 같은 사례를 제시한다.

요즘 우리나라에는 하루에 수십 개의 댄스 그룹이 결성되기도 하고

———

도 지배계급과 피지배계급 간의 구분이 존재하고 주도적인 문화는 유기적 지식인의 도움 등으로 지배계급의 산물이고, 그들이 헤게모니를 가지고 있다는 이해하에서 지배계급과 피지배계급과의 상호작용이 어느 정도 문화 생산에 역할을 한다는 점에 주목하고 있음을 밝힌다.

해체되기도 한다. 과거와 달리 요즈음의 댄스 그룹들은 기획사의 철저한 경영 전략에 의해 만들어진다. 음반 기획사들은 철저한 시장조사와 기획에 따라 각기 개성적인 이미지를 가진 가수들을 모으고 훈련시킨다. 그리고 소비층의 기호에 맞는 곡을 선정하고 현란한 춤을 개발하고 패션과 코디네이션을 통해 화려하게 포장한 후 시장에 내놓는다. 그러나 이렇게 만들어진 스타의 인기는 영원한 것은 아니며, 대중에 의해 순간적으로 잊혀져 가기도 한다. 스타는 자본과 권력에 의해 일방적으로 만들어지는 것이 아니라 대중의 욕망에 대한 철저한 조사와 동의 없이는 불가능하다.[16]

그러므로 대중문화는 자본주의 권력의 일방적인 강요가 아니라, 대중과 자본가의 철저한 상호작용의 관계 속에서 생성된 것이다. 그래서 대중문화는 지배층의 이해관계를 보편화시키려는 시도와 피지배층의 저항 사이에서 투쟁이 일어나는 문화적 교류와 협상의 영역이다.[17]

---

16 선정규, 「문화산업 이론의 역사와 특징」, 고려대학교 대학원 응용언어문화콘텐츠학과 문화콘텐츠개발실습 2 강의교재, 2013.
17 이와 관련 피스크는 이를 '팬덤(Fandom) 현상'이라 하여, 팬 의식이자 대중문화의 공식적인 참여 방법이고, 대중의 저항 방식이며, 창조 행위이자 욕망의 실현으로 인식했다. '부르디외'의 '아비투스'가 성(性)과 나이, 피지배 문화를 분류하지 않는 것에 비해, 그것은 피지배계급의 대중 문화 자본으로 구분된다. 그것이 문화 자본인 이유는 지배 문화 관행에 변화를 가할 수 있고, 문화 생산 자본에 영향을 미쳐 방향을 바꿀 수 있으며, 기존 지배 문화의 상징적 권력에 영향을 미칠 수 있기 때문이다. 공식 문화 자본과 대립하고 축적되지만 경제적 자본으로 전환되지 않는다. '팬덤' 문화는 차별과 구별(경계를 지음), 생산성과 참여(기호·언술·텍스트를 생산하고 참여를 통해 지배 욕구를 드러냄), 자본 축적(지식, 수집)의 특징을 가진다. '팬덤'이란 관계를 형성하고 상업적 이익과 관련되며 재생산에 개방적이어서 대중 산업과 밀접한 관계를 갖게 된다. 앞의 논문, 15쪽.

그 밖에도 '클라라 사건'[18]이나 '크레용팝'[19] 등의 사례들도 위와 같은 대중문화의 접합적 성격을 잘 보여주고 있다고 하겠다.

그러나 이를 헤게모니론에 입각한 접합-반접합-재접합 현상, 즉 변증법의 정-반-합처럼 대중문화 또한 문화(콘텐츠)의 생산과 소비 유도(접합)-문화(콘텐츠)의 수용과 저항(반접합)-문화(콘텐츠)의 재생산과 재소비(재접합)이라는 현상으로 파악하지 않고, '실용'과 '쾌락'[20]이라는 대중의

---

18 클라라는 2013년 9월 5일 방송된 KBS2 〈해피투게더 3〉에서 '요가를 배운 적 없다'라고 하면서 고난이도의 동작을 능숙하게 소화해 화제가 되었는데, 앞서 출연한 한 방송에서 요가를 하는 모습을 선보인 바 있어 거짓말을 한 것이 아니냐는 의혹에 휩싸였다. 또한 이날 방송에서는 자신이 직접 개발해 즐겨 먹는 요리를 소개했지만 이는 여러 차례 타 방송에서 보여준 레시피였으며, 이외에도 '치맥', '연예인 남자친구' 등에도 상반된 입장을 보였다는 주장이 나와 앞뒤가 맞지 않는 말들로 '거짓말 논란'에 휩싸였다. 이에 대해 클라라는 자신의 트위터를 통해 해명을 하였지만 논란은 걷잡을 수 없이 더 커졌다. 9월 11일 클라라의 페이스북에는 '금일부터 본 페이스북은 소속사에서 운영합니다. 감사합니다'라는 글이 게재되었고, 이에 앞서 같은 날 오전 클라라는 트위터를 통해 '클라라입니다. 오늘도 이제야 스케줄이 끝났네요. 그동안 제가 너무 많은 생각을 글로 남겼네요. 이제 글은 그만 쓰고 마음공부하고 연기 공부하는 데 전념하겠습니다'라는 공식 사과의 글을 남기며 트위터를 폐쇄하였다.

19 크레용팝은 〈빠빠빠〉 신드롬으로 전국에 '직렬 5기통 춤' 유행을 일으켰고 해외에서는 '제2의 싸이'라는 호평을 받아가면서, 지난 2007년 원더걸스의 〈Tell me〉 열풍 이래로 가장 돌풍적인 인기를 끌고 있었다. 그러다 게시판에 '노무노무'라는 단어를 사용한 것이 큰 화근이 되었다. 여기서 '노무노무'란, 보수 우익을 대표하는 커뮤니티 사이트인 일간베스트(이하 일베)에서 노무현 전 대통령을 비하하고 조롱하는 말이다. 이미 5·18광주민주화운동을 경멸하는 글이 다수 올라온 뒤로 사회의 시선이 일베에 쏠려 있던 탓에 소위 '일베꼽' 여파는 한층 더해졌다. 크레용팝 측은 그런 뜻인 줄 몰랐다고 해명했으나, 국정원 선거 개입 여파로 보수 세력에 대한 따가운 시선이 더해진 탓에, '제2의 싸이' 크레용팝은 대중들의 관심 밖으로 밀려나고 말았다.

20 그러나 '실용'과 '쾌락'의 다른 측면에 관해 강준만은 다음과 같이 비판하고 있다. "장사를 잘한다는 출판사들이 내놓는 베스트셀러를 살펴보면 한 가지 공통

주체적, 능동적 반응으로 확대해서 보는 주장이나 자본과 기술이 결합된 콘텐츠가 차후에는 대중으로부터도 역생산되어 제시될 수 있다는 것으로 확대되는 주장은 다소 무리가 따를 수 있다 할 것이다.

소비 이데올로기의 본질은 자본주의를 정당화하고 사람들이 현실뿐만 아니라 환상 속에서도 소비를 유도한다는 점에 있기 때문이다. 오늘날 소비는 텔레비전과 광고에 나온 생각과 이미지들을 소비하는 것이며 소비자들이 그 상품들을 구입하는 순간마다 상징적 의미가 작동한다. 헤게모니론 역시 오늘날 대중문화의 영역은 기본적으로 자본의 가치 증식을 위한 상품, 문화 상품의 영역이라는 사실이 기저에 깔려 있다.

예를 들어 〈그림 1〉의 광고 사진을 보자. 광고에 출연하는 여성은 단순히 한 상품을 광고하기 위한 수단이 아니다. 상품 자체를 홍보하기보다는 자신의 육체와 여성성을 활용하여 상품의 가치를 나타내고 있다. 이는 개개인의 미를 존중하는 것이 아니라, 획일화된 미를 하나의 사회적 기준으로 제시하는 것이다. 또한, 광고를 보

그림 1 속옷 광고 사진

점이 있다. '실용'과 '쾌락'이다. 앞으로도 생존과 성장의 가능성이 큰 영역이 바로 '실용'과 '쾌락' 시장이다. 근대적인 의미의 독자층은 이미 해체된 지 오래이며 오늘날의 독자들은 소비자에 가깝기 때문이다. 신문도 다를 게 없다. 신문 독자는 드물고 신문 소비자만 있을 뿐이다. 소비자는 양심과 정의를 따지지 않는다, 그들에게 중요한 건 '실용'과 '쾌락'뿐이다. 부도덕하고 몰상식한 짓을 많이 저지른 신문들이 잘 팔리는 이유도 여기에 있다. '실용'과 '쾌락' 서비스는 자본력이 강한 신문이 비교적 더 잘 제공해줄 수 있으며 자본력은 양심과 정의의 실천과 무관하기 때문이다." 강준만 외, 『미디어와 쾌락』, 인물과사상사, 2003.

는 사람도 그러한 미의 기준에 맞추어나가기 위해 성형을 권유받고 장려받는다.

반면 여성이 노출을 통해 자신의 성적 매력을 적극적으로 표현하는 행위는 그 자체로 유해한 행위가 아닌, 성적 자기결정권의 행사로도 볼 수 있다. 성적인 욕구를 가진 주체로서 성인 여성은 자신의 성적 매력을 통해 타인을 유혹할 권리와 자유가 있기 때문이다. 여성의 성적 자기표현을 선정적이고 낯 뜨거운 행동이 아닌, 한 인격체의 개성으로 받아들이는 성 의식을 가진 사회에서 성적 매력의 상품화는 상대적으로 큰 문제가 될 이유가 없다. 그러한 사회에서는 여성이 성적 자기표현을 한다는 사실이 그녀가 성적 상품이 된다는 것을 뜻하지 않기 때문이다.[21]

이 두 측면의 해석에 대한 그람시의 생각을 묻는다면, 그는 이 때문에 '창조적 정신'과 '비판적 문화 의식'이 필요하다고 답할 것이다. 이는 문화 연구가 대중문화의 이데올로기적 지배의 본질을 분석하고 비판하는 안목을 기르게 하여 대중들의 능동적 문화 향유를 돕는 쪽으로 방향성을 가져야 한다는 것이다. 그는 대중들이 문화 산물들로부터 느끼는 쾌락의 저항성을, 일탈적이고 파괴적이거나 찰나적이고 퇴폐적인 욕망의 추구로 흐르지 않도록 해야 한다고 강조한다. 대중들이 대중문화에 대한 비판적인 안목을 갖게 될 때 비로소 양자 통합적인 대중문화의 창조와 소비가 가능해진다는 의미일 것이다.

한편 그람시는 자신의 헤게모니론을 설명하기 위해 하위문화론을 언급한다. 대중은 각계각층, 성별, 세대 등으로 다양하기 때문에 이들은 각기 다른 삶의 조건에서 각기 다른 욕망과 필요에 따라 문화를 수용한다. 경우에

---

21 린아, 「한국 사회에서의 특수한 성 상품화 현상의 원인과 대안」, 〈보고 배우고 느끼고 & 나누고〉, 네이버 블로그, 2011. 1. 2. 글 참조.

따라서는 특유의 문화를 만들어내기도 하는데 여기서 나오는 것이 하위문화의 개념이다. 하위문화의 개념은 주로 청소년, 특히 노동자 계급 청소년들의 반사회적이거나 일탈적인 행위와 문화를 설명하는 데 많이 쓰였다. 대표적인 예로 라스타파리안(Rastafarian) 하위문화를 들 수 있다.[22]

이처럼 저항 세력의 저항적 에너지를 담은 문화가 문화산업에 흡수되어 상업적 성공을 거두는 현상은 헤게모니 개념과 관련해서도 중요하다. 레게 음악은 그 음악을 통해 흑인들의 저항적 메시지를 많은 사람들에게 알리고 확산시키는 역할을 했지만 동시에 그들이 대항하고자 한 자본주의의 지배자들(음반사와 마케팅업체, 방송사 등)에게 엄청난 경제적 이득을 가져다주었다. 마치 자본주의 체제를 전복하기 위해 목숨을 바쳤던 체게바라를 문화 상품화시켜 빅 히트를 친 것처럼, 결국 레게 음악은 기존의 체제에 대한 도전과 저항의 의미를 지니면서 동시에 기존 체제를 안정화시키는 역할도 한 셈이다.

소위 '막장 드라마'[23] 역시 마찬가지이다. 욕하면서도 계속 보는 드라

---

22 라스타파리안은 6, 70년대 미국과 영국의 서인도제도 출신 청소년들 사이에 널리 확산되었던 흑인주의 운동의 추종자들이다. 에티오피아 국기를 상징하는 적색, 녹색, 황금색을 넣은 옷과 배지, 모자 등을 착용하고 레게 음악을 부르며 자신들의 집단 정체성을 표현했다. 특히 레게 음악은 이들이 스스로 흑인임을 폭발적으로 드러내고 표현하는 가장 중요한 공간이자 수단이었다. 레게 음악은 밥 말리에 의해 세계적으로 알려졌고 음반 산업에 흡수되어 대중적인 음악 장르로까지 발전하며 국제적인 성공을 거두었다.

23 막장 드라마의 개념이라는 게 꽤나 포괄적인데, 여기서 말하는 막장 드라마를 정의하자면 출생의 비밀, 고부 갈등, 삼각관계 등 인간 사회에서 일어날 수 있는 사건사고들이 비현실적으로 자극적인 수위로 묘사되어 오히려 더욱 현실성이 떨어지는 요소가 가득한 드라마, 혹은 강간이나 청부살인, 집단구타, 정치적 음모 등 건전하지 못한 요소가 핵심이 되는 드라마 등을 가리키는 말. 주로 비상식적 전개를 보이는 드라마를 이렇게 부른다. https://namu.wiki/막장드라마, 2015. 7. 12. 검색.

마인 막장드라마는 그 내용의 선정성이나 비윤리성에도 높은 시청률을 보여 그다지 바람직스럽지 못한 측면에서 대중문화의 접합과 반접합의 대표적인 사례라 할 수 있다. 이 또한 고통스러운 현실을 잊어버리기 위한 알약으로 드라마를 통해 현실에서 벗어나고자 하는 주체의 욕망일 수 있지만 대중문화에서 '창조적 정신'과 '비판적 문화 의식'의 필요성을 절감케 하는 경우일 것이다.

영화의 영역 또한 대중/관객이 대중문화 현상에 대해 상호작용할 수 있는 가장 대표적인 수단이라고 할 수 있다. 영화가 하나의 소비 상품인 것은 사실이지만, 이와 동시에 영화는 대중의 문화적 · 교육적 소양에 질적인 도움을 주는 문화 산물이기에, 경제학적인 시각에서만 영화를 바라보는 것은 바람직하지 못하다.

여기서 중요한 점은 영화라는 매체 문화의 본질 또한 오락적인 성격에 있든 경제적인 측면에 있건 간에, 관객/수용자의 저항성과 영화감독/제작자 간의 접합이라는 사항이다. 때문에 영화 텍스트는 관객의 수용성을 전제하면서도 특정 시대와 사회/문화에 대한 비판적 성찰이 병행되어야 한다는 점이다. 물론 "영화는 감독의 제작 의도에 기반해서 특정 시대와 사회를 반영하는 것으로 관객의 수용성이나 사회/문화에 대한 비판적 성찰은 또 다른 층위의 문제"[24]여서 이처럼 단선화시키기에 무리가 따를 수도 있다. 그러나 여기서 주목할 점은 영화 텍스트 또한 당대인들의 꿈과 고민들을 반영하여 제작자가 콘텐츠로 생산해낸다는 접합-비접합의 영역이라는 문화 수용의 본질에서 크게 벗어나지 않는다는 점이다.

스포츠의 영역에서도 마찬가지이다. 오늘날 스포츠 영역에서는 놀이 정신이라는 본질적 가치의 쇠퇴가, 승리를 스포츠의 최우선적 이유, 유일

---

24 안남일, 「'그람시주의와 대중문화' 심사 소견서」, 2015, 3쪽.

한 이유로 높임으로써 놀이 정신뿐 아니라 페어플레이의 윤리까지를 전복한다. 스포츠라는 이름하에서 행해지는 가혹한 훈련은 자유로운 놀이 정신과의 마지막 가느다란 연결마저도 끊어버린다. 전문적인 스포츠는 일종의 전쟁이 되며 광범위한 대중은 즐거운 스포츠의 직접적인 참여자가 아니라 그러한 전쟁의 수동적인 관전자가 될 뿐이다.[25]

헤게모니론과 하위문화론에 입각한 그람시의 통찰은 오페라의 영역까지 넓혀진다. 그는 베르디의 오페라를 예로 들어 19세기 이탈리아 오페라가 상업화되어 청중의 반응을 고려한 경제적인 상품적 가치가 중요한 변수가 되었을 때, 누구나 쉽게 접근할 수 있는 선율성으로 인해 이탈리아 오페라는 이탈리아 문학이 이루지 못한 민족적, 대중적 문화를 대변할 수 있었고, 베르디의 오페라 또한 무대 이야기와 청중과의 거리를 좁히는 역할을 했다는 긍정적 평가와 함께 오페라의 상업화는 대본의 선택뿐 아니라 음악적으로도 좀 더 깊이 있는 내적인 발전을 가로막는 장애 요소가 되었음을 지적했다.

이는 문화(콘텐츠)의 생산자 또는 지식인들의 개혁적 역할을 촉구한다는 의미로 받아들일 수 있다. 19세기 이탈리아의 불안정한 정치 상황에서 남북부로 갈라진 통일국가를 이루기 위해 마치니 등이 음악, 음악극의 시대적 사명이나 역할을 중시했던 것이 오페라 흥행사의 입김이 커지면서 돈이 되는 쪽으로 악보 등이 수시로 흥행사에 의해 변경되고, 내용도 외국의 통속소설로 변경하는 등 무능해서 타락한 것이 아니라 통속성을 악의적이고 의도적으로 생산한다는 등의 비판이라고 할 수 있다.[26]

---

25 이찬훈, 「창조적인 대중문화의 실천을 위하여」 7장, 민주주의사회연구소 시민 강좌 봄 학기, 2006 참고.
26 오윤록, 「그람시의 문화이론과 오페라 — 베르디를 중심으로」, 『계간 낭만음악』

이처럼 오늘의 대중문화는 지배 블록이나 자본의 의도 여하를 막론하고 여러 형태의 하위문화 내에서의 소비를 적극적으로 저항하고 수용하는 양상을 보여준다. 다만 이러한 대중문화·하위문화들이 어떤 방식으로 재생산되고 재소비되는지에 대한 풀이는 여전히 큰 과제이다. 그래서 그람시는 대중적 취향의 극복과 개혁을 통해 이 과제를 해결하는 데 지식인의 역할이 결정적이라고 강조하였던 것이다.

4. 나가며

지금까지 대중문화가 지배집단의 헤게모니에 어떻게 저항하거나 타협하는지를 안토니오 그람시의 '(대항적) 헤게모니론'을 중심으로 살펴보았다. 그람시는 20세기 초반에 이미 대중과의 소통 능력을 과시하는 대중문화의 중요성을 확실히 꿰뚫고 있었다.

그람시에게 '헤게모니'는 지도력·리더십을 뜻했지만, 그 핵심은 '강제에 대한 동의·타협'에 기반을 둔 지배이다. 이로 인해 헤게모니론에서 문화는 구조인 텍스트와 그것을 소비하는 대중의 문화적 저항 사이의 상호작용에 의해 발생하며, 대중은 다양한 욕망과 필요로 문화를 수용하기에 다양한 하위문화가 존재하는데, 하위문화는 지배문화의 지배력과 하위집단의 저항력이 일정한 수준에서 만나 타협한 결과로 볼 수 있다.

그람시는 모든 문화의 영역을 일방적인 강요나 자율성에 의한 것이 아닌 지배와 피지배, 지식인과 대중 사이에서 이뤄지는 저항과 합의의 결과로서 이해한다. 그리고 이는 단순히 한쪽에 대한 반대급부의 저항이 아니

19호, 2007, 24쪽.

라는 점도 당연하다. 이러한 그의 시각은 대중을 수동적인 문화 소비자로서 단정지은 한계와 문제점을 극복할 수 있다는 의의가 크다. 또한 대중이 진정한 문화 향유의 주체가 되기 위해서 대중의 지적·도덕적 개혁을 통한 집단 의지의 형성이 필요하고, 거기에 지식인의 역할이 있으며, 지식인은 대중의 동의와 합의를 얻어야 하지만 동시에 대중적 취향도 극복하는 것임을 강조했다. 이런 맥락에서 자신의 역할에 충실할 '문화적 지식인'들이 더욱 많이 문화콘텐츠계로 진출하여야 한다.

부르디외는 그가 파리에 거주하는 시민들을 대상으로 연구한 자료를 통해 구분짓기를 설명했다. 중상류 계급에 속하는 응답자는 바흐의 〈평균율 클라비어〉를 선호하고, 중간계급의 응답자는 거슈윈의 〈랩소디 인 블루〉를, 노동계급 응답자는 슈트라우스의 〈아름답고 푸른 도나우 강〉을 선택한다는 음악적 분류를 통해서 예술 일반의 지식이 취향이나 사회적 계급과 연결되어 있음을 보여주었다.

하지만 그람시는 대중문화와 고급문화의 차이를 염두에 두지 않았다. 이를 통해 우리는 '실용'과 '쾌락'의 문화 소비를 향한 대중의 주체적 욕망의 확대 재생산도 나쁘지 않지만, 욕망에 대한 구별짓기의 본질을 먼저 고민해야 한다는 점을 인식해야 한다.

모든 (문화)콘텐츠가 선(善)은 아니다. 따라서 경제 논리에만 휘둘리는 문화콘텐츠에 대한 인문학적 고찰이 필요하다는 점은 아무리 강조해도 부족하지 않다. 작금의 문화콘텐츠 생산자들은 왜 대중들이 그와 같은 문화콘텐츠들을 즐기고 그들이 거기에서 어떠한 의미를 얻는가에 대한 고민에는 인색했다는 점을 되돌아봐야 한다. 오늘 우리가 그람시의 문화연구론을 다시 펼쳐야 할 이유가 여기에 있으며, 다만 그람시를 부르는 데에 '사회주의적 또는 계급주의적 노스탤지어'만 경계하면 되는 것이다.

참고문헌

강준만 외, 『미디어와 쾌락』, 인물과사상사, 2003

김창남, 『대중문화의 이해』, 한울, 2010

박명진 외 편역, 『문화, 일상, 대중 : 문화에 대한 8개의 탐구』, 한나래, 1996.

선정규, 「문화산업 이론의 역사와 특징」, 고려대학교대학원 응용언어문화콘텐츠학
      과 문화콘텐츠개발실습 2 수업교재, 2013.

신혜경, 「그람시의 옥중수고에 나타난 대중의 문화적 함의에 대한 연구」, 서울대학
      교 박사학위 논문, 2004.

──, 「대중문화연구에 있어서 그람시주의의 재해석 : '옥중수고'를 중심으로」,
      『미학』 제31집, 2001.

──, 『벤야민/아도르노 : 대중문화의 기만 혹은 해방』, 김영사, 2009.

오윤록, 「그람시의 문화이론과 오페라 ― 베르디를 중심으로」, 『계간 낭만음악』 제
      19호, 2007.

이찬훈, 「대중문화와 헤게모니」, 『새한철학회 논문집』, 1998.

──, 「창조적인 대중문화의 실천을 위하여」, 민주주의사회연구소 시민강좌 봄
      학기, 2006.

──, 「현대 대중문화의 이해」, 민주주의사회연구소 시민강좌 봄 학기, 2005.

이태규, 「그람시 문화정치의 재구성」, 서강대학교 석사학위 논문, 2001.

임영호 편역, 『스튜어트 홀의 문화 이론』, 한나래, 1996.

차명제, 「그람시와 그의 이론에 대한 현실적 고찰」, 『한독사회과학논총』, 한독사회
      과학회, 1996.

안토니오 그람시, 『감옥에서 보낸 편지』, 린 로너 편, 양희정 역, 민음사, 2000.

──────, 『그람시의 옥중수고 1, 2』, 이상훈 역, 거름, 2004.

장 보드리야르, 『시뮬라시옹』, 하태환 역, 민음사, 2001.

존 스토리, 『대중문화란 무엇인가』, 유영민 역, 태학사, 2011.

──, 『문화연구와 문화이론』, 박이소 역, 현실문화연구, 1999.

존 피스크, 『대중 문화의 이해』, 박만준 역, 경문사, 2005.

호르크하이머 · 아도르노, 『계몽의 변증법』, 김유동 역, 문학과지성사, 2001.

제2부

대중문화
콘텐츠 연구

영화 〈아바타(Avatar)〉에 나타난 혼성성 연구

한 우

1. 들어가며

현대 블록버스터 영화의 가장 중요한 과제는 언제나 관객의 수요를 창출해내는 일이었다. 짐 콜린스에 따르면 하나의 영화 형식은 인기를 끌고 다시 정체의 시기를 겪게 되는데, 영화는 역사적으로 혁신적인 기술 수준을 통해 새로운 형식을 추구하면서 동력을 마련하였다. 2009년 개봉한 영화 〈아바타〉에 대해서 "새로운 차원의 영화 미학의 신기원"이라는 찬사와 더불어 "새로울 것 없는 자본주의 영화의 괴물"이라는 비판이 공존한다. 하지만 결과적으로 〈아바타〉는 역사상 가장 큰 성공을 한 영화가 되었고, 이는 할리우드 블록버스터의 성공의 지향점을 설정하는 데 있어 많은 의미를 제공한다.

〈아바타〉는 발전된 디지털 기술을 통해 영화의 형식을 혁신적으로 발전시킨 사례이자, 동시에 영화가 제공하는 이야기와 세계관 속의 다양하고 풍부한 문화적 요소들에 의해 관객들에게 공감을 형성하고 다양한 의미로 해석할 수 있는 개방성을 띰으로서 관객들은 영화를 각자 자신들의 관점에서 받아들이고 자연스럽게 문화적 영향력 또한 형성하였다.

최근의 성공하는 영화들의 주요 전략은 한 텍스트 안에 다양한 문화적 요소를 넣고 대중적 오락성과 예술적 작품성을 동시에 산출하는 것이다. 이는 대중성과 작품성을 동시에 추구하는 것이며 포스트모던 문화의 특성상 다양한 상호텍스트성과 문화적 혼성성(Hybridity)의 성격을 보여준다.

영화의 감독인 제임스 카메론(James Cameron)은 이전 작품들을 통해 지속적으로 문명과 자연, 현실과 가상 세계, 그리고 영화의 미래에 대한 성찰적 질문들을 던져왔다. 실제로 물리학과 철학을 대학에서 전공하여 융합적인 세계관을 가지고 있는 배경이 그의 작품에 자연스럽게 녹아 있게 되었다. 카메론의 이러한 정신적 유산과 기술에 대한 끊임없는 탐구 정신은 21세기 최고의 흥행작 〈아바타〉를 탄생시켰다.

김형래는 오늘날의 문화 현상을 19세기 낭만주의 시대와 비교하며 환상의 세계에 대한 찬미와, 비합리성으로 특징지어진다고 하였다. 마술과 환상, 그리고 외계 세계에 대한 자유로운 상상을 시각화할 수 있는 디지털 기술력이 제2의 낭만주의를 야기했다[1]는 것이다. 이처럼 〈아바타〉에서 가장 주목을 받는 것은 바로 입체적인 3D와 극사실주의적 CG 등의 기술적 요소이다. 이렇게 고도로 발달된 영화 기술적인 요소는 기존의 영화 매체의 시각적인 차원의 지각 방식을 넘어서는 것이다. 기존의 영화 매체의 성격은 시각적인 것이었지만 기술의 발전으로 인해 시각 이상의 새로운 지각을 제공한다. 현대의 관객은 더 이상 영화의 밖에 머물며 관조적으로 시각적 경험을 하는 데 그치지 않는다. 적극적으로 몰입하는 능동적인 체험을 통해 영화가 제공하는 흥미롭고 신비한 세계를 즐기기 시작하였다. 〈아바

---

1   김형래, 「〈아바타〉의 흥행신화와 그 이면」, 『외국문화연구』, Vol.39, 2010, 160쪽.

타〉는 이러한 새로운 지각 방식이 극대화된 영화라고 할 수 있다. 그리고 〈아바타〉는 서구 제국주의적 세계관과 과학기술의 지배에 사로잡힌 인류의 모습과 그에 저항하고 대항하는 제3세계의 경고라는 다소 익숙한 이야기 구조와 판도라(Pandora) 섬이라는 태초의 자연에서 기독교적 서구 사회와는 다른 원시적 · 마술적 모습을 간직한 나비(Na'vi)족의 다른 차원의 사회 문명을 통해 전 세계 영화 관객들에게 공감을 소구한다. 포스트모던 문화에서는 생산자와 소비자가 만나는 접점은 새로움과 익숙함이 공존하고 얼마나 흥미로운 담론이 형성되고 있는가가 성공의 열쇠이기 때문이다.

이 글에서는 혼성성이 문화적 실천의 구체적인 요소로서 현대 SF 영화에 나타난다고 볼 때, 그 대표적인 작품인 〈아바타〉에 나타난 문화적 특징을 탈식민주의적 혼성성으로 두고 살펴보고자 하였다. 그중에서도 〈아바타〉에 대한 영화 기술적 호응 이면에 펼쳐지는 새로운 차원의 지각 방식, 탈식민주의적 텍스트들과의 상호텍스트성, 그리고 동양적 '유기체적 자연관' 등의 측면에서 살펴보고자 한다.

2. SF 영화와 탈식민주의적 혼성성

SF 장르와 탈식민주의

'탈식민주의(Post-Colonialism)'은 포스트모더니즘과 페미니즘 이후에 등장하였고, 현재 가장 활발히 논의되고 있는 가장 최근의 문예사조이다. 탈식민주의는 식민 시대부터 그 후에 남아 파괴적인 영향력을 행사하고 있는 잔재를 탐색한다. 식민지적 잔재의 정체를 밝혀내고, 그것들의 정체를 밝혀내고 대항하자는 인식에 근거하는 것이 바로 탈식민주의라고 할 수 있다. 이는 우리의 현 상황을 여전히 식민지적 상황으로 파악하고, 제 국주의적인 억압 구조로부터 '해방'과 지배 이데올로기로부터 '차이'를 추 구하는 것이다.[2]

　　탈식민주의 이론에 대해서는 에드워드 사이드(Edward Wadie Said)와 호미 바바(Homi K. Bhaba)와 같은 학자들이 구체적인 논의를 전개하였다. 서구의 포스트모던적 이론을 기초로 하고 있지만 단순한 모방과 차이, 그 리고 변형을 추구한 것에 그치는 것이 아니라 포스트모던의 한계에 대한 새로운 대항적 모습으로서의 이론으로 형성되었다. 탈식민주의에서 '탈'해 야 할 대상은 바로 서구 사상의 대표적 근간을 이루고 있는 '과학주의', '자 본주의', '기독교 사상', '개인주의', '인종주의' 등이다.[3] 즉, 탈식민주의 학 자들은 모두 기존의 식민 지배에 대한 전형적인 설명이었던 문명과 야만 이라는 대립 관계를 해체하는 이론을 펼친다.

　　사이드에 따르면 모든 문화는 혼혈이며 다양하고 변별적이며, 다층적 이다. 문화란 여러 가지 정치적·이념적 명분들이 서로 뒤섞이는 일종의 극장이며, 이러한 혼성적 가치가 '통합과 공존'을 가져온다고 하였다.[4] 그 리고 사이드는 오늘날 직접적인 제국주의는 거의 종말을 고했지만 문화 적인 측면에서 정치, 이념, 사회적 실천에서는 언제나 제국주의는 그 자리 에 잔존[5]한다고 하였다. 또한 바바는 특정 국가나 민족의 문화에 지배적인 문화가 침투해도 일방적으로 지배되지 않으며, 저항과 대립에 따라 새로 운 제3의 문화와 공간이 창출될 수 있다고 하였다. 바바는 혼성성 이론을

2　김성곤, 「탈식민주의 시대의 문학」, 『외국문학』, No.31, 1992, 12쪽.
3　위의 논문, 13~14쪽 참조.
4　에드워드 사이드, 『문화와 제국주의』, 김성곤·정정호 역, 창, 2011, 24쪽.
5　위의 책, 56쪽.

통해 서구의 근대적인 시선의 권력이 식민지인이나 이주민과 같은 타자와 부딪히면서 양가적으로 분열될 수밖에 없음을 논의한다.

할리우드에서 제작된 서부영화(Western)들은 콜럼버스의 아메리카 대륙 발견 이후에 고정된 역사관을 반영하고 재인식하는 장치였다. 서부극은 문명과 야만의 대립이라는 이분법적 이데올로기 속에서 미국의 신화 만들기라는 역할을 수행해왔고, 이는 서부극 장르를 이해하는 데 중요한 요소가 된다. 사이드에 따르면 미국 역사를 형성하는 경험은 미국 토착민들과의 계속된 전쟁이었다.[6] 미국의 지정학적 확장주의가 주로 경제적이었다는 것을 인정한다고 해도, 그것은 미국 대중들의 인식 속에서 끊임없이 반복되는 이데올로기이자 문화적인 사상이다.[7] 미국에서도 제국주의적 정치와 문화 사이의 관련성은 매우 직접적으로 형성되어 있다. 예컨대 미국의 '위대성'과 인종적 우월감과 미국 혁명의 위대성에 대한 미국인들의 자부심과 믿음은 사회적 동력으로서 스스로 형성되기도 의도적으로 가공되기도 하였다. 이러한 모습은 지구촌 많은 지역에서도 미국의 이익 추구는 자유를 위해 싸운다거나 선행되는 것으로 위장되어 제국주의적 속성을 모호하게 해주었으며[8], 내부의 정치적·인종적 다양한 문제의 해결책을 외부 세계의 영향력의 확대를 통해 찾으려는 노력으로 치환하고, 이러한 확장 정책을 통한 이익과 희망은 언제나 미국 사회에서는 대단히 중요한 위치를 차지하고 있다. 그리고 이러한 행동의 근저에는 언제나 문명화되어 있고 품위 있는 서구 문명이 주체가 되어 머나먼 영토들과 그곳의 원시적이고 미개한 원주민들을 개화시켜야 한다는 생각이 자리 잡고 있다. 또 한편으로는 제

---

6 에드워드 사이드, 앞의 책, 494쪽.
7 위의 책, 496쪽.
8 위의 책, 54쪽.

국의 중심 에너지를 충전시켜 그러한 품위 있는 문명인들로 하여금 '제국주의'를 통해 종속적이고 열등한 사람들을 돕고 지배해야만 한다는 일방적인 사명감을 갖게 하는 것[9]이다. 이러한 사명은 아메리카 드림을 형성하는 주요한 배경이 되며 서부 개척의 신화는 이러한 사명감과 폭력을 통한 문명의 개척을 개인의 자유라는 가치로 정당화해주는 장치로서 기능한다. 이러한 서구 개척 신화의 문화적 산물이 바로 서부영화라 할 수 있다.

서부영화는 미국 영화에서 산업적으로 주요한 장르일 뿐만 아니라 미국 대중문화의 독특한 성격을 담는다. 개척의 주체인 동부와 서부는 문명과 야만의 이항대립으로 성립된다. 그리고 서부영화의 서사 구조는 주로 악한 총잡이와 인디언으로 대표되는 악의 무리를 영웅이 물리치고 공동체의 위기는 해결되는 권선징악적 결과를 띠며 이러한 예측되고 비슷한 서사 구조를 가지고 있는 서부영화는 매우 오랜 시간 지속적으로 만들어 졌다. 그리고 서부영화는 매우 오랜 시간 지속적으로 꾸준하게 인기를 얻으며 무의식중에 개척 정신을 배우고 미국 문명의 우월함과 승리를 기억하게 한다.[10]

서부영화는 1930~1940년대 황금기를 거쳐 1950년대 기존의 서사적 구조에 회의를 보이다가 1960년대에 이르러 수정주의적 서부 개척 신화로 변하면서 쇠퇴하기 시작한다. 이 시기부터 이전의 실험적 형식의 SF(Science-Fiction)가 서부영화의 개척자 신화와 백인 우월적 개척자 신화와 영웅담 내러티브를 계승하기 시작한다.[11]

---

9 에드워드 사이드, 앞의 책, 55쪽.

10 서성석, 「영화 〈늑대와 춤을(Dances with Wolves)〉에 나타난 전복성 분석」, 『영상영어교육』, Vol.10, No.2, 2009, 81쪽.

11 유지나, 「할리우드 SF는 후기산업사회 이데올로기인가? 〈블레이드 러너〉를 다시 읽는다」, 『한국영화학회』 No.20, 2002, 236쪽.

SF는 서부영화와 더불어 할리우드의 대표적인 영화 장르이다. 서부개 척의 역사성과 지리적 조건이 서부영화의 탄생과 인기를 이끌었듯이, SF 장르는 기술결정주의와 기술숭배주의가 아메리칸 드림과 결합된 가장 미 국적인 기술, 자본주의론에 부응한다. 유지나에 따르면 서부영화가 미국 의 건국신화라면, SF는 미국의 미래 신화이다.[12]

하지만 21세기에 이르러 서부 개척의 신화가 쇠퇴한 이 시점에서 미국 사회는 지속적으로 발생하는 타 문화와의 새로운 갈등을 겪게 된다. 타 문 화에 의해 자행되는 폭력과 테러에 초기에는 보다 강경한 정책으로 대응 하였지만 문제는 해결되기보다 악화되었다. 따라서 근본적인 원인을 고민 하기 시작하였는데 타 문화에 대한 지엽적인 지식 습득으로는 더 이상 근 본적 해결을 찾을 수 없다는 것을 깨달았다. 이때 사이드가 주장한 것처럼 제3세계에 대한 오리엔탈리즘적 가치관에 대한 비판적 담론으로서 탈식민 주의가 주목받기 시작하였다. 이러한 SF의 서부극적 관습은 혼성의 양상을 드러내기 시작한다. 가장 최근의 SF 유형의 영화인 〈아바타〉의 경우에는 고 전 서부극을 연상시키는 내러티브를 혼성하여 쓰고 있고, 이러한 혼성성의 양상은 그것이 가지고 있는 신화와 이데올로기와의 유기적인 구조는 해체 되고 장르적 관습만 재로로써 사용되기 시작한다.[13]

1970년대 이후 제작된 서부극의 관습을 따른 영화들은 서부영화의 상투적이고 왜곡된 시각이 아닌 타자의 시선에서 서부 개척사를 반성하 고 그들의 입장을 적극적으로 드러내는 탈식민주의적 특성을 나타낸다.[14]

---

12 유지나, 앞의 논문, 235쪽.
13 최원석, 「SF 영화 장르의 퍼포먼스 연구 : 영화 〈아바타〉를 중심으로」, 서강대 학교 석사학위 논문, 2012, 24쪽.
14 김창진, 「영화로 보는 제국의 역사」, 『민족21』, (주)민족21, 2010, 152쪽.

〈늑대와 춤을(Dances With Wolves)〉(1990) 〈지옥의 묵시록(Apocalypse Now)〉(1979) 등의 영화는 이러한 세계관을 통해 전 세계인들을 공감시키고 감동시키는 서사 구조를 갖추었다고 평가받는다. 〈지옥의 묵시록〉의 원작으로 유명한 『암흑의 핵심 *Heart of Darkness*』에서는 주인공인 커츠 대령에게 향해 가는 아프리카 오지로의 항해에 대한 내러티브를 통해 커츠의 아프리카 경험이 주는 거대한 힘을 전달하는 데 성공한다. 사이드에 따르면 이 내러티브는 곧 암흑 세계에 대한 유럽의 사명이라는 것이 초래하는 정신적 황폐함과 공포와 더불어 구원의 힘과 직접적으로 연결된다.[15]

　SF 장르는 일반적으로 다양한 장르의 내러티브를 혼성하여 쓰고 있지만, 이를 전면에 내세우지는 않는다. 기존의 SF 장르는 일관된 내러티브와 이미지가 결여된 측면이 있었고 장르적 관습에 의해 단순하게 혼성되어 나타나곤 하였다. 하지만 가장 최근의 SF 영화들을 살펴보면 혼성성 자체가 장르의 속성으로 자리 잡고 있다. 특히 〈아바타〉에 나타난 장르적 혼성성은 〈늑대와 춤을〉과 〈지옥의 묵시록〉 등의 탈식민주의적 혼성성을 통해 서사적 익숙함과 동시에 새로움을 제공한다. 즉 〈아바타〉의 경우에는 이 정화의 주장처럼 영화 속에 함의된 미국 서부 신화의 현대적 재신화성과 동시에 반전과 친환경으로 대표되는 인류 보편적 메시지를 통해 대중적인 인기를 얻었다고 할 수 있다.

SF의 문화적 혼성성

　디지털 미디어의 발달과 영화 기술의 급격한 성장과 함께 〈스타워즈(Star Wars)〉를 시작으로 최근의 〈아바타〉에 이르러 SF는 현대 할리우드 영

15　에드워드 사이드, 앞의 책, 75쪽.

화의 지배적인 장르로 자리 잡았다. SF는 현재 할리우드의 주요 장르로서 후기 자본주의 사회와 밀접하게 관계를 가지며, 새로운 미국의 신화적 모습을 띤다. 또한 SF는 끊임없이 새로운 관객들에게 새로운 기술과 문화적 혼성성적 요소를 선보이는 점에서 제임슨의 지적처럼 가장 포스트모던한 장르라고 평가받는다.

SF는 장르적 특성상 현대사회의 풍부한 시각적 경험과 음악과 패션, 디자인 등에서도 최첨단 스타일을 차용하기에 좋은 위치에 놓여 있다. 대표적으로 SF는 새로운 공간과 세계관을 배경으로 이러한 특성을 잘 드러낸다. SF의 외관은 주로 황폐한 미래 도시와 미지의 새로운 생태계의 모습을 하고 있으며 내부 구조에는 다양한 문화적 혼성성이 나타난다. 〈스타워즈〉 〈매트릭스(Matrix)〉 〈블레이드 러너(Blade Runner)〉 등의 영화들은 이러한 혼성 모방과 압축적 시공간의 특징을 잘 보여준다. 특히 〈매트릭스〉 시리즈는 이러한 특성을 잘 보여주는데, 영화는 외부의 도전으로 인한 자아의 분열과 상실에 대한 두려움을 다루는 동시에 그것을 극복하고 '성숙한 자아로 거듭나려는 성찰성으로의 이행'이라는 현대적 과제를 주체와 타자의 이분법의 극복과 혼용함으로써 단순한 장르의 결합이 아니라 탈식민주의적 혼성성을 획득한다.[16] 이렇게 SF 영화는 끊임없이 개방적인 텍스트로 진화하려는 성질을 가지고 있다. 이 진화 과정은 최근에 와서는 기존의 서부영화의 서구적 주체와 비-서구적 타자라는 이분법을 해체하고 서사와 스타일은 물론 그것의 근본이 되는 사유의 차원에서 혼성성을 추구하는 전략으로 나아가게 된다.

바바는 혼성성은 "식민 권력과 그것의 변화하는 힘들 그리고 고정성을

---

16 황혜진·이승환, 「SF 영화 〈매트릭스〉에 나타난 문화적 혼성성」, 『한국콘텐츠학회논문지』, Vol.5, No.5, 2005, 99쪽.

낳는 생산성의 기호들"이며, "차이의 정체성을 통해 식민적 정체성의 전제를 재평가"하게 만드는 결정적 계기이다.[17] 즉, 바바에게 혼성성은 하나의 새로운 형태를 형성하는 둘 이상의 문화적 요소의 단순하고 직접적인 혼합이 아닌, 다중적인 의미를 갖는다.[18] 외부 문화의 성격과 내부 문화의 주체적 능력에 따라 전환되고 재가공되며 새롭되 창조되는 문화적 동력이다. 혼성성의 순간은 타자인 피식민자를 서구의 상징계 내부에 가두려는 권력으로부터 벗어나는 순간이며 분열의 틈새에서 타자의 저항의 계기가 만들어진다.[19] 탈식민주의의 핵심 개념이라고 할 수 있는 혼성성은 서구의 고정적인 이분법적 사고 체계를 해체하는 것으로 문화와 자연, 이성과 감성, 자아와 타자의 대표적인 이분법뿐만 아니라 지배자와 피지배자 이주자와 원주민의 이분법에서도 매우 자유롭다. 1960년대 초부터 제3세계의 식민지들은 서구 사회에 해방과 독립을 요구했고 그 영향 속에서 제1세계에 속하지만 주변부에 속한 여성, 유색인종, 동성연애자 집단과 제3세계가 결합되어 미국을 중심으로 서구 사회에 모더니즘의 엘리트주의와 보편주의에 반항하는 반문화 혹은 대항 문화가 싹이 텄다. 그리고 68혁명이 좌절되고 '타자성의 정치학'이 자기 한계를 자각하고 구조와 체계에 눈을 돌리기 시작하였을 때, 포스트모더니즘은 반문화 혹은 대항 문화를 흡수하면서 이질성과 차이에 대한 담론으로 문화를 장악하기 시작했다.[20] 탈식민주의적 혼성성에 따르면 진정한 문화 생산은 세계 체제의 사회적 삶의 주

---

17 강민정, 「혼성성의 건축적 의미」, 서울대학교 석사학위 논문, 2013, 9쪽.
18 위의 논문, 16쪽.
19 호미 바바, 『문화의 위치 : 탈식민주의 문화이론』, 나병철 역, 소명출판, 2012, 15~16쪽.
20 이경덕, 「모더니즘 · 포스트모더니즘 · 제3세계 ─ 프레드릭 제임슨의 논의를 중심으로」, 『실천문학』, Vol.34, 1994, 267쪽.

변부에서 이뤄지는 집단적 경험에서 끌어내는 것이다. 흑인 문학과 음악, 영국 노동 계급의 록, 여성 문학, 동성애 문학, 퀘백 문학, 제3세계 문학 등이 그러하다. 후기 자본주의와 상품화에 의해 완전히 침투당하지 않은 집단적 삶이나 집단적 연대에서 비롯된 이러한 형식들이 진정한 문화 생산의 징후로 여겨지기 시작하였다.[21] 따라서 서구 문화와 제3세계 문화는 상호텍스트적으로 혼성화되는 과정을 통해 이질적인 장소에서 다시 쓰여진다고 할 수 있다. 이러한 과정의 상호 지배적이지 않은 교섭과 혼성화의 과정이 피식민자의 문화의 위치이며 그런 역동성 속에 저항의 계기가 포함되어 있다.[22] 즉, 사회가 공론의 장에서 끊임없이 담론을 제공함으로써 차별적인 개개인들의 인식을 변화시켜야 한다는 것이다. 그리고 이러한 인식들은 문화적인 측면에서 나타나기 시작하였고, 가장 대표적인 문화적 실천이라고 할 수 있는 현대 영화에서도 나타나기 시작하였다.

SF 장르는 기본적으로 후기 자본주의의 성격과 부합하여 제임슨이 지적한 포스트모던 문화의 '깊이 없음(depthlessness)'의 특징을 나타냈다. 개별적 스타일의 소멸과 독창성, 원본 부재 시대의 원본의 이러한 포스트모더니즘의 한계는 기본적으로 고갈된 창조성 때문에 발생하였다. 탈식민주의적 혼성성은 이러한 포스트모더니즘의 특징의 대안적 역할을 하는데 〈아바타〉는 탈식민지적 서사 구조와 반전과 친환경적인 영화 주제적 측면에서 바바식의 혼성성을 띤다. 〈아바타〉에는 나비족의 외관과 생활 방식에서 떠올릴 수 있는 인디언의 복식 문화와 자연관, 통과의례들로 대표되는 아프리카 흑인의 주술적 제의 문화, 그리고 유기적인 개념의 도가적 자연관과 인식론 등을 볼 수 있다. 제임슨에 따르면 아시아와 아프리카의 경

---

21 프레드릭 제임슨, 『보이는 것의 날인』, 남인영 역, 한나래, 2003, 54쪽.
22 호미 바바, 앞의 책, 16쪽.

우 자본주의로의 이행 과정에서 제국주의에 의한 철저한 파괴와 분열을 겪어야 했다.[23] 즉, 〈아바타〉는 기존의 제국주의적 열등한 개념의 '타자(the Other)'의 제3세계적 문화와 교섭과 혼성화의 과정을 거쳐 새로운 문화적 창조성을 획득하고자 한다.

3. 〈아바타〉의 **문화적 혼성성**

새로운 영화적 지각 방식의 생성

최근 우리의 일상생활에서는 디지털 미디어가 가상현실, 인터넷, 컴퓨터 그래픽이나 게임과 같은 실제적 발전으로 유비쿼터스의 환경이 도래하였다. 따라서 인간의 오감각과 연계되는 미디어가 지속적으로 마련되면서 세계에 대한 지각 방식 자체에 큰 변화를 맞이하고 있다.

발터 벤야민(Walter Benjamin)은 사람은 미디어를 통해 세계를 지각하는 방식들을 바꾸기 때문에 매체는 그 특성에 맞게 발전되어야 한다고 하였다. 그는 이미 연극에서 영화로 넘어간 상황을 두고 지각 방식이 시각에서 촉각으로 변화한 것이라고 하였고, 영화라는 매체가 가진 이러한 새로운 예술의 형식이 대중들의 지각 방식에 혁명을 가져올 것으로 기대하였다. 즉, 벤야민은 영화를 통해 작품을 감상하는 방식이 시각적인 것에서 촉각적으로 변화했음을 말했다.

영화 〈아바타〉는 "영화 매체의 혁신"으로 평가받으며 역사상 가장 성공적인 흥행을 하였다. 제임스 카메론 감독은 머릿속에 구상한 영화의 현

---

23 김헌식, 「프레드릭 제임슨의 포스트모던론 연구」, 『사회과교육』 Vol.47 No.2, 2008, 125쪽.

실화를 위해 영상 기술의 발전을 10년간 기다렸다. 그리고 이 기술을 영화에 적용시켜 '판도라(pandora)'라는 새로운 가상세계를 만들어내었다. 카메론은 『뉴욕타임스』와의 인터뷰에서 "〈아바타〉는 진정한 하이브리드이다. 컴퓨터 그래픽 안에서 움직이는 CG 캐릭터가 실사와 결합하는 이상적인 결과는 관객이 무엇을 보고 있는지도 알지 못하는 것"[24]이라고 하였다. 카메론의 지적처럼 〈아바타〉는 공감각적 지각의 확장을 추구함으로써 오히려 아날로그보다 더한 극대화된 사실적인 생동감을 지향한다. 기존의 관조적 지각의 방식에서 시간적 · 공간적 체험의 가운데 놓이게 된다. 이를 통해 카메론은 물리적 신체가 전자적 신체로 이식되고 결합되면서 오히려 실제의 신체에서 잃어버리거나 제한된 원시성과 활동성을 '판도라'라는 가상의 세계에서 확장시킨다.[25]

레프 마노비치(Lev Manovich)는 뉴미디어에서는 공간적 경계가 희미해지면서 관객의 이동이 수월해진다고 하였다. 따라서 이미 많은 대중들이 게임과 뉴미디어의 감각적인 방식에 익숙해져 있는 현 상황에서 〈아바타〉는 보는 것이 아니라 '접촉'하는 것으로 '직접적인 경험'을 이끈다. 즉, 〈아바타〉에서 관객들은 주인공인 제이크 설리(Jake Sully)와 함께 기어 다니고, 뛰고, 만지고 하늘을 나는 체험을 하면서 마치 게임 속의 주인공처럼 영화를 시각적으로 보는 것을 넘어 직접 나비족이 되는 집단적 차원의 새로운 촉각적 경험을 한다. 즉, 〈아바타〉의 영화 속 세계는 2D의 영역에서 3D의 공간으로 해방되어 촉각성을 더욱 확장한다. 이는 흡사 게임의 지각 방식을 가져와 오감으로 체험하는 새로운 영화적 지각 방식을 생성한다. 따라서

---

24 Dana Goodyear, Man of Extremes, "The Return of James Cameron", *The New Yorker*, October 26, 2009.

25 이지영, 「영화 아바타에 나타난 경관의 해석」, 서울대학교 석사학위 논문, 2013, 63~65쪽 참조.

〈아바타〉는 온라인 게임과 영화의 새로운 혼성성을 보여준다고 할 수 있다.

〈아바타〉는 '판도라'라는 공간을 통해 시각적인 색－면에 대한 강렬한 효과도 제공하지만, 시공간적 체험과 그곳에서의 입체적 체험에 초점을 맞춘다. 〈아바타〉는 3D 기술과 이모션 캡쳐(Emotion Capture) 등의 기술을 중심으로 지각의 현상학을 실천한다. 따라서 관객들은 시공간적 체험을 통해 지각의 주체가 정신이 아닌 현상계에 묶인 육체[26]라는 것을 인지하게 된다. 〈아바타〉에서는 관객의 위치에서 '몸'을 지각할 수 있다. 손성우에 따르면 〈아바타〉에서 발견되는 세 가지 '몸'이 있다. 하나는 제이크의 '몸', 두 번째는 아바타의 '몸', 세 번째는 3D 입체적으로 지각하는 관객의 '몸'이다.[27] 특히 주인공 제이크의 '몸'인 다리가 불구인 점을 주목해 볼 필요가 있다. 신체의 결핍을 통해 상실한 운동 능력은 '아바타'라는 매개체를 통해 그 확장성이 증폭된다. 영화 초반 제이크가 처음으로 아바타에 링크되는 순간 관객들도 새로운 촉각적 체험의 영역으로 함께 편입된다. 아바타로 링크된 제이크는 처음에는 휘청거리지만 곧 발이 바닥에 닿는 촉감을 강조하면서 상실한 '걷고', '뛰는' 능력을 회복한다. 이 장면은 2D의 영역에서 3D의 영역으로 이동한 첫 순간의 불편함과 해방감을 표현하는 순간이다. 그리고 〈아바타〉는 상실된 운동성을 회복하는 것을 넘어 인간 신체의 활동성을 초월하기 시작한다. 하지만 〈아바타〉는 관객들에게 단순히 판타지적 세계의 유희적 체험만을 제공하지 않는다. 동시에 이러한 새로운 차원의 신체적 경험을 통해 우리는 그 상황에 직접 참여하여 그와 관련된 감정을 느끼게 만들었다.

메를로 퐁티(Maurice Merleau Ponty)는 지각이 원초적이며 주관적이라고

---

26 진중권, 『진중권의 이매진』, 씨네21, 2008, 125쪽.
27 손성우, 「영화 〈아바타〉와 지각의 문제에 대하여」, 『영화연구』, 한국영화학회, No. 44, 2010, 191쪽.

하였다. 우리의 몸은 의식이 지각하는 대상이 아니고 오히려 몸이 있어 외부 대상들이 비로소 우리 앞에 존재하게 되는 것이다. 우리 앞의 사물 등이 우리에게 구성되는 순간에 지각 경험이 우리 앞에 현전한다는 사실이다. 따라서 정신과 신체가 얽혀 있는 '체화된 의식(embodied consciousness)'로서의 몸을 통해 '지각되는 것'은 일정한 '의미'가 된다. 즉 우리는 감각을 그대로 의식으로 받아들이는 것이 아니라, 그것을 선택하고 정리하여 '의미 체계'로 받아들이게 된다.[28] 관객의 영화 체험은 지각하는 체험의 주체로 영화관에 자리 잡는다. 〈아바타〉의 후반부에 관객들은 직접 무차별 공격을 당하는 나비족이 되어 전쟁의 상흔들을 몸으로 기억하게 된다. 이때 중요해지는 것은 세 번째, 3D 입체적으로 지각하는 관객의 '몸'이다. 관객의 몸으로 기억된 상흔은 가장 깊은 체험으로서 각인되고 블록버스터의 속성과 결합하여 관객들의 집단적 상흔이 된다. 〈아바타〉의 핵심적 메시지는 이러한 집단적 상흔을 통해 어떠한 '의미 체계'를 전달하고자 하는 것이다.

영국의 탈식민주의 생태 비평가인 알프레드 크로스비(Alfred Crosby)는 생태계 파괴를 동반하는 서구의 식민주의를 가리켜 생태학적 제국주의(ecological imperialism)라 부른다. 생태학적 제국주의는 지구 생태계, 특히 제3세계 환경의 파괴가 역사적으로 서구 제국주의에 의해 본격적으로 자행되었음을 보여준다. 크로스비에 의하면 콜럼버스의 항해로 대표되는 식민 개척의 역사가 야기한 가장 중요한 변화는 사회적인 것도, 정치적인 것도 아닌 생물학적인 것이었다.[29] 〈아바타〉에서의 영화 테크놀로지는 서구 문명에 의해 자행되는 자연의 파괴를 피부로 느끼는 직접적인 체험을 제

---

28 모리스 메를로 퐁티, 『지각의 현상학』, 류의근 역, 문학과지성사, 2002, 286
~288쪽 참조.
29 신정환, 「탈식민주의 생태비평과 라틴아메리카 문학」, 『외국문학연구』 Vol. 47,
한국외국어대학교 외국문학연구소, 2012, 82쪽.

공하는 데 가장 중점을 둔다. 따라서 〈아바타〉는 가장 극적이고 효과적으로 생태학적 제국주의의 폭력성에 대한 비판적 메시지를 전달한다. 이렇게 몸을 통해 지각되는 식민지적 피폭력성은 '의미 체계'로 관객들에게 전달되고, 몸을 통해 지각되는 직접적인 식민지적 경험은 역설적으로 가장 강렬하게 제국주의의 폭력성에 대한 공포감과 불합리성을 드러내준다. 즉, 〈아바타〉의 디지털 기술이 가져온 몰입과 촉각적 경험은 벤야민이 일찍이 주장했던 것처럼 영화의 새로운 지각 방식인 촉각성을 통해 대중의 비판 의식을 강화한다. 하지만 그 방식은 철저하게 기획되고 수위가 조절된 범위 안에서 이루어진다는 점에서 차이가 있다.

마크 롤랜즈(Mark Rowlands)는 SF 철학적으로 정의하였는데, "SF는 우리의 세계에 대해 모르는 새로운 존재에게 우리를 설명하는 과정을 통해 스스로를 알아가는 것이며, 그 과정에서 SF를 통해 우리 자신의 모습을 직면한다."[30]고 하였다. 즉, 우리는 SF를 통해 미래의 사회나 미지의 세계에 대한 호기심과 재미를 느끼면서 동시에 불안함과 정체성에 대한 고민에 빠지게 된다. 결국 〈아바타〉를 관람하는 관객들은 철저하게 전략적으로 구축된 범위 안에서 즐거움과 공포를 느끼면서 SF 장르적 자기 자신의 정체성의 모습, 현실의 모습 안에 나타난 생태학적 제국주의를 재발견하는 경험을 한다.

탈식민주의적 텍스트들과의 상호텍스트성

아바타의 서사 구조를 살펴보면 판도라 섬의 원시적 자연과 언옵타늄(Unoptanium)이라는 무한한 자원은 완벽하게 개척되어야 할 대상이다.

---

30 마크 롤랜즈, 『SF 철학 : 소크라테스에서 아놀드 슈워제너거까지』, 조동섭 · 한선희 역, MEDIA 2.0, 2006, 8~9쪽.

〈아바타〉의 서사를 살펴보면 가까운 미래의 인류는 새로운 대체 에너지를 찾기 위해 판도라 행성의 외계인인 나비족의 터전에 묻혀 있는 초전도 물질 언옵타늄을 얻고자 새로운 식민지의 개척에 나선다. 판도라 행성의 대기가 독성을 지녔기 때문에 어려움을 겪게 된 인류는 판도라의 나비족의 외형에 인간의 의식을 연결하여 원격 조종이 가능한 새로운 하이브리드형 생명체 '아바타'를 탄생시킨다. 하반신이 마비된 전직 해병대원 '제이크 설리'는 형의 죽음으로 갑작스럽게 '아바타 프로그램'에 참여하게 된다. 나비족의 문명과 자연을 연구하기 위해 파견된 제이크 설리는 나비족의 삶에 동화되고 나비족 추장의 딸인 여전사 네이티리(Neytiri)와 사랑에 빠지면서 지구인의 삶을 버리고 자연과 소통하는 나비족이 된다. 이러한 〈아바타〉의 이야기 전개는 많은 평론가들에 의해 후반으로 향하면서 지나치게 단순하고 익숙한 구조를 띤다고 비판을 받는다.

〈아바타〉와 유사함을 보이는 기존의 텍스트들을 살펴보면 주로 서부 신화의 현대적 재신화화 양상을 띠고 있다. 미국인에게 서부 개척 정신은 그들의 대표적인 정신으로 자연과 문명이 만나는 지점에 있으며 끊임없이 원시적 영역으로 침입해나가면서 미국을 형성하여왔다고 할 수 있다.[31] 이는 수정 서부극의 내러티브를 차용하였다는 평가를 받는다. 원주민의 삶에 동화되고 정체성에 혼란을 느끼다 결국 자신의 문명에 저항해서 싸우는 서사 구조에서는 〈늑대와 춤을〉를 떠올리게 하고, 집단 학살의 고통이나 베트남전을 상기시키는 총격전에서는 〈지옥의 묵시록〉을 떠올리게 하여 서사 구조와 장면에서 유사함을 드러낸다.[32] 이 작품들의 공통된 특징은 서사 구

---

31 이정화, 「영화 〈아바타〉에 함의된 새로운 서부 신화 개척 신화화의 양상」, 『신영어영문학회 학술발표회 자료집』, Vol.2013, No.2, 2013, 104쪽.
32 최원석, 앞의 논문, 3쪽.

조에 있어 고전 서부극의 연장선상에 있으면서도 완전히 다른 패턴을 가지고 있다는 점인데, 주인공들은 새로운 여행을 통해 기존 문명의 개척과 전쟁이 온갖 문제점과 부조리를 몸소 경험하면서 서서히 '눈뜸의 과정'을 경험하게 된다. 이는 외지로부터 공동체로 진입한 주인공이 위기에 처한 공동체를 구한다는 내러티브 구조로서 고전 서부극의 주요 기능과 유사하지만 동시에 고전 할리우드 서부극의 '문명'과 '야만'의 이항 대립적 모순을 드러내고 비판하고 있다[33]는 점에서 차이가 있다.

기존 서부영화의 배경은 개척 시대의 서부 변경 지역이며 법과 무질서가 공존하는 공간으로서, 이러한 공간에서 공동체의 질서를 위협하는 것은 대개 악한 총잡이로 대표되는 악의 무리들 혹은 황야에 출몰하는 인디언들이다. 이러한 상황에서 영웅이 나타나 공동체의 위기를 해결하고 악은 물러가고 공동체의 질서는 다시 회복되는 권선징악의 결과를 보여준다. 이러한 예측되고 비슷한 서사 구조를 가지고 있는 서부영화는 매우 오랜 시간 지속적으로 만들어졌고 꾸준하게 사람들의 사랑을 받았다. 즉 기존의 서부 영화의 기능은 미국인들이 서부영화를 통하여 조상의 역사의식에 참여하게 되고 그들의 개척 정신을 배우고 미국 문명의 우월함과 승리를 기억하게 하는 것이었다.[34]

〈늑대와 춤을〉이라는 텍스트는 기존의 백인 중심적인 시각에서 만들어진 서부영화와 다르게 인디언의 눈으로 바라보는 서부 개척사라는 새로운 시각을 제공하고 있다. 백인 중심적인 시각에서 만들어진 기존의 서부 영화는 인디언으로 대표되는 제3세계를 하나의 악으로 규정하고 반드시 제거해야만 하는 목표로 제시하였다. 이때 관객들은 무의식중에 자신

---

33 위의 논문, 28쪽.
34 서성석, 앞의 논문, 81~82쪽 참조.

을 서부 영화의 백인 문명인들과 동일시하여 제3세계인들이 제거될 때 카타르시스를 얻는다.[35] 하지만 〈늑대와 춤을〉은 인디언의 시각에 따라 새롭게 서부 개척 사건의 의미를 되짚고 전통적인 서부 영화 장르의 전제를 뒤집는다. 그리고 서부 영화에 대한 새로운 시각을 보여주는 이 영화는 흥행과 작품성에 있어 모두 성공을 한 작품이 되었다. 즉, 〈늑대와 춤을〉은 서부영화에 있어서 탈식민주의적 새로운 관점의 영화가 할리우드의 내부에서도 새로운 가능성과 그 의미를 인정받을 수 있다는 것을 증명하였다.

〈아바타〉는 여러 장면에서 〈늑대와 춤을〉을 떠오르게 한다. 특히 〈아바타〉의 주인공 제이크와 〈늑대와 춤을〉의 던바(Dunbar) 중위의 모습에서 찾아볼 수 있다. 이들은 기존 서부영화 주인공이 공동체의 법과 질서를 교란시키는 악의 세력에 대해 응징과 질서를 회복하는 역할대신, 타자인 나비족과 인디언에 대한 철저한 관찰자의 입장을 고수한다. 또한 이들은 제3세계에 대한 객관적 관찰자이자 기록자로서의 인류학자의 역할을 한다. 이러한 태도는 이전 서부영화의 주인공들의 태도와 확연히 구별되는 점이다. 그리고 제이크와 던바는 관찰하는 사람에서 공감하는 사람으로 변모하는 자각을 한다. 던바는 '늑대와 춤을'으로 불리기 시작하고, 제이크도 통과의례를 통해 나비족의 전사로 여겨지기 시작한다. 특히 주인공들의 조력자이자 사랑을 나누는 부족의 여인 '주먹 쥐고 일어서'와 '네이티리'의 역할도 동일하게 나타난다. 그들은 인디언과 나비족에 대한 편견을 교정시켜주는 대상인 동시에 백인과 의사소통을 확실하게 하는 존재이다. 그녀들은 부족에 속하지만 동시에 백인사회를 잘 이해하고 그들의 언어를 구사함으로서 교량적 역할을 수행한다. 이들의 정체성 변화는 제3세계와의 교류와 소통을 통해 얻어진 결과이다.

---

35 서성석, 앞의 논문, 83쪽.

영화 〈아바타(Avatar)〉에 나타난 혼성성 연구   한 우

〈아바타〉는 〈늑대와 춤을〉의 수정 서부개척 신화의 서사 구조를 적극적으로 수용하여 영화를 관람하는 관객들에게 자신들의 서구 사회는 문명을 전파하고 법과 제도를 세운다는 명분을 세우지만 실제로는 그들의 문명을 파괴하는 파괴자라는 것을 인식시키고 비판하기 위한 단순명료한 메시지를 제공함과 동시에 서사의 익숙함을 통해 영화 테크놀로지에 몰입할 수 있도록 한다.

〈아바타〉는 〈지옥의 묵시록〉의 텍스트와도 매우 밀접한 상호텍스트성을 띠고 있으며 이는 탈식민주의적 맥락으로 이해할 수 있다. 두 영화 모두 주요 서사는 주인공들의 내적 독백을 통해 진행되는데 〈아바타〉와 〈지옥의 묵시록〉의 독백은 유사한 기능을 한다. 〈지옥의 묵시록〉에서 코폴라 감독은 주인공 벤저민 윌라드(Benjamin L. Willard) 대위의 독백을 통해 관객들에게 베트남 전쟁에 와 있는 듯한 분위기에 서서히 젖어들게 하면서 동시에 자신의 백인 사회와 전쟁의 모순에 대해 고민하게 한다. 이는 제이크가 독백을 통해 판도라와 나비족의 세계를 소개하고 그 속에서 겪는 자신의 정체성에 대한 고민을 느끼게 한다는 점에서 유사하다.

〈지옥의 묵시록〉의 경우는 조지프 콘래드(Joseph Conrad)의 『암흑의 핵심』의 기본 서사 구조를 각색한 영화이다. 사이드가 『오리엔탈리즘』에서 서구 담론에 나타난 부정확하고 지엽적인 동양의 이미지를 지적한 후, 많은 문학작품에 탈식민지적 글 읽기 작업이 이루어졌다.[36] 콘래드는 이러한 맥락에서 19세기 제국주의적 팽창주의에 대한 직접적인 성찰을 가하는 작가로 평가되어왔다. 〈지옥의 묵시록〉은 『암흑의 핵심』에서 기본 골격과 주제를 차용하고 있다. 〈지옥의 묵시록〉은 크게 두 가지 측면으로 읽을 수 있

---

36 박진향, 「탈식민주의 관점에서 본 현대 영국소설과 영화」, 경북대학교 박사학위 논문, 2006.

다. 첫째는 전쟁에서 드러나는 서구 문명의 폭력성에 대한 비판이고, 둘째는 전쟁 속에 보이는 인간 본성의 내면에 대한 탐구라는 측면이다. 전쟁의 잔혹성과 제국주의의 피폭력성을 강조하기 위해 〈지옥의 묵시록〉은 폭격 장면을 차용한다. 〈지옥의 묵시록〉의 초반부 킬 고어 대령이 서핑하기에 최적의 조건이라고 점찍은 해변의 베트콩 부락이 헬리콥터 부대에 의한 무차별적 폭격으로 초토화되는 장면은 〈아바타〉 후반부에서 산산이 화염으로 휩싸이는 장면과 매우 유사하다. 전쟁의 잔혹성을 단순히 피상적인 지각 방식이 아닌 직접적인 촉각적 지각 방식으로 전달하게 되고 이 장면에서 〈지옥의 묵시록〉의 폭격 장면은 '오마주'된다. 앞서 살펴본 것처럼 이 장면은 영화 테크놀로지의 촉각성을 통해 관중들에게 '몸'으로 체험한 집단적 상흔을 남긴다.

〈아바타〉의 관점은 미국 백인 사회를 대표하는 전형적인 인물로서 보다 쉽게 관객과의 동일시를 이끌어내고 일시적으로 자신이 되는 것을 경험한다. 그리고 서사의 단순함은 오히려 영화 메시지 전달에 있어서는 보다 명료하다. 그리고 〈아바타〉는 영화 테크놀로지에 있어 이미 많은 부분에서 새로움과 정보들을 제공하기에 수용할 수준에 있어 제한적인 관객에게 피로감을 주기보다는 익숙한 방식을 통해 몰입하게 하는 것에 주안점을 둔다고 할 수 있다.

〈아바타〉는 바로 이 지점을 전략적으로 공략하여 기존 관객들이 익숙한 서부 개척 신화의 남겨진 강점인 '모험', '신비로움' 등의 요소를 차용하여 익숙한 즐거움을 제공하고 이야기 구조 자체보다는 영화 테크놀로지가 제공하는 촉각적 체험에 보다 몰입하게 만든다. 이는 SF 장르의 특성상 기본적으로 현대 과학문명을 배경으로 한 과거 서부영화의 이분법적 구조를 통해 호소력을 확보한다. 하지만 동시에 그러한 구도를 탈식민주의적 텍스트들과의 상호텍스트를 통해 탈피한다. 즉 〈아바타〉는 SF 장르의 디지털 기술과 탈식민주의적 텍스트들의 상호텍스트성을 통해 서구 제국주의의 과학문명이 만들어낸 폭력의 잔혹함 속에서 고전 서부극의 주인공과 같은 숭고한 영웅적 행위를 통해 인간 본성에 대한 비판 의식[37]을 불러일으킨다.

동양적 자연관과 인식론

과거 제국주의자들은 자신들이 행하는 약탈과 통치를 정당화하기 위해 늘 열등한 개념의 '타자(the Other)'를 필요로 하였다. 이러한 '타자화 전략'을 통해 정신적, 문화적으로도 철저하게 식민지 주민들을 흡수하였다.[38] '타자화 전략'은 타자의 재현을 통해 상투적이고 고정적인 이미지로 고착된다. 재현이란 대상과 사람, 현상 사이에서 의미가 형성되는 과정을 뜻하며 특정 문화를 상징하는 언어, 기호, 이미지 등이 재현에 의해 고정된 타자의 이미지이다. 그리고 이처럼 고정된 이미지가 유포되어 과장되고 왜곡된 지식을 생산해냄으로써 실재의 본질과는 다른 허구로서의 고정관념이 만들어지고 그 고정된 이미지는 '정형화'되어 타자의 이미지가 고착된다. 에드워드 사이드는 오리엔탈리즘이 서양과 동양 사이에 존재해온 수직적인 이부분법에 근거한다고 주장한다. 그에 말에 따르면 서양에는 이성적, 평화적, 자유주의적, 논리적, 현실 가치 지향적, 자연적 속성이 내재하지만, 동양에는 이와 같은 속성이 부재되어 있다는 편견이 이미지를 정형화시켰다는 것이다.

서양의 이성을 중심으로 한 사유는 주체를 강화시켜 언제나 절대적인 것으로 타자와의 갈등과 분쟁을 일으켜왔다. 또한 현대 물리학의 등장으

---

37 최원석, 앞의 논문, 31쪽.
38 박종성, 『탈식민주의에 대한 성찰』, 살림, 2006, 31쪽.

로 시공간의 구조와 척도에 대한 기존 서구 사회적 인식관의 한계가 드러나기 시작하였다. 따라서 대안적 의미에서의 동양의 유기적, 생태학적 세계관과 시공간을 초월하는 인식론은 기계론적인 세계관과 합리적 인식론이 지배하고 있는 미국을 중심으로 한 서구 사회에서의 한계성에 새로운 문화적 창조성을 불어넣는 역할을 하기 시작하였다. 이제 우리는 어렵지 않게 기존의 서구 세계관에서 볼 수 없었던 제3세계에 영역에 속했던 동양의 세계관이 자연스럽게 적지 않은 텍스트들에서 혼성되어 있음을 발견할 수 있다.

'장자'를 비롯한 도가철학은 이성에서 감성으로 특히 욕망을 이야기하고 자유의 언어로 화해를 시도한다. 장자의 정신적 자유는 타자와의 소통을 통해 주체를 변형하는 것으로 여기에서의 '타자(他者)'는 제국주의적 '타자(the Other)'와는 구분된다. 이는 인간관계를 넘어 자연과의 관계에서도 적용된다. 따라서 생명철학으로의 도가철학, 그중에서 '장자'는 생명이 끊임없이 이어질 수 있는 가능성을 이야기한다. 따라서 영화 〈아바타〉를 기존의 서구 세계관에서 볼 수 없었던 동양 사상의 세계관을 통해 이해하는 시도는 영화가 추구하는 탈식민주의적 혼성성을 이해할 수 있는 단초가 된다. 〈아바타〉는 이러한 지점을 새로운 차원의 '아바타'라는 새로운 혼성적 생명체를 통해 비서구 문명의 편견을 전복한다. 영화는 이국의 낯선 것에 대한 서구인들의 욕망과 두려움을 드러내며 동시에 미개하고 비합리적으로 보였던 타자가 서구 사회의 미래의 대안적 모습을 띠고 있다는 역설을 드러낸다. 영화에서 보여지는 나비족의 다양한 사회문화적 행동과 세계관은 서구 기독교 문화에서는 찾아볼 수 없는 새로운 것이다.

주인공 제이크는 나비족을 야만이자 계몽의 대상으로 바라보는 식민주의적 이념을 거부하고 이를 대체할 새로운 타자성을 추구한다. 영화 속에서는 나비족을 통해 제3세계의 모습에 대해 새로운 시각을 갖게 한다.

특히 나비족의 자연관은 새로움을 넘어 많은 의미를 내포하는데 관객들은 나비족에 동화된 제이크를 따라 문명 이전의 태고의 자연의 아름다움과 조화로운 모습에 향수를 느낀다.

« 탈식민주의적 '타자(他者)'로서의 자연

〈아바타〉에선 이미 지구의 자원이 모두 고갈되어 머나먼 행성으로 대체 에너지를 찾아 떠난 지구인들의 모습을 보여준다. 영화 전체에 나타나고 있는 압도적인 규모의 자연은 상대적으로 우리가 얼마나 작은 생명체인지, 그리고 문명화 이전의 다양한 생명체가 혼재할 수 있는지를 가상으로 보여준다. 그리고 역설적으로 인간이 자신들의 욕망을 채우기 위해 다른 생명을 무차별적으로 학살하고 파괴하는 것을 보여줌으로써 생명 존중의 사상을 환기시킨다. 물리학자 닐스 보어(Niels Bohr)는 서구 문명이 부처나 노자와 같은 사상가들이 일찍이 부딪쳤던 인식론적 문제로 되돌아가야 할 것이라고 말했다. 또한 프리초프 카프라(Fritjof Capra)도 『현대 물리학과 동양사상』을 통해 상대성이론과 양자물리학을 기본으로 현대 물리학에서 나타난 세계관의 변화가 동양의 고대 사상 속에 담겨 있는 세계관과 얼마나 유사한가를 비교하였다. 그리고 카프라는 근대 이후의 '기계론적 자연관'을 동양적인 '유기체적 자연관'으로 바꾸어야 함[39]을 강조하였다.

정병윤은 〈아바타〉는 판도라 행성에서 인간과 자연이 혼융일체를 이룰 수 있는 연결고리가 곳곳에 깔려 있으며 자연과 타자와 상호 교감에 의해 일체화되는 모습들을 통해 도가적 세계관을 읽을 수 있다고 하였다.[40]

---

39 프리초프 카프라, 『현대 물리학과 동양사상』, 김용정 외 역, 범양사, 2006, 287쪽.
40 정병윤, 「영화 〈아바타〉에 나타난 힌두(Hindu)·도가(道家)적 요소」, 『세계문화비교연구』, Vol.35, 2011, 107쪽.

나비족은 상대와의 완전한 교감의 표시로 "나는 당신을 봅니다(I see you)"라고 말한다. 이는 타자를 시각적으로 본다는 것이 아니라 마음과 내적 본질을 알게 되었음을 뜻한다. 그 본질을 통해 타자와 나는 하나로 연결되어 있는 생명임을 깨닫는 것이다.[41] 이는 제국주의적 열등한 개념의 '타자'와는 다른 소통하는 변증법적 긴장 관계의 타자라고 할 수 있다.

이렇게 생명체와 자연을 소통의 관계로서 하나로 연결된 세계를 장자의 '만물제동(萬物齊同)'으로 이해할 수 있다. 장자는 「제물론」에서 모든 사물은 하나의 근원으로부터 파생된 것으로 각기 다른 형태를 취하면서 계속해서 변해 간다고 하였고, 그것의 처음과 끝은 마치 고리처럼 연결되어 있어서 끝을 알 수 없다고 하였다.[42] 이것은 모든 사물의 운동과 변화가 순환적이라는 것을 강조한 것이다. 장자의 시각에서 인간의 생명과 더불어 타자인 다른 생명들도 소중하게 여겨야 한다. 이는 삶과 죽음이 하나로 연결되어 있기 때문이다. 〈아바타〉에서는 나비족의 죽음을 맞이하는 장면에서 이러한 '타자'의 자연관이 잘 나타나 있다. 죽은 나비족 여인이 구덩이에 자궁 속 태아의 모습처럼 놓여 있고, 다른 나비족이 꽃을 시신 위에 뿌려 주는 장면에서 제이크는 다음과 같은 일기를 남긴다.

> 그녀는 항상 세상 만물에 흐르는 에너지의 흐름을 이야기하며 모든 에너지는 잠시 빌린 것이며 언젠가는 돌려줘야 한다고 한다.
>
> The people have to the forest, she talks about a network of energy that flows through all living things she says all energy is only borrowed and one day you have to give it back.

---

41   정병윤, 앞의 논문, 108쪽.
42   김갑수, 『장자와 문명』, 논형, 2004, 107쪽.

영화 〈아바타(Avatar)〉에 나타난 혼성성 연구   한 우

그리고 영화 초반 네이티리가 나타나 하이에나 같은 동물의 습격을 막아 주며 제이크를 보호하는 장면에서도 활에 맞아 고통스러워하는 동물을 칼로 짧게 찔러 죽이며 기도한다. 이때 고마워하며 웃는 제이크에게 네이티리는 '슬픈 일'이라며 책망한다.

우리는 이 두 장면을 통해 우리는 기존 서구의 기독교적 세계관에서는 볼 수 없는 도가적 자연관을 읽을 수 있다. 인간의 삶, 생명체, 우주 만물이 삶과 죽음으로 하나로 연결되어 있고 이는 현대적 의미의 '네트워크'로 유기적인 관계를 맺고 있다는 이 자연관은 모든 생명의 '기'의 직접물이며 반드시 순환한다[43]는 것이다. 이러한 순환의 근본 원리는 '도(道)'로서 생명과 통일성을 통해 모든 차별적인 배타성을 초월한다.

〈아바타〉에 나오는 'energy'는 '도'와 같은 맥락으로서 이해할 수 있으며 인간이 내재되어 있는 '도'를 깨달아 만물제동의 입장에서 이 세상을 대하면 갈등과 시비는 사라지고 모든 것이 평등함을 깨닫게 된다는 것이다. 따라서 〈아바타〉에 나타나는 '타자'로서의 자연과 동물들은 서구 제국주의의 '타자(the Other)'와는 구분되는 탈식민주의적 '타자'이다. 이러한 소통의 관계로서의 자연관을 통해 〈아바타〉는 생태주의적 메시지를 드러낸다.

« 디지털 가상세계의 인식론

디지털 기술의 발달로 빚어낸 두 가지 산물인 가상현실과 네트워크의 결합은 우리의 사고 체계를 뒤바꾸고 있다. 원래 '아바타(avatar)'는 고대 인도에서 쓰이던, 분신, 화신이라는 의미의 '아바타라(avatara)'에서 변형되어 사이버 공간에서 사용자의 역할을 대신하는 의미로 쓰이게 되었다. 영화 〈아바타〉는 따라서 21세기의 가상현실과 네트워크가 결합된 집단적인 꿈

---

43 김갑수, 앞의 책, 109쪽.

과 무의식이 반영된 이 시대의 문화적 산출물이다. 이러한 가상세계와 현실세계의 경계의 모호함은 꿈을 가상세계라는 이름으로 탈바꿈시키기에 이른다.[44]

〈아바타〉의 첫 장면과 끝 장면을 보면 어렵지 않게 장자의 '호접지몽(胡蝶之夢)'을 떠올릴 수 있다. 『장자』 내편의 제2편 「제물론」의 마지막에 나오는 나비 이야기는 물아일체를 비유적으로 표현한다. 이 이야기는 현실과 가상의 시공간에 얽매이지 않고 인간의 조건을 초월하는 이야기로서 동 · 서양을 막론하고 많이 쓰이는 주제이다.

영화 첫 장면에서 하반신이 마비된 전직 해병대원 제이크는 갑자기 죽은 형을 대신해 '아바타 프로그램'에 참가하게 되어 판도라로 향한다. 제이크는 '링크'라는 매개체를 통해 판도라에서 토착민인 나비족과 같은 외모를 가진 '아바타'가 되어 두 개의 몸으로 살아가게 된다. 영화 초반부에 그는 하늘을 나는 꿈에 대한 이야기를 한다.

> 몸과 마음에 큰 상처를 입은 채 군 병원에 누워 있을 때부터 하늘을 나는 꿈을 꿨다. 난 자유로웠다. 하지만 영원히 꿈꿀 순 없는 법.
> When I was lying there in the VA hospital, with a big hole blown through the middle oh my life, I started having these dreams of flying. I was free. sooner or later though, you always have to wake up.

이처럼 제이크의 독백은 장자의 '나비의 꿈'을 의미한다. 장자는 부활 혹은 순수한 영혼의 상징인 나비를 통해 꿈을 설명한다. 나비는 알에서 애벌레를 거쳐 나비가 되는 완전한 탈바꿈을 통해 아름다운 날개를 가진 존재로 변모한다. 추한 것으로부터 아름다운 것으로의 바뀜은 신화적인 이상의

---

44 정기도, 『나, 아바타, 그리고 가상세계』, 책세상, 2000, 11쪽.

달성이다. 개구리가 왕자로 변하듯, 미운 오리새끼가 백조로 변하듯, 그것은 상승함으로써, 예전의 모습과 결별함으로써, 기어 다니는 것으로부터 초월하는 것으로, 유년기로부터 성년기로 운동해가는 것의 상징이다.[45]

『장자』에는 여러 명의 몸이 불편한 사람이 나온다. 신화에 나오는 황당무계한 괴물에서부터 절름발이, 불구자, 사회적으로 거부당한 자와 같은 일상적인 괴물에까지 이른다. 장자는 그들을 통해 의식의 전환을 이루어 우리가 달성해야 할 목표일 자연스러움을 구체화한다. 제일 먼저 등장하는 유형은 불구자이다. 『장자』에서 불구자의 첫 번째 예는 발이 하나뿐인 단순 불구자이다. 장자는 이 괴물의 형식을 아주 정중하게 도입한다.[46]

영화에서 제이크는 하반신 마비자로서 아바타로의 탈바꿈을 시도한다. 제이크는 이제 이러한 변형의 변증법적 긴장 속에서 고민하기 시작하였다. 아바타로 보낸 경험은 장애인으로 살아가는 자신의 육체를 벗어던진 제이크의 삶을 지배하기 시작한다. 영화 중반부에서 제이크는 자신의 존재를 혼동하기 시작한다.

> 도대체 내가 누구인지 확신할 수 없다.
> I can barely remember my old life. I'm not sure who I am anymore.

영화의 마지막에 그의 영혼이 지구인 제이크의 몸을 떠나 정신적 지도자 네이티리의 어머니가 주도하고 전 부족의 일치된 염원이 담긴 기도로 아바타인 나비족의 몸으로 옮겨가 거듭 태어난다. 네이티리가 지구인

---

45 이선순, 「장자의 '나비'와 '꿈'에 관한 연구」, 『한국중어중문학회』, Vol. 20, 중어중문학, 1997, 9쪽.
46 로버트 앨린슨, 『장자, 영혼의 변화를 위한 철학』, 김경희 역, 그린비, 2004, 126~128쪽.

제이크의 몸에 안녕을 고하고, 나비족 몸의 제이크를 손으로 만지자 눈을 뜬다. 거듭난 것이다. 이 영화를 이어가는 줄거리와 곳곳에 등장하는 의미 있는 대사가 이 '거듭남'으로 초점이 맞춰지면서 대미를 장식한다.

영화 마지막에서 제이크는 이게 마지막이라고 하며 다시는 돌아오지 않을 것이라고 한다. 나비는 유충으로 되돌아가지 않듯이 그 변화는 내적인 변화로 낡은 자기 정체성을 벗어버리는 과정 그 자체이다. 장자가 궁극적으로 이야기하고 있는 변화는 자기변형이다. 영화 마지막 제이크가 인간의 육체를 버리고 아바타에 영원히 링크하는 순간, 관객들은 집단적으로 자기 변형의 순간을 맞이한다. 장자의 나비 꿈에서 드러나고 있는 바뀜은 철학적인 바뀜이자 총체적인 바뀜, 즉 변신이다. 그것은 존재에 있어서의 완전한 바뀜, 정체성들의 총체적인 바뀜이다. 천하고 세속적인 것에서 비범하고 초월적인 것으로 바뀌는 것이며 추한 것으로부터 아름다움의 체현으로 바뀌는 것이다.[47]

〈아바타〉의 제이크는 나비족으로 동화되는 과정의 여행을 통해 기존 문명의 개척과 전쟁이 가지고 있는 온갖 문제점과 부조리를 경험하고 서서히 자기변형의 장자적 총체적 변신을 한다. 영화 마지막에 아바타로서 '눈뜸'은 이러한 장자적 자기변형의 인식론이다.

4. 나가며

이 책에서는 2009년 개봉하여 21세기 가장 성공한 할리우드 블록버스터이자 다양한 영화적 담론을 형성한 영화 〈아바타〉에 주목하여 현대 성공

---

47 로버트 앨린슨, 앞의 책, 150~161쪽.

한 문화콘텐츠에 담긴 대중과 사회의 문화적 특성을 살펴보고자 하였다. 이를 위해 포스트모던 이후에 가장 활발히 논의되고 있는 탈식민주주의 이론을 중심으로 〈아바타〉의 문화적 혼성성을 분석하였다.

SF는 서부영화와 더불어 할리우드의 가장 대표적인 장르이다. 서부영화는 미국의 건국을, SF는 미국의 미래를 대표하는 신화적 기능을 한다. 하지만 제3세계가 기존 서구 문명에서 독립하기 시작하면서 자연스레 에드워드 사이드와 호미 바바 등의 학자들이 주장한 탈식민주의가 활발히 논의되기 시작하면서 새로운 문화적 산물들이 산출되기 시작하였다. 이로 인해 미국 서부극의 흐름은 새로운 국면을 맞이하게 된다. 이는 바로 서부극들이 서구 중심의 문명의 제국주의적 잔재를 비판하는 호미 바바식의 탈식민적 혼성성을 띠기 시작하는 것이다. 이는 주체와 타자의 수평적이고 변증법적 관계를 통해 생성된 진정한 창조적인 문화이다.

기존의 서구 중심 문화가 기독교적, 백인 중심적, 남성적인 것이었다면 탈식민주의적 혼성성은 이에 대한 저항으로서 제3세계의 문화와 주변부의 문화와 적극적으로 상호텍스트성을 띤다. 바바가 주장한 것처럼 혼성성은 '타자성의 정치학'이 자기 한계를 자각하고 이질성과 차이에 대한 담론으로 문화가 변화한 것을 말한다. 이와 같은 맥락에서 〈아바타〉의 문화적 혼성성을 살펴보면 다음과 같다.

〈아바타〉의 서부극을 기반으로 하는 서사 구조는 서구 중심 문명의 이원론적 대립과 화해 구조를 동시에 가지고 있으며 시각적 쾌감과 불편함을 동시에 느끼게 한다. 그리고 영화적 기술은 관객들에게 촉각성이라는 새로운 영화적 지각 방식을 펼침으로서 미지의 세계를 탐험하는 '흥분'과 서구 문명의 제국주의적 폭력성을 고발하는 '상흔'을 동시에 남긴다. 마지막으로 〈아바타〉가 제시하는 제3세계적 세계가 외적으로는 원시적이고 미개해 보이지만 역설적으로 우리의 현실을 반영한 거울이자 우리가 지향해야 하는 미래 사회의 대안적 모습을 띠고 있다.

〈아바타〉는 기존의 SF 영화 장르와 기존 텍스트의 모방을 의미하는 것이 아니라 주체와 타자 사이의 해체된 경계를 기반으로 제3세계의 문화적 창조성을 적극적 흡수한 새로운 창조의 결과물이라고 할 수 있다. 종합해 보면 〈아바타〉는 컴퓨터 게임 매체와의 결합과 새로운 관점의 서부극의 서사 구조를 바탕으로 하며, 아프리카풍 캐릭터의 이미지, 동양적인 세계관과 공간 등의 제3세계와의 다양한 상호텍스트성을 띠며 탈식민주의적 문화적 혼성성을 나타낸다. 여기서 '아바타'라는 혼성적 생명체는 어떠한 고정된 문화적 정체성을 띠지 않는 혼성성 그 자체로서 영화 속에서 다양한 문화적 요소를 담고 제임슨이 제3세계를 통해 생성할 수 있다고 주장한 의미의 진정한 문화적 창조성을 지니고 있다. 영화는 이러한 포스트모던적전 지구적 특징인 혼성성을 '아바타'라는 매개체와 '판도라'라는 가상 세계를 통해 관객들을 적극적으로 끌어들였다.

〈아바타〉는 표면적으로는 3D 기술과 CG로 구현된 판도라 행성과 나비족에 대한 흥미진진한 판타지이지만, 영화 속 중심 주제는 서구 문명 스스로에 대한 반성적 고찰이다. 우리는 제이크를 통해, 서구 개척의 문명화라는 정당화될 수 없는 제국주의의 폭력성을 체험하고, 제3세계의 원시적 삶의 방식을 관찰함으로 과학 문명으로 인한 물질주의적 가치관과 타자와의 관계에 대한 문제점을 인식하게 되어 동양적 유기체적 · 생태주의적 자연관의 중요성을 깨닫게 된다. 이렇게 〈아바타〉와 텍스트에 나타난 탈식민지적 혼성성은 서구와 제3세계의 이분법적 경계가 사라진 시점에서의 대안적인 문화적 특성으로, 향후 제작될 문화콘텐츠들이 전략적으로 지향해야 할 새로운 지점이 될 것이다.

참고문헌

강민정, 「혼성성의 건축적 의미」, 서울대학교 석사학위 논문, 2013.

강신영, 「디지털영화 〈아바타〉에 나타난 주체의 탈육화 현상 연구」, 홍익대학교 석사 학위 논문, 2011.

김갑수, 『장자와 문명』, 논형, 2004.

김석환, 『장자』, 학영사, 2006.

김성곤, 「탈식민주의 시대의 문학」, 『외국문학』 No.31, 1992.

김창진, 「영화로 보는 제국의 역사」, 『민족21』, (주)민족21, 2010.

김헌식, 「프레드릭 제임슨의 포스트모던론 연구」, 『사회과교육』 Vol.47, No.2, 2008.

김형래, 「〈아바타〉의 흥행신화와 그 이면」, 『외국문화연구』 Vol.39, 2010.

박인숙, 「디지털 테크놀로지와 주체화 : 영화 〈아바타〉를 중심으로」, 경희대학교 석사 학위 논문, 2011.

박종성, 『탈식민주의에 대한 성찰』, 살림, 2006.

박진향, 「탈식민주의 관점에서 본 현대 영국소설과 영화」, 경북대학교 박사학위 논문, 2006.

서성석, 「영화 〈늑대와 춤을(Dances with Wolves)〉에 나타난 전복성 분석」, 『영상영어 교육』 Vol.10, No.2, 2009.

손성우, 「영화 〈아바타〉와 지각의 문제에 대하여」, 『영화연구』, 한국영화학회 No.44, 2010.

신정환, 「탈식민주의 생태평과 라틴아메리카 문학」, 『외국문학연구』, 한국외국어대학 교 외국문학연구소, Vol.47, 2012.

오동진, 「〈아바타〉 영화미학의 미래인가」, 『월간조선』, 2월호, 2010.

유지나, 「할리우드 SF는 후기산업사회 이데올로기인가? 〈블레이드 러너〉를 다시 읽 는다」, 『한국영화학회』 No.20, 2002.

이경덕, 「모더니즘 · 포스트모더니즘 · 제3세계 — 프레드릭 제임슨의 논의를 중심으 로」, 『실천문학』 Vol.34, 1994.

이선순, 「장자의 '나비'와 '꿈'에 관한 연구」, 『한국중어중문학회』 Vol.20, 중어중문학, 1997.

이정화, 「영화 〈아바타〉에 함의된 새로운 서부 신화 개척 신화화의 양상」, 『신영어영

문학회 학술발표회 자료집』Vol.2013, No.2, 2013.

이지영,「영화 아바타에 나타난 경관의 해석」, 서울대학교 석사학위 논문, 2013.

이한음,「'아바타' 열풍 미래의 3차원 가상세계 엿보기」,『신동아』, 2010. 4. 1.

이현주,「판타지 영화에 나타난 장자의 사상과 영상 디자인 연구」, 단국대학교 박사
학위 논문, 2012.

정기도,『나, 아바타, 그리고 가상세계』, 책세상, 2000.

정병윤,「영화〈아바타〉에 나타난 힌두(Hindu)·도가(道家)적 요소」,『세계문화비교
연구』Vol.35, 2011.

정성일,「당신이 즐긴 것은 무엇입니까?」,『씨네21』, 2010. 1. 28.

진중권,『진중권의 이매진』, 씨네21, 2008.

최원석,「SF 영화 장르의 퍼포먼스 연구 : 영화〈아바타〉를 중심으로」, 서강대학교 석
사학위 논문, 2012.

한운식,「영화 '아바타' 초대박 흥행 행진에서 배운다」,『이코노미스트』, 2010. 2. 16.

허문영,「놀라운 현실감 갖춘 퇴행적인 동화」,『씨네21』, 2010. 1. 25.

황혜진·이승환,「SF 영화〈매트릭스〉에 나타난 문화적 혼성성」,『한국콘텐츠학회논
문지』Vol.5, No.5, 2005.

로버트 앨린슨,『장자, 영혼의 변화를 위한 철학』, 김경희 역, 그린비, 2004.

마크 롤랜즈,『SF 철학 : 소크라테스에서 아놀드 슈워제너거까지』, 조동섭·한선희
역, MEDIA 2.0, 2006.

모리스 메를로 퐁티,『지각의 현상학』, 류의근 역, 문학과지성사, 2002.

숀 호머,『프레드릭 제임슨 : 맑스주의, 해석학, 포스트모더니즘』, 이택광 역, 문학과
학사, 2002.

에드워드 사이드,『문화와 제국주의』, 김성곤·정정호 역, 창, 2011.

제임스 카메론 인터뷰,「관객은 컴퓨터 그래픽보다 스토리에 열광한다」, 정경희 역,
『뉴스위크』, 2010. 1. 13.

프레드릭 제임슨,『보이는 것의 날인』, 남인영 역, 한나래, 2003.

프리초프 카프라,『현대 물리학과 동양사상』, 김용정 외 역, 범양사, 2006.

피에르 레비,『디지털 시대의 가상현실』, 전재연 역, 궁리출판, 2002.

호미 바바,『문화의 위치 : 탈식민주의 문화이론』, 나병철 역, 소명출판, 2012.

영화 〈늑대소년〉 서사에 나타난 통과의례 구조

김공숙

1. 들어가며

영화 〈늑대소년〉'은 한국 영화에서는 거의 다뤄진 적이 없는 늑대인간
과 인간 소녀와의 사랑 이야기로 2012년 개봉한 로맨스 영화 가운데 최고
의 흥행작이다.[1] 환상적이고 동화적인 요소가 많은 〈늑대소년〉은 한 평론
가의 말을 빌리면 "싫어하기가 쉽지 않은 영화"[2]이다. 〈늑대소년〉의 제작

---

1   2012년 개봉한 〈건축학개론〉(410만 7078명), 〈내 아내의 모든 것〉(459만
    8599명), 〈러브픽션〉(172만 6202명) 등 멜로 영화들의 흥행 기록을 훨씬 능
    가하는 높은 수치이다. 「〈늑대소년〉 600만 관객 돌파, 올해 개봉 멜로 영화
    최고 기록」, 『아시아경제』, 2012. 11. 26. (http://www.asiae.co.kr/news/view.
    htm?idxno=2012112607011755900).

2   「[신형철의 스토리-텔링] 타자, 낭만적 사랑, 그리고 악」, 『씨네 21』, 2012. 12.
    5. (http://www.cine21.com/news/view/group/M555/p/2/mag_id/71968). 신형
    철에 따르면 영화 〈늑대소년〉은 영상은 아름답고 리듬은 유려하며 대사는 생
    생하고 연기는 사랑스럽다. 그리고 무엇보다도 인간에 대한 선의를 한순간도

자 또한 동화 같은 판타지를 표방했다고 말한다. 〈늑대소년〉은 개연성 없는 무리한 판타지를 사실적인 상황과 뒤섞어놓았다는 비판과 기존의 영화들에 나온 익숙한 장면들과 문학작품들을 교묘하게 짜 맞추어 표절이 의심되는 작품이라는 평가도 받는다.[3] 그러나 이러한 평가에도 불구하고 700만 명이 넘는 관객을 동원한 상업적으로 성공한 콘텐츠이기에 그 바탕에 어떠한 특징이 있는지 알아보는 것은 의미가 있다고 본다.

〈늑대소년〉의 흥행 배경에는 여러 이유가 있을 터이지만[4] 이 글은 〈늑대소년〉이 대중에게 익숙한 서사 구조를 가지고 있다는 데 주목했다. 그것은 바로 통과의례(通過儀禮, the rites of passage)[5]의 서사 구조이다. 통과의례는 1909년 프랑스의 민속학자인 아놀드 방주네프(A. Van Gennep)가 정립한 개념이다.[6] 통과의례란 개인이 일생을 통해서 반드시 거쳐 지나가야 하는 의례이며 넓은 차원에서 인간 사회의 보편적인 구조적 장치이다. 인간은 삶의 매 단계를 넘어갈 때마다 익숙하고 안정된 상황에서 낯설고 불안정한 상황을 맞닥뜨리게 되고, 여기에는 육체적·정신적 변화가 뒤따른다. 그에 따른 두려움은 죽음에 가까운 고통을 안겨주기도 한다. 의례의 근본적인 목적은 개인이 어떤 명백한 지위에서 또 다른 명백한 지위

포기하지 않는 소위 '착한' 영화이다.

3 김공숙, 「영화 〈늑대소년〉 서사의 상호텍스트성 연구 : 〈가위손〉과 비교분석의 관점에서」, 『현대영화연구』 17호, 현대영화연구소, 2014.

4 흥행 요인으로 가장 많이 거론되는 것은 한국 영화에는 드문 늑대인간을 소재로 한 점, 남녀 배우인 박보영과 송중기의 활약, 동화적 스토리 구성, 중장년층의 향수 유발의 성공 등이다.

5 Van Gennep, Arnold, 『통과의례』, 전경수 역, 을유문화사, 2000, 8쪽.

6 방주네프는 세계 각국의 문화 풍속을 연구하면서 다양한 문화권에서 거행되는 의례의 풍부하고 구체적인 사례들을 비교·분석해 인간 사회에는 시공을 초월해 출생, 사회적 성숙, 약혼, 결혼, 임신, 입교, 장례 등과 관련된 방대한 의례의 세계가 존재한다고 했다. 이것이 통과의례다.

로의 통과를 가능하게 하기 위한 것이다.[7] "통과제의는 인간을 성숙시켜 완성시켜줄 어떤 상태의 시작이며, 무엇보다도 통과제의를 거치게 될 대상의 존재론적 위치의 변화를 의미하는 것"[8]이다. "시련을 겪은 후 신참자(Neophyte)[9]는 통과제의 이전과는 전혀 다른 존재를 향유하게 된다. 그는 '다른 사람'이 된 것이다."[10] 통과의례의 절차는 분리(seperation), 전이(轉移, transition), 통합(incorporation)의 단계로 이루어진다.

〈늑대소년〉은 표면적으로는 괴물과 소녀의 사랑 이야기이지만 그 심층에는 주인공 순이가 소녀에서 여성으로 성장하면서 필수적으로 겪어내야만 하는 통과의례적 요소가 있다. 미성숙한 주인공이 자기실현(self-actualization)을 성취해가는 성숙의 과정을 보여주고 있다고 생각된다. 한 병약한 소녀가 일상적 삶과 단절된 새로운 세계에서 뜻밖의 인물인 늑대소년을 만나 교감함으로써 정신 내면에서 분리되어 있던 억눌린 무의식을 의식과 통합시켜가는 과정으로 볼 수 있는 것이다.

이 글에서는 〈늑대소년〉의 서사 전개가 주인공 순이의 통과의례의 과정임을 확인해보고자 한다. 이를 위해 국내외 소녀와 여성이 주인공으로 등장하는 동화, 설화, 영화, 애니메이션 등을 참고했다. 이를 통해 〈늑대소년〉서사가 지닌 통과의례적 특성은 무엇인지 알아보고자 한다.

---

7 Van Gennep, Arnold, 앞의 책, 29쪽, 32쪽.
8 Vierne Simone, 『통과제의와 문학』, 이재실 역, 문학동네, 1996, 12쪽. 이 책에서는 통과의례 대신 '통과제의'라는 표현이 사용되고 있다.
9 신참자(Neophyte)의 어원은 땅속에 있던 씨앗이 싹터 오른 새싹을 의미한다(위의 책, 12쪽).
10 위의 책, 12쪽. 엘리아데의 말 인용.

2. 〈늑대소년〉에 나타난 **통과의례**의 **단계**

　　로맨스 판타지를 표방한 영화 〈늑대소년〉의 서사는 소녀 순이가 늑
대소년을 만나고 헤어졌다 다시 만나는 사건이 핵심 스토리이다. 그러
나 현재 시점의 늙은 순이에서 이야기가 시작되어 과거 소녀 순이 시절
로 갔다가 다시 현재의 늙은 순이에서 이야기가 끝나는 것으로 되어 있
다. 통과의례를 인간이 '인생 고비(life crisis)'[11]를 지나면서 새로운 단계
로 넘어가게 될 때 겪어내야 하는 여러 가지 사건이나 경험이라고 할 때
〈늑대소년〉 서사의 통과의례 분석은 두 가지 차원에서 이루어져야 한다
고 본다. 첫째는 소녀 순이의 통과의례이며 둘째는 늙은 순이의 통과의례
이다. 두 가지 차원의 분석이 필요한 이유는 통과의례가 일생의 의례로서
만이 아닌 인간이 일생 동안 존재의 위치와 변화를 위해 겪는 모든 행위의
절차이기 때문이다.

소녀 순이의 통과의례

　　'분리'는 통과의례를 준비하는 단계로 지금까지 속해 있던 청소년의 세
계에서 벗어나는 것이다. 분리는 성소 준비, 정화(淨化) 의식, 격리 의식의
과정을 거친다. 성소 준비는 덤불 같은 자연이나 서당, 신이 축성한 장소
에 들어가는 것이다. 정화는 목욕, 삭발, 사원에 들어가서 제물 바치기, 단
식, 금욕 등의 행위를 통해 이루어진다. 격리는 어머니와의 격리, 비입문
자와의 격리이다.[12] 통과의례의 입문자는 지금까지의 자신의 세계와 단절

11　Van Gennep, Arnold, 앞의 책, 7쪽.

12　Vierne, Simone, 앞의 책, 79쪽 도표 참조. 엘리아데는 분리의례는 어머니로

해야만 한다.

〈늑대소년〉에서 소녀 순이의 분리는 두 가지 차원으로 이해할 수 있다. 첫 번째는 순이가 과학자의 저택으로 이사를 들어오는 것부터 시작된다. 기존의 삶에서 벗어나 새로운 모험의 세계로 들어가는 것이다. 18세의 폐병에 걸린 병약한 소녀 순이는 아버지가 사업 실패로 죽고 난 후 엄마와 여동생과 함께 요양차 강원도로 이사를 오게 된다. 소년들과는 달리 소녀들은 자발적으로 떠나는 일이 적고 흔히 도주나 저주, 소외의 결과로 자기 뜻과는 상관없이 다른 세계로 모험을 떠나게 된다.[13] 그것은 대개 가족의 이사(移徙)라는 형태로 나타난다. 미야자키 하야오 감독의 애니메이션 〈이웃집 토토로(となりのトトロ, My Neighbor Totoro)〉(1988)[14]의 소녀 주인공 사츠키, 〈센과 치히로의 행방불명(千と千尋の神隱し, The Spiriting Away Of Sen And Chihiro)〉(2001)[15]의 소녀 치히로, 길예르모 델 토로 감독의 〈판의 미로 — 오필리아와 세 개의 열쇠(Pan's Labyrinth)〉(2006)[16]의 오

부터의 분리를 뜻한다고 했다. 어린이의 세계는 곧 어머니의 세계이며 무책임, 행복, 무지, 무성(無性)의 세속적 세계이다(왕빈,『신화학입문』, 금란출판사, 1980, 138쪽).

13 이송이·채숙희,「한국과 프랑스 설화 문학에 나타난 '여성'의 이미지 — 경계에 선 여성들 : 설화 속 여성들의 통과의례 연구」,『프랑스학 연구』제30권, 2004, 231쪽.

14 1955년 일본의 아름다운 시골마을에 상냥하고 의젓한 11살 사츠키와 장난꾸러기에 호기심 많은 4살의 메이 자매가 아빠와 함께 도시를 떠나 이사를 온다. 여기서 숲의 요정 토토로와 만나면서 환상적인 이야기가 펼쳐진다.

15 평범한 11살 소녀 치히로의 가족은 이사를 가던 중 길을 잘못 들어 낡은 터널 밑을 지나가게 되는데 터널 저편의 이상한 분위기의 마을에 들어가면서 이상한 일을 겪게 된다.

16 꿈 많은 소녀 오필리아는 만삭인 엄마와 함께 군인인 새아버지의 부대 저택으로 이사를 간다. 자신을 못마땅해하는 냉혹한 새아버지에게 두려움을 느끼는 오필리아는 신비한 숲으로 둘러싸인 저택의 이상한 분위기에 잠을 못 이룬다.

필리아, 〈늑대소년〉과 어깨를 견주고 있는 스테파니 메이어 원작의 〈트와일라잇(The Twilight)〉(2008)[17]의 17세 소녀 벨라는 스스로 원해서가 아니라 가족의 이사를 통해서 이전과는 다른 새로운 세계로 들어가게 된다. 이사는 익숙하고 친숙하며 보호받던 장소에서 새롭고 낯선 곳으로의 이동이며 두려움을 일으킨다. 이러한 불안감은 어린이에게는 존재의 뿌리를 흔드는 위기일 수 있다. 그러나 이것은 일종의 통과의례 과정이며 새로운 경험을 통해 지금까지와는 다른 존재로 성장할 기회이기도 하다.[18] 통과의례의 과정에서 이전 세계와의 분리는 자의에 의한 것과 타의에 의한 것으로 나누어볼 수 있다. 외부적 요인에 의해 강제로 분리되어 준비 없이 길을 떠나게 되는 여성의 경우 시련에 수동적으로 대응하는 태도를 보이며 당사자가 겪는 시련의 강도도 더 크게 느껴진다.[19] 〈늑대소년〉에서 순이의 분리도 자발적인 것이 아니었다. 아버지의 죽음과 폐병으로 오갈 데 없이 된 순이 가족이 어쩔 수 없이 이사 온 곳이 과학자가 살던 집이었다. 게다가 그 집은 원수의 아들인 지태가 사준 집이다.

분리 단계의 특징은 격리와 정화이다. 춘향이 모진 고문 끝에 감옥에 갇혀 홀로 내버려지는 것, 심청이 심 봉사로부터 분리되어 선인들의 배에

그런 오필리아에게 신비로운 요정이 나타난다. 요정을 따라 미로로 들어가게 되고 판이라는 기괴한 요정을 만나게 된다.

17 뱀파이어와 인간 소녀의 사랑 이야기로 속편이 속속 제작되어 2012년까지 총 5편이 나와 있다. 햇빛을 좋아하는 벨라가 부모의 이혼으로 아빠의 집이 있는 황량하고 비가 많이 오는 마을로 이사를 온다. 그녀는 이유를 알 수 없는 적의로 가득 찬 컬렌(뱀파이어)이라는 남학생과 만나게 되면서 인생의 전환을 맞이하게 된다.

18 이영미, 「〈토토로〉와 〈센과 치히로〉의 이사의 의미 : 통과의례에 나타난 상징적 의미에서」, 원광대학교 석사학위 논문, 2009, 26~27쪽.

19 이유경, 「『숙향전』의 여성성장담적 성격과 그 과정에서 나타나는 환상의 기능과 의미」, 『고전문학과 교육』 22, 2011, 512쪽.

올라타고 인당수에 빠지는 것, 동화 「잠자는 숲 속의 공주」가 탑 속의 이 방 저 방을 구석구석 탐색하다가 홀로 물레에 찔려 피를 흘리는 것은 모두 격리와 정화 의식의 상징이다.[20] 순이는 이전의 삶과는 완전히 다른, 가족 외에는 아는 사람 하나 없는 산골 오지 마을로 이사 오게 됨으로써 완전한 격리를 경험하게 된다. 순이에게 새로운 모험이 시작된 것이다.

〈늑대소년〉의 순이에게 분리의 두 번째 의미는 내면의 성장으로 가는 심리적인 분리이다. 소녀가 모험을 떠나는 경우 주인공은 소녀에서 성숙한 여인으로 전환할 기회를 얻게 된다. 대개 길을 떠나기 전의 소녀는 아직 미성숙한 여성의 상태 즉 통과의례의 전 단계에서 보이는 무성(無性)의 상태이며, 집 안에 남성이 결여돼 있는 경우가 많다. 이는 흔히 아버지의 부재로 나타난다. 「바리공주」「빨간 모자와 늑대」의 경우도 주인공이 아버지에게 버려졌거나 아버지가 언급되지 않는다. 〈늑대소년〉의 소녀 순이에게도 아버지가 없다. 여주인공은 아직 여성성이 보이지 않는 상태이기 때문에 그녀가 장차 결혼 또는 맺어지고자 인물은 그녀가 모험을 떠나기 전까지는 아직 완전한 남성의 모습을 갖추지 않은 경우가 많다. 전통 설화 「구렁덩덩 신선비」[21]에서 소녀는 구렁이와 결혼하지만 진정한 결혼을 위해

---

20 강현미, 「Perrault의 옛 이야기의 분석심리학적 접근」, 성신여자대학교 석사학위 논문, 2004 ; 이선미 외, 앞의 논문, 134쪽 재인용 참고.

21 한 할머니가 알을 주워 먹고 구렁이를 낳았는데 부잣집의 세 딸 중 막내딸이 언니들은 기겁하는 구렁이에게 잘생겼다며 '구렁덩덩 신선비'라는 이름을 붙여주고 시집을 간다. 셋째 딸과 결혼하게 된 구렁이는 밤에는 허물을 벗고 사람이 되었다가 아침에는 다시 허물을 쓰고 구렁이가 되곤 한다. 어느 날 구렁덩덩 신선비는 허물을 벗고 과거를 보기 위해 서울로 떠나면서 자신의 허물을 잃어버리거나 태우지 말라고 당부한다. 그러나 두 언니는 허물을 태워버리게 되고 결국 구렁덩덩 신선비는 셋째 딸을 떠나게 된다. 약속을 지키지 못한 셋째 딸은 구렁덩덩 신선비를 찾아 나서고 우여곡절 끝에 재회하게 되는 이야기이다. 배우자 탐색담 유형에 속하는 이야기로서 외형적 형태는 물론 내면적 의

서는 고통스러운 모험을 겪어야만 했다.[22]

  〈늑대소년〉의 순이 또한 마찬가지이다. 미성숙한 소녀인 순이에게 처음 다가온 늑대소년 철수는 무성의 존재에 불과했다. 그러나 순이는 철수와의 사랑이라는 모험의 길을 떠남으로써 소녀에서 여인으로 변화할 기회를 얻게 된다. 여기에는 원수의 아들이고 현재는 보호자인 체하는 가짜 아빠이며 미래에는 끔찍한 남편감인 지태도 한몫을 했다. 순이는 그의 신붓감으로 인식되는 것이 너무도 싫다. 인간은 자신의 실제 이미지가 타인에게 전달되는 자신의 이미지와 일치하지 않을 때 나아가 타인의 관점을 통해 다시 투사되는 자신의 이미지가 스스로 인식하는 자신의 이미지와 불일치할 때 심리적인 균열이 일어난다. 이야기 속 소녀들이 모험을 시작하게 되는 이유는 이런 내면의 위기와 깊은 관련이 있다. 소녀들이 자발적으로 모험을 떠나는 때는 바로 심리적 균열이 일어날 때[23]이다.

  '전이'는 시련 극복의 단계로 육체적 · 정신적 시련을 인내하는 과정이다. 지금까지의 상태에서 분리된 개인이 애매하고 불확실한 경계성의 상태에 놓이게 된다는 것을 뜻한다. 통과의례의 진입 의식은 유괴나 혼절, 암벽 통과 등을 통해 이루어진다. 또한 진입 의식인 시련을 거쳐 피안으로 접근했다는 표시는 극적인 혼절, 가사(假死) 상태 등으로 나타난다. 새로운 존재가 되려면 우선 죽음의 의례와 만나야 하는 것이다.[24] 문학에서의 통과의례를 연구한 시몬느 비에른느(Simone Vierne)는 분리를 '준비', 전이를 '통과제의적 죽음', 통합을 '재탄생'이라고 명명한 바 있는데, 그는 두 번째

  미에 있어서도 「에로스와 프시케」 유형의 설화라고 볼 수 있다.

22 신동흔 편, 「구렁덩덩 신선비」, 『세계민담전집』 01 — 한국편, 황금가지, 2003, 93쪽 ; 이송희 · 채숙희, 앞의 논문, 233쪽 재인용.

23 이송희 · 채숙희, 앞의 논문, 235쪽.

24 Vierne, Simone, 앞의 책, 79쪽 도표 참조.

전이 단계를 가장 중요하게 보았다.[25]

전이의 첫 번째 단계는 진입이다. 〈늑대소년〉에서 순이는 처음에는 철수의 짐승과도 같은 모습에 외면을 한다. 그러나 야생의 습성을 고치기 위해 애견 훈련서를 보며 길들이기 시작하면서 점점 철수에 대한 애착이 생긴다. 더불어 순이 스스로에게도 변화가 일어난다. 순이의 무의식은 자유롭고 건강한 삶을 꿈꾸지만 현실은 질병과 결손 가정, 가난 그리고 원하지 않는 결혼과 약혼자가 존재할 뿐이다. 밤마다 눈물지으며 '쓸모없는 폐병 환자 죽어버려!' 라고 자학을 하며 자기실현의 길이라고는 보이지 않는 상황에서 순이는 철수를 통해 모성성(母性性)에 눈을 뜨게 된다. "모성이란 감싸고 베풀고 돕고 가르치는 것이며 위험에 처했거나 그 존재가 미숙해서 보호가 필요한 이들에게 피난처를 제공하고 그 성장을 돕는 존재에게서 찾아지는 성격"[26]이다.

이야기 속 소녀들은 모험을 통해 새로운 발견을 경험하곤 한다.[27] 「빨간 모자와 늑대」에서 늑대의 유혹에 말려들어 잘못 길을 택한 빨간 모자는 집과 의무를 벗어난 세계가 얼마나 매력적인지를 발견한다. 나비를 쫓아다니고, 꽃다발을 만들면서 자연을 즐길 수 있을 때까지 즐긴다. 인간은 무의식의 근원에서 지나치게 멀어지면 삶의 의미를 느끼지 못하고 여러 정신적인 문제에 봉착하게 된다. 이럴 때 무의식의 부정적인 면에 사로잡힐 것이 아니라 굳건한 자아 의식을 가지고 그것의 의미가 무엇인지 진지하게 탐구할 필요가 있다. 그러면 잠재되었던 인간의 가능성은 창

---

25 Vierne, Simone, 앞의 책, 20쪽.
26 김윤아, 『여성영웅서사의 원형성 연구 : 무가 '바리공주'를 중심으로』, 성균관대학교 석사학위 논문, 2007, 27쪽.
27 이송이 · 채숙희, 앞의 논문, 237쪽.

조적인 작업으로 실현되고 봉착해 있던 문제는 해결 가능해질 수 있다.[28] 〈늑대소년〉의 순이는 늑대소년을 가르치고 훈련시키면서 자신의 능력에 대해 자부심을 느끼며 활기를 찾게 된다. 스스로를 비관했던 이전과는 달라진 모습이다. 폐병 환자였던 순이가 들판을 뛰어다닐 정도로 건강해지며 생명과 사랑을 가꾸고 키워가는 존재가 되어간다. 자신과 연결된 세계와의 교감을 통해 얻게 되는 내면의 고귀한 힘 즉 자신도 미처 알지 못했던 정체성에 대해 믿음이 생겨가는 것이다. 여기서 소녀 판타지의 흥미로운 특성이 발견된다. 〈이웃집 토토로〉〈센과 치히로의 행방불명〉〈판의 미로 ─ 오필리아의 세 개의 열쇠〉 등을 보면 소녀 주인공 판타지 영화들은 모험담을 기본으로 하면서도 사랑과 생명 탐구가 강조된다는 공통점이 있다.[29] 순이는 철수에게 기타를 치며 '나의 왕자님'이라는 노래를 들려주고 순이를 뚫어지게 바라보던 철수는 순이가 자신에게 그랬듯이 그녀의 머리를 쓰다듬어 준다. 순이는 철수와의 만남으로 인해 아직 분명한 색깔은 아니지만 어렴풋이 낭만적 사랑에 진입했다고 볼 수 있다. 순이는 지태의 위협으로부터 자신을 보호해주는 철수를 신뢰하며 그에 대해 품게 된 애틋한 관심과 사랑으로 우울함에서 벗어나 명랑한 모습을 되찾게 된다.

전이의 두 번째 단계는 순이가 통과의례의 관문을 통과해 나가는 부분이다. 지태가 순이를 괴롭히자 철수는 야성을 드러내며 늑대로 변신해 지

---

28 이선미 · 천성문 · 이영순, 「춘향전의 자기실현화 과정에 대한 분석심리학적 접근」, 『상담학 연구』 Vol.11, No1, 2010, 135쪽.
29 사츠키와 여동생 메이는 숲의 요정 토토로로부터 도토리 씨앗을 받아 큰 나무 숲으로 살려낸다. 치히로는 하쿠의 생명을 구하기 위해 생과 사의 갈림길을 운행하는 죽음의 기차에 오르고 하쿠를 구한다. 오필리아는 죽은 나무를 살리라는 미션을 수행한다. 벨라는 그녀가 사랑하게 된 에드워드가 자신을 밀어내려고 하자 자신도 뱀파이어가 되고 싶다는 소망을 품게 된다. 반면 〈해리포터〉류의 소년 판타지는 모험과 극복을 키워드로 한 성취에 더 큰 방점이 찍힌다.

태 일당을 혼내준다. 이 광경을 목격한 순이는 너무도 놀라지만 다시 평소 모습으로 돌아온 철수를 변함없이 신뢰한다. 철수의 늑대 변신 사건을 통해 지태는 철수가 위험한 존재라는 것을 알리고 철수는 대령 무리에 의해 쇠사슬에 묶인 채 갇히게 된다. 하지만 순이는 자신만을 바라보는 철수에 대해 더욱 안타까운 마음을 가지며, 철수를 위협하는 이들에게 '철수의 털 끝 하나라도 건드리면 가만있지 않겠다'면서 엄포를 놓기도 하고 추근거리는 지태에게는 강하게 자기주장을 한다. 예전에는 없던 순이의 새로운 모습이 보이기 시작한다.

전이의 세 번째 단계는 지태가 철수에게 이웃의 염소를 해쳤다는 누명을 뒤집어씌우며 철수를 위기로 몰아가는 부분부터이다. 지태의 꼬임에 빠진 철수는 순이의 부서진 기타를 찾겠다며 밤중에 이웃집들을 무단으로 침입해 범죄자로 오인받는다. 결국 철수는 총을 겨눈 대령 무리들에게 포위되어 위험에 빠진다. 지태는 순이가 제지하자 그녀를 때리고 철수에게 총을 쏜다. 분노한 철수는 다시 늑대로 변신하고 지태는 철수의 손에 죽임을 당한다. 철수에게 사살 명령이 떨어지고 철수는 순이를 안고 숲 속으로 도망친다. 숲으로 도망친 후 순이는 "네가 괴물이어도 괜찮아."라고 말하며 쓰러진다.

순이는 이제 전이 단계의 마지막 부분인 철수와의 이별을 향해 가고 있다. 정신을 되찾은 순이는 목숨이 위험한 철수에게 도망가라고 말한다. 철수는 머뭇거리고 순이는 일부러 모질게 대하며 철수를 밀쳐낸다. 순간 그동안 말 한마디 하지 않은 철수가 드디어 말문을 연다. 자신을 떠나가는 순이에게 "가지 마!"라고 말하는 것이다. 이 절정의 장면에서 처음으로 내뱉은 철수의 한마디는 순이가 철수와 우여곡절을 겪은 끝에 얻어낸 작은 보상이라고 할 수 있다. 오랜 가르침의 보상과도 같은 철수의 첫 말을 듣자마자 순이는 이별이라는 통과의례적 죽음을 맞이하게 된다. 통과의례적 죽음은 기존 존재의 소멸을 의미한다. 동화 「백설공주」가 독사과가 목에 걸려 정신을 잃은 것, 「잠자는 숲속의 공주」가 물레에 찔려 100년간의 깊은 잠에 빠지는 것과 동일한 것이다. 인당수에 빠져든 심청이 죽음을 맞이하는 것, 춘향이가 옥에 갇혀 정신적인 죽음을 경험하는 것도 마찬가지이다.

'통합'은 분리와 전이를 통과해 이전의 자기(self)는 죽고 새로운 존재로 태어나게 되는 과정이다. 불확정적이고 과도적인 세계에서 일상적이고 세속적인 세계로 다시 돌아와 새로운 지위와 역할을 얻게 되는 것이다. 무책임하고 무지한 어린이의 세계에서 벗어나 보다 높은 존재로 새롭게 태어나기 위해서 필연적으로 거쳐야 하는 과정이다. 통합은 인간으로서의 권리와 자격을 획득하고 보다 높은 정신적 · 문화적 가치가 있는 세계에 들어가기 위해서 겪어야 하는 육체적 · 정신적 성숙과 성장을 위한 하나의 과업과 같은 것이다.[30]

〈늑대소년〉의 순이는 철수와 헤어지고 미국으로 떠났다. 철수와의 만남과 헤어짐을 통해 그녀가 어떠한 성숙을 이루었는지는 알 수 없다. 미국에서의 삶은 이미 늙은 순이의 일상적인 모습을 통해 잠깐 보여진다. 그녀는 판타지와도 같은 철수와의 추억을 간직한 채 결혼하고 아내이자 어머니로서 자녀들을 낳고 안정적인 삶을 살아왔을 것이며, 철수와의 만남과 사랑의 기억은 오래전 꿈처럼 묻고 살았을 것이다. 많은 사람들이 이렇게 오래전 추억들을 마음에 묻은 채 살아간다. 소녀 순이는 늑대소년과의 만남과 헤어짐을 통해 소녀에서 여성으로 성장하고 그에 맞는 역할을 수행하며 살아온 것으로 보인다. 그러나 통과의례의 관점에서 순이의 삶은 완전한 통합은 아니었다고 본다. 분석심리학의 관점에서 볼 때 순이의 의식은 통

---

30 Vierne Simone, 앞의 책, 79쪽 도표 참조.

과의례적 통합을 수행했으나 무의식은 완전한 통합을 이루지 못했다. 통과의례를 순이의 인생 전체로 놓고 본다면 오히려 통합은 다시 옛 집을 찾아가 철수를 만나는 늙은 순이에서 완성된다고 볼 수 있다.

늙은 순이의 통과의례

〈늑대소년〉의 시작은 늙은 순이의 미국에서의 일상이다. 재미교포인 순이는 아들 며느리 가족과 함께 편안한 노후를 보내고 있는 것 같다. 그러나 새벽녘에 우두커니 앉아 있는 모습, 곱게 갠 소녀 시절(늑대소년을 만났을 당시)의 옷 등을 통해 그녀의 삶이 겉으로 보이듯이 완전히 평온한 것만은 아니라는 것을 짐작할 수 있다. 그녀에게 어느 날 한국에서 전화가 걸려온다. 늙은 순이는 한국행을 결심하고 비행기를 탄다. 이것이 늙은 순이의 통과의례적 분리이다. 그녀는 자신의 소유로 되어 있다는 옛 집에 손녀딸과 함께 찾아온다.

늙은 순이는 옛집 앞에서 오래전 일을 회상한다. 영화의 대부분 시간을 차지하는 소녀 순이의 이야기이자 통과의례적 전이의 시작이다. 늙은 순이는 손녀에게 "어른이 되면 안 보이던 게 보여. 많이 아는 게 좋은 거 같지만 그때가 되면 겁쟁이가 돼서 못 하는 게 많아. 살면서 딱 한 번뿐이야. 그땐…… 다시 안 와."라고 말한다. 이 모습에서 속물적 가치로 대표되는 기성 사회에서 적응하며 잘 살아온 듯이 보였지만 실상은 정작 중요한 가치(순수한 사랑, 약속 등)를 묻어둔 채 살아온 순이 내면의 갈등을 짐작할 수 있다. 늙은 순이는 손녀와 이 집에서 하룻밤 묵기로 한다. 새벽 1시가 넘은 시각 혼자 깨어나 우두커니 앉아 있는 순이는 소파 틈 사이에서 오래전 철수가 숨겨두었던 신문지에 싸인 캐러멜을 발견한다. 순이는 철수가 살았던 뒤꼍으로 간다. 사육장 바깥문을 열자 마치 온실처럼 화초들이 울창하고,[31] 오래전 철수가 쓰던 방 밑으로 불빛이 새어 나오고 있다.

늙은 순이는 망설임 끝에 문을 연다. 그러자 마치 어제처럼 철수가 옛 모습 그대로 앉아서 자신을 기다리고 있다. 철수는 빛바랜 쪽지를 보여준다. 과거 순이가 이 집을 떠날 때 남기고 간 '기다려! 나 다시 올게' 라고 쓰인 쪽지였다. 이것은 47년 동안 철수를 기다리게 한 약속의 정표였다. 감격에 찬 늙은 순이가 철수를 끌어안으며 말한다.

> 늙은 순이 : (눈물을 닦으며) 나 이제 완전히 할머니 됐어. 머리도 하얗
> 게 세고……
> 철수 : (가만히 바라보다가 입을 연다) 아니야……
> 늙은 순이 : (놀라서 쳐다보면)
> 철수 : 똑같습니다. 손도, 입, 눈, 지금도…… 예뻐요…… 많이…… 보고
> 싶었습니다.

판타지 영화로서의 〈늑대소년〉의 특징을 가장 생생하게 보여주고 있는 부분이지만 이 장면은 순이가 지닌 내면의 욕망이 충족되는 부분이기도 하다. 철수는 순이조차 잊어버리고 있던 약속을 지키기 위해 여인이 일부종사를 하듯이 47년을 기다렸다. 게다가 괴물처럼 늙어버린 순이를 여전히 소녀 적 모습으로 기억하고 있다. 늙은 순이는 늑대소년과의 재회를 통해 진정한 통합의 단계를 향해 나아갈 수 있게 되었다. 이전과 다른 세계를 경

---

31 과거 철수는 마을 꼬마가 준 콩싹에 물을 주며 정성을 들여 키운 적이 있었다. 비에른느 시몬느에 따르면 통과의례란 인간이라는 씨앗을 성숙시켜서 완성시켜줄 어떤 상태의 시작이다. 싹은 생명의 움이며 생명의 상징이다. 그러나 낟알과 마찬가지로 인간은 새롭게 태어나기 위해서 먼저 죽어야 하는 것이다(Vierne Simone, 앞의 책, 19쪽). 철수가 키우는 콩싹이 아마 큰 화초로 자랐을 것이라는 설정은 미성숙한 소녀가 성숙한 여성으로 성장해간다는 영화가 전하는 메시지로 생각된다.

험하면서 거치게 되는 통과의례는 침체된 일상적 삶으로부터 벗어나려는 욕구나 불필요한 껍데기를 벗으려는 욕구에 의해서 얻어진다.[32] 자기를 돌아봄으로써 진정한 자기 화해의 국면을 맞는 기회를 얻고 육체적으로나 정신적으로 보다 나은 정체성을 확보할 수 있게 되는 것이다.[33]

환상은 현실이 각박하고 힘들며 돌파구가 없기에 만들어내는 것이다. "환상물의 소재는 보이지 않는 것과 말할 수 없는 것이며 꺾이지 않는 욕망, 아직 존재하지 않거나 또는 존재하도록 허용된 적이 없는 것들…… 들어보지 못한 것, 보이지 않는 것, 상상적인 것 등에 대한 열망이다."[34] 환상은 내부에 어떠한 욕망이 있기 때문에 존재하며, 마음껏 드러낼 수 없는 욕망의 정체를 알려준다. 환상문학가인 토도로프(T. Todorov)에 따르면 환상은 일상의 균형을 무너뜨리는 기제로만 활용되는 것이 아니라 넘지 못할 것 같은 인물들의 심리적 불균형 상태를 균형 상태로 이동시키며 화해에 이르도록 도와주는 중요한 역할을 한다.[35]

고전 「숙향전」에서 숙향은 가혹한 시련을 이겨나가야 하는 통과의례의 과정에서 전생의 기억을 되찾는 환상을 경험한다.[36] 숙향은 환상을 통해 자신이 미처 몰랐던 스스로의 힘을 깨닫게 된다. 이때 환상은 새로운 변화 과정에서 겪게 되는 시련을 잘 극복하여 다음 단계로 나아갈 수 있도록 도와주는 기능을 한다. 환상은 변화의 시기에 이르러서도 아직 이전 세계를 떠

---

32 Vierne Simone, 앞의 책, 133쪽.

33 강윤희, 『오정희 소설 연구: 여성적 글쓰기를 중심으로』, 서강대학교 석사학위 논문, 1999, 40쪽.

34 Jackson, Rosemary, 『환상성 : 전복의 문학』, 서강여성문학연구회 역, 문학동네, 2001, 31쪽, 84쪽, 93~96쪽.

35 권은경, 『대중문화의 환상성 연구 — 영화, TV 드라마, 게임의 스토리텔링을 중심으로』, 한양대학교 석사학위 논문, 2012, 55쪽.

36 이유경, 앞의 논문, 520쪽.

나지 못하고 있는 주인공에게 새로운 삶의 단계로 넘어갈 수 있는 준비를 하게 해준다. 현세에서 삶의 고난을 이겨낼 힘을 주고 고통스러운 상황에서도 삶을 포기하지 않고 계속 살아갈 힘을 갖게 해주는 것이다. 환상적인 설정으로 철수를 통해 듣게 되는 예전처럼 예쁘다는 말은 어쩌면 순이의 내면이 스스로에게 말하는 것일 수 있다. 설사 외모가 괴물처럼 늙어버렸다고 해도 스스로를 괴물로 생각하며 비탄과 허망감에 빠져 있는 대신 건강하고 자신 있게 지금의 자기 모습을 받아들일 수 있는 힘을 얻게 되는 것이다.

늙은 순이는 옛집에 오게 됨으로써 무의식에 감추어져 있던 자신의 내면과 마주하게 되었다. 그것은 철수를 47년 동안이나 버려둔 무책임하고 무기력한 자신이었다. 그러나 철수와의 재회를 통해 철수와 또 자기 자신과 화해할 수 있게 되었다. 해결되지 못한 무의식의 걸림돌을 걷어내고 의식과 무의식의 통합을 이뤄내며 통과의례를 완수하게 된 것이다. 이로써 순이는 진정한 어른이 되고 남은 노년기를 이전보다 건강하게 살아갈 힘을 얻게 되었다고 볼 수 있다. 〈늑대소년〉의 서사는 통과의례의 마지막 단계인 통합을 표현하기 위해 늙은 순이와 예전 모습 그대로인 철수와의 재회라는 환상적인 요소를 활용하고 있다고 보인다.

분석심리학은 인간의 인격을 커다란 빙산으로 비유한다. 평소에는 빙산의 일각인 의식 속의 자아가 삶의 주인공처럼 활동하지만 의식은 드러나지 않은 엄청난 무의식에 비하면 매우 미미하다. 인간은 의식과 무의식이 불일치하고 간극이 커질 때 내면적 갈등에 빠지며 의식과 무의식을 통합하려고 하게 된다. 바로 균열된 인격을 온전히 통합하여 자기실현을 이루고자 하는 것이다.[37] 이는 인간다운 인간이 되고 싶다는 무의식의 소망이 이뤄지는 길이기도 하다. 청소년에서 성인으로든, 성인에서 노인으로

---

37 이선미 외, 앞의 논문, 126쪽.

든 누구든 과도기의 혼란에 빠져 위기에 처했을 때 자신의 자아상을 찾아 나가기란 쉽지 않은 일이다. 하지만 인간이 통과의례를 성공적으로 달성해 자아실현을 이뤄낸다면 이는 심리적인 영웅의 자리에 오르게 되는 것이다.

순이는 47년이라는 긴 시간의 지연 끝에 온전한 통합을 이뤄냄으로써 통과의례를 완수하고 현실로 돌아와 내면의 성장이라는 최고의 선물을 안고 자신의 세계로 돌아간다. 옛집을 떠나기 직전 잠깐의 서글픈 표정은 젊은 시절 자신의 추억에게 보내는 짧은 인사와도 같은 것이다. 순이는 철수에게 미안한 마음이지만 그녀가 할 수 있는 일은 과거에 연연하며 철수를 붙잡는 것이 아니다. 성숙한 순이는 철수를 놓아준다. 떠나오는 차 안에서 전화가 걸려오자 순이는 집을 팔지 않겠다고 말한다. 자신을 붙잡고 있었던 철수와 옛 사건에 대한 회한은 집을 철거함으로써 묻어버릴 수 있지만 이는 미성숙한 선택이다. 대신 그녀는 언젠가 스스로가 원할 때 자유롭게 돌아올 수 있는 선택을 한다. 통합을 이뤄낸 순이에게 과거의 사건은 더 이상 후회스럽고 마음이 저리는 안타까운 회한이 아닌 행복하고 아름다운 추억으로 남게 될 것이다.

3. 〈늑대소년〉에 나타난 **통과의례**의 **요소**

통과의례를 치르기 위해서는 몇 가지 요소가 필요하다. 의례를 주도할 입사(入社, initiation) 주도자, 의례의 장소, 의례의 시간 등이 그것이다.[38]

---

38 이선미 외, 앞의 논문, 133쪽 참조.

입사 주도자

통과의례의 입사 주도자는 입문자에게 시련과 고통을 주어 죽음의 경지에까지 이르게 하지만 결국 입문자를 새로운 존재로 탄생시켜주는 존재이다. 필요악적인 인물, 이중적인 역할을 하는 인물로서 콩쥐의 계모, 춘향전의 변 사또, 프랑스 민담 「빨간 모자와 늑대」에서는 빨간 모자에게 홀로 심부름을 다녀오라고 시키는 어머니 같은 인물이다. 만약 주인공을 괴롭히는 인물이 없다면 성장과 자기실현도 없을 것이다.

먼저 소녀 순이의 통과의례의 입사를 주도하는 핵심적인 인물은 순이의 약혼자인 지태이다. 그는 분석심리학적으로 볼 때 그림자[39] 인물이며 순이에게 시련과 고통을 주고 결국 철수와 헤어지게 하는 존재이다. 늙은 순이에게는 철수가 순이의 내면이 통합을 달성하게 한다는 면에서 입사 주도자의 역할을 한다고 볼 수 있다. 철수는 늙은 순이의 내면에 죽지 않고 살아 그녀를 다시 옛집으로 불러들이고 자기실현과 통과의례를 완수하게 한다.

의례의 장소

통과의례의 장소는 동굴이나 물속, 감옥 같은 곳으로서 이전 상태와 단절하고 새로운 존재로 다시 태어나게 해주는 곳이다. 단군신화의 곰이 근신한 굴(窟)은 사람이 되기 위한 통과의례의 장소이며 춘향에게는 감옥, 심청에게는 인당수, 동화 「잠자는 숲속의 공주」에게는 마녀의 경고에도 불

---

39 인간 내부에 있는 자기의 부정적인 측면을 말한다. 무의식적 인격의 어떤 측면이 인격화된 것으로 인격의 또 다른 면인 어둡고 미분화된 의식의 열등한 부분이다. 이선미 외, 앞의 논문, 132쪽.

구하고 몰래 들어가 물레에 찔리게 된 금지된 방이 그런 곳이다. 이곳은 재생을 위한 제의적 공간을 뜻하며 통과의례적 죽음의 상태를 지내는 곳을 의미한다.

〈늑대소년〉에서 소녀 순이의 제의적 공간은 크게 두 곳이다. 첫 번째는 너른 평원이다. 쏟아지는 밝은 햇빛 아래 아름답고 평화롭게 보이는 평원은 원초적인 낙원에 대한 동경을 불러일으킨다. 성경 창세기의 냉혹한 낙원 추방 이야기처럼 인류는 낙원을 잃어버렸지만 누구나 자신을 정화시키는 안식처를 꿈꾸며 낙원에 대한 향수를 가지게 된다. 순이는 철수와 평원에서 뛰어다니고 서로 교감하며 신체적 정신적 회복과 성장을 도모한다. 평원은 통과의례의 진입 의식이 일어나는 장소이다.

두 번째는 숲이다. 통과의례를 다룬 서구의 설화들을 보면 숲은 사회가 규정하는 성 역할을 거부하고 싶어 하는 소녀들의 꿈이 이루어지는 공간이다. 자연과의 놀라운 친화성, 만물과의 교감이라는 스스로도 알지 못했던 능력을 재발견하게 되는 공간으로 나타나는 것이다.[40] 「빨간 모자와 늑대」의 소녀는 숲 속에서 마주친 늑대에게 두려움을 느끼지 않는다. 늑대의 계략으로 숲 속에 오래 머무르게 되지만 여기서 오히려 자연의 아름다움을 느끼고 더 오래 머물고 싶어 한다. 어떤 의미에서 숲 속은 소녀의 억눌렸던 욕망과 꿈이 실현되는 공간이다. 숲에서 소녀는 늑대와 대화를 나눌 수도 있고 자연에 매혹되기도 하며 자신에게 가해진 의무에서 마침내 자유로워질 수 있었다. 늑대로 변신한 철수는 지태를 죽이고 기절한 순이를 안고 깊은 숲 속의 굴로 도망친다. 굴에서의 상징적인 죽음은 웅녀의 경우처럼 또 다른 탄생을 예고한다. 이 굴에서 하루를 같이 보낸 후 헤어지게 될 때 철수는 처음으로 사람의 말을 한다. "동굴은 태곳적 사람들에게는 어머니의 자궁을 상징하는 곳이

---

40 이송이 · 채숙희, 앞의 논문, 244쪽.

자 정신적 물질적 안식처의 역할을 하는 곳으로 이해되었으며 변형의 장소로 여겨졌다. 즉 불완전성이 완전성으로 질적인 변이를 일으키는 성스러움의 장소로 여겨진 것이다."[41] 순이가 공들여 가르쳐온 철수는 동굴에서의 밤을 지내고 드디어 인간의 언어로 말을 하게 되는 것이다.

늙은 순이에게는 돌아온 옛집이 의례의 장소가 된다. 그녀는 이곳에서 47년 동안 변하지 않고 기다려온 철수를 만난다.

의례의 시간

통과의례의 시간은 의례의 절정이 되는 시간으로 재생 직전의 시간이다. 춘향의 경우 감옥에서 거지로 변장한 암행어사 이몽룡을 만나는 삼경(三更)이 신분 상승의 고비가 되는 절정의 시간이다.[42] 이러한 번뇌의 시간은 자기와의 만남의 시간이기도 하다.

통과의례의 시간은 죽음에서 깨어나 통합을 이루기 직전의 고비를 겪는 시간이다. 심청의 경우 황후가 되어 맹인 잔치에 초대한 아버지를 만나기 직전, 아버지의 개안(開眼)이라는 목적을 달성하는 고비가 되는 번뇌의 시간이 통과의례의 시간이다. 빨간 모자에게는 늑대 뱃속에 갇혀 있던 시간, 「잠자는 숲속의 공주」에게는 왕자가 찾아와 키스를 하기 직전인 100년

---

41 『프랑켄슈타인』의 작가 메리 셜리는 『최후의 인간(The Last Man)』에서 문학적인 부권의 비유를 암시적으로 반박하는 여성론적인 동굴의 우화 즉 여성의 성적 에너지에 대한 신화를 제시한다. 동굴은 여성적인 공간이며 자유로운 여성 사제, 잃어버린 무당, 신적인 통찰력을 지닌 여자 예언자가 살고 있어 남성들의 잠재력에 대응하는 여성적인 창조력이 살아 숨쉬는 공간이라는 것이다. 산드라 길버트, 『현대문학비평론』, 한신문화사, 1994 ; 진은진, 「女性探索譚의 敍事的 傳統 硏究」, 경희대학교 박사학위 논문, 2002, 35쪽 재인용.
42 이선미 외, 앞의 논문, 133쪽 이하.

에 임박한 시간일 것이다.

〈늑대소년〉의 순이에게 통과의례의 절정의 시간은 철수와 재회하기 전 옛집에서 하룻밤을 묵기로 한 시간이다. 순이는 다시 돌아가겠다는 철수와의 약속을 잊고 결혼도 하고 아이도 낳아 키우며 잘 살아가고 있었지만 그녀의 무의식은 철수와 지키지 못한 약속에 대한 회한, 늙어가는 자신에게 느껴지는 이질감 등이 깊어지며 공허와 허탈감을 일으켰다. 그러한 때 순이는 예기치 않은 그러나 무의식이 끌어당긴 조그만 계기[43]를 통해 재생과 부활의 기회를 포착하게 되었다. 만약 그 기회를 무시하고 놓쳤다면 통합을 이루어낼 기회가 사라질 수도 있었다. 늙은 순이가 옛집에서 하룻밤을 보내며 철수가 살던 방의 문을 열기까지의 시간이 바로 통과의례의 결정적 시간이다. 그녀는 이 고비를 넘기며 완전한 자기와 만나고 자기를 실현할 기회를 얻게 되었다.

4. 〈늑대소년〉 통과의례의 특징

낭만적 사랑의 요소

제작자가 세상에 없던 사랑을 보여주고 싶다고 했듯이 〈늑대소년〉은 낭만적인 로맨스를 표방한다. 〈늑대소년〉의 순이와 철수는 '낭만적 사랑 (romantic love)의 이야기'[44]를 반복하고 있다. 순이는 자신을 보호해주고

---

43 늙은 순이는 서울에서 걸려온 전화를 받고 급히 귀환을 하게 된다. 전화의 내용은 순이가 과거에 살았던 옛집이 어떤 이유인지 순이 소유로 되어 있으며 지역 펜션 개발을 위해 철거가 필요하다는 군청에서 걸려온 전화였다.

44 낭만적 사랑의 신화는 현대인에게 영향을 미치는 가장 강력한 신화의 하나이

따라주는 철수를 사랑하게 되며 그와의 교감을 통해 통해 점차 자신의 여성성을 자각하며 성장하게 된다. 우리가 낭만적 사랑에 빠지는 이유는 상대방에게서 자신의 일부였으나 자신에게는 없는 내면의 반대 성(性)을 찾기 때문이다.[45) 이것이 바로 남성에게는 아니마(anima), 여성에게는 아니무스(animus)이다. 융(C. G. Jung)은 이것을 인류가 조상 대대로 이성(異性)에 관해 경험한 모든 것의 침전물이라고 했다.[46) 아니마는 자기실현을 이끄는 가장 중요한 원형(原型, Archtype)으로 여겨진다. 첫눈에 반해 사랑에 빠지는 남녀 사이에는 대개 아니마와 아니무스의 투사가 존재한다. 「춘향전」의 춘향과 이몽룡, 영화 〈타이타닉〉의 로즈와 잭이 신분을 넘어선 사랑을 하고, 〈늑대소년〉의 순이가 늑대소년 철수와 사랑에 빠지는 이유는 서로가 상대방에게서 아니무스와 아니마를 발견했기 때문이다. 남성이나 여성이 사랑의 대상으로서 자신의 의식적 인격인 페르소나(persona)[47)에 가장 반대되는 유형의 이성을 얻으려는 유혹을 받는 것도 이 때문이다.

"고마워요, 내 손 잡아줘서. 고마워요, 내 눈 바라봐서. 고마워요, 내가 그리던 왕자님, 이렇게 내 앞에 나타나줘서." 라고 순이가 부르는 '나의 왕

다. 낭만적 사랑이란 남녀가 첫눈에 반해 누구도 못 말리는 사랑, 어떠한 조건
도 끼어들 수 없는 순수한 사랑, 열정적이고 운명적인 사랑이다. 낭만적 사랑
의 서사를 크게 세 국면으로 나누면 첫째, 자신들의 만남이 운명이라고 믿는
다. 둘째, 방해자가 있다. 이들은 자신들의 사랑을 방해하는 힘과 싸운다. 그러
나 방해 요인이 오히려 그들의 사랑을 북돋운다. 셋째, 죽음으로 끝난다는 특
징이 있다(김공숙, 「낭만적 사랑(Romantic love) 신화의 현대적 해석」, 『콘텐츠
문화』 창간호, 문화예술콘텐츠학회, 2012, 193쪽 이하 참조).
45 김명희, 「무협영화에 나타난 아니마와 개성화 : 와호장룡과 동방불패를 중심으
로」, 『문학과 영상』 봄·여름호, 2004, 131쪽.
46 이부영, 『분석심리학』, 일조각, 1998 ; 이선미 외, 앞의 논문, 131쪽 재인용.
47 페르소나는 사회 집단이 개인에게 기대하고 요구하는 것에 맞추어가는 사회적
역할, 즉 가면이다.

자님' 가사에서도 알 수 있듯이 철수는 지태로부터 순이를 벗어나게 해줄 수 있는 구원자이자 보호자였다. 그는 충실한 애완견처럼 순이만을 바라보고 순종하며 약속을 지켜주었다. 순이는 이런 철수를 통해 자신이 무의식이 소망하는 반대 성인 아니무스를 깨닫게 된다. 여성이 내면의 남성적 무의식인 아니무스를 깨닫게 되면 그것은 중요한 내적인 힘을 발휘하게 하는 원동력이 된다. 남성적 기질인 주도성, 용기, 객관성, 영적인 지혜 등을 얻게 되는 것이다.[48] 순이는 철수를 만나면서 주도성과 용기를 획득하게 되고 자신도 모를 강인한 내면의 힘을 발견하게 된다.

병약하며 소극적 비관적으로 비쳐졌던 그동안의 순이 모습은 순이의 페르소나라고 볼 수 있다. 실제의 자신과 페르소나가 간극이 커지면 심리적 균열이 일어날 수밖에 없다. 순이는 늑대소년을 통해 자신의 페르소나에서 벗어나 내면을 솔직히 드러내게 된다. 이전과는 달리 지태에게 화를 내고 의견을 똑바로 말하는가 하면, 철수를 가르치며 즐거워하는 호기심 많고 명랑한 모습을 드러내고, 철수를 보호하기 위해 이전과는 달리 적극적이고 저항적인 모습도 보인다. "가장 여성적인 여성이 믿을 수 없을 만큼 강한 고집을 부리는 것이 바로 아니무스적인 성격이다."[49] 여성은 아니무스를 통해 남성은 아니마를 통해 자신의 결핍을 보완, 통합해나갈 수 있다.

낭만적 사랑의 서사의 결말은 항상 죽음이다. 그들은 실제로 죽거나 죽음과도 같은 이별을 경험함으로써 비극의 주인공이 되지만 그 죽음이 이들의 사랑을 영원한 것으로 완성한다. 전 세계 로맨스 영화 중 역대 최고의 흥행작인 〈타이타닉〉의 잭도 로즈를 살리고 죽게 되는 인물이다. 사실 〈타이타닉〉과 〈늑대소년〉은 도입부부터 아주 많이 닮아 있다. 늙은 로

---

48 이선미 외, 앞의 논문, 131쪽.
49 위의 논문, 132쪽.

즈가 70년 만에 인양된 타이타닉에 오르는 것과, 늙은 순이가 47년 만에
옛집으로 돌아가는 설정이 꼭 같다. 두 영화의 핵심 이야기를 싸고 있는
외부 액자와 액자 내부의 이야기도 진행이 유사하다. 낭만적 사랑 서사의
공통 골격을 그대로 따르고 있으니 당연한 결과이다. 여주인공 젊은 로즈
에게 약혼자이자 사랑의 훼방꾼인 남자가 있듯이 순이에게도 자신을 약혼
자라고 믿는 지태가 있고 이들은 악당의 역할을 떠맡아 본의 아니게 운명
적 사랑의 조력자가 된다. 〈타이타닉〉에서는 잭이 죽는다. 이로써 로즈는
영원한 사랑을 얻을 수 있게 되었다. 〈늑대소년〉에서는 철수가 버려진다.
기다렸다고는 하지만 사실은 순이가 철수를 버린 셈이다. 결과적으로 철
수는 순이의 영원한 사랑을 위해 그렇게 된 것이다.

　〈늑대소년〉은 관습적인 낭만적 사랑 서사와 차이점도 보인다. 첫째, 〈늑
대소년〉은 전통적인 낭만적 사랑의 이야기를 뒤집고 있다. 전통 설화 속 남
녀 관계에서 기다리며 인내하는 존재는 거의 여성이지만 〈늑대소년〉에서
는 반대이다. 순이가 아니라 늑대소년이 버려지고 기다린다. 그것도 변하
지 않은 그대로의 모습으로.[50] 남녀의 관습적인 성역할이 전도돼 있는 것

50　수십 년이 지났지만 약속을 지키기 위해 그 자리 그 모습 그대로 기다려온 이
　의 정념과 집착은 수많은 이야기 속에서 전한다. 일본의 괴담인『우게츠 이야
　기(雨月物語)』는 괴이의 세계를 통해 인간의 참모습을 구현한 작품으로 평가받고
　있는데, 이 책에 나오는 「폐허가」의 내용이 흥미롭다. 황폐해져버린 폐가에 오
　랫동안 집을 떠나 막 돌아온 남편 앞에 이별할 당시 남편이 남긴 '이 가을을 기
　다리시오'라고 하는 약속의 한마디에 목숨을 걸고 기다림에 지쳐 죽은 부인의
　망령이 나타난다. 그러나 부인은 망령이 아닌 예전 살아 있는 모습으로 나타
　나 남편과 재회하면서 폐가에서 하룻밤을 묵게 된다. 부인의 망령이 이야기하
　는 한(恨)은 집착에 대한 정념의 극치를 표출하고 있다(이준섭, 「雨月物語小考」,
　『日本研究』Vol.17, 한국외국어대학교 일본연구소, 2001, 259~279쪽).
　　미당 서정주의 시 「신부(新婦)」 또한 일부종사의 매서운 신념을 보여준다. 첫
　날밤 신랑의 오해로 버려진 신부가 수십 년이 지난 후에 신랑이 찾아가보니 그

이다. 둘째, 남녀의 지위가 전복되어 있다. 전통 이야기 속에서 우월한 지위를 점하는 이는 대부분 남성이다. 〈타이타닉〉에서는 잭이 로즈를 모델로 그림을 그려주며 인생의 길잡이 역할을 해준다. 하지만 〈늑대소년〉에서는 순이가 철수에게 글쓰기와 말하기를 가르친다.

〈늑대소년〉은 〈타이타닉〉과 매우 흡사한 서사 구조를 가지고 있지만 훨씬 더 강력한 낭만적 서사의 결말을 보여주고 있다. 늙은 로즈를 기다리는 것은 죽은 잭이 아니라 잭과의 추억이 담긴 목걸이이다. 그러나 늙은 순이를 기다리는 것은 여전히 그곳에 예전 그대로의 모습으로 있는 철수이다. 순이는 자신이 한평생을 부족함 없이 잘 살았노라고 자책하면서 철수를 버렸음을 시인하고 철수는 보고 싶었다고 말한다. 이로써 순이는 철수에게 빚진 47년을 단숨에 용서받게 되었다. 현실에서는 있을 수 없는 세월이 가도 변함없는 영원한 사랑이라는 판타지를 완성시켜주는 설정이다. 이 점에서 〈늑대소년〉은 〈타이타닉〉보다 훨씬 강력한 낭만적 사랑의 판타지이며, 낭만적 사랑 서사의 관습을 반복하지만 전복 또는 강화하는 특징을 보여주고 있다.

순이의 사랑을 받는 상대는 평범한 남성이 아니라 아주 특별한 존재인 반인반수의 '괴물'이다. 괴물이란 넓게 보면 다수가 속한 성향을 띠지 않는 존재이자 집단에서 배제되었거나 혹은 자의로 집단에 속하지 않고 질서로의 편입을 거부하고 있는 상태인 자이다. 이런 관점에서 〈늑대소년〉의 괴물은 분명히 늑대소년이지만 영화가 전달하고자 하는 괴물의 의미는 다중적이다.

모습 그대로 앉아 있다가 재로 내려앉아버렸다는 내용이다. 이미 죽었음에도 고스란히 제 모습대로 앉아 있는 초록재와 다홍재의 신부는 섬뜩함을 느끼게 한다(서정주, 『질마재 神話』, 일지사, 1975). 47년 전 모습 그대로 순이를 기다리는 늑대소년의 모습에서 다시 돌아온다는 약속을 믿고 그 모습 그대로 기다려오다 신랑이 찾아오자 재가 돼버린 신부가 연상되기도 한다.

영화 초반부에 늙은 순이는 거울 앞에서 자신의 얼굴을 보고 한숨을 쉬며 '이게 웬 괴물이냐' 라고 탄식한다. 이 영화가 '괴물은 과연 누구인가?'라고 묻고 있는 복선의 장면이라고 할 수 있다. 〈늑대소년〉에 등장하는 소녀 순이와 늙은 순이가 바로 괴물의 속성을 가졌다고 볼 수 있다. 사회의 주류 틀에서 빠져나와 소외된 노인의 상태와, 사회가 원하는 여성의 기능을 수행하기 이전인 어린 소녀의 상태는 아직 어디에도 속하지 않는 모호하고 중간자적인 존재라는 점에서 늑대소년이 가진 괴물의 속성과 상통하는 면이 있다고 보인다. 또한 인간보다 순수한 마음을 간직한 늑대소년 철수가 괴물인지, 그의 순수함을 이용하는 탐욕스러운 인간(지태)이 더 괴물인지를 묻고 있다고도 볼 수 있다.

여성 성장 서사의 요소

〈늑대소년〉은 여성 성장 서사의 특징을 지니고 있다. 소녀에서 시작된 통과의례가 늙은 할머니가 되어 완수되는 것이다. 성장을 담은 이야기 속 인물은 일반적으로 내면적 갈등과 정신적 성장, 자신을 둘러싼 각성을 통해 사회 안에서 자신의 정체성과 역할을 찾아가는 모습으로 나타난다. 그러나 여성의 성장 이야기는 남성과는 다소 차이가 있다. 대개의 경우 '남성은 가정, 사회로 이어지는 세계의 질서를 유지하고 작동시키는 사회적 역할을 부여 받게 되는'[51] 반면, 여성은 다른 특징이 있다.[52]

첫째, 여성의 성장 서사는 남성처럼 유년에서 성인에 이르는 시기에 나타나는 것이 아니라 성인기 이후의 시간 속에서 사랑과 결혼, 모성의 체험을 계기로 인생의 뒤늦은 시기에 그것도 불충분하게 나타나는 것으로

---

51 김아영, 「여성의 성장과 나무의 동물성」, 『이화어문논집』 Vol.28, 2010, 97쪽.

묘사되는 경우가 많다. 남성 주인공의 성장은 주로 단계적이고 점진적으로 이루어지는 경향이 많지만 여성 주인공은 어떤 계기가 주어졌을 때 순간적, 집약적으로 이루어지는 편이다. 그래서 여성의 성장은 과거와의 새로운 결합이 아닌 단절이 중시되며 급작스럽고 극적인 각성의 계기를 거쳐 완료되는 경우가 많다.

〈늑대소년〉의 순이 또한 아버지의 죽음과 자신의 폐병으로 강원도 화천 산골로 이사를 오게 되어 늑대소년과 만나게 되었다. 늙은 순이의 귀환 또한 과거 일을 잊은 채 47년을 살다가 예상치 않은 한국에서의 전화를 받고 갑작스레 이루어진다. 이로써 늑대소년과의 극적인 재회를 통해 자신의 내면을 돌아볼 기회를 얻게 되고 통합으로 완성되는 것이다.

둘째, 여성의 성장 서사에는 '나는 누구인가?'라는 자신의 정체성에 대해 의문을 가지고 답을 찾아가는 자아 정체성 확립과 동시에 남성 중심의 질서 속에서 여성에게 가해지는 억압과 폭력이 드러나는 경우가 많다. 그래서 주인공은 여성 정체성을 자각하는 데에는 성공하지만 현실적인 조건에서는 실패와 좌절을 경험하게 된다. 즉 남성이 주인공인 통과의례 서사의 경우 주인공이 사회와의 조화와 전체성을 획득해나가는 '발전의 서사'를 보여준다면 여성 주인공의 통과의례 서사는 내면 심리로의 복귀나 혼돈, 반항에 만족해야 하는 '생존의 서사'를 보여준다.[53]

소녀 순이는 괴팍한 부잣집 아들 지태와 결혼을 강요당하는 형편이었다. 지태는 뜻대로 되지 않는 순이에게 폭언과 폭력을 가하기도 한다. 그러나 순이는 혼돈과 소극적인 반항을 보일 뿐 무기력하기만 했다. 철수를

---

52 이하 임혜란, 『오정희 · 은희경의 여성 성장소설 연구』, 공주대학교 석사학위 논문, 2010 ; 김아영, 위의 논문 참고.
53 김아영, 앞의 논문, 98쪽.

보호하려는 순이의 노력은 그녀조차 철수의 생존을 알 수 없는 무기력한 결과로 끝이 나버린다. 그리고는 타의에 의해 철수와의 추억이 많은 집을 떠나 이사를 가야만 했다. 철수와 헤어진 후 순이는 오랫동안 철수를 잊고 살아간다. 소녀 순이는 늑대소년과의 만남을 통해 내면의 힘을 발견하고 성장할 기회를 얻었지만 늑대소년을 잊고 살아감으로써 진정한 자기실현이 지연된 것이다.

셋째, 여성들은 오랫동안 남성 중심의 사회에서 타자성(他者性, otherness)[54]으로 생존해왔다. 여성 정체성의 자각은 긍정과 부정으로 쉽게 결정되기 힘든 현실적 조건을 가지고 있다. 여성의 욕망은 부권적 남성 사회에서는 용인되기 어려운 것이 현실이다. 그래서 남성의 성장 이야기가 사회와 화해해 성공적이고 온전한 편입을 그려내는 데 비해 여성은 가부장적 사회질서에 대한 자각이나 그 사회에 적응하기 힘들다는 사실을 확인하고 다시 집으로 회귀하거나 순응적인 삶을 사는 모습으로 나타난다. 여성은 삶의 본질과 여성으로서의 역할과 의미를 깨우치지만 개인적인 내적 자아와 사회적인 외적 자아 사이에 불화가 있음을 알게 되며 가부장적 질서로부터 쉽게 벗어날 수 없다는 삶의 한계를 뼈저리게 자각하게 되는 것이다. 통과의례를 완수하지만 기존 윤리나 고정된 관념, 타협을 요구하

---

54 타자성은 어떤 한 존재(남성)가 다른 존재(여성)를 자신의 경험과 시선으로 규정하고 그 다른 존재(여성)는 상대방이 내린 규정을 그대로 받아들여 스스로를 그 규정에 맞추어가는 것을 의미한다. 타자화 현상이 일어나는 관계에는 예외 없이 권력이 개입되고 권력 있는 쪽이 주체(남성), 없는 쪽이 타자(여성)가 된다. 이때는 주체의 체험이 권위를 가지며 그의 이익이 우선적으로 고려된다. 타자는 주체의 체험을 바탕으로 만들어진 지식 체계를 그대로 자신의 것으로 받아들임으로써 스스로를 소외시키게 된다(조혜정, 『탈식민지시대 지식인의 글 읽기와 삶 읽기』 1, 또 하나의 문화, 1992 ; 강윤희, 앞의 논문, 41쪽 재인용). 쉽게 말하면 남성 지배의 가부장제를 여성 스스로 내면화하게 된다는 것이다.

는 사회적 분위기를 거스를 수가 없다는 현실적 이유 때문에 오히려 여성 성장 서사는 여성이 기존의 질서를 거스르지 않고도 내면의 성장을 달성하는, 보다 높은 차원의 성숙된 모습으로 표현된다.

순이가 철수를 잊은 채 살아온 세월은 사회에 충실히 편입된 삶이긴 했으나 본연의 모습이 아닌 사회적 가면을 쓰고 살아간 페르소나의 삶일 수 있다. 늙은 순이는 운명적인 부름을 통해 페르소나를 벗을 기회를 얻게 된다. 그리고 철수와의 재회를 통해 억눌러두었던 내면의 무의식과 만나 통합을 이루고 진정으로 성숙한 여성으로 거듭나게 된다. 그러나 순이에게 늑대소년은 이제 더 이상 판타지가 아니다. 눈물을 글썽이면서도 떠나고 마는 늙은 순이에게서 판타지는 판타지일 뿐 아름다운 순간을 되새기는 것과 아름다운 순간을 위해 모든 것을 버리는 것은 별개의 상황이라고 판단하는 여성의 현실적인 모습이 느껴진다. 진정한 어른이 된 순이는 현실적인 좌절감을 부정하지 않고 있는 그대로 받아들이는 성숙한 선택을 한다.

넷째, 앞의 이유들로 인해 여성 통과의례 서사는 대부분 열린 결말 구조로 끝나게 된다.[55] 영화 초반부 이른 새벽 거실에서 우울한 표정으로 혼자 우두커니 앉아 있는 늙은 순이의 모습에서 일상 세계와 자아상의 불일치와 정체성의 혼란이 느껴진다. 그러나 늑대소년과 재회한 후 떠나는 늙은 순이의 초탈한 표정은 그녀가 떠나오기 전의 모습과는 완전히 다르다. 다시 미국으로 돌아가지만 '집을 팔지 않겠다'는 순이의 대답은 이것이 끝이 아니라는 암시이다. 어느 순간 자신의 내면의 건강함을 확인하고 싶을 때 순이는 다시 돌아오게 될지도 모른다. 순이는 그 길을 열어놓았다. 순이가 떠나는 광경을 멀리서 바라보는 철수의 모습에서도 〈늑대소년〉 결말이 열려 있음을 예측할 수 있다.

---

55 김아영, 앞의 논문, 120쪽.

5. 나가며

〈늑대소년〉은 대중이 좋아하는 익숙한 서사 구조, 즉 주인공의 통과의례 과정을 보여주고 있다. 표층적으로는 늑대소년과 인간 소녀의 안타깝고 마음 아픈 사랑을 그리고 있지만 심층적으로는 주인공 순이의 내면과 자아 탐색을 통한 성장이라는 주제가 들어 있는 것이다.

〈늑대소년〉의 이야기 구조는 인간이 인생 고비를 지나면서 새로운 단계로 넘어가게 될 때마다 겪어야 하는 여러 가지 사건이나 경험인 통과의례의 단계를 그대로 따르고 있다. 통과의례를 겪고 나면 인간은 이전과는 전혀 다른 새로운 존재로 변화한다.

〈늑대소년〉의 순이는 통과의례의 분리, 전이, 통합의 절차를 밟아가며 이를 통해 소녀에서 여성으로 성장해간다. 통과의례를 거쳐 정신적으로 자신의 무의식을 이해해가며 자기실현의 과정에 근접해가는 것이다. 소녀 순이의 통과의례 과정을 살펴보면 첫째, 분리는 순이가 과학자의 집으로 이사를 들어와서 늑대소년 철수와 만나게 되는 것까지이다. 분리는 본격적인 통과의례의 준비기라고 할 수 있다. 둘째, 전이는 순이가 철수를 가르쳐 인간 사회에 편입시켜가는 과정, 철수가 순이를 보호해주며 서로가 교감하게 되지만 결국 철수가 늑대인간이라는 사실이 밝혀져 헤어지는 것. 셋째, 통합은 결국 순이가 철수와의 추억이 쌓인 집에서 이사 가게 되는 부분까지이다. 그러나 순이의 온전한 통합은 늙은 순이를 통해서 이루어진다. 늙은 순이는 47년 만에 미국에서의 일상에서 분리되어 한국의 옛집으로 돌아온다. 여기서 과거를 회상하며 하룻밤을 지내는 전이를 거쳐, 철수와 재회하고 자신과 화해하는 통합을 이루어낸다. 소녀 순이의 통과의례의 입사 주도자는 지태이다. 통과의례의 장소는 평원과 숲이다. 철수는 순이를 안고 달아난 숲 속의 동굴에서 처음으로 말을 한다. 늙은 순이의 통과의례의 절정이 되는 시간은 늙은 순이가 옛집에 돌아와 하룻밤을 보내면서 철수와 재회하기 직전의 시간이다. 〈늑대소년〉의 통과의례는 낭만적 사랑 서사를 변용하는 양상을 보이며, 여성 성장 서사의 특징적 요소를 가지고 있다.

통과의례는 개인이 일생을 통해서 반드시 거쳐 지나가야 하는 의례이며, 사회 구성원으로서 온전하게 성장하기 위해서는 반드시 거쳐야 하는 것이다. 탐구한 바와 같이 순이는 늑대소년과의 만남과 헤어짐을 통해 외부의 위험과 내적인 갈등을 겪으며 점차 성장해갔다. 성장은 인간이면 누구나 겪게 되는 보편적인 과정이지만 직접 겪어내야 하는 개개인에게는 특별하고도 힘든 과정이다. 그런 이유로 성장을 위한 통과의례의 이야기는 시대를 초월해 수많은 문학과 예술작품, 대중문화 콘텐츠를 통해 끊임없이 다루어지고 있는 것이다.

대중문화 콘텐츠의 제작자들은 대중에게 사랑받는 이야기 구조를 파악하기 위해 오늘도 많은 고민을 한다. 지금의 대중들이 좋아하는 이야기 구조는 시공을 초월해 과거의 대중들도 좋아했던 이야기 구조와 크게 다르지 않다. 〈늑대소년〉의 상업적 성공 또한 무리한 판타지 설정과 표절 시비에도 불구하고 대중에게 익숙한 통과의례적 서사 구조를 적용한 것이 요인이 되었음은 분명하다.

참고문헌

조성희 감독 · 시나리오, 영화 〈늑대소년〉, 2012.

강윤희, 「오정희 소설 연구 : 여성적 글쓰기를 중심으로」, 서강대학교 석사학위 논문, 1999.

강현미, 「Perrault의 옛 이야기의 분석심리학적 접근」, 성신여자대학교 석사학위 논문, 2004.

권은경, 「대중문화의 환상성 연구 — 영화, TV드라마, 게임의 스토리텔링을 중심으로」, 한양대학교 석사학위 논문, 2012.

김공숙, 「낭만적 사랑(Romantic love) 신화의 현대적 해석」, 『콘텐츠 문화』 창간호, 문화예술콘텐츠학회, 2012.

———, 「영화 〈늑대소년〉 서사의 상호텍스트성 연구 : 〈가위손〉과 비교분석의 관점에서」, 『현대영화연구』 17호, 현대영화연구소, 2014.

김명희, 「무협영화에 나타난 아니마와 개성화 : 와호장룡과 동방불패를 중심으로」, 『문학과 영상』, 봄 · 여름호, 2004.

김아영, 「여성의 성장과 나무의 동물성」, 『이화어문논집』 Vol.28, 2010.

김윤아, 「여성영웅서사의 원형성 연구: 무가 '바리공주'를 중심으로」, 성균관대학교 석사학위 논문, 2007.

서정주, 『질마재 神話』, 일지사, 1975.

왕　빈, 『신화학입문』, 금란출판사, 1980.

이선미 · 천성문 · 이영순, 「춘향전의 자기실현화 과정에 대한 분석심리학적 접근」, 『상담학 연구』 Vol.11, No1, 2010.

이송이 · 채숙희, 「한국과 프랑스 설화 문학에 나타난 '여성'의 이미지 — 경계에 선 여성들 : 설화 속 여성들의 통과의례 연구」, 『프랑스학 연구』 제30권, 2004.

이영미, 「〈토토로〉와 〈센과 치히로〉의 이사의 의미 : 통과의례에 나타난 상징적 의미에서」, 원광대학교 석사학위 논문, 2009.

이유경, 「〈숙향전〉의 여성성장담적 성격과 그 과정에서 나타나는 환상의 기능과 의미」, 『고전문학과 교육』 22, 2011.

이준섭,「雨月物語小考」,『日本研究』Vol.17, 한국외국어대학교 일본연구소, 2001.

임혜란,「오정희·은희경의 여성 성장소설 연구」, 공주대학교 석사학위 논문, 2010.

진은진,「女性探索譚의 敍事的 傳統 研究」, 경희대학교 박사학위 논문.

로즈메리 잭슨,『환상성 : 전복의 문학』, 서강여성문학연구회 역, 문학동네, 2001.

시몬느 비에른느,『통과제의와 문학』, 이재실 역, 문학동네, 1996.

A. 반 겐넵,『통과의례』, 전경수 역, 을유문화사, 2000.

「〈늑대소년〉 600만 관객 돌파, 올해 개봉 멜로 영화 최고 기록」,『아시아경제』, 2012. 11. 26.

「[신형철의 스토리-텔링] 타자, 낭만적 사랑, 그리고 악」,『씨네21』, 2012. 12. 5.

한일 민속 '백중'과
'오봉'의 변화 양상 비교

김근혜

1. 들어가며

　문화 비교의 궁극적 의의와 목적은 자국 문화의 생명력을 강화하는 데 있다. 각종 문화에 존재하는 유사성과 상이성을 서로 대비하여 특징과 개성을 탐색하고, 그 문화의 장점과 단점, 우수성과 열등성을 고찰함으로써 자국 문화 발전의 동력을 제공하는 것이 비교 연구의 목적과 의의이다.

　이러한 맥락에서 이 글은 한국과 일본에 불교가 가장 왕성하던 시기에 종교의식으로 정착한 '우란분절'[1]이 시대의 흐름에 따라 점차 그 의미와 의식의 내용이 변화되어 한국에서는 백중(百中)으로, 일본에서는 오봉

1　인도 농경 사회에서 흔히 볼 수 있는 조상 숭배의 한 형태로, 우란분이란 산스크리트어 'ullamana'에서 나왔다. 'avalamana'가 전화(轉化)하여 생긴 말로서 거꾸로 매달려 있다(倒懸, 도현)는 뜻이다. 자손이 끊겨 공양을 받지 못하는 사람이나, 아귀가 되어 사후에 거꾸로 매달리는 고통을 받는 조상들을 구제하기 위해, 후손들이 음식을 마련하는 고대 인도의 제사 문화가 불교 의식으로 변용되어 형성된 것이다.

(お盆)으로 명칭이 전변하였다는 사실을 바탕으로, 외래 절일인 우란분절이 어떻게 수용되고 변용되어 지금의 고유 민속 명절로 자리를 잡게 된 것인지 그 특징과 변화 양상을 비교해보고자 한다. 이를 통해 한·일 민속의 변화 양상과 공통점, 차이점을 살필 수 있을 것이다. 나아가 양국의 민속에 대한 이해의 폭을 넓히는 데 기여할 수 있을 것이다.

그동안 백중에 관한 연구는 민속학, 종교학, 어문학 등 제 학문 분야에서 그 의의와 가치를 논한 연구가 주류를 이루었다. 그중 주목할 만한 것은 이수자[2]의 연구이다. 그는 백중이 우리 문화에 있어 상당히 중요한 의의를 가지고 있는 세시라고 말한다. 농경 기원 신화인 세경본풀이와 백중이 관련이 있다고 보고 그 기원과 성격에 관해 연관 지어 논하였다는 데 의미가 크다. 그러나 백중을 한국적인 명절이라고 해석하는 데 그치고 있다는 아쉬움이 있다.

이후에도 백중을 다른 나라의 민속 문화와 비교하는 연구는 거의 찾아볼 수 없었다. 단, 장춘석[3]과 노성환[4]의 두 연구는 우란분절의 동아시아 전승 양상에 대한 전체적 맥락을 이어주는 데 도움이 되었다. 특히 장춘석은 동아시아에서 일본이 우란분절의 전통을 가장 잘 보존하고 있으며, 또 가장 성행하여 설날과 함께 2대 명절이 되었다고 하였다. 한·중·일 3국의 비교를 통해 각국의 특징을 파악하고자 한 노력에 대해서는 높게 평가할 수 있으나, 우란분절의 시대적 변화 양상에 대해 파악하기 어려운 부분이 있다.

2　이수자, 「백중의 기원과 성격—농경기원신화 세경본풀이와의 상관성을 중심으로」, 『한국민속학』 제25권, 한국민속학회, 1993.

3　장춘석, 「우란분재의 연원과 전승양상 연구」, 『동북아문화연구』 제20집, 동북아시아문화학회, 2009.

4　노성환, 「한국의 백중과 일본의 오봉」, 『비교민속학』 제35집, 비교민속학회, 2008.

이외에도 백중에 연행되는 민속놀이에 대한 연구들도 있었다. 그 대부분은 중요무형문화재 68호로 지정된 밀양백중놀이[5]에 관한 것이었다. 그것의 특징과 내제된 목적, 춤, 연극 등을 연구 대상으로 하고 있다.

일본의 오봉에 관한 연구는 한국의 백중에 비해 민속학계의 연구 축적이 상당히 이루어져 있다. 그 대부분은 오봉의 연원에 관한 것들이며, 연구를 크게 분류하면 대략 세 가지로 구분할 수 있다. 하나는 오봉이 불교의 우란분절에서 유래되었다는 것이다. 둘은 원래 조령제였던 것이 불교의 우란분회와 습합된 것이라는 것이다. 마지막은 밭작물의 수확제였던 것이 우란분회에 흡수된 것이라는 견해들이다. 지금도 이러한 경향을 띠고 연구자들에 의해 각 지역의 오봉에 관한 민속이 활발히 보고되고 있다.[6]

그 밖의 연구들 모두 각각의 의의도 상당했지만, 선행 연구 중 민속문화로서 한국의 백중과 일본의 오봉에 대해 비교 논의하거나, 그것들의 변화 양상에 대한 연구 자료는 찾아볼 수 없어 아쉬움이 있었다.

2. 민속문화로서의 **백중과 오봉**의 **의의와 가치**

민속문화에 대한 용어의 의미는 접근 영역이나 그 태도, 각각의 목적에 따라 변별적으로 이해되고 있다.

---

5   백중절은 명절이기 때문에 일하지 않고 쉬면서 여러 가지 의례를 올리고 놀이를 즐기는데, 이들을 통칭하여 백중놀이라고 한다. 현재 백중놀이라는 말은 단독으로 쓰이기보다는 지명(地名)과 함께 묶어서 사용하는 경우가 많다. 백중놀이의 전형적인 예는 중요무형문화재 68호로 지정된 경남의 밀양백중놀이다.
6   노성환, 「불교민속으로서 일본의 우란분회에 관한 연구」, 『동아시아고대학』 제23집, 동아시아고대학회, 2010, 566쪽.

먼저 민속문화의 사전적 의미는 전통적 요소가 농후하게 남아 있는 대중문화, 또는 외래문화의 수용이 늦은 농촌의 문화를 뜻한다. 특히 서구 사회와 같이 고도 산업사회를 이룩한 사회의 인류학자들이 자기의 전통문화를 농촌과 같은 지역의 민속에서 찾으려는 데서 발달한 개념이다.[7] 민속문화가 근원적이고 역사적인 의미를 지닌다는 것과 흔히 농촌문화와 동의어로 쓰이는 경우도 있다는 점에서 본다면 그 의미는 적절할 수 있다. 그러나 문화를 향유하는 주체에 따라 엘리트 문화, 대중문화, 민중문화 등의 유형으로 분류할 수 있는 그 특성을 생각한다면 민속문화와 대중문화를 같은 범주로 정의하고 있는 사전적 의미는 오류를 범하게 된다.

위와 같은 사전적 의미 이외에도 민속문화의 개념에 대한 논의는 학회나 연구자들에 의해서도 다루어지고 있다.

나경수[8]는 민속문화에 대해 전통문화 중에서도 가장 보편적이고 또한 가장 기층적인 문화라고 말한다. 이는 민속문화가 시간적으로 역사성을 지니는 문화에 속한다는 측면에서 맞는 말이다. 그러나 어떤 문화든 일정한 시기에 생성되고 성장, 발전하다가 쇠퇴하여 소멸되는 것이 일반적이기 때문에, 지금 막 생성되었거나, 생성되고 있는 민속문화도 있을 수 있고 또 미래에 생성될 민속문화도 있다는 사실을 간과한 개념이라고 볼 수 있다. 즉 어떤 문화든 언젠가는 생겨나게 마련인데, 이와 같이 민속문화의 개념을 규정한다면 너무 경직되어버린다는 아쉬움이 남는다.

또한 주목할 만한 민속문화의 개념에 대한 논의는 임재해[9]의 연구다.

---

7   서울대학교 교육연구소, 『교육학용어사전』, 하우출판사, 1995.
8   나경수, 「21세기 민속문화와 정책 방향」, 『한국민속학』 제40권, 한국민속학회, 2004.
9   임재해, 「민속문화의 지속과 변화양상의 재인식」, 『실천민속학』 제3호, 실천민속학연구, 2001.

그는 민속문화를 상대적 설정과 절대적 설정에 의해 설명한다. 상대적 설정에 의한 민속문화의 개념은 문화의 생산자와 수용자, 매개자가 모두 민중으로 일치하는 문화이다. 다시 말하면 민속문화는 민중에 의하여 생산되고, 민중에 의하여 매개되며, 민중이 수용하는 문화를 가리킨다. 또한 절대적 설정에 의한 민속문화란 익명의 다중에 의해 자연발생적으로 생겨난 것이며, 한국 전통 사회에서 민중들이 주체가 되어 형성하고 전승해 온 문화 전반을 말한다.

이에 이 글에서는 민속문화에 대한 개념을 임재해의 상대적 설정인 민중이 생산하고, 수용하고, 매개하는 문화라고 정의하고, 이를 바탕으로 하여 백중과 오봉의 생산, 수용, 매개의 과정에 관해 살펴봄으로써 한일 민속문화 변화 양상의 특징을 고찰하고자 한다.

이와 같은 개념을 바탕으로 한국의 백중에 대해 살펴본다면, 현재의 백중은 수용 주체 부분에 있어서 한국의 민속문화로 그 명맥을 유지하지 못하고 있음을 알 수 있다. 그 의미나 행사가 축소되어 오늘날 불교도들에 의해 조용하게 치러지는 사찰 의식에 머무르게 되었고, 민중 전체가 아닌 일부 농경 지역에서만 수용하는 농경 의례의 행사가 되어, 일반 대중들 사이에서는 이름조차 잘 알려지지 않게 되었기 때문이다.

반면 일본의 오봉은 민속문화로서 그 의의와 가치가 우리의 백중과는 다르다. 오봉은 오늘에 이르기까지 행하여지고 있는 일본 최대의 명절이자, 전 국민적 민속 축제의 날로 성장하였기 때문이다.

원래 한국의 백중도 일본의 오봉처럼 전국에 걸쳐 특징 있는 많은 행사가 행해져왔다. 이칭이 많다[10]는 사실이나 특별한 행사가 많다는 것, 그

---

10 한국의 백중은 백종(百種), 중원(中元), 망혼일(亡魂日) 등의 이칭이 있다. '백종'은 이 무렵에 과일과 야채가 많이 나와 백 가지 곡식의 씨앗(種子)을 갖추어 제를

한일 민속 '백중'과 '오봉'의 변화 양상 비교 김근혜

리고 이날 행해지고 있는 행사가 공동체적 삶을 기반으로 하여 전국적으로 뿌리를 내리고 있다는 사실들은 백중이라는 민속문화가 우리 민족에게 상당히 중요한 의미를 지닌 어떤 날이었을 가능성이 있음을 시사한다.[11]

그렇다면 이토록 비중 있었던 과거의 백중은 왜 일본의 오봉과 같은 모습의 민속문화로 성장하지 못한 것인지 의문을 갖지 않을 수 없다. 이러한 의문을 바탕으로 두 나라의 민속문화에 대한 변화 양상에 관해 밀도 있게 살펴본다면, 우리의 민속문화 발전에도 동력을 제공할 수 있을 것 이다.

3. **백중**과 **오봉**의 기원과 전승

한국의 백중

한국에서 고려 이전의 백중에 관한 자료는 찾아볼 수 없지만, 일본은 스이코 천황(推古天皇) 14년, 사이메이 천황(斉明天皇) 3년에 우란분재를 설행했다는 기록[12]이 있다. 이는 각각 신라 진평왕 28년, 신라 무열왕 3년의 일이다. 당시 불교의 전파 경로가 고구려, 백제, 신라인 점을 미루어, 이때 일본사에 불교 행사가 기록되었다면 우리나라에서도 우란분절의 행

지낼 수 있다고 하여 유래된 명칭이며, '중원'은 도가(道家)의 말로 음력 7월 15일 초제(醮祭)를 지내는 세시풍속이며, 고려 때까지도 성행했다. 불가에서는 중들이 백 가지의 화과(花菓)를 갖추어서 망친(亡親)의 혼을 위로하기 위해 불공을 하는 것을 우란분재(盂蘭盆齋)라고 하며, 이날을 '망혼일'이라 했다.

11 이수자, 「백중의 기원과 성격─농경기원신화 세경본풀이와의 상관성을 중심으로」, 『한국민속학』 25, 한국민속학회, 1993, 268쪽.

12 『속일본기(續日本紀)』의 기록이며, 이에 대해서는 이 글의 '일본의 오봉'에서 자세히 다루도록 한다.

사가 시행되었을 것이라는 추정을 할 수 있다.

고려시대에는 예종 때 궁궐의 장령전(長齡殿)에서 선왕(先王) 숙종의 명복을 빌고 천도를 바라는 우란분절 행사가 거행되었다. 의종 때는 봉원전(奉元殿)에서, 충렬왕(忠烈王) 때 신효사(神孝寺)에서 거행되었으며, 1296년에는 개최 장소가 궁궐에서 사찰인 광명사(廣明寺)로 바뀌었다. 이 행사들은 모두 부모를 비롯한 조상의 명복을 빌기 위한 것으로, 음력 7월 15일에 왕실 밖이나 각 사찰에서도 널리 열렸다.

또한 이날은 여러 가지 음식을 만들어서 조상의 영전에 바치며 명복을 빌고, 아귀(餓鬼)에게도 베풀어[13] 그들이 받는 고통을 구제한다고 했다. 특히 이날은 조상의 넋을 공양한다는 불교적 성격이 강한 명절이다. 이런 성격은 후세까지도 영향을 미쳤다.

이어, 조선시대의 『동국세시기』[14]와, 『태조실록(太祖實錄)』[15]의 기록을 통해서도 이날의 의식이 전승되어 왔음을 확인할 수 있다. 그러나 우란분절은 조선후기에 불교탄압[16]에 이어 결국 15세기 말에 국가의 금령[17]으로

---

13 불교에서 늘 굶주리는 귀신을 아귀라고 말한다. 목련존자(目連尊者)의 어머니가 아귀도에 떨어져 있을 때, 중들을 달래서 대중에게 공양을 올리게 하고 어머니를 구원한 일에서 비롯된 것이다.

14 『동국세시기』의 기록에 의하면, 이날을 망혼일(亡魂日)이라 부르며, 여염집(일반 백성의 살림집) 사람들이 제물을 차리고 죽은 어버이의 혼을 부른다고 했다.

15 『태조실록』에 의하면, "丁亥/設盂蘭盆齋于興天寺." 즉, 우란분재를 흥천사에서 베풀었다는 내용이 전해진다. 太祖實錄 七年(1398年) > 七年 秋七月 > 太祖 7年 7月 14日 / 태백산사고본 3책 14권 17장 B쪽.

16 고려 말 성리학이 전래되어 불교에 대한 배척 의식이 싹트다가, 유교 세력에 의하여 조선이 건국되면서 무속·도교·불교 등 전통적인 신앙에 관련된 민속문화에 대한 비판이 거세게 일어났다. 사사혁파(寺社革罷)와 음사(淫祀)의 타파 등을 통해서 옛 질서를 청산하고 유교적인 정치이념을 구현하여, 새로운 체제의 국가를 수립하고자 하였던 것이다.

17 조선 전기의 풍속과 문물을 전하는 성현(成俔)의 『용재총화(慵齋叢話)』 기록에 의

그 규모와 의식의 내용이 위축되는 변화를 겪게 된다. 이와 같은 조선시대 민속문화의 역사를 한마디로 말하면, 불교 관계 문화의 쇠퇴와 유교 관계 문화의 흥성(興盛)이라 할 수 있다. 조선시대는 성리학의 전래에 의하여 전통적인 민속문화들이 유교 중심의 세계관에 입각한 유교문화로 변모하게 되었기 때문이다. 또한 유교 보급으로 인한 강한 혈연성(血緣性)과 가부장권(家父長權)의 강화는 민속문화뿐 아니라 사회풍조에서부터 인간 심성(心性)까지도 크게 변혁시키는 결과를 초래했다.[18] 이 때문에 고려시대의 많은 불교 의식이 조선시대에 들어와서 대부분 폐지되었다. 우란분절은 이미 민중사회 속에 자리 잡았던 불교적인 세시 관습이라 뿌리째 없어지지 못하고 지속되긴 하였지만, 상당한 쇠퇴를 보이게 되었다. 이 시대에 불교 의식으로서의 우란분절은 쇠퇴를 보이는 반면, 농경의 계절과 직결되는 우란분절은 비중을 차지하며, 더욱 견지(堅持)되었고, 끊이지 않고 중요한 행사로 전승되었다. 우란분절이 일반화되었고, 민속화되었으며, 농업과 연관된 민속문화로 살아남아 그 맥을 이어가게 된 것이다.

오늘날의 백중은 머슴날, 세서연(洗鋤宴), 농부날 혹은 호미씻이라는 이칭으로 민속놀이의 형태로 자리를 잡아 전승되기도 하는데, 여기서 중요한 것은 농신에 대한 제의가 행해진다는 사실이다. 이 사실은 조선시대

하면, "7월 15일을 풍속에서 백종(百種)이라 부르는데, 승가에서는 백 가지의 꽃과 과일을 모아 우란분재를 개설한다. 서울의 비구니 사찰에서 더욱 심하다. 부녀들이 많이 모여들어 쌀과 곡식을 바치고 돌아간 조상의 영혼을 위해 제사를 지낸다. 때로는 승려들이 길가에 탁자를 놓고 거행하는 경우도 있다. 지금은 모두 금하게 하여 일부에 그친다."고 전해진다.

18 조선시대 후기에 들어서면서 정식으로 세시풍속을 기록한 유득공(柳得恭)의 『경도잡지(京都雜志)』(18세기 말경), 김매순(金邁淳)의 『열양세시기(洌陽歲時記)』(1819), 홍석모(洪錫謨)의 『동국세시기(東國歲時記)』(1849) 등에서 그 상황을 명확하게 파악할 수 있다.

후기에 우란분절이 폐지되지 못하고 농가에 자리를 잡으면서, 자연스레 우리나라 무속 신화와 관련되는 민속문화와 습합(習合)되는 과정을 거쳤기 때문인 것으로 보인다. 이러한 변화 양상을 통해 현재의 백중은 과거의 불교 의식으로서의 성격보다는 농민들을 위한 농경 의례와 놀이로서의 성격이 주가 된 것이다.

불교 의식으로서의 우란분절이 국가종교의 변화로 인해 쇠퇴되어 농가 속에 자리를 잡아 농민 축제의 성격이 덧붙여지고, 세월의 흐름에 따라 그것이 변형되어 유오적(遊娛的) 경향이 짙어진 것[19]이라고 설명할 수 있을 것이다. 우란분절이라는 외래의 절일이 우리의 풍토와 습속에 맞게 변형되어 백중이라는 우리 민속문화 형성 과정에 영향을 준 것이다.

한편 조선조의 유교문화는 혈연 중심의 가족주의와 문벌을 형성하게 되었다. 학문과 도덕을 중시하는 인문 정신이 강성하게 된 시기이다. 그 결과 사농공상(士農工商)[20]의 가치관이 형성되었으며, 양반은 생산 활동에 참여하는 것을 금기시하여 비생산적인 생활을 하게 되었다. 실질보다 명분을 앞세우고 경전(經典)의 문구를 외우면서 족보와 반상(班常)만을 따지는 폐단을 낳기도 하였다. 그러므로 반상, 관민, 남녀의 차별 관념이 깊이 조성되고, 당쟁의 과열 및 문벌 다툼이 벌어지기도 하였다. 이 시대에 우란분절은 농경 속 백중으로 자리 잡게 되면서, 자연스레 농민이나 머슴들과 같은 민중이 생산자, 매개자, 수용자가 되었다. 그리하여 그 의식의 성격 또한 그들을 위한 농경 의례나 놀이로까지 변화하였다. 이 시대의 차별 관념이나 다툼과 같은 폐단들은 이러한 백중날의 공동체적인 행위[21]를 통

---

19 강용찬(1988), 『향토의 민속』, 동아대학교 출판부, 128쪽.
20 백성들 중 글을 읽고 짓는 선비가 가장 귀하고, 그다음이 농부이며, 이어 공장이, 그리고 장사아치 순이라고 여기는 사상이다.
21 백중에 연행되는 놀이의 성격을 살펴보면, 현실 생활의 양반과 머슴들의 이해

해 서로의 이해, 단결을 도모하며 갈등과 문제를 해결하기도 하고, 공동체 의식을 다지기도 하였다. 이 시대의 백중은 계급의 굴레를 벗어나고픈 서민의 고달픈 삶이 녹아 있었으며, 그들의 억눌린 한과 정서를 표출시켜주는 중요한 수단적 역할을 한 것이다. 이러한 성격은 현재 연행되는 백중날의 민속놀이가 사회화와 공동체 의식의 심화 및 강화에 기여하게 되는 데 영향을 끼쳤다. 현행되는 백중놀이의 양상과 그 내용[22]을 살펴보면, 그것의 발생, 성립 배경에 조선 말엽 농경 생활의 시대적 풍토가 지대한 영향을 미쳤음을 명확히 알 수 있다.

그러므로 조선시대는 백중이 지금과 같은 모습을 갖추는 데 절대적인 역할을 한 시기이며, 이것이 매개되고 수용되는 민속문화로서의 전성기라 할 수 있을 것이다. 조선 초기 태종 1412년에 음력 7월 15일을 백종(百種)이라 부르는 기록[23]이 처음 나타난다. 이는 명절의 성격과 내용, 주 향유 계층이 변화하자 이름까지 우란분절에서 백종(百種)으로 공식적으로 바뀌게 된 경우로 볼 수 있을 것이다. 이후에도 백종은 수많은 이칭을 거치며, 현재 백중(百中)이라는 민속 명절이 되었다.

외래문화이자 외래종교가 우리 고유의 사회적 배경과 시대적 풍토와

관계에서 형성되는 갈등이 춤판을 통해서 드러남을 알 수 있다. 그동안 늘 차별받고 눌려 지내온 머슴들의 불만과 저항 의식, 그리고 삶에 대한 의욕이 반어적으로 표현되어 역동성을 획득하고 있는 것이다. 사회적 차별과 소외를 극복하는 신분적 저항으로서 의미가 있다. 백중의 놀이는 그들에게 무언가 삶의 의욕과 활기를 불어넣어주는 특별한 의미를 가지고 있었다.

22 현행되는 백중놀이의 내용은 농민들의 위로 잔치인 한판의 축제로서 마을제의 제의적 성격을 띤 앞놀이와 극적인 양상을 지닌 작두말타기, 본놀이의 춤판, 화동마당인 뒤풀이도 구성되어 있다.

23 "百種有大風"이라 하여, 백종(百種)에 큰 바람이 있다고 기록하고 있으며, 백종을 음력 7월 15일로 설명하고 있다(太宗實錄 十二年(1412年) > 十二年 秋七月 > 太宗 12年 7月 17日 (1412 壬辰 / 태백산사고본 3책 14권 17장 B쪽).

서로 복합되어 유기적인 연관성을 가지고 그 역사와 성격을 형성해온 것이다. 다시 말하면 외래문화와 우리나라의 전통문화가 조화를 이루는 가운데 민속문화를 새롭게 창조해냈다는 것과 같다.

이러한 민속문화는 개항기부터는 기독교와 함께 서구 문화의 영향을 받게 되었다. 이 시대에 우리의 민속문화는 미개한 것으로 비판되고, 유교적인 제사도 조상 숭배가 아니라 우상을 섬기는 것이라 하여 금기시되기도 하였다. 무속을 비롯한 민속신앙은 미신으로 취급되는 지경에 이르렀다. 또한 일제시대에 들어오면서 민속문화의 훼손 및 단절은 극에 달했다. 뿐만 아니라 식민지 정책의 수행을 위하여 우리 민족정신을 말살하고자 민속문화를 물리적으로 훼손시키기도 하였다. 그들은 우리 민속을 '개화'라는 제국주의적 용어를 통하여 극복해야 할 문화로 매도하는 한편, 민속신앙을 미신으로 규정하여 타파의 대상으로 삼았다.

일제에 의하여 집중적으로 훼손된 것은 가신(家神)과 동신(洞神)을 중심으로 한 민속신앙과 지역 공동체가 공동으로 참여하는 대단위 민속놀이였다. 때문에 백중의 민속놀이는 대중 집회를 금지하는 명목으로 금지되었다. 민중들이 집단적인 놀이를 통하여 결속하고 민족적 동질성을 강화하는 것을 우려하여 법령으로 금한 것이다.

또한 산업화·서구화 단계를 거치고 농촌 사회가 해체되면서, 불교 의식으로서의 백중뿐 아니라 농경 의례로서 그 맥을 이어오던 백중 또한 더 이상 성장하지 못하고 결국 오늘날과 같이 쇠퇴하였다. 이제 백중은 일반 대중 사이에서는 이름조차 잘 알려지지 않고 사람들의 기억 속에서 사라진 민속 명절이 되었다. 한국은 우란분재를 수용했지만, 우란분재의 그 전통이 가장 적게 남아 있는 나라가 된 것이다.

일본의 오봉

일본의 오봉(御盆)[24]은 우라봉(うらぼん) 혹은 우란분(盂蘭盆)을 줄여서 사용한 말이다. 오추겐(お中元)이라고도 하며, 우리나라 백중에 해당하는 명절이다. 백중과 마찬가지로 오래된 역사를 가지고 있다. 그에 관한 최초 사료(史料)의 기록은 스이코(推古) 천황 14년(606)[25]때 이다. 이어서 사이메이(齊明) 천황 3년(657)[26]의 기록과, 그로부터 2년 뒤(659)[27]에도 관련 기록을 통해서도 그 역사를 살펴 볼 수 있다. 또한 8세기 무렵의『속일본기(續日本紀)』[28]를 통해 오봉의 의식이 연행된 기록을 살펴볼 수 있다. 그러나 7,

---

24　오봉(お盆)은 매년 양력 8월 15일을 중심으로 치러지는 일본의 명절로, 조상의 영혼을 맞아들여 대접하고 모두의 건강과 행복을 기원하는 날이다. 일본은 메이지 5년에 정식으로 서력(西曆)을 채택한 이후 대부분의 명절일을 양력에 맞추어 거행하지만, 많은 지방에서는 여전히 음력 7월 15일에 해당하는 양력 8월 15일을 오봉절로 삼고 있으며, 일반적으로 8월 13~15일 3일간을 오봉절로 여긴다. 국가 지정 공휴일은 아니지만 일본 최대의 명절로 꼽는다. 이날 많은 기업들은 문을 닫으며, 귀성 인파와 휴가 행렬이 장관을 이룬다.

25　4월 8일조에 "올해부터 처음으로 각 사찰마다 4월 8일과 7월 15일에 제를 설치했다."라는 구절이 있다. 이를 설명하는 자세한 내용은 보이지 않지만, 날짜로 미루어보아 오봉이 초파일과 더불어 그해에 시작되고 있음을 알 수 있다.

26　신축년에 비조사 서쪽에 수미산의 형상을 만들고, 우란분회를 설했다는 내용이다.

27　경인년에 신하들이 경내 여러 사찰에서 우란분경을 강설케 하고, 7세 부모를 보은토록 했다는 내용이다. 이를 통해 경도 내의 많은 절에서 우란분절의 의식이 있었다는 것을 알 수 있다. 여기서 언급되는 7세 부모란, 현재로부터 7대 부모를 말한다.

28　쇼무(聖武) 천황의 5년(733) 7월 6일조에 "대선직으로 하여금 우란분공양을 준비케 했다."는 기록이 있다. 이러한 내용은 14일에 준비되고, 천황이 직접 분공 앞에서 배례(拜禮)를 올린다. 그다음 날인 15일에는 그 분공이 대사인(大舍人)에 의해 7개 사찰에 보내어진다. 그러면 사찰에서는 우란분회가 행하여졌다고 하는 기록이다. 이 때 우란분절은 궁중의례로서 정착하였으며, 그것이 있는 7월 초가 되면 대선직에

8세기의 기록들은 너무 간략하여, 그것을 통해 의식을 어떻게 치렀는지 구체적인 사실을 알 수 는 없다. 다만 이와 같은 자료들을 토대로, 오봉의 의식이 황실의 행사로서 자리 잡고 있었음을 짐작할 수 있다. 그 이후 오봉에 관한 기록이 늘어나 그 실상을 어느 정도 짐작할 수 있다. 그러나 9세기 초까지도 오봉은 민간에서 행하여졌던 행사는 아니었던 것 같다.[29]

헤이안 시대(794~1185)에 접어들면서는 오봉에 관한 기록과 구체적인 내용이 자주 등장한다. 그 시절의 양상에 관한 연구 자료의 내용을 소개하면 다음과 같다.

> 十世紀後半になると、民間の方でも盂蘭盆への参与が盛んであった
> ことが諸作品を通じて 知ることができる. 貴族の場合、盆供を十四日
> に寺に送るのが通常であるが、民衆の方は 當日寺に盆供を持参して参
> 詣することが貴族と相違する点であった.[30]

10세기 후반이 되면서, 민간에서도 참여가 활발했다는 것을 여러 문학 작품들을 통해서 알 수 있는데, 귀족의 경우에는 통상 오봉의 의식을 14일에 절에서 했지만, 민중들을 당일에 절에 분공을 지참하여 참배했다.

> 十世紀に入って朝廷、貴族、民間など、階層を問わ ず盂蘭 盆が隆盛

게 준비를 시켰음을 알 수 있다.

29 당시 불교 설화집인『일본영이기(日本靈異記)』에는 우란분경에 관한 주석서를 지광이라는 승려가 찬술했다는 기록은 있지만, 그에 대한 행사 기록은 일체 나타나지 않는다. 이 시기까지도 우란분회는 일본 사회에 정착되어 있지 않았다. 노성환,「불교민속으로서 일본의 우란분회에 관한 연구」,『동아시아고대학』제23집, 동아시아고대학회, 2010, 571쪽.

30 이시준,「平安時代における盂蘭盆会の考察」,『日本文化學報』제34집, 한국일본문화학회, 2007, 293쪽.

したことである. 隆盛の背景には當時の浄土信仰の高まりと末法思想の
浸 透が あった. この段階に到って、仏教的死後の世界観が完全に定着
して、當時の人々は 餓鬼道の苦痛から逃れ浄土へ生れることを願って
止まなかったのである.[31]

　10세기에 들어서 조정, 귀족, 민간 등의 계층에 상관없이 오봉이 성행
했으며, 이러한 융성의 배경에는 당시의 정토 신앙[32]의 유행과 말법 사상[33]
의 침투가 있었다. 이 단계에 이르러서 불교의 사후의 세계관이 완전히 정
착했으며, 당시의 사람들은 아귀도의 고통을 벗어나 정토에 왕생하는 것
을 강력히 희구했던 것이다.

　위와 같은 기록을 통해 헤이안 시대의 일본에서는 귀족사회에서 서민
들에게로 오봉의 향유층이 확대되었음을 알 수 있다. 또한 다음의『금석물
어집(今昔物語集)』내용을 통해서도 오봉의 양상에 관해 파악할 수 있다.

31　위의 논문, 293쪽.
32　정토는 부처ㆍ보살이 사는 아주 깨끗한 세계를 말하며, 불국토(佛國土)ㆍ적광토
(寂光土) 등으로도 표현된다. 정토 사상은 왕생이 발원과 십념(十念)만으로도 가
능하다는 불교 신앙의 실천적 한 방법이다. 따라서 정토 신앙은 높은 학문과
지식이 없어도 누구나 발원하여 염불하면 정토에 왕생할 수 있다는 것이므로,
일반대중에게 쉽게 보급될 수 있는 대중 신앙이었다. 한국사사전편찬회,『한국
고중세사사전』, 가람기획, 2007.
33　정토에 왕생하는 것을 희구하는 신앙으로, 일반적으로 그 시기를 정법(正法)ㆍ
상법(像法)ㆍ말법(末法)의 3기로 분류한다. 정법기는 부처의 교법을 그대로 수
행하여 쉽게 성과(聖果)를 성취하는 시기로, 정법기에 오도(悟道)하는 이가 특별
히 많다고 하였다. 상법의 시기는 정법의 시기와 겉모습은 비슷하여 수행하는
이는 많지만 증과(證果)에 도달하는 이는 적다고 하였다. 일반적으로 경전에서
는 정법 시기를 석가모니 때부터 500년 또는 1000년의 기간으로 잡았고, 상법
시기를 정법이 끝난 뒤의 1000년으로 잡고 있다. 또 말법의 시기에는 중생들
의 근기(根機)가 떨어져서 수행하는 이는 적고, 불법(佛法)은 더욱 미미하고 쇠퇴
해져서 사람들이 도를 닦기보다는 교만과 시비에 휩쓸리는 시기로 보고 있다.
『한국민족문화대백과』, 한국학중앙연구원.

7월 15일의 오봉 날에 매우 가난한 여인이 부모를 위해 음식을 준비할 수가 없어서 입고 있던 단 한 장의 색이 바랜 보라색 겉옷을 벗어 그릇에 올리고, 그 위에 연잎을 덮고서 그것을 가지고 애탕사(愛宕寺)에 가서, 엎드려 울고 울다가 돌아갔다. 이것을 본 사람들은 이상하게 생각하고, 다가가서 보니 연잎에 "3세의 부처님, 가난한 저에게는 연잎 위에 이슬밖에 준비할 수 없습니다. 그러나 이슬만이라도 받아주소서."라고 적혀 있었다. 사람들은 이것을 보고 모두 슬퍼했다.[34]

위의 이야기는 지극히 가난한 여인이 오봉에 절에 공양을 할 수 없어, 자신의 옷과 노래를 헌납했다는 내용이다. 이 같은 내용을 통해, 그 당시 오봉을 맞이하면, 절에 가서 음식을 바치고, 그 공덕으로 아귀도에 떨어진 조상이 그곳에서 벗어나기를 바라는 마음으로 공양을 하는 풍속이 있었음을 알 수 있다. 이는 현재 모습과는 차이가 크다. 오늘날 오봉은 지역마다 차이가 있긴 하지만 대부분 공양을 하러 절에 가는 대신, 승려들이 신자들의 집을 찾아다니면서 사자에 대한 공양을 대신 해주고 있는 것이 보편적이기 때문이다.

원래는 절에서 드리던 공양을 개인의 집에서 치르게 된 것은 오봉의 변화 양상 중 가장 특징적인 것이다. 연행 장소가 절에서 개인의 집으로 바뀌면서, 오봉이 아귀도에 빠진 조령[35]을 구하는 것이 아니라, 집으로 찾아오는 조령을 위한 행사로 그 성격이 변화되었기 때문이다. 이 때문에 사원에서는 더 이상 오봉의 의식이 연행될 필요가 없어졌다. 그 대신 시아귀회(施餓鬼會)[36]라는 명목으로 별도의 행사가 등장하여 연행되었다.

---

34 문명재,『금석물어집(今昔物語集)의 세계』, 제이앤씨, 2006, 126쪽.
35 조령(祖靈)은 선조의 혼령을 말한다.
36 시아귀회(施餓鬼會)는 악도(惡道)에 떨어져 굶주림의 고통을 당하는 망령에게 음식을 베푸는 법회이다. 당나라에 유학한 승려들에 의해 중국에서 전파되어 가

헤이안 시대(794~1185) 전과 후의 오봉 습속에 관한 이와 같은 중대한 차이에 대해, 일본의 민속학자들은 이것을 선조내방(先祖來訪)[37]의 개념이 생겨났기 때문이라고 이야기 한다. 조상의 영혼이 각 가정으로 찾아간다고 믿는 이와 같은 믿음은 오늘날까지도 이어지고 있다. 때문에 일본에서는 대부분 각 가정을 중심으로 오봉의 의례가 치러지고 있다.

위에서 살펴본 바와 같이, 헤이안 시대까지의 오봉의 특징적인 변화 양상들은 두 가지로 분류할 수 있다. 하나는 황실의 공적인 의식에서 점차 사적인 성격을 띠며, 귀족과 평민 사회로까지 그 향유층이 확대되었다는 것이고, 둘은 종교 의식에서 조상의 영혼에 대한 공양으로까지의 의미 확대로 볼 수 있다. 이러한 변화 양상을 거치며, 오봉은 종교의식을 민속문화 양식에 포괄하여, 자신들의 관념에 비추어 해석하고 재가공하였다. 이것을 자신들의 논리와 질서에 맞게 적용시켜, 지금의 형태를 갖추게 된 것이다.

헤이안 시대 이후로 나타나는 오봉의 특징적 변화 양상들은 한마디로 말하면 새로운 성격의 추가라고 할 수 있다. 가마쿠라 시대(1185~1333)에

마쿠라 시대에 각 종파들이 이를 받아들인 것이다. 우란분절의 우란분경은 목련존자를 주인공으로 하며, 아귀도에 떨어진 부모의 구제를 위한 것인 데 비해, 시아귀경의 주인공은 아난이며 아귀도에 떨어진 아귀가 구제를 요청하고 있다는 점에서 차이가 있다. 그러나 아귀도에 떨어진 영혼을 구제한다는 의미에서는 공통점을 가지고 있다(노성환, 「불교민속으로서 일본의 우란분회에 관한 연구」, 『동아시아고대학』 제23집, 동아시아고대학회, 2010, 577쪽).

조상의 영혼을 구제하는 우란분회와 아귀의 영혼을 구제하는 시아귀회가 서로 습합되어 오늘날의 오봉의 행사로 정착되어 있는 것이다(노성환, 「한국의 백중과 일본의 오봉」, 『비교민속학』 제35집, 비교민속학회, 2008, 211쪽).

37 다나카 히사오는 『일본영이기(日本靈異記)』에 등장하는 한 이야기를 통해, 헤이안시대 초기에는 음력 7월 15일의 선조내방(先祖來訪)의 개념이 없었다는 것을 주장한다. 이시준, 앞의 책, 282쪽.

생성되어 개최된 만등회(萬燈會)[38]와 무로마치 시대(1336~1573)에 등장한 염불춤(念佛踊)[39]이 그 대표적인 것이다. 만등회의 등장으로 인해 기존의 오봉에 새로운 성격의 등불 축제가 추가되었고, 이는 지금도 전해지고 있다. 또한 염불춤은 현재 오봉의 연행 과정인 봉오도리(盆踊り)[40]의 원형으로, 원래 종교적인 제의에서 발생한 것이 항간에 널리 퍼져 점차 오락화되어 지금의 모습으로 변화되어온 것이다. 뿐만 아니라, 이 시기에는 살아있는 부모를 위하여 축하하는 행사가 오봉에 추가되는 큰 변화가 일어난다. 이를 이키봉(生き盆)[41]이라 한다. 이것을 통해 이 시대의 오봉이 산 조상에게는 그 살아 있음을 축하하고, 죽은 조상에게는 위로하여 구원하는 의미의 날이 되었다. 이런 관습은 일본의 전통적인 부모에 대한 공양 방법이 오

---

38 황천에 있는 영혼들이 고향 집으로 찾아오고 또 돌아갈 때 길잡이 역할을 하기 위하여 설치되는 등불이다. 이것은 조령을 맞이하는 방법으로, 여러 지역에서 연행되는 흔히 볼 수 있는 오봉의 과정이 되었다. 헤이안 시대의 조령 방문의 요소가 더욱 구체화되어 나타난 것으로 볼 수 있다.

39 『간문어기』에 의하면 1416년 7월 15일 우란분회 때 큰 북을 두드리며 춤을 추는 염불춤이 행하여졌다고 한다. 즉, 사람들이 군집을 이루어 염불을 외우며 춤을 추었던 것이다. 이것이 발전하여 글을 재주가 있는 사람에게 부탁하여 염불 이외에 그에 맞는 노래도 짓고, 박자도 정하게 되었다. 노성환, 「불교민속으로서 일본의 우란분회에 관한 연구」, 『동아시아고대학』 제23집, 동아시아고대학회, 2010, 580쪽.

40 봉오도리의 원형은 염불춤이다. 석가의 가르침에 의해 자신의 어머니를 고통으로부터 구해낼 수 있게 되어 기쁜 나머지 저절로 돌면서 춤을 춘 것이 그 기원이며, 대개 16일 저녁에 절이나 신사의 경내에 젊은 남녀가 모여서 춤을 춘다. 이것은 지옥의 고통을 벗어난 죽은 사람들이 즐거워서 춤을 추는 형상으로, 오봉의 클라이맥스인 것이다. 음력 7월 15일 밤이나 다음 날인 16일 밤의 둘 중의 하루는 만월이 되어 날이 흐리지만 않다면 밤 내내 춤을 출 수가 있었다. 김용안, 『키워드로 여는 일본의 향』, 제이앤씨, 2009.

41 부모가 생존해 있는 사람을 축하하는 오봉(お盆)의 행사를 이키봉(生盆)·이키미타마(生身玉)라고 하였으며 특히 생선을 선물로 보내는 풍습이 있었다. 김순전, 『일본의 사회와 문화』, 제이앤씨, 2011.

봉이라는 의례일과 어우러져 형성된 것이라고 말할 수 있다. 이는 메이지 시대에 접어들면서, 오츄겐(お中元)[42]이라고 불리며, 부모뿐 아니라 평소 신세를 졌던 사람들에게 선물을 보내는 의례로까지 확대되었다. 지금도 활발히 일본의 새로운 민속문화로 전해지고 있다.

오봉은 에도 시대(1603~1867)에 접어들면서 부터는 오늘날과 비슷한 형태를 갖추게 된다. 이전과 가장 크게 달라진 것은 행사의 기간이다. 과거의 오봉은 14일에는 주로 귀족들이, 15일에는 민간에서 그 의식을 치렀다. 그러나 에도 시대 이후로는 그 기간이 배로 늘어나 13일에서 16일 까지 약 4일간의 행사[43]가 연행되었다. 또한 근대에 접어들면서 일본의 정부가 양력을 채택함에 따라 8월 15일에 연행하는 지역과 7월 15일을 그대로 고수하는 지역으로 나뉘게 되었다.

이상에서 보았듯이 일본의 오봉은 7세기경부터 시작하여 오늘날까지 행하여지고 있는 오랜 역사성을 가진 민속문화이다. 그것은 시대의 흐름에 따라 조금씩 변화·발전되어왔다. 현재는 개별적인 조령제를 넘어, 산 부모를 축하하고, 등을 장식하며, 지인들과 선물을 주고받는 등의 의식을 통해 그 내용이 확장되었다. 일본인에게 있어서 설날과 함께 중요한 2대 명절로 인식되어 그 맥을 이어가고 있다.

---

42 도교에서 7월 15일에 땅의 신에게 제사지내는 것과 불교의 오봉이 습합하여 연중행사가 되었다. 이때 사망한 사람을 공양하기 때문에 친척·지인(知人)이 쌀, 우동, 소면, 떡 등의 식품을 갖고 오는 습성이 생겨났다. 현재는 백화점이나 슈퍼 등에 선물용 특별 매장이 설치되는 등 매장을 통해서 배달하는 형식이 일반적이고, 텔레비전·전단 광고·직접 메일의 선전전, 기업에 대한 세일이나 벽보에 의한 영업 활동 등 치열한 경쟁전이 펼쳐지고 있다. 김용안, 앞의 책.

43 주로 13일에는 선조를 모시고 승려를 청하여 독경을 하고, 14일에는 문전에 등을 매달아 불을 밝히며, 사찰에서는 시아귀회를 치렀다. 15일에는 현존 부모의 살아 있는 혼을 축하하고 집집마다 등을 장식하며, 16일에는 조령을 보내는 것이 4일 동안의 내용이다.

4. 변화 양상의 특징 비교

우란분절은 종교의식으로 정착했지만, 시대의 흐름에 따라 점차 그 의미와 의식의 내용이 기존의 문화와 습합되거나 재가공되었고, 그것을 향유하는 집단의 문화 배경과 성격에 맞게 변화되었다. 이와 같은 과정을 거치며 한국에서는 백중, 일본에서는 오봉으로 명칭이 전변하였는데, 이러한 시대의 흐름에 따른 두 나라의 민속문화는 다음과 같이 몇 가지 특징적인 변화 양상을 기준으로 공통점과 차이점을 서로 대비할 수 있다.

먼저, 공통적인 변화 양상으로 '향유 주체의 계층변화'를 들 수 있다. 한국과 일본 두 나라에 불교가 가장 왕성하던 시기에 종교의식으로 정착한 우란분절은 고려시대에는 예종 때 궁궐에서, 의종 때 봉원전에서, 충렬왕 때 신효사에서 거행되었다는 기록이 있었다.

또한 일본은 스이코 천황과 사이메이 천황 때의 기록을 통해 우란분절이 황실에서 거행되었다는 사실을 알 수 있었다. 이와 같은 사실들을 바탕으로 두 나라 모두 우란분절이 원래는 조정과 귀족의 계층에서 성행했던 의식이었으나, 시대의 흐름에 따라 점차 향유 주체가 민중으로 변화되었다는 공통점을 찾을 수 있었다.

향유 주체의 계층 변화는 단시간에 이루어진 것이 아니다. 두 나라 모두 민중으로 그 주체가 변화되기까지 수백 년의 시간이 걸렸고, 그것은 오랜 시간 민중 속에 머무르면서, 역사성을 지니게 되었다. 이 때문에 우란분절은 민중 속에 머무르는 동안 자연스레 그들에 의해 재생산될 수 있었고, 그들이 매개하고 향유하는 민속문화로서 그 맥을 이어갈 수 있게 된 것이다. 이러한 공통점은 외래 절일인 우란분절이 두 나라의 민속문화로 재창조되어 자리매김하는 데 큰 밑거름이 되었다.

두 번째 공통적인 변화 양상은 '기존 문화와의 습합(褶合)'이다. 외래절

일인 우란분절이 정착하여 민속문화로서 그 맥을 이어오는 과정에, 두 나라의 기존 문화는 지대한 영향을 끼쳤다. 특히 불교의 의식인 우란분절은 우리의 민속신앙과 그 습합 관계가 분명히 드러난다. 현행되고 있는 백중날의 놀이 과정에, 원래 우란분절에는 없던 농신제와 같은 제의가 남아있는데, 이는 정제된 윤리의 성격을 지니고 있는 불교와 민중의 자연발생적인 열망을 담은 신앙 체계인 민속신앙이 습합되어 전개된 결과라고 할 수 있다. 오늘날 한국 불교가 민속신앙의 요소를 갖게 된 것도 이와 같은 기존 문화와 습합의 과정 때문일 것이다.

이러한 습합 과정은 일본의 오봉을 통해서도 파악할 수 있다. 일본의 오봉은 우란분절에 다채로운 풍속들이 습합되었다. 건재한 부모에게 음식이나 선물로 대접하는 일, 혹은 그 선물, 즉 생존해 있는 부모를 대접하며 축하하는 일을 이키봉(生盆)이라고 한다. 이날 생선을 선물로 보내는 풍습이 있는데, 이것은 일본의 전통적인 부모에 대한 공양의 풍습이 오봉이라는 의례일과 어우러져 형성된 것이고, 일본의 오봉에만 나타나는 독특한 민속문화로 발전하였다. 이렇게 두 나라에 정착한 우란분절은 기존의 문화와 습합의 과정을 거쳤기 때문에 서로 다른 성격의 민속문화가 된 것이다.

마지막 공통적인 변화 양상은 '축제로의 발전'이다. 우란분절은 원래 지옥에 있거나 아귀가 된 조상을 구하는 천도(薦度)의 성격과, 승려와 신도가 함께 즐기는 축제의 성격이 복합적으로 어우러져 있는 의식이다. 제사와 축제가 모순적 공존이 가능했던 것은 부모나 조상을 지옥고로부터 구제하는 것이 기쁨의 내용을 담고 있었기 때문이었다. 이러한 복합적인 성격을 지닌 우란분절은 두 나라에서 정착하면서, 그 축제적 성격이 더 해졌다.

특히 한국의 백중은 조선시대에 농가 속에 자리를 잡아 그 향유 주체가 농민이 되었다. 논매기를 마친 7월 보름에 그동안 고된 노동을 해오던 농민들이 여가를 얻을 수 있게 되자 풍년을 기원하며 놀이를 벌였고, 이로 인해 백중은 축제의날 이 된 것이다. 농민 축제의 성격이 강하게 덧붙여지며 세월의 흐름에 따라 그것이 변형되어 유오적(遊娛的) 경향이 짙어져 지금의 모습으로 변화되었다.

일본의 오봉도 마찬가지로 가마쿠라 시대에 접어들면서 염불춤이나 만등회 등이 그 내용에 추가되며 축제적 성격을 강하게 띤 민속문화가 되었다. 원래 종교적인 제의에서 발생한 것이 항간에 널리 퍼져 점차 오락화되어 지금의 모습으로 변화되어온 것이다. 두 나라는 이러한 축제로의 발전 과정을 거치며, 종교의식에서 민속문화로 발전해왔다.

이와 같이 백중과 오봉이 갖는 한·일 두 나라의 변화 양상에는 공통점이 있는 반면, 다음과 같은 차이점도 발견된다.

먼저, '향유 주체의 계층 변화'적 측면에서 볼 때, 한국의 백중은 현재까지도 그 향유 계층이 민중에만 머무르고 있지만 일본의 오봉은 민중 속에 머무르지 않고 그 향유층이 확대되었다는 것이다. 그 향유 계층이 민중에 머물렀던 한국의 백중은 산업화 과정을 거치면서 그 의의가 축소되고 쇠퇴할 수밖에 없었던 반면, 일본에서는 오히려 확대되어 민속문화로서 많은 사람이 즐길 수 있는 최대 명절인 오봉으로 변화, 발전할 수 있었다. 다시 말하면, 백중은 '민중만이 참여'하는 민속문화로, 오봉은 '민중도 참여'하는 민속문화로 변화되어 현재의 모습을 갖추게 된 것이다. 바로 이러한 차이점이, 우란분절이라는 동일한 원형에서 시작된 두 나라의 민속문화가, 한국에서는 쇠퇴되어가는 농촌의 명절 놀이로, 일본에서는 온 국민이 즐기는 최대의 명절로 서로 상이한 지위를 갖게 하는 결정적인 이유라고 생각한다.

두 번째는 '기존 문화와의 습합' 과정에서의 차이점이다. 우란분절은 두 나라에 정착하면서 불교적 요소에 민간신앙이 더해져 습합의 과정을 거쳤다. 그러나 시대의 흐름에 따라 일본의 오봉은 불교의 토착화—불교가 본래의 성격을 잃지 않고 유지―와 가깝게, 한국의 백중은 불교의 민속화―불교가 본래의 성격을 잃고 민속신앙으로 변화―에 더 가깝게 변화했다. 현행되고 있는 한국의 백중은 그 의식 절차에서 불교적 요소를 거의 찾아볼 수 없고 농신제의 성격이 강하게 나타나지만 일본의 오봉이 우란분절의 불교적 성격을 잘 보존하고 있는 이유도 바로 이러한 변화 양상 때문이라고 말할 수 있다. 특히, 조선 후기의 불교 탄압으로 불교적 성격을 잃어버린 백중은 농가에서 민속신앙의 요소를 가지고 살아남았다. 그런데 일제시대 민속신앙에 대한 탄압의 과정까지 거치게 되자 백중의 종교적 의미와 내용은 더 이상 확장되지 못하고 머물러왔다. 반면 일본의 오봉은 불교적 사상이 민족의 성질에 맞게 동화되어 뿌리를 내리게 되었으며 불교와 기존의 신앙, 문화들이 지속적인 습합의 과정을 거쳐 지금의 모습으로 변화되어왔던 것이다.

　마지막으로 '축제로의 발전' 변화 양상에서도 두 나라의 차이점이 나타난다. 한국의 백중은 농민 축제의 성격을 띠는 농가의 명절로 자리 잡은 후 그 모습 그대로를 보존하는 것에 초점을 맞추어 전승되어왔지만, 일본의 오봉은 그 문화 향유 주체의 의지에 의해 끊임없이 축제적 요소들이 추가되어 변화, 발전해왔다. 이를테면 살아 있는 부모를 위한 축하나, 평소 신세를 졌던 사람들에게 선물을 보내는 의례와 같은 것들은 근대에 추가된 내용들이다. 이러한 축제적 성격의 지속적인 추가는 오봉의 의미를 더 확장시키며 많은 일본인들에게 새로운 민속문화로 전해지고 있다.

　이렇게 보면, 민속문화는 끊임없이 생산-재생산되면서 변화하는 것이 그 본질적 속성임을 알 수 있다. 이를 통해 민속문화는 역사성을 내포하면서 시대에 따라 그 향유 주체가 확장되기도 하고 새로운 내용이 추가되거나 사라지면서 또 습합되어 변화해나가야 하는 것이 운명적 성격인 것이다.

5. 나가며

이 글에서는 불교가 가장 왕성하던 시기에 종교의식으로 정착한 우란분절이, 어떻게 수용되고 변용되어 고유의 민속 명절로 자리를 잡게 된 것인지, 한국의 백중과 일본의 오봉을 통해 살펴보았다. 또한 이를 바탕으로 한 · 일 민속의 변화 양상에 대한 비교 고찰을 해보았다.

그 결과, 우란분절의 원래 목적이나 내용과 달리, 백중과 오봉은 각 나라의 역사와 환경에 따른 차이가 두드러지는가 하면, 또 차이로 보였던 부분의 이면에 공통적인 흐름이 발견되기도 하였다. 이러한 특징들을 통해, '향유 주체의 계층 변화', '기존 문화와의 습합', '축제로의 발전' 과 같은 민속문화의 변화 양상에 대한 비교를 할 수 있었다.

또한 이와 같은 비교 고찰을 바탕으로, 한국의 백중은 그것이 민속문화로서 자리매김한 후, 그 모습이나 내용이 더 이상 변화되지 않고 그대로 보존되어 전승되어온 반면, 일본의 오봉은 그 문화를 향유하는 주체의 의지에 의해 끊임없이 현대적으로 수용 · 변용되어왔음을 알 수 있었다.

민속문화는 고정적 실체가 아니라 생명력을 지니고 있다. 전승되면서 끊임없이 완성되어가는 것이다. 이것은 완성을 향해 나아갈 뿐 결코 완성에 이를 수 없다. 따라서 우리가 이것을 완성된 것으로 만족하는 순간, 민속문화로서의 가치는 상실되는 것이다.

변화 없이는 지속도 없다. 우리가 백중의 의미를 되새기며, 수용 · 변용하려 하지 않고 지금처럼 완성된 모습을 지키고 보존하는 것에만 중점을 둔다면, 백중과 같은 명절은 결국 사람들의 기억 속에서 사라지고 말 것이다. 민속문화를 수용하려는 의지와 변용하려는 의도는 분명히 다르다. 때문에 의지만 강조해서도, 의도만 드러내서도 안 된다. 의지와 의도가 조화를 이룰 때 진정한 현대적 계승과 재창조가 가능할 것 이다. 현재의 민속문화가 과거의 자료와 미래의 전망을 동시에 담은, 진정한 온고지신(溫故知新)의 민속문화로 성장하기 위해서는 끊임없이 그 가치와 의의를 논하는 연구와 노력이 필요하다.

이와 같은 비교 연구를 통해 우리 민속문화에 대한 비판과 반성을 넘어 발전의 동력이 제공되길 바란다.

참고문헌

강용찬, 『향토의 민속』, 동아대학교 출판부, 1988.

나경수, 「21세기 민속문화와 정책방향」, 『한국민속학』 제40권, 한국민속학회, 2004.

노성환, 「불교민속으로서 일본의 우란분회에 관한 연구」, 『동아시아고대학』 제23집, 동아시아고대학회, 2010.

──, 「한국의 백중과 일본의 오봉」, 『비교민속학』 제35집, 비교민속학회, 2008.

문명재, 『금석물어집(今昔物語集)의 세계』, 제이앤씨, 2006.

이수자, 「백중의 기원과 성격─농경기원신화 세경본풀이와의 상관성을 중심으로」, 『한국민속학』 25, 한국민속학회, 1993.

이시준, 「平安時代における盂蘭盆会の考察」, 『日本文化學報』 제34집, 한국일본문화학회, 2007.

임재해, 「민속문화의 지속과 변화양상의 재인식」, 『실천민속학』 제3호, 실천민속학연구, 2001.

장춘석, 「우란분재의 연원과 전승양상 연구」, 『동북아문화연구』 제20집, 동북아시아문화학회, 2009.

이노우에 다다시, 『일본인은 일 년 동안 무엇을 하며 생활할까』, 김용의 역, 민속원, 2009.

경제 위기 이후
대중음악의 변화 양상 고찰
: 한국과 영국의 IMF 사례를 중심으로

박선민

1. 들어가며

　21세기가 문화의 시대이며 21세기를 주도할 산업이 문화산업이라는 점
에서는 대체적으로 공감대가 형성되어 있다. 그러나 현실적으로는 정부나
민간 차원의 문화, 예술에 대한 지원이 경제 상황에 따라 많은 차이를 보이
고 있는 것이 사실이다. 실제로 우리가 느끼는 체감지수, 즉 경제 상황에 따
라 개인이 문화에 쓰는 돈의 형태만 따져보더라도 이러한 현상은 쉽게 알 수
있다. 그렇다면 과연 경제는 문화에 어떤 영향을 주는가?

　이 글은 이러한 '문화와 경제의 상호 관련성'에 대한 궁금증에서 시작
되었다. 과연 경제는 문화에 영향을 끼치는가? 만약 영향을 끼친다면 구체
적인 변화는 무엇이며 문화는 어떻게 대응하고 있는가?

　이에 필자는 경제 위기의 상황에서 달라지는 문화예술의 변화, 그중에
서도 '대중음악'에 관한 변화 양상을 알아보고자 한다. 우리가 늘상 즐기고
향유하는 문화의 한 장르인 대중음악의 경우 하위문화라는 전통적 인식 때

문에 경제학계에서도 아카데믹한 연구가 많지 않은 것이 사실이다. 실제로 경제와 대중문화의 상관관계에 관한 선행연구는 많지 않으며 IMF와 관련한 변화 양상 역시 사회, 정치적 측면에만 한정되어 있는 실정이다. 이 글은 가장 대중적이나 연구가 극히 한정되었던 대중음악과 경제의 상호 관련성을 통해 경제 위기 후 달라진 대중음악의 변화를 알아보고자 한다.

IMF[1]란 한 국가가 파산 신청을 내는 경제 위기의 대표적 케이스이다. IMF 시대란 한 나라가 세계시장의 일부로 재편되는 과정이며 세계의 자본과 상품이 그 나라에 자유롭게 드나들 수 있게 하기 위해 자국이 가지고 있는 방식과 관행을 고쳐나가야 하는 시대인 것이다.[2] 이는 IMF와의 양해각서에 따른 이행 조건과 합의 조건을 살펴보면 쉽게 이해할 수 있다. IMF가 내건 합의 조건에는 엄격한 긴축과 구조조정, 자본 및 금융시장의 대폭적인 대외 개방 등이 열거되어 있으며 그중에서도 자본과 금융시장의 완전 개방이 포함되어 있다.[3] 이러한 경제의 개방은 그 안에 머무르지 않고 다른 분야로 전이되어간다. 만일 자본과 상품이 원활하게 소통되는 데 방해가 된다면 정치, 사회, 문화의 시스템도 조정되기를 요청받기 때문이다. 이러한 구조로 볼 때 IMF 경제 위기는 한 나라의 대중음악 나아가서는 문화 전체에 어떤 식으로든 영향을 끼쳤을 것이라는 추론을 해볼 수 있다.

이 글은 크게 다섯 부분으로 나뉜다. 1절은 서론에 해당되며 2절은 이론적 배경으로 경제와 문화의 상호 관련성을 연구한 학문인 문화경제학을 제시한다. 3절과 4절은 IMF 시대를 지내온 두 나라인 한국과 영국의 사례

---

1 국제통화기금(International Monetary Fund)의 약자이다. 이 글에서는 통상적으로 외환 위기를 지칭하는 IMF를 경제 위기의 대표적인 케이스로 보고 논의를 진행하고자 한다.
2 이건용, 「IMF시대와 민족음악」, 『낭만음악』 제10권, VOL 38, 1998, 205쪽.
3 위의 논문, 같은 쪽.

를 중심으로 대중음악의 변화양상을 분석해보았으며 마지막으로 결론에 이른다.

필자는 IMF 시대가 가지는 국제적, 경제적 의미에 대해서는 말할 수 없다. 다만 이 글에서 말하고자 하는 것은 IMF 시대가 가지는 문화적 의미이며 경제 위기가 대중음악 전반에 어떠한 영향을 주었고 어떻게 변화하게 했는가에 관한 고찰이다. 이를 통해 우리가 겪고 있는 세계화의 바람직한 모습을 그려내는 데 도움이 되고자 하는 것이 이 글의 목적이다.

2. **문화**와 **경제**의 상관성

문화경제학의 개념

문화와 경제의 상관관계를 다룬 문화경제학(cultural economics)이라는 학술용어가 정착된 것은 대체로 1960년대 이후로서 미국 학자들이 중심이 된 문화경제학회가 국제적 규모로 성장한 것으로 유래한다. 19세기 후반 영국에서는 예술을 생활 및 노동과 연관시키면서 예술이 경제 발전에 미치는 영향에 대한 관심이 본격화되었다. 그 대표적인 학자로는 존 러스킨 (John Ruskin, 1819~1900)[4]과 윌리엄 모리스(william morris, 1934~1896)[5]

---

4 영국의 비평가, 사회사상가. 시대의 예술은 보편화된 생활양식과 필연적으로 연관되어 있으며 따라서 심미적, 도덕적, 사회적 판단은 서로 밀접하게 관련되어 있다는 문화 개념을 제시함으로서 문화경제학의 체계를 확립한 학자이다. 김문환, 『문화경제론』, 서울대학교 출판부, 1997, 14쪽.

5 영국의 작가이자 건축가. 예술과 문화, 노동과 부 등 문화와 경제를 분리해서 바라보지 않고 인간의 생명과 생활의 발달을 매개로 예술과 경제의 상호 관련성을 본질적으로 체계화한 학자로 평가된다. 임상오, 「문화경제학의 수사학적

경제 위기 이후 대중음악의 변화 양상 고찰 박선민

를 들 수 있다.

문화경제론은 한 사회의 발전에 있어서 문화 발전과 경제 발전은 불가분의 관계를 맺고 있다는 점에서 출발한다. 문화와 경제는 때로는 상호 모순되거나 대립되는 관계를 갖지만 최근 들어 문화와 경제의 상호 의존 관계는 한편에서는 경제의 문화화 또는 기업의 문화화로 나타나며 다른 한편에서는 문화의 경제화, 즉 문화의 산업화 현상으로 나타나고 있다.[6] 한마디로 달걀이 먼저냐 알이 먼저냐 하는 논의로 진행되는 것이다.

'경제의 문화화' 현상의 한 예로는 기업의 문화 지원, 메세나 활동, 기업 박물관의 건설 등을 들 수가 있고 기업의 CI(Corporate Identity)의 확립, 뛰어난 디자인의 추구 등과 같이 기업의 이미지를 제고시키기 위한 모든 활동을 포함한다. 후자인 '문화의 경제화'는 문화 활동의 시장경제화 현상을 지칭한다. 예를 들어 문화 센터처럼 기존의 시장 밖에서 행해졌던 문화적 욕구가 시장을 통해서 공급된다든지 공원과 같이 공공 부문에 의해 제공되었던 서비스가 테마파크처럼 민간 부문에 공급되는 경우가 그에 해당하며 기타 다양한 문화 활동의 시장화 현상이 여기에 해당된다.[7]

문화와 경제의 상관관계를 밝힌 문화경제론의 경우 아쉽게도 문화, 예술의 범위가 상당히 제한적이다. 흔히 고급 예술이라 칭하는 연극, 오페라, 교향악, 그리고 무용과 같은 실연예술과 회화와 조각 등의 조형예술의 연구만이 되어있기 때문이다. 이 두 분야를 중심으로 예술이 오늘날과 같은 자본주의 체제 속에서 어떤 식으로 상호 보완되어왔는가가 연구되었다.[8]

접근」,『문화경제연구』제12권 VOL 1, 한국문화경제학회, 2009

6   임상오,「문화경제학의 체계화를 위한 시론적 연구」,『문화경제연구』제1권 VOL.1, 한국문화경제학회, 1998, 1쪽.

7   위의 논문, 6쪽.

8   김문환, 앞의 책, 72쪽.

그러나 대중음악 또한 현대에서는 하나의 문화예술 장르로 인정받고 있음을 감안할 때 문화경제론을 이론적 배경으로 하는 데는 무리가 없을 것으로 생각된다.

이 글에서는 현대 문화경제학을 탄생시킨 학자로 평가[9]되는 윌리엄 보멀(William J. Baumol)과 윌리엄 보언(Willam G. Bowen)[10]의 사상을 중심으로 설명하겠다.

경제 위기와 문화와의 상관관계

과거 산업사회를 살펴보면 문화와 경제가 서로 분리되어 독자적으로 생존해왔음을 알 수 있다. 오히려 서로가 서로를 멀리하면서 적대적 의식을 가지고 대했으며 경제는 능률이나 기능적 합리주의를 바탕으로, 문화는 인간의 정신만을 중시하면서 서로 다른 평가를 해왔다. 그러나 지식과 정보가 중시되는 20세기 후반에 들어오면서부터 문화와 경제는 서로에게 도움이 되고 일정한 범위 내에서 서로 보완적 관계임을 인식하기 시작했다. 즉 문화인들은 경제에 의해 축적된 부로부터 지원을 받아 문화 활동에만 전념할 수 있어서 심미성을 더욱 발전시킬 수 있었으며 경제인들은 그 심미성을 경제적 가치로 전환해 더 큰 부를 축적할 수 있었다.[11]

---

9 임상오, 「문화경제학의 수사학적 접근」, 앞의 책, 5쪽.

10 William J. Baumol(1966)과 Willam G. Bowen(1966)은 문화예술이라는 상품을 생산, 공급하는 데 있어 소요되는 '비용'의 문제를 경제학적으로 분석해 J. Ruskin의 예술경제학 논의에서 더욱 확장된 현대의 문화경제학을 체계적으로 확립한 학자다. 특히 그들은 이제까지 도외시되었던 공연예술 단체들의 재정적 문제점을 설명하고 그들이 필연적으로 봉착할 수밖에 없는 한계를 밝혔으며 그것을 실제로 통계화하는 현대적 분석 작업을 하였다. 김문환, 앞의 책, 32쪽.

11 한국문화경제학회, 『문화경제학 만나기』, 김영사, 2001, 490~491쪽.

그렇다면 경제 위기와 대중음악의 관계는 어떨까?

경제 위기와 대중음악의 상관관계를 다루는 데 있어 문화 수요의 가격 탄력성은 반드시 논해야 하는 경제학적 용어다. 가격 탄력성이란 한 상품이나 서비스의 소비가 가격의 변동에 대해 얼마나 민감한지를 말해주는 기표이다. 그렇다면 탄력적이거나 비탄력적인 기준은 무엇인가? 그것은 대체재를 이용할 수 있는 가능성에 따라 탄력성은 높아진다는 데 있다.

모든 사람은 외부 환경의 변화에 신축적으로 대응하며 경제학자들은 이와 같은 탄력성의 개념을 도입해 그 민감도를 측정한다. 공연예술의 경우 입장권의 가격 탄력성은 이용 가능성과 대체재의 질에 의존한다. 예를 들어 한 장의 공연 티켓은 그 공연을 대체할 책, 영화, TV, DVD, 외식, 스포츠 관람 등 많은 대체재를 갖는다. 그처럼 많은 대체재는 소비자의 여가 시간 및 소비 능력을 경쟁적으로 노리는 많은 기회들이 있음을 보여주며 실연예술의 높은 가격 탄력성을 예상하도록 만든다.[12] 대체재가 많을수록 가격 탄력성은 높으며 가격 탄력성이 높다는 것은 실제로 외부 요인에 영향을 많이 받는다는 사실을 의미한다.

이와 관련해 보멀과 보언의 연구 중 흥미로운 사실을 하나 발견할 수 있었다. 이들은 1929년에서 63년까지의 공연의 입장료 지출 총액과 1인당 실질 지출, 개인 가처분 소득 100달러당 지출, 실질 지출 총액을 분석했는데 이 그래프에서 4개의 그래프 모두가 대공황 시기에 최저점에 도달했다는 것이다. 이것은 경제가 번영하면 예술의 소비 지출이 증가한다는 것을 의미한다.[13] 또한 1929년에서 63년까지 브로드웨이의 티켓 판매액과 메이

---

12 김문환, 앞의 책, 98쪽 요약.
13 William J. Baumol · Willam G. Bowen, 『공연예술의 경제적 딜레마』, 임상오 역, 해남, 2011, 46~50쪽.

저 오케스트라의 사업 수익의 추세를 나타낸 그래프에서도 경제활동의 침체가 티켓 판매에 미치는 영향을 알려준다. 대공황기에는 전반적인 입장료 수입이 눈에 띄게 줄어들었고 1933년도에는 최저점에 도달하였다. 공연 시장이 이렇게 침체된 데에는 여러 요인이 있겠지만 소비 지출이 전반적으로 비슷한 패턴을 보인 것은 불황이 예술에 미친 충격이 어느 정도인가[14]를 시사한다. 이러한 결과로 미루어 볼 때 가격 탄력성이 클래식 음악에 비해 상대적으로 높은 대중음악 공연의 경우 경제 위기에 반응하는 정도는 더 클 것이라는 추론이 가능하다.

3. IMF 이후 영국 대중음악의 변화

1976년 IMF 경제위기

세계 최고 수준의 사회복지 제도를 갖춘 나라인 영국도 1976년 경제적 어려움 때문에 IMF로부터 차관을 제공받은 적이 있다. 당시 영국 정부는 폭넓은 사회복지 제도와 산업 국유화 등으로 공공 부문의 비효율성이 커졌으며 1972년과 75년 두 차례의 오일 쇼크에 따른 파운드화의 폭락, 해외 자본의 이탈과 노조 정책의 실패 등으로 만성적 인플레이션에 시달리게 되었다. 이에 윌슨 노동당 내각은 1976년 9월 IMF에 대대적인 금융 지원을 요청하기에 이르렀다. 이로 인해 영국의 국제 신뢰도는 추락하여 국제 자본의 이탈이 가속화되었고 IMF 조건을 이행하는 과정에서 노조와 노동자로부터 강력한 저항에 부딪히게 된다. 그 결과 1978년 포드 자동차 회

---

14 위의 책, 292~294쪽.

사의 파업을 시작으로 영국 사상 최악의 총파업이 발생하였고 1979년 150만 명의 공공 부문 노동자들이 24시간 파업에 돌입함으로써 영국 전역의 공공 기능이 마비되는 무정부 상태에 빠지게 되었다.

이러한 분위기 속에서 1979년 5월 개혁을 내건 대처[15]의 보수당이 정권을 잡으면서 대대적인 구조 개혁 작업이 이루어지게 된다.[16]

IMF 이전의 영국 대중음악

1960년대 영국의 대중음악계는 비틀스라는 거장을 맞이하게 된다. 1964년 비틀스의 등장으로 세계 음악시장의 큰 변화를 일으켰던 영국은 1970년대에 들어서면서 록스타 위주의 음악으로 흐르게 된다. 특히 비틀스의 음악이 시초가 된 아트록의 발전은 클래식한 사운드 기법과 다양한 효과로 많은 인기를 끌게 되었다. 이들은 초현실주의의 시와 문학작품, 신화적 내용, 공상과학적 내용을 가사로 사용함으로써 지배 문화에 대한 저항성과 이상주의적 비전을 이야기했다. 그러나 초기의 순수한 모습과는 달리 록밴드들의 상업적 성공이 일어나면서 그들의 기반이 되는 저항문화는 사라지고 우월주의와 엘리트주의가 팽배하게 된다.[17]

IMF 이전 영국의 대중음악계에서는 폴 매카트니, 에릭 클랩튼, 로드

---

15 1979년 총선거에서 보수당의 승리로 집권한 대처 수상은 노동당 정부가 고수해왔던 각종 국유화와 복지정책 등을 포기하고 민간의 자율적인 경제활동을 중시하는 머니터리즘(monetarism)에 입각한 강력한 경제개혁을 추진했다(네이버 백과사전 http://100.naver.com/100.nhn?docid=725702, 2012. 5. 13).

16 김금환, 「한국의 IMF 극복을 위한 외국 사례 분석」, 『승가』 제16호, 중앙승가대학교, 1984, 162~164쪽 요약 정리.

17 이현영, 「브리티시 록 음악의 발전과정」, 단국대학교 문화예술대학원, 2010, 6~7쪽.

스튜어트, 엘튼 존, 퀸, 레드 제플린, 그리고 핑크 플로이드 등와 같은 슈퍼스타들을 중심으로 음반업계와 미디어가 흘러갔다. 영국의 레코드 회사들은 확실한 앨범 판매고를 보장해주는 기존 스타들 이외에 어떤 신인들과도 음반 계약을 맺으려 하지 않았다.[18] 이러한 스타 중심의 대중음악은 IMF 이후 많은 변화를 겪게 된다.

IMF 이후의 영국 대중음악

IMF가 영국 대중음악에 어떤 영향을 미쳤는가는 크게 예술과 산업적 관점에서 지켜볼 필요가 있으며 이 두 가지 양상을 종합해볼 때 보다 객관적인 결과를 도출해낼 수 있을 것이다.

« 예술적 관점

IMF 경제 위기는 실제로 영국 음악시장에 큰 반향을 불러일으켰다. 예술적 관점에서 생긴 가장 큰 변화는 기성세대에 대한 저항문화의 영향으로 탄생한 펑크록과 레게이다.

IMF 이후 경제 정책의 실패로 공황 상태에 빠진 영국의 10대와 청년들은 기성세대들의 가치와 사회 시스템에 불만을 품게 되었다. 또한 이제까지 최고의 스타라 인식했던 폴 매카트니, 엘튼 존, 퀸, 핑크 플로이드와 같은 음악계 거목들의 권위와 사치는 실업자들에게 엄청난 저항감을 불러일으켰다.[19] 이들은 자기들이 직면하고 있는 사회경제적 상황과는 다른 크

---

18 임진모, 「위기시대 우리 대중음악의 길」, 『민족음악의 이해』 Vol.7, 민족음악연구회, 1999, 69쪽.

19 임진모, 앞의 논문, 68쪽 요약.

고 화려한 쇼 형식의 글램록을 비판하였으며 자신들이 소속된 청년문화에 대해서 분노하였다.[20]

이러한 저항문화의 발현은 곧 펑크록이라는 장르를 탄생시켰다. 펑크록이 수면 위로 부상할 수 있었던 계기는 섹스 피스톨스(Sex Pistols)[21]의 〈대영제국의 무정부 상태(Anarchy in the UK)〉라는 곡에서 출발한다. 이 곡은 영국 정부가 IMF 구제금융을 받은 지 7일 후에 발표된 곡으로 "나는 핑크 플로이드를 증오한다"는 캐치프레이즈를 내걸고 엘리트 록스타들을 향해 이러한 선전포고를 날렸다.

> 백만장자 그룹들은 기껏 사랑 노래만을 부른다. 실업자들에게는 사랑 노래가 필요 없다. 우리는 제도권 음악계 그리고 그 스타들과 투쟁할 것이다.[22]

그 이후 펑크록은 영국 전역에 무섭게 퍼져나갔으며 1975년 사이 런던에만도 무려 200여개의 펑크 밴드가 결성되는 전성기를 맞았다. 이것은 단순한 노래의 인기나 반짝 유행이 아니었다. 그들의 주장은 영국 왕실을 비꼬고 있으며 무정부주의를 지향하고 미국을 반대하며 인종주의에 맞서는 등의 실천적 투쟁성을 드러냈다.[23] 미래 없는 노동계급 청년의 분노, 좌절,

---

20 임진모, 『록 그 폭발하는 젊음의 미학』, 창공사, 1996, 27쪽.
21 매우 강력한 영향력을 지녔던 영국의 펑크록 밴드로, 1975년 런던에서 결성되었다. 밴드는 본래 보컬 조니 로튼과 기타리스트 스티브 존스, 드러머 폴 쿡, 베이시스트 글렌 맷록으로 이루어져 있었다. 비록 그들의 초기 활동 기간이 2년 반에 불과했으며, 넉 장의 싱글 앨범과 한 장의 스튜디오 앨범을 냈을 뿐이지만, 섹스 피스톨스는 "영국 펑크 록에 결정적인 역할을 한 밴드"로 평가받고 있다. 위키백과, http://ko.wikipedia.org/wiki/%EC%84%B9%EC%8A%A4%ED%94%BC%EC, 2012. 5. 13.
22 임진모, 앞의 논문, 68쪽.
23 임진모, 앞의 책, 27쪽.

폭력 등의 감정은 단조롭고 반복적인 사운드의 효과를 통해 드러났다. 둥둥거리는 베이스 기타와 반복적인 비트의 드럼, 기교 없이 긁어대는 기타, 내지르는 보컬 기법은 절박한 상황을 표현하기 위한 음악 수단이었다.[24]

이러한 펑크록은 그 이후 다양한 스타일의 음악에 영향을 주었다. 그 중 하나의 장르가 레게였으며 밥 말리[25]라는 스타를 발굴해내기도 했다. 레게가 서구 대중음악에 깊숙이 침투한 때가 바로 영국의 IMF 개혁기였으며 레게의 저항성은 펑크와 합쳐져 '스카펑크'라는 장르를 낳기도 했다. 또한 80년대 들어서면서 이러한 펑크록은 영국식 소울과 뉴웨이브 음악에도 영향을 주면서 유리스믹스, 조지 마이클, 보이 조지와 듀란듀란과 같은 월드 스타를 배출하기에 이르렀다.[26] 이들의 활발한 활동은 세계 음악시장을 다시금 영국 음악의 판도로 바꿔놓았다. IMF의 어려웠던 위기 상황은 영국 음악계로 하여금 의식 혁명과 더불어 세대 혁명도 이룩하게 한 것이다.

« 산업적 관점

IMF 이후 10년간 산업적 관점에서 본 영국 대중음악의 변화 중 첫 번째는 스타 시스템의 몰락과 인디의 출범을 들 수 있다.

IMF 이후 펑크 음악이 인기를 끌면서 영국 음악산업은 변화를 맞이하게 되었다. 먼저 슈퍼스타들에 의해 지배되었던 음반업계와 미디어의 풍토가 대거 변화하면서 스타 시스템은 위력을 상실하게 된다. 음반사의 판

---

24 사이먼 프리스, 『사운드의 힘 : 록 음악의 사회학』, 권영성 역, 한나래, 1996, 308쪽.
25 자메이카의 싱어송라이터로 레게 음악의 가장 대표적인 가수이자 작곡가이며 기타리스트다. 말리의 명성은 1972년에 영국의 레코드사들과 계약을 맺은 후에 전세계로 번져나갔다. 말리는 세계의 정치적 대항의 메시지에 레게 음악을 퍼뜨렸다. 위키백과, http://ko.wikipedia.org/wiki/, 2012. 5. 13.
26 임진모, 앞의 논문, 69~71쪽 요약.

도는 달라졌으며 더 이상 기존의 메이저 회사들에 의한 시장의 독과점 양상은 지속될 수 없었다. 메이저에 도전하는 독립 음반사들, 이른바 '인디'[27]가 속속 출범한 것도 이때였다. 이러한 독립 음반사들은 저예산, 회사와 아티스트 간 수익 균배, 만장일치제 의사결정을 내걸고 메이저 레이블의 스타 시스템과 대자본 마케팅의 흐름을 바꿔놓았다.[28] 인디의 발생으로 많은 신인들은 새로운 음악을 실험할 수 있게 되었으며 이후 10년간 많은 스타들을 배출하게 된다. IMF 이후 등장한 스팅, 프리텐더스, 빌리 아이돌, 유리스믹스, 듀란듀란 같은 영국의 스타들은 대부분 음악 초기 인디에서 시작한 인물이란 점을 주목할 필요가 있다.

두 번째는 음반시장의 유통 구조 개선을 들 수 있다. IMF 이후 발전한 인디는 아티스트에게 음악의 자유뿐 아니라 정당한 수익도 제공했다. 인디가 소매상과 직거래 유통을 실시하면서 도매상의 유통 마진을 감소시켜 아티스트들에게 더 많은 로열티를 지불할 수 있게 되었으며 이로 인해 도매상의 파워는 급격히 위축되었다. 유통 구조의 개선이란 막대한 효과를 창출한 것이다.

세 번째는 문화의 다양성을 들 수 있다. 새로운 의식의 세대가 출현하면서 미디어의 변화도 따랐다. TV의 영향력만으로 문화의 흐름이 결정되었던 과거에 비해 음악의 자주성이 부각되면서 시청자들은 인근 공연장의 신인 그룹 쪽으로 관심을 돌리기 시작한 것이다. BBC TV의 인기 음악 프로그램 〈탑 오브 더 팝스〉는 IMF 체제 이후 현실감이 떨어짐에 따라 시청률이 크게 떨어졌으며 TV의 위세가 주춤하자 새로운 경향의 음악이 부상할 수 있었다.[29] 만약 언더그라운드와 공존하는 자유의 확산이 아니라 TV,

---

27 'Independent Label'의 약자.
28 임진모, 앞의 논문, 69~71쪽 요약.

즉 미디어에 의해 모든 것이 결정되는 문화 배급이었다면 영국은 아마 지금 비틀스의 그림자에서 벗어나지 못했을 것이다. 미디어와 공연이 공존하는 IMF 시기의 자율적 개혁 풍토가 기존의 분위기를 바꾸면서 영국 음악계는 자생력과 국제 경쟁력을 확보할 수 있었던 것이다.

4. IMF 이후 한국 대중음악의 변화

1997년 IMF 경제위기

한국 경제는 1990년대부터 추진되어온 대외개방 및 자본시장의 개방으로 시설 투자비가 증가하였다. 그러나 그와는 반대로 수출은 점점 부진해지고 해외 기업의 국내 진출로 인해 기업의 수익성이 약화되면서 국내 기업은 현금 흐름 이상을 야기하게 되었다. 또한 1996년 무리한 OECD 가입으로 인해 과도한 원조와 시장 개방, 제도와 관행의 개혁으로 인해 혼란만이 초래되었다. 여기에 금융기관들이 자금난 악화로 97년 초에 대규모 도산함으로써 부실 채권이 누적되고 있었으며 이것은 결국 한국 경제의 대외 신인도 하락으로 이어졌다. 외적으로는 외국인 투자자들이 태국과 인도네시아의 외환 위기 이후 한국의 위기 가능성에 대해 의구심을 품게 되었던 것도 하나의 요인으로 작용하였다.

이에 한국 정부는 1997년 11월 21일 IMF에 공식적인 구제금융 신청을 하게 된다. 정부는 IMF와 정책 협의 프로그램에 합의하고 3년에 걸친 210억 달러 한도의 차관 도입을 약속받게 되었다. 당시 IMF는 미국으로부

---

29 임진모, 앞의 논문, 71쪽.

터 많은 자금 지원을 받고 있기 때문에 독자적으로 위기 국가에 지원과 조언을 하지만 결과적으로 미국의 요구를 들어줄 수밖에 없는 한계를 지니고 있었다. 그 결과 IMF는 회원국들에게 작은 정부 지향, 시장 기능 중시, 주주 자본주의, 개방화를 강요하게 되었으며 한국은 무리한 개방 정책을 수용할 수밖에 없었다.[30]

IMF 이전의 한국 대중음악

IMF 이전의 한국 대중음악의 특징은 크게 세 가지로 꼽을 수 있다.

첫째, 1990년대는 대체적으로 음악의 다양화 시대로 평가된다.[31] 한마디로 록과 팝, 트로트와 댄스, 발라드와 힙합이 공존했던 시대라는 것이다. 해외여행 자율화로 인한 유학파의 증가, 팝을 듣고 자란 뮤지션들의 본격적인 활동, CD의 보급으로 90년대의 한국 대중음악 시장은 양적 질적 팽창을 하게 되었다. 그중에서도 1992년 랩, 힙합, 헤비메탈, 테크노 등이 복합된 '서태지와 아이들'의 음악은 당시 한국 음악시장에 커다란 자극이 되었다. 사회의 치열한 경쟁 구도와 기성세대의 낡은 가치관을 부정하는 그들의 노래는 사회적으로 큰 반향을 불러일으켰으며 이와 함께 신승훈, 김건모 등 다양한 뮤지션의 활동으로 1990년대는 황금기를 맞게 된다.[32]

둘째, 싱어송라이터 가수들의 활발한 활동을 들 수 있다. 1970년대까지만 해도 남진, 나훈아, 이미자 등 전문 가수가 프로듀서에게 곡을 받거나 프로듀싱을 부탁하는 예가 대부분이었다. 그러나 1980년대를 거쳐

---

30 임승욱, 「외환위기에 따른 대응정책에 관한 한국과 말레이시아의 비교연구」, 한남대학교 대학원, 2001, 25~33쪽 요약.

31 선성원, 『우리 대중가요』, 현암사, 2008, 375쪽.

32 이해숙 · 손우석, 『한국 대중음악사』, 리즈앤북, 2003, 227~243쪽 요약.

1990년대 들어서면서 서태지와 아이들, 신해철, 이승환, 015B, 토이, 푸른 하늘, 듀스, 윤상, 윤종신 등에 이르는 다양한 가수들이 작곡, 작사, 프로 듀싱까지 아우르는 싱어송라이터의 면모를 보이기 시작했다. 이들은 팝을 듣고 자란 세대로서 다양한 음악적 실험을 꿈꾸었으며 그 결과 싱어송라 이터의 전성시대를 만들어냈다.

셋째, 대기업과 다국적 직배사가 지배하는 음반산업 구조를 특징으로 꼽는다. 1990년 초중반 한국의 음반산업은 대기업과 다국적 직배사가 우위 를 점한 분위기였다. 1980년대 말 당시의 경제 호황에 따른 새로운 분야로 의 사업 확대로 대기업들이 음반사업에 뛰어들었으며 이는 국내 음반사들 간의 역학 관계의 변화로 나타났다. 1996년 당시의 한국의 음반, 제작사의 매출 실적을 보면 대기업 음반사의 연간 매출액이 280억 원인 반면 기성 음반사는 180억 원에 머무르고 있다. 특히 삼성뮤직의 경우 매출액 130억 원으로서 직배사들을 제외한다면 업계 1위를 차지하고 있었다. 실제로 기 성의 중소 음반사들은 대기업의 시장 진입에 반발하였고 1993년에는 음반 협회, 삼성전자, SKC 사이에 삼자 회의를 가져 합의를 도출하기도 했다.[33]

IMF 이후의 한국 대중음악

« 예술적 관점

대중음악은 늘 시대상을 반영한다. IMF 이후의 한국 대중음악은 대 내외적인 경기 침체, 주가 하락, 환율 상승, 높은 실업률 등 우울한 뉴스가 주를 이루는 상황에서 장르의 변화와 가사에서 보여지는 다양한 현상을 확인할 수 있다.

---

33 신현준, 『글로벌, 로컬, 한국의 음악산업』, 한나래, 2002, 216~220쪽.

첫 번째로는 희망의 메시지를 전달하는 가사가 대거 등장했다는 사실이다. 직장 폐쇄, 정리 해고의 우울한 시간을 맞았던 당시 사회 상황에서 용기를 줄 수 있는 희망적인 가사는 큰 인기를 끌었으며 이는 한 장르의 현상은 아니었다. 대표적인 가수로는 강산에를 꼽을 수 있으며 〈넌 할 수 있어〉 〈연어〉 등으로 1990년대 후반 IMF 외환 위기로 낙담했던 사람들에게 희망과 용기를 불어넣었다. 이러한 현상은 아이돌 스타들에게도 나타났으며 HOT의 〈빛〉, 젝스키스의 〈폼생폼사〉 등의 밝은 가사가 인기를 끌었다.

두 번째 특징으로는 펑크록과 인디 음악의 인기를 들 수 있다. IMF 외환 위기 직전인 1996년 인디음악은 펑크록과 함께 대중들에게 모습을 나타내게 된다. 이러한 움직임은 IMF 이후 세계적인 펑크 붐과 맞물려 본격적인 인기를 얻게 된다. 인디 음악은 상업화나 기성의 틀에 동조하지 않고 자신이 하고 싶은 음악을 하는 것을 지칭했다. 다분히 언더그라운드적인 인디 음악은 1990년에 들어서 홍대를 중심으로 일어나기 시작했으며 록 클럽 '드럭'이 중심된 라이브 클럽의 확산과 함께 펑크록은 인기를 얻어갔다. 그 대표적인 팀으로는 삐삐롱스타킹을 들 수 있으며 이는 대중문화의 다양화와 표현의 자유에 대한 논의를 가져오기도 하였다.[34]

전세계적으로 1990년대 후반 펑크록이 인기를 얻게 된 요인은 무엇이었을까? 이것은 불안한 사회현상과 맞물려 있다. 찢어진 티셔츠와 청바지, 울긋불긋한 염색 머리로 상징되는 이들은 자신들의 불행한 현실을 비판해 기존의 가치관에 반하는 행동을 취했으며 동시대에 대한 야유를 서슴치 않았다. 이러한 펑크 음악의 열기는 크라잉넛과 노브레인으로 이어져

---

34 그 예로 삐삐롱스타킹이 MBC 〈인기가요 베스트 50〉에 출연하여 생긴 방송 사고를 들 수 있는데 카메라에 침을 뱉고 가운뎃손가락을 세우며 욕을 해 결국 방송 출연 금지라는 징계를 받았다. 선성원, 앞의 책, 408쪽.

〈말 달리자〉의 대중적인 인기로 나타나기도 하였다. 그러나 영국의 경우와는 달리 한국의 펑크록은 외형적 형식만 빌려왔을 뿐 펑크록의 본질적 의미인 반항적 요소는 그리 크지 않았다는 비판도 있다.[35] 그 후 펑크록은 불타는 화양리 쇼바를 올려라, 피터팬, 허벅지밴드, 내 귀에 도청장치 등 많은 인디 록밴드에게 영향을 주었다.

이 시기의 세 번째 특징은 예술과 산업적 측면이 동시에 나타난 케이스로 불황과 함께 나타난 리메이크 붐을 들 수 있다. 90년대 말에서 2000년대 초 댄스 가요의 열기가 급속히 사라지고 대중가요가 새로운 음악을 보급하지 못하자 불황이라는 어려운 현실에 직면한 기성세대들은 옛날의 향수 어린 가요를 찾기 시작했다. 또한 음반시장은 불황이 심화되면서 새로운 곡에 대한 투자보다는 안정적인 리메이크를 선호하였고 이러한 현상은 침체된 음반시장에 대한 돌파구가 되었다. 음반사들은 기성세대에게 잊혀졌던 과거의 가요를 저렴한 가격에 대량으로 보급하면서 음반시장의 불황을 헤쳐나갔고 이것은 기성세대의 바람과 맞아 떨어졌다. 이런 컴필레이션 음반의 열기는 헌정 음반이나 리메이크 음반이라는 형태로 나타났으며 대표적 음반으로는 시인과 촌장의 노래를 리메이크한 조성모의 〈가시나무〉를 들 수 있다.

네 번째 특징은 가수들의 다양한 분야로의 진출이다. 경제 위기 이후 가요계의 위축과 오프라인 음반 시장의 급격한 축소로 가수들은 음반 판매만으로는 더이상 수익을 낼 수 없는 구조가 되었다. 2001년 음반시장은 IMF 이후 최초로 마이너스 성장세를 기록했으며 김건모, 조성모를 비롯한 몇몇 가수들의 음반을 제외하고는 판매율이 저조해진 것을 이유로 들 수 있다. 인터넷의 불법 다운로드는 음반시장을 더욱 불안하게 만들었으며

---

35 위의 책, 406~408쪽.

이러한 분위기 속에 가수들은 또다른 활로를 찾게 되었다. 2010년 이후 가수들의 연기 겸업은 보편적인 코스[36]로 인식됨과 달리 2000년대 초 가수들의 겸업은 곱지 않은 시선으로 평가되기도 하였다. 이들은 일정 기간 가수로 활동을 하다 인기를 얻으면 이를 기반으로 연기나 예능 프로그램으로 진출하는 등 영역을 넓히게 되었다. 대표적인 가수로 엄정화, 비, 성유리, 유진 등을 들 수 있다.

« 산업적 관점

산업적 관점에서 본 첫 번째 특징은 바로 스타 시스템의 성장과 위기다.

댄스 가요는 1992년 서태지와 아이들의 파격적인 곡으로부터 시작되었다는 것이 정설이다. 서태지와 아이들의 음악은 댄스 가요라고 못박기에는 무리가 있지만 이러한 장르가 당시 한국의 대중들에게는 낯선 것이었기 때문에 혁신적인 것으로 수용되었다.[37] 그러나 돌연 1996년 서태지와 아이들은 은퇴를 선언했으며 TV 중심의 활동이 대중음악계에 자리를 잡으면서 그 빈자리를 10대 위주의 댄스 음악이 차지해갔다. 기획사의 자금력을 바탕으로 한 HOT, 젝스키스, 핑클, SES 등이 대표적이며 이러한 아이돌 그룹은 철저히 스타 시스템의 논리에 의해 탄생하였다.

이러한 스타 시스템 속에서 기획사의 기능은 음반의 제작을 맡는 것이라기보다 스타의 매니지먼트를 수행하는 것이었다. 한마디로 1990년대의 기획사는 1980년대의 음반 전문 프로덕션과는 달리 토털 연예 기획사 혹은 토털 매니지먼트사로 변질되었다. 이는 현대의 엔터테인먼트 회사의 기초

---

36 2010년 이후 연기와 가수 겸업 형태를 하는 이들은 '연기돌'이라 불리며 인기의 잣대로 보기도 한다.

37 신현준, 앞의 책, 234~235쪽.

가 되는 양상이었다. 이러한 기획사의 형태는 당시 TV, 라디오와 같은 대중매체와의 공생 관계를 이전 시기보다 더욱 강화했으며 전통적 공연 흥행업과도 결합함으로써 전통적 연예 산업 시스템을 부활시키는 양상까지 보였다. 이러한 1990년대 아이돌 스타 시스템은 한국음악 산업 역사상 처음으로 대량생산, 대량소비라는 포드식 시스템으로 해석된다.[38]

그러나 2000년대 초가 되면서 이러한 아이돌의 인기는 잠시 주춤하게 된다. IMF 외환 위기 이후 부모의 경제력이 뒷받침돼야 하는 10대의 한계적인 구매력이 태생적 한계를 가지면서 고스란히 음반 불황으로 이어지게 된 것이다. 그 후 대형 기획사를 중심으로 한 스타 시스템은 경제적 돌파구의 하나로 해외시장에 눈을 돌리게 되었으며 이러한 위기를 극복하면서 제2의 전성기를 맞이하게 된다.

두 번째 특징으로는 IMF 이후 음반시장 내 대기업의 퇴출 현상을 들 수 있다. 1997년 말 이후 대기업의 강도 높은 구조조정이 논의되면서 대기업들은 음반사업에서 서서히 손을 떼게 된다. 사업체가 아직 남아 있다 하더라도 음반 콘텐츠의 실질적 제작과 관련된 인력은 이직한 상태이며 음반 제작과 관련된 시설도 처분하였다. 이는 기성 음반사들의 반발 때문이기도 하지만 아티스트를 장기적으로 개발하는 작업이 본격화되지 못하면서 사업에 실패하였기 때문이다.[39] 결국 음반시장의 대기업 진출 실패는 영미의 '록산업' 시스템이 뿌리 내리지 못한 결과라고 할 수 있으며 이는 일본의 상황과 비슷하지만 다른 결과[40]를 나타냈다.

---

38 위의 책, 231~232쪽 요약.
39 신현준, 앞의 책, 220~222쪽.
40 일본의 하드웨어 제조업체들은 외국의 메이저 음반사를 인수하거나 합작 법인을 설립하거나 다국적 음악기업에 하드웨어 업체를 매각하는 방식으로 세계적인 네트워크의 거점을 형성했다. 그에 반해 국내 대기업은 세계시장으로의 수출

마지막 세 번째 특징을 꼽는다면 음반시장의 불황 장기화 현상과 그에 따른 해외시장 개척의 노력을 들 수 있다. IMF 구제금융 시대 이후 음악산업은 음반 도매상의 연쇄부도로 인한 유통 질서의 붕괴, 소비자들의 구매력 저하, mp3 등 디지털 미디어의 시장화 부진 등과 맞물리면서 1996년의 절반 수준에 달하게 되었다. 이는 투기적 음반 제작, 지상파 방송 이외의 미디어의 실질적 부재, 자금 회전이 빠른 음반만을 배급하려는 도매상의 보수성이 결합하면서 음반시장의 불황 장기화로 이어지게 된다.[41] 이러한 국내 음반시장의 부진은 대형 기획사들의 부실로 나타났으며 이러한 고민의 결과 이들은 해외에서 새로운 판로를 찾게 되었다. 이는 곧 케이팝이 등장하게 된 기반이 되었으며 한국의 대중음악이 글로벌화하는 하나의 초석이 되었다.

5. 나가며

이제까지 영국과 한국의 사례를 중심으로 IMF 이후 대중음악의 변화 양상을 알아보았다.

IMF 이후 영국 대중음악의 변화를 살펴보면 예술적으로는 펑크록과 반문화 현상이 대두 되었으며 산업적으로는 스타 시스템의 몰락과 인디 출범, 음반시장의 유통 구조 개선, 그리고 미디어의 약화를 들 수 있다. 또

을 목표로 한다는 점에도 불구하고 진출 초기 단계란 이유로 국내시장만을 목표로 사업을 시작했다. 일본의 메이저 음악기업들이 국내외의 트랜드나 소비 수요 변화에 민감하게 반응하며 국내와 외국 음반시장을 모두 확대하는 데 성공한 반면 국내 대기업은 중소기업이 확보했던 영역을 잠식하는 데 그쳤던 것이다.

41 신현준, 앞의 책, 233~234쪽.

한 IMF 이후 한국 대중음악의 변화로는 희망적 가사와 펑크록의 인기, 리메이크 붐, 가수들의 겸업 현상 등을 꼽을 수 있으며 산업적 변화로는 스타 시스템의 몰락과 음반시장 내 대기업의 퇴출 현상, 그리고 음반시장의 불황 장기화 등이 나타났음을 알 수 있다.

흥미로운 점은 영국과 한국의 사례에 20년이 넘는 시간차가 있음에도 그 양상에는 비슷한 부분이 존재한다는 것이다. IMF 이후 반문화의 현상으로 나타난 영국의 펑크록은 음악의 세대교체를 이루면서 세계시장에서 또 한번의 영국 대중음악의 꽃을 피운 계기가 되었으며 한국 또한 영국처럼 거대한 음악의 흐름을 주도하진 못했지만 저항문화의 대표적인 장르인 펑크록이 IMF 이후 하나의 양상으로 나타난 점은 주목할 만하다. 또한 양국에 나타난 경제 위기 시대 스타 시스템의 몰락은 경제와 대중음악의 관계가 얼마나 밀접한지를 알려주는 부분이다.

경제와 문화는 상호 보완적인 관계다. 경제의 발전은 곧 물질적 기초와 함께 풍부한 창작 원천을 제공하며 이는 곧 문화의 발전으로 연결된다. 경제의 위기는 문화적 입장에서 보면 또 다른 변화의 계기이며 현실을 타개하고자 애쓰는 발전의 원동력이 된다. 이러한 문화적 자극은 곧 하나의 문화 상품으로 자리매김하며 경제적 가치로 바뀌게 되는 것이다. 이제까지 살펴본 IMF 이후 대중음악의 변화 양상은 이러한 가치를 증명해주는 결과이다. 그러나 대중음악의 양상과 원인은 늘 복합적인 것이므로 하나의 원인이 절대적인 것은 아니며 이러한 경제적 양상이 문화에 어떠한 영향을 주는지는 거시적인 관점에서 조심스레 파악해야 할 것이다.

이 글을 준비하면서 IMF와 비슷한 요즘의 경제 위기 상황을 고민하게 되었다. 대중음악은 어떻게 변할 것이며 지금의 케이팝은 세계시장에서 어떻게 살아남을 것인가? 이는 경제와 문화의 흐름 속에 선 우리가 앞으로 고민해봐야 할 숙제일 것이다.

참고문헌

김금환, 「한국의 IMF 극복을 위한 외국 사례 분석」, 『승가』 제16호, 중앙승가대학
　　교, 1984.

김문환, 『문화경제론』, 서울대학교 출판부, 1997.

김성구, 『경제위기와 신자유주의』, 문화과학사, 1998.

선성원, 『우리 대중가요』, 현암사, 2008.

신현준, 『글로벌, 로컬, 한국의 음악산업』, 한나래, 2002.

이건용, 「IMF시대와 민족음악」, 『낭만음악』 제10권, VOL 38, 1998.

이해숙 · 손우석, 『한국 대중음악사』, 리즈 앤 북, 2003.

이현영, 「브리티시 록음악의 발전과정」, 단국대학교 문화예술대학원, 2010.

임상오, 「문화경제학의 수사학적 접근」, 『문화경제연구』 제12권 VOL.1, 한국문화
　　경제학회, 2009.

──, 「문화경제학의 체계화를 위한 시론적 연구」, 『문화경제연구』 제1권 VOL 1,
　　한국문화경제학회, 1998.

임승욱, 「외환위기에 따른 대응정책에 관한 한국과 말레이시아의 비교연구」, 한남
　　대학교 대학원, 2001.

임진모, 「위기시대 우리 대중음악의 길」, 『민족음악의 이해』 Vol.7, 민족음악연구
　　회, 1999.

──, 『록 그 폭팔하는 젊음의 미학』, 창공사, 1996.

한국문화경제학회, 『문화경제학 만나기』, 김영사, 2001.

사이먼 프리스, 『사운드의 힘 : 록 음악의 사회학』, 권영성 역, 한나래, 1996.

윌리엄 보멀 · 윌리엄 보언, 『공연예술의 경제적 딜레마』, 임상오 역, 해남, 2011.

네이버 백과사전, http://100.naver.com/100.nhn?docid=54453, 2012. 5. 11.

위키백과, http://ko.wikipedia.org/wiki/, 2012. 5. 13

위키백과, http://ko.wikipedia.org/wiki/EC%84%B9%EC%8A%A4_%ED%94%BC
　　%EC, 2012. 5. 13

한국의 감성적 문화유전자 '정(情)'의 글로벌 수용 가능성에 대한 탐구

: 한국 드라마를 중심으로

유진희

1. 들어가며

한류(韓流)는 이제 더 이상 새로운 용어나 현상이 아니다. 역사상 지금처럼 국외적으로 우리나라의 문화적 영향력이 강했던 시기는 없었다. 1990년대 중반 드라마 〈사랑이 뭐길래〉〈별은 내 가슴에〉로 중국 일부 지역에서 조금씩 불기 시작하던 한류가 2000년대 들어서 드라마 〈겨울연가〉로 일본을 강타하더니, 이어 〈대장금〉〈주몽〉 등을 통해 동남아시아를 거쳐, 중동, 아프리카 지역까지 퍼져나간 것은 익히 알려진 사실이다. 거기에 2000년대 후반 아이돌 그룹을 필두로 한 케이팝(K-Pop)은 한류를 유럽과 남미까지 확장시켰고, 급기야 2012년 가수 싸이의 〈강남스타일〉은 전 세계에 '말춤 열풍'을 일으키며 한류의 새로운 도약을 이끌었다.[1]

1 　한국국학진흥원 주관으로 2012년 10월 10일 한국외대에서 개최된 '2012년에 주목할 문화유전자' 심포지엄에서는 한류의 시기적 구분을, 드라마 〈겨울연가〉로 일본 및 동남아에 한류가 퍼지기 시작한 1990년대 말~2000년대 중반을 한

한류의 시기적인 구분은 흐름을 이끈 콘텐츠 분야의 기준에 따라 달라지기 때문에 의견이 다를 수 있다.[2] 그러나 한류 시대의 도래에 있어 '드라마'가 가장 큰 공헌을 했다고 보는 데 이견을 다는 사람은 거의 없다. 한국 드라마가 아시아에서 확고한 위치를 구축했으며 나아가 중동과 북·남미, 유럽까지 팬 층을 확대하면서 한류의 세계화에 일조하고 있음은 부인할 수 없는 사실이다.

북미의 경우, "최근 미국에서 한국 드라마를 시청하는 사람이 약 1천 800만 명으로 추산된다."는 언론 보도[3]는 비록 시청층의 대부분이 동양계 미국인들이라고는 해도, 한국 드라마가 문화 콘텐츠 최강국인 미국에서 그 팬 층을 조금씩 넓혀가고 있다는 점에서 의미 있는 일이 아닐 수 없다. 드라마가 기승전결을 가진 '이야기'로 이루어지는 특성상, 이야기를 진행하는 방식, 즉 스토리텔링은 그 이야기를 만드는 작가의 개인적인 능력뿐만 아니라, 작가가 살아온 사회·역사·전통·관습 등 그 나라의 총체적인 문화로부터도 깊은 영향을 받기 때문이다.

그렇다면 한국 드라마 스토리에 영향을 주는 한국의 특수한 문화적 요

류 1.0 시대, 아이돌 그룹과 케이팝이 중심이 되어 유럽으로 진출하기 시작한 2000년대 후반을 한류 2.0 시대, 싸이의 〈강남스타일〉을 기점으로 전 세계로 확대된 2012년 이후를 한류 3.0 시대로 구분했다.

2 혹자는 한류를 한국 문화 전반으로 확대하여 일찍이 우리 고유의 전통 무술인 '태권도'가 세계에 퍼진 것을 한류 1.0으로 보기도 하고, 한국의 대중문화 콘텐츠의 해외 수출을 기준으로 했을 때 이현세의『공포의 외인구단』과 김수정의 『아기공룡 둘리』가 수출되던 1980년대 후반을 한류 1.0으로 보기도 한다. 그러나 '한류'라는 단어의 발현과 대중문화 콘텐츠의 본격적인 해외 영향력을 고려할 때, 이 글에서는 2012년 한국국학진흥원 심포지엄에서 언급한 시기적 구분을 따르기로 한다.

3 연합뉴스, "한국드라마, 미국서 '인기'…폭넓은 시청자층 확보", http://www.yonhapnews.co.kr/bulletin/2014/11/23/0200000000AKR20141123014700075.HTML?input=1195m, 2014. 11. 23.

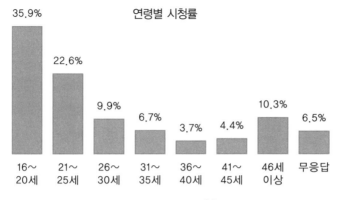

연령별 시청률

35.9%

22.6%

9.9%

6.7%

3.7%

4.4%

10.3%

6.5%

| 16~ | 21~ | 26~ | 31~ | 36~ | 41~ | 46세 | 무응답 |
| 20세 | 25세 | 30세 | 35세 | 40세 | 45세 | 이상 | |

기간 2014. 10. 16~10. 31
응답자 수 2,304명
자료 한국콘텐츠진흥원 미국사무소

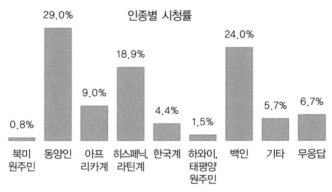

인종별 시청률

0.8%

29.0%

9.0%

18.9%

4.4%

1.5%

24.0%

5.7%

6.7%

북미	동양인	아프	히스패닉,	한국계	하와이,	백인	기타	무응답
원주민		리카계	라틴계		태평양			
					원주민			

미국 내 한국 드라마 시청 조사[4]

인은 무엇일까. 여러 요소가 있겠지만 그중 가장 강하게 나타나는 문화요
소는 한국의 '정(情)'이다. 기본적으로 드라마는 등장인물 간의 관계를 통
해 이야기가 전개되는데, 한국 사회에서 관계를 맺고 유지하는 데 있어 가
장 기본이 되는 것이 바로 이 '정'이기 때문이다.

　'정'은 한국의 문화를 특징짓는 키워드로, 일본과 중국에서도 같은 한

4　연합뉴스, 앞의 기사(출처 : 한국콘텐츠진흥원 미국사무소).

한국의 감성적 문화유전자 '정(情)'의 글로벌 수용 가능성에 대한 탐구　유진희

자어가 존재하긴 하지만, 통용되는 의미와 중요성에서 한국의 '정'은 다른 언어로 번역될 수 없을 만큼 복잡하고 특수하다.[5] 이러한 특수성은 한국 드라마가 한류를 선도하는 가장 핵심적인 분야임에도 불구하고, 그 수용 범위가 주로 비슷한 문화적 배경을 공유하고 있는 아시아권에 한정되고 있는 현상을 설명하는 이유가 된다.

여기에서는 이러한 '정'을, 윗세대의 신체적 · 정서적 특징 중 후손에게 전이되는 요소가 생물학적으로 유전자(DNA)라고 불리는 것에 빗대어, 대대로 한국인의 감성을 담당해왔다는 점을 들어 '감성적 문화유전자'[6]라고 칭하겠다.

그동안 '정'과 관련하여 이미 많은 연구들이 진행되어왔음에도 불구하고, 대부분은 주로 개인의 심리적 · 정서적 측면 또는 사회에서 통용되는 의미적 · 행위적 측면에서 '정'의 개념을 규명하려는 목적에서 진행되었을 뿐, '정'이 미치는 영향력을 한국 드라마의 서사 구조와 연관시킨 연구 사례는 아직 없었다. '드라마'와 '한류'에 관련한 연구들 또한 멜로물 · 가족물 등 장르별 서사의 전개 방식, 캐릭터, 해외시장과 소비자들 분석 등의 차원에서 활발한 연구들이 이루어져왔지만, '정'의 관점에서 서사적 특징을 분석한 연구는 찾기가 어려웠다. 그러나 한국인들의 감성을 담당하는

---

5 김명희, 「언어, 교육: 한국의 '정(情)'과 일본의 '아마에(甘え)'에 대한 인지적 고찰」, 『비교문화연구』, Vol.27, 2012, 478쪽 참조.

6 한국국학진흥원은 앞서 언급한 '2012년에 주목할 문화유전자'라는 심포지엄에서, 한국의 '정(情)'을 흥, 끈기, 해학, 맛, 예의, 역동, 공동체, 어울림, 자연스러움과 함께 '10대 한국 문화유전자'로 선정하였다. 이 10대 문화유전자는 부분적으로 겹치며 공유하는 요소들이 있지만, 실제로 어떤 요소라도 완전히 독립적으로 존재하지 못하기 때문에 큰 문제는 되지 않는다는 견해가 일반적이다. 이 글에서 '정'을 '문화유전자'로 지칭한 것은 국학진흥원이 정의한 '문화유전자'의 개념을 따른 것이며, 특히 '정'이 한국인들의 감성을 담당해왔다는 점에서 착안하여 '감성적 문화유전자'로 지칭하였음을 밝혀둔다.

'정'은 드라마의 인물 설정과 서사 구조에 영향을 미치는 주요 요인으로 작용하고 있으며, 이러한 현상은 장르에 관계없이 대부분의 한국 드라마에서 공통적으로 나타나고 있기 때문에, 한국의 '정'이 드라마 서사에서 구현되는 방식을 연구하는 것은 반드시 필요한 작업이다.

그에 따라, 이 글은 한국 드라마가 취하는 일반적인 극적 장치들을 '정'의 관점에서 분석하고, 이 감성적 문화유전자가 향후 '한류'가 탈아시아화하여 세계적인 흐름으로 나아가는 데 어떠한 역할을 할 수 있는지를 논해보고자 한다. 이를 위해 이 글은 한국의 '정'이 독특성을 갖게 된 원인을 "긍정적인 측면과 부정적인 측면이 공존하는 '양면성' 때문"이라고 전제하고, 한국 드라마의 일반적인 스토리텔링에 '정'의 양면성 중 어느 부분이 주로 영향을 끼치고 있는지 살펴보도록 하겠다.

2. '정'의 사회적 개념과 문화적 현상

'정'의 사회적 개념

표준국어대사전에 따르면 '정'은 '느끼어 일어나는 마음', '사랑이나 친근감을 느끼는 마음'으로, 일차원의 단편적인 감정으로 정의되어 있다. 하지만 실제로 한국인들 사이에서 통용되는 '정'의 개념은 훨씬 복잡하다.

한국에서 '정'이란 어린아이를 향한 모정에서 출발하여 사회 및 민족적 관계로까지 발전하는 감정으로, 한국 사회에서 사람과 사람 사이를 연결하는 역할을 하며, 오랜 시간에 걸쳐 서서히 생겨나는 끈끈하면서도 사람이 살아가는 데 반드시 필요한 감정이다.[7] 즉, 한국에서 '정'은 '관계 맺음'

---

7 김명희, 앞의 논문, 492쪽.

의 기본이자 가장 중요한 수단으로, 한국인에게 '관계 맺기'란 '정을 교환하는 심리적 · 물리적인 모든 행위'와 다름없다.

이렇다 보니 한국 문화에는 다른 문화에 비해 '우리(we-ness)'라는 관념이 강하다. 한국인의 '우리'는 '가족관계성', '하나 됨(oneness)', '일치성(sameness)', '상호의존성(interdependency)', '결집 유대성(solidarity)'의 표상을 가지고 있으나, 동시에 '타 집단에 대한(against) 배타성'과 '편 가르기'의 부정적 속성도 포함하고 있다. 따라서 '우리가 된다'는 것은 우리 편끼리 일심동체가 된 가족 관계를 뜻한다.[8] 이러한 '우리' 의식은 확대하면 한국인의 '존재의 집'[9]이라고 할 수 있다. 다시 말해, 한국의 '정'은 긍정적인 측면과 부정적인 측면을 모두 내포하고 있는 복합적 개념이며, 두 측면이 결합된 핵심(코어) 부분은 '우리 의식'을 형성한다. 이러한 양면성이 결합된 '우리 의식'은 세계 어느 나라에서도 찾아보기 힘든 한국만의 독특한 문화 코드이다. 아래 〈그림 1〉은 한국식 '정'의 양면성을 정리한 그림이다.

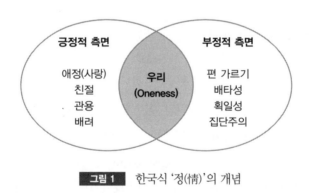

그림 1 한국식 '정(情)'의 개념

---

8 최상진 외, 「정(미운정 고운정)의 심리적 구조, 행위 및 기능간의 구조적 관계 분석」, 『한국심리학회지: 사회 및 성격』, Vol.14 No.1, 2000, 203~222쪽.

9 최석만 · 이태훈, 「보편적 세계 인식 원리로서의 가(家)」, 『동양사회사상』 Vol.13, 2006, 5쪽.

'정'이 내포하고 있는 관계성은 언어에서도 나타난다. 명사만 해도 '부정(父情)', '모정(母情)', '애정(愛情)', '우정(友情)', '심정(心情)', '열정(熱情)', '다정(多情)', '냉정(冷情)', '몰인정(沒人情)', '무정(無情)' 등 다양한 복합어가, 형용사에서는 '가는 정', '오는 정', '고운 정', '미운 정', '깊은 정', '돈독한 정', '두터운 정', '애틋한 정' 등의 다양한 수식어가 '정'이라는 단어와 동반하여 쓰일 때가 많다.

결국 부부, 부모와 자식, 스승과 제자, 친구 그리고 이웃과 같은 가까운 사람들이 모두 '정'이라고 하는 독특한 정서로 연결되어 있는[10] 한국인들의 '관계 맺기'는 상대방을 가족의 범주에 넣는 '가족화 행위'로 볼 수 있다. 가족은 인간 사회에서 가장 기본이 되는 집단이기에, '정'으로 맺어진 가족에 포함되지 못한다는 것은 사회적으로 배척된다는 것을 의미한다. 한국 문화에서 '우리'의 개념이 강한 것은 이렇듯 사회적 가족의 범주에서 벗어나지 않음으로써 타인과의 관계를 유지하기 위함이며, 이러한 현상의 근본적인 이유가 되는 것이 바로 '정'이라 하겠다.

공동체 의식과 장단점

'정'을 기반으로 한 사회적 가족화가 이루어지는 한국 사회는 개인보다는 '공동체'가 중심이 된다. 21세기 들어 개인주의가 만연해지고는 있으나 다른 나라에 비하면 우리 사회의 공동체 힘은 여전히 강한 편이다. '우리 아빠·우리 엄마', '우리 아들·딸', '우리 남편·아내' 같은 지극히 사적인 영역부터, '우리 학교·우리 회사', '우리 선배·스승·사수' 등의 사회적

---

10 이형철, 「한국인의 정서 이해를 통한 효율적인 설교전달 방법 연구」, 총신대학교 석사학위 논문, 2008, 126~127쪽.

영역, 그리고 '우리나라 · 우리 민족' 같은 공적인 영역까지, 모든 것은 '우리'라는 공동체로 통한다. 이는 가까운 중국과 일본의 언어에서도 나타나지 않는 독특한 현상이다.

'정'이 흐르는 '우리 공동체'는 '이성'을 앞세운 합리적 사고로는 이해할 수 없는 관계를 구축해왔다.[11] '품앗이'나 '두레' 같은 풍습은 나와 남으로 나뉘지 않고 '우리'가 되었기 때문에 가능했던 풍습이었다. 식당에 가서 반찬을 무료로 더 먹을 수 있는 문화는 일본이나 중국에는 없는 문화다. 1997년 IMF 시절에 국가 경제의 회생을 위해 진행되었던 금 모으기 운동이나, 2007년 태안 기름 유출 사건 때 불었던 전국적인 자원봉사 동참 열풍, 2014년 '세월호 사고'의 희생자를 기리는 전국적인 추모 열기 등은 해외를 놀라게 하기에 충분했다. 이것은 우리 모두가 가족, 즉 공동운명체라는 자각과 이를 지탱하는 독특한 관념, 즉 '정'이 있기에 가능했던 일이다.

하지만 '정'이 반드시 긍정적인 방향으로만 표출되는 것은 아니다. 상대에 대한 배려와 관용, 용서의 정신은 분명 '정'의 긍정적인 작용에 따른 결과다. 그러나 앞서 말했듯, '정'은 우리 사회에서 상황에 대한 이성적이고 합리적인 판단을 내리는 데 가장 걸림돌이 되는 요인이기도 하며, 이러한 현상은 디지털 시대의 도래로 깊은 사고 없이 감각적이고 즉흥적인 반응에 익숙해가는 현대인들에게 더욱 강력한 영향력을 행사한다.

'미운 정'이라는 말처럼, 자신을 괴롭힌 가해자에게 피해를 입은 사람이 '연민의 정'을 느끼거나 '정'을 주는 구조는 '정'의 특수성을 보여준다. 개인이 '우리'라는 틀 속에 존재하는 이상, 상대에게 잘못이 있어도 '우리 공동체'를 무너뜨리지 않기 위해 참는 것을 미덕으로 권장하는 행위는 '정'으로 이루어진 한국 사회에서 흔히 볼 수 있는 풍조다. 그러다 보니

---

11 주영하 외, 한국국학진흥원 엮음, 『한국인의 문화유전자』, 아모르문디, 2012, 63쪽.

'우리'라는 공동체는 구성원들에게 나약하고 주관적인 성품을 강요한다. '우리'이기에 상대의 무리한 부탁이라도 거절하기 어렵고, 거절하는 순간 정이 깨지거나 '우리'에서 배척된다. 손실을 따지면 너그럽지 못한 사람이 되기 때문에 개인은 불이익을 받아도 참으면서 뒤끝 없는 사람이 되어야 한다.[12]

'정'의 공동체에서 이러한 구조를 깨뜨리는 사람은 '남'이 된다. '정'의 사회에서는 사람 관계에 중도가 없다. '정이 들다'와 '정 떨어지다'라는 표현에서 보듯이, 한국인의 의식 속에는 나를 중심으로 '우리'라고 할 수 있는 사람의 집단과 우리가 아닌 집단, 두 집단만이 있을 뿐이며, 우리의 안에는 가족적 친밀성이, 밖으로는 적대성이 잠재해 있다.[13]

'화병'은 전 세계에서 한국인들만 걸리는 병이다. '정'으로 묶인 '우리 공동체' 혹은 '사회적 가족 공동체'는 생각보다 그 힘이 막강해서, 그 안에서 개인은 약자로 존재하는 경우가 일반적이다. '우리 공동체'에서 도태되지 않기 위해 나를 남의 상황에 맞춰야 하는 상황이 당연시되고 때때로 어느 한쪽의 일방적인 감내를 요구하는 '정'의 부작용은 개인의 희생이나 타인에 대한 무비판적인 용납을 당연시하는 현상으로 나타나곤 한다. 화병은 이러한 '정' 때문에 상한 감정을 표출하지 못한 것이 '한(恨)'이 되어 자란 병이다.

이처럼 '정'은 한국 사회에서만 나타나는 '우리 의식'이라는 특수한 요인을 만들어내고 이를 대대로 우리 사회에 전수해온 매우 강력한 문화유전자이다. 한국인에게 있어 '정'이란 친근한 우리 편 사이에서 서로 잘해주고 신경 써주고 아껴주는 '고운 정'과 때로는 함부로 대하고 싸우고 서운해

---

12 주영하 외, 앞의 책, 61~68쪽 참조.
13 최석만·이태훈, 앞의 논문, 2006, 23쪽.

하면서 형성된 '미운 정'이 결합되어 나타나는 감정적 실체이다.[14]

현재 다수의 한류 콘텐츠들은 '정'의 이러한 양면적인 측면 중 일면 또는 양면 모두를 취하여 스토리를 전개함으로써 한국의 독특한 서사적 구조를 구축해가고 있다. 다음 장에서는 이 중 한류의 가장 큰 축을 담당하고 있는 한국 드라마에서 '정'이 어떤 방식으로 구현되고 있는지를 살펴보도록 하겠다.

3. 드라마에서 **극적 장치**로 활용된 **'정'**의 코드

드라마의 서사 구조는 전개 과정에 있어 극적인 장치를 필요로 한다. 한국 드라마는 스토리텔링에서 극적 장치가 빈번하게 설정되는 데다 '극성(劇性)'의 강도도 상당히 강한 편이다. 한국 드라마의 극적 장치는 사극, 멜로, 로맨틱 코미디, 가족극, 판타지, 전문직 등 장르를 불문하고 나타나는데, 주로 외부 환경의 변화나 사건보다는 주로 등장인물 간의 '관계'에 따른 심리적 갈등에서 비롯되는 경우가 많다. 앞선 장에서 한국에서의 관계는 '정'에 기인한다고 하였다. 즉, 한국 드라마의 극적 장치는 '정'에서 파생된 문화적 현상을 반영한 것이다.

여기에서는 한국 드라마의 극적 장치 중 일반적으로 등장하는 세 가지 설정―1) 출생의 비밀(혈연 · 근친), 2) 결혼 문제로 인한 대립(가족 · 효), 3) 서열주의(조직 · 계층)―에 대해 알아볼 것이다. 이를 통해 한국의 '정' 문화가 드라마의 스토리텔링에서 어떤 모습으로 나타나고 있는지, 또한 출

---

14 박현경, 「한국인의 정서와 에니어그램―"정(情)"과 "한(恨)"의 에니어그램적 측면에서의 조명」, 『Journal of Eneagram Studies』, Vol.2 No.2, 2009, 110쪽.

생이라는 개인의 문제에서 시작된 극적 장치가 가족을 거쳐 국가와 사회조
직의 범위로 어떻게 확대 · 적용되고 있는지를 분석해보고자 한다.

출생의 비밀(혈연 · 근친)

한국 드라마에서 가장 식상한 설정을 꼽으라면 단연 '출생의 비밀'을
꼽을 수 있다. 식상함을 넘어 막장이라는 비난이 하루 이틀 나온 것도 아
닌데도 여전히 출생의 비밀은 현대극, 사극 할 것 없이 많은 한국 드라마
에서 단골 설정으로 쓰인다. 일례로 2014년 7월 7일부터 7월 13일까지 일
주일 간 지상파 3사에서 방영 중인 드라마 중에서 무려 9편의 드라마가 '출
생의 비밀'을 다루고 있었다.[15]

장르적으로는 주로 멜로극이나 복수극 또는 가족극에서 특히 많이 나
타나고, 복합 장르를 표방하는 퓨전 사극은 아예 출생 · 핏줄 코드를 줄거
리의 핵심으로 삼곤 한다. 삼각관계를 중심으로 출생의 비밀이 얽히면서
인물들이 대혼란에 빠지고 거기에 불치병이나 사고로 인한 죽음을 주변에
배치하는 것은 한국 드라마의 전형적인 도식이다. 그러다 보니 한국 드라
마는 이야기 골격만을 놓고 보자면 대개의 텍스트가 '근친 관계'로 묶이고
만다.[16]

이는 아시아에 한류 바람이 부는 데 일조한 소위 '빅 드라마'[17]들도 예외
가 아니다. 〈가을동화〉 〈겨울연가〉 〈천국의 계단〉 〈여인천하〉 〈대장금〉 〈미

---

15 KBS, MBC, SBS 3사 채널 편성표(2014. 7. 7~7. 13) 및 http://m.hujiang.
com/kr/p625419 (2014. 7. 19)

16 박노현, 「텔레비전 드라마와 스토리텔링 — 미니시리즈 〈다모〉와 〈추노〉의 서
사 전략을 중심으로」, 『한국문학연구』, Vol.41, 2011, 313~314쪽 참조.

17 본 논문에서는 이런 드라마들을 편의상 '한류 드라마'로 지칭한다.

안하다 사랑한다〉〈다모〉〈주몽〉〈태왕사신기〉〈선덕여왕〉〈제빵왕 김탁구〉〈에덴의 동쪽〉〈마이 프린세스〉〈넝쿨째 굴러온 당신〉〈너의 목소리가 들려〉〈상속자들〉〈구가의 서〉〈참 좋은 시절〉〈운명처럼 널 사랑해〉 같은 대부분의 한류 드라마들에는 '출생의 비밀' 혹은 근친·혈연의 코드가 공통적으로 담겨 있다.

이들 드라마에서 주인공이 어떤 이유로 친부모와 헤어졌는가는 중요하지 않다. 중요한 것은 불가피한 상황이었든 의도적이었든 부모로부터 버림받았다는 사실(팩트) 자체이며, 이것은 주인공이 심리적 충격뿐 아니라 신분 혹은 계층의 경계선을 넘나드는 과정에서 물리적 고난까지 겪게 만드는 주 원인이 된다.

이러한 극적 설정이 '정'과 연결되는 이유는 '정'이 가족적 세계관의 표출[18]이기 때문이다. 가족적 세계관에서 최고의 '정'은 단연 '부모의 정', 즉 '모정(母情)'과 '부정(父情)'이다. 전 사회적으로 공동 운명체를 지향하는 한국 사회에서 가족은 단순히 부모와 자식으로 이루어진 생물학적 특징을 넘어, 어떤 상황에서도 '정'을 주고받을 수 있는 '보증된 공동체'로서의 존재 의미를 가진다. 때문에 가족의 부재 또는 가족과의 이별은 집단에 소속되는 것을 중시하는 한국 사회에서 최고의 형벌에 속한다. 이것은 가족적 세계관을 공유한 공동체 내에서 '정'을 주고받을 대상이 아예 허락되지 않은 것, 다시 말해 '무정'한 상태이며, 이 무정한 상태에 처한 개인은 한국 사회에서 '외톨이'(병든 자, 비정상인 자)라는 존재[19]로 전락한다.

하지만 과연 이러한 설정이 현실적으로 가능한가. 드라마는 현실을 반영해야 하는데, 신분제도 없어진 마당에 아버지를 아버지라 부르지 못하

---

18 주영하 외, 앞의 책, 72쪽.
19 위의 책, 72쪽 재해석

는 현대판 홍길동의 대량생산이 정상적일 수는 없다. 신드롬을 일으키며 빅히트를 기록했던 드라마 〈파리의 연인〉을 보면, 남자 주인공의 엄마는 자기 아들을 동생으로 속였고, 드라마는 이것을 스토리상의 제일 중요한 설정으로 삼고 있다. 이는 현실에서는 발생하기 매우 힘든 일종의 '판타지' 이다.

따라서 출생의 비밀로 인한 가족 공동체의 전면적인 교체는 그것을 보는 사람에게 자신은 그러한 상황에 처하지 않았다는 사실을 환기시킴으로써 역설적으로 사회와 개인에게 깊은 안도감을 전달한다. 가족이라는 기본 공동체에서 소외되지 않았다는 개인의 안도감은 나아가 사회의 다른 공동체와도 더욱 끈끈한 정을 공유하게 하는 원동력이 되며, 이것은 궁극적으로 사회 안정화를 가져오는 결과로 이어진다. '출생의 비밀'이라는 비현실적인 설정이 드라마를 통해 사회 공동체를 공고히 하는 강력한 수단이 되는 것이다.

드라마 〈다모〉와 〈추노〉에서 가족애와 이성애의 혼용으로 존재하는 주요 인물들의 관계는 굉장히 끈끈하다. 이성애에 기초한 삼각관계에 가족애가 보태지는 순간, 관계는 대단히 견고한 결속으로 한층 강화되기 때문이다. 〈다모〉의 채옥-성백은 생득적으로 친남매지간이고 채옥-윤은 성장을 함께한 의남매 사이다. 〈추노〉의 대길-언년의 관계도 채옥-윤의 그것과 흡사하며, 태하-언년이는 부부의 연을 맺음으로써 또 다른 방식으로 가족을 구성한다. 이처럼 두 텍스트의 여섯 인물은 혈육과 정인의 사이를 넘나들며 견고한 삼각을 이룬다.[20]

이들 드라마에서 평범했던 인물들의 사랑은 '출생의 비밀'로 인하여 한바탕 난리를 겪지만, 동시에 그 때문에 이들의 최종 관계는 이전보다 더욱

---

20 박노현, 앞의 논문, 320쪽.

끈끈하고 강력해진다. 관계가 재편되는 과정에서의 고통은 어쩔 수 없다. 중요한 것은 이로 인해 재편된 공동체가 더욱 강해졌다는 것이다. 이전의 공동체도 '정'이 있었지만, 재편된 공동체는 '혈연'이 더해지면서 훨씬 '더 큰 정'으로 묶이게 된다.

또한 출생의 비밀은 다른 이의 상황을 내 것으로 껴안음으로써 '정'의 공동체를 잃게 되는 아픔을 공유하게 한다. '우리'로 구성된 거대한 사회적 공동체에서는 누군가가 공동체를 거부당하거나 박탈당하는 상황이 '우리' 모두의 일로 간주되기 때문에, '정' 문화에 길들여진 개인은 다른 이가 그런 상황을 맞게 되는 것을 목도하는 것만으로도 극심한 고통을 느낀다. 이것은 드라마의 몰입과 주인공에 대한 공감 지수를 높여주는 데 매우 효과적인 장치이다.

최고 계급의 주인공이 최하층으로 떨어지거나, 매우 가난한 집에서 자라온 인물이 출생의 비밀이 밝혀지면서 경제적 신분이 상승하는 이야기는 시청자들에게 극적 카타르시스를 제공한다. 실제로 시청자들의 카타르시스는 극중 인물들이 친부모의 존재를 깨닫거나 직접 만나는 장면에서 최고조에 이른다. 알고 보니 내 부모가 원수이거나 연인이 배다른 동생이었다는, 실제로는 거의 실현 불가능한 설정들이 드라마의 전체 스토리를 좌우하고 높은 인기를 얻게 하는 핵심 요인으로 자리 잡게 된 배경에는 '정'의 속성인 '우리 의식'의 힘이 크다. 이때 주인공은 '우리 공동체'에 귀속되지만, 반대자(악인, 라이벌 등)는 철저히 우리 공동체 바깥에 존재한다.

'우리 공동체'의 바깥은 '정'이 없는 곳, 즉 병든 외톨이들만 있는 슬픈 곳, '한(恨)'이 서린 곳이다. 그래서 드라마 속 인물들은 잘 알지도 못하는 이들까지 찾아가 집요하게 과거의 상황을 취재하고 남몰래 유전자 감식을 의뢰하며, 누군가의 출생의 비밀을 알게 된 이는 그것을 무기로 극중에서 상대적인 우위를 차지한다. 하지만 주인공은 시청자가 '우리 공동체' 일원으로 인정하는 존재이기 때문에, 출생의 비밀은 무조건 밝혀져야 하는 거대한 미션이 되고, 시청자들은 이를 열렬히 소망하고 주인공을 응원함으로써 이 미션을 '우리의 것'으로 승화시킨다.

결혼 문제로 인한 대립(가족 · 효)

한국 드라마의 서사 구조에서 흔히 볼 수 있는 또 하나의 코드는 남녀 간의 사랑 및 결혼으로 인한 가족 간의 대립이다. 2000년 1월부터 2012년 12월까지 지상파 3사에서 사랑 혹은 결혼의 문제를 다룬 멜로드라마 비중을 살펴보면, KBS2가 88편으로 51.5%, MBC가 137편으로 67.2%, SBS가 159편으로 54.1%를 차지할 정도로, 한국 드라마에서 멜로 코드의 선호도는 매우 높다.[21]

이와 관련하여 중국인들은 "한국 드라마가 대부분 사랑, 가정, 우정을 주제로 하며 '정'을 중심에 두어 가정을 배경으로 하면서 현대 생활 중에 하나하나의 스토리를 알려주었다."[22]고 분석했고, 동남아 시청자들은 한국 드라마의 특성으로 삶의 방식이나 가치적 측면에서 '가족 중시, 부모와 자식의 위계적 관계, 남녀 불평등, 빈부 격차, 사랑 중심주의'를 공통적으로 언급했다.[23]

서양에서 남녀의 사랑은 개인과 개인의 만남에서 비롯된다. 하지만 한

---

21 박은하, 「텔레비전 멜로드라마의 이야기구조와 남녀주인공의 특성 : 방송 3사를 중심으로」, 『한국콘텐츠학회』, Vol.14, No.2, 2013, 49쪽.

22 김기덕 외, 「한류 드라마에 나타난 가족주의 : 현대 중국인의 시각을 중심으로」, 『문화콘텐츠연구』, No.2, 2013, 14쪽.

23 김수정, 「동남아에서 한류의 특성과 문화취향의 초국가적 흐름」, 『방송과 커뮤니케이션』, Vol.13, No.1, 2011, 35~36쪽.

국에서는 남녀의 사랑이 개인적인 선에만 머물기란 쉽지 않다. 1990년대 유행했던 '트렌디 드라마'[24]는 이런 점에서 전통적인 한국 정서와 다른 부분이 많았다. 한국 사회에서 가장 강력한 역할을 하는 가족이라는 공동체가 거의 등장하지 않는 까닭에 서로 다른 집단에 속한 남녀의 사랑은 당사자들의 선택으로 인한 결과가 아니면 방해받을 일이 없었다. 1990년대 트렌디 드라마의 인기는 사랑을 온전히 자신들의 몫으로만 여기고 싶었던 젊은이들의 바람이 이와 같은 극중 설정에 투영된 덕분이었다. 그러나 IMF라는 국가 부도의 위기는 이러한 흐름을 잠재우고 가족의 힘이 이전보다 더욱 강해지는 계기를 불러왔다. 개인은 가족을 벗어날 수 없다. '정'으로 얽힌 가족은 운명 공동체이기 때문에, '나'의 사랑은 나 혼자만의 사랑이 아니라 가족 모두가 공유해야 마땅한 사랑이다. 그런데 '우리'에 속하지 않은 사람과 사랑에 빠진다면 그 사랑은 온 가족이 공유하기 어려워진다. 이런 이유로 집안의 배경 차가 심한 두 집안의 남녀가 만나 연인이 되는 것은 실제 한국 사회에서 자주 일어나기 어려운 케이스다. 집안 배경이 다르다는 것은 그 집안의 사람들이 속한 공동체가 서로 다르다는 뜻이고, 중도가 없는 '정'의 세계에서 내가 속한 '우리 공동체'와 남이 있는 '남의 공동체'는 서로 철저히 배척하는 특징을 갖기 때문이다.

　　드라마에서 사랑 또는 결혼의 코드는 '우리' 밖에 있는 타인에게 냉정한 '정'의 특성을 극적으로 표현한 장치다. 이때 '우리'와 '남'으로 구분하는 기준은 경제적 능력·사회적 권력·학벌·기혼 여부·나이·신분·출

24　1992년 MBC의 〈질투〉를 시작으로, 〈마지막 승부〉〈사랑을 그대 품안에〉, KBS의 〈느낌〉, SBS의 〈미스터Q〉〈토마토〉 등 20대 청춘들의 사랑을 그린 드라마. 집안 배경이 다른 남녀 주인공의 사랑을 그리고 있지만, 등장인물들의 가족이 거의 등장하지 않기 때문에, 트렌디 드라마에서 남녀의 사랑은 철저히 개인의 영역으로만 한정된다.

생·성공 여부 등 다양한 방식으로 나타난다. 드라마 속 남녀는 서로 섞이지 않는 각자의 공동체에 소속되어 있으며, 그들이 속한 공동체의 내부는 '그들만의 정'으로 단단하게 결속되어 있다.

한국 드라마에서 사랑이 진행되는 과정은 남녀 등장인물이 상대의 집단에 들어가기 위해 자신의 가족으로부터 동의를 얻으려고 벌이는 부단한 투쟁과 노력으로 점철된다. 이 과정은 사랑이 완성되는 지점인 결혼을 하고 난 뒤에도 계속해서 진행된다. 그리고 이들의 가족들은 당연히 자신들의 집단 안으로 들어오려는 상대에 대해 '냉정' 혹은 '무정'한 태도를 취하며, 중간중간 이들의 사랑에 대해 자신들의 (지지 또는 반대하는) 입장을 바꾸거나 고수함으로써 이들의 노력과 투쟁을 끊임없이 점검한다.

따라서 서로 다른 배경을 가진 남녀의 만남은 한국 드라마에서 단순 러브스토리에서 벗어나 훨씬 복잡하게 변형된다. 남녀 당사자는 물론이고 집안끼리의 서열이 존재하는 데다, 사랑의 당사자들은 각자의 가족 공동체를 향한 '정'과 상대방을 향한 '애정' 사이에서 갈등을 겪는다. 또한 그 과정에서 상대의 가족들로부터 철저히 거부당하는 '무정'과 '냉정'을 경험하고, 심할 경우에는 '병든 외톨이의 세계'로 쫓겨나기도 한다. 이러한 스토리 진행은 〈공주의 남자〉〈해를 품은 달〉〈선덕여왕〉〈주몽〉 등의 퓨전 사극에서는 신분의 차이로, 〈천국의 계단〉〈내 딸 서영이〉〈착한 남자〉〈시크릿 가든〉〈운명처럼 널 사랑해〉 등의 현대극에서는 경제적 환경과 회사 내 직급 차이로 그 발단이 제공되는 경우가 많다.

이 중 〈내 딸 서영이〉는 결혼이 가족의 영역으로 확장되는 것을 보여준 대표적인 드라마라고 할 수 있다. 주인공 '이서영'은 가난한 집에서 태어나 갖은 고생을 하다가 변호사가 되었고 재벌가의 아들과 결혼을 한다. 이 과정에서 시어머니의 반대가 잠깐 있었지만 이는 금방 마무리된다. 여기까지 보면 〈내 딸 서영이〉는 결혼이 가족의 영역으로 확장되는 현상이 크지 않다. 하지만 이 드라마는 주인공이 결혼을 위해 친부와 친동생의 존재를 숨겼다는 설정을 내세웠다. 자기 집안의 초라한 배경이 시댁의 배경과 어울릴 수 없음을 보고 아예 자신이 속한 공동체를 지워버린 것이다. 드라마는 후에 이 사실이 밝혀지면서 인물 간의 갈등이 걷잡을 수 없이 커지는 이야기로 발전한다. 결혼하겠다고 아버지와 동생을 부인한 자식은 우리 사회에서 도덕적으로 용서받기 어렵다. 따라서 이미 결혼을 했음에도 그 결혼은 남편과 시댁 입장에서 재고해야 할 대상이 된다.

이처럼 〈내 딸 서영이〉의 경우, 결혼의 당사자인 주인공이 상대 가족 공동체에 들어가기 위해 스스로 자신의 가족 공동체에서 탈퇴한 설정은 우리 사회에서 결혼은 결코 개인적 영역에 머물 수 없다는 것을 증명해주고 있다.

그런데 사랑과 결혼의 코드는 드라마 밖 현실 세계에서 실제로 일어나고 있다는 점에서 앞서 살펴본 '출생의 비밀' 코드와 반대이다. 출생의 비밀이 '정'이 부재하는 외톨이의 세계로 추방되는 만약의 경우를 가정해서 보여준다면, '사랑과 결혼'의 코드는 한국인들이 속한 '우리 공동체'의 현실을 그대로 반영하고 있다. 사랑의 당사자는 가족이 아닌 '나'이지만, 한국 사회에서 개인의 사랑은 가족의 사랑과 자주 동일시된다. 부잣집 어머니가 자녀의 가난한 연인에게 찾아가 헤어질 것을 요구하고, 가난한 집안의 사람이 행여 자기 가족들에게 피해가 올 것을 염려해 이별을 결심하는 스토리는 드라마 속의 이야기만이 아니다. 이는 사랑의 종착점인 결혼을 통해 다른 공동체에 있던 상대방을 '우리 가족', '우리 공동체'로 편입시키는 것에 대한 사람들의 강한 거부감을 반영한 것으로, '정'의 폐쇄성과 배타성이 가장 극명하게 나타나는 현상이라고도 할 수 있다.

'정'이 이토록 배타성을 띠는 건 앞서 '출생의 비밀'에서 보았듯 이질적 요소를 애초부터 제거하여 공동체의 질서를 유지하려는 속성 때문이다.

일례로 〈발리에서 생긴 일〉의 여주인공 '이수정'의 사회적 신분은 극 전반에 심각한 갈등을 내포하는데, 멜로물에서 상투적으로 등장하는 남녀 주인공의 뒤에 존재하는 거대 권력과 자본은 언제나 남녀의 사랑을 무너뜨릴 수 있는 흉기로 작용하고, 그것을 주도하는 세력은 가족으로 상징되는 사회 지배세력으로 그려진다.[25]

다음 〈그림 2〉는 멜로드라마 혹은 극중에서 사랑과 결혼 코드가 사용될 때 볼 수 있는 전형적인 갈등을 보여주고 있다. 한국 드라마는 전통적으로 주로 남성 집안에서 여성을 반대하는 방향을 선택하고 있지만, 최근 들어서는 그 반대의 모습을 다루는 경우도 많아졌다. 어쨌거나 핵심은 남성과 여성이 각자 속해 있는 가족 공동체가 있고, 이 두 공동체는 서로 섞이기 싫어하는 배타적인 성향을 지니고 있다는 사실이다.

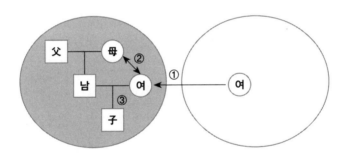

그림 2   결혼 후 여성의 이동과 가족 내 관계의 형성[26]

그렇다면 사람들은 자신의 사랑에 간섭하는 가족(정확히는 부모)의 입장을 왜 거부하지 못할까. 이것은 유교 사상에서 내려온 '효' 사상에서 원

---

25 오장근, 「TV 드라마 〈커피프린스 1호점〉을 통해 바라본 대중의 문화기호」, 『한국영상문화학회』, Vol.13, 2008, 104쪽.

26 조항제 외, 「텔레비전 멜로드라마에서 나타나는 가족 표현의 변화 : 〈하늘이시여〉와 〈굿바이 솔로〉를 중심으로」, 『한국방송학보』, Vol.21, No.6, 2007, 585쪽.

인을 찾을 수 있다. 물론 부모를 공경하는 것은 동양만의 문화는 아니다. 서양 문화를 대표하는 유대교와 개신교는 아예 교리적으로 부모에 대한 공경을 성문화하여[27] 규정하고 있다. 그러나 서양의 '효'는 부모와 자식이 동등한 인간으로서 서로를 존중하는 수평적 개념에 가까운 반면, 유교 사상에서 말하는 '효'는 부모와 자식이 권력과 신분의 계급적 차이를 인정하는 수직적 개념에 가깝다. 때문에 유교 사상에 익숙한 동양인들에게 부모는 감히 거역할 수 없는 존재이며, 부모의 은혜는 하늘보다 크고 땅보다 깊다고 보았다. '효'란 바로 부모의 이러한 권위를 인정하는 것이고, 효의 개념이 없는 사람에게는 인간으로서의 됨됨이를 의심받아 마땅하다는 사회 공동체의 판결이 주어진다. 이러한 가치를 추구해온 아시아인들은 줄곧 '효'를 도덕의 근본이자 사람을 만드는 기본 조건으로 삼아왔다.[28]

초기 한류 시대를 열었던 드라마 〈가을동화〉와 〈겨울연가〉를 보면, 젊은 주인공들의 주된 갈등은 부모의 결혼 반대에서 비롯된다. 서구 드라마라면 그냥 자기들끼리 사는 스토리로 전개되었겠지만, 한국 드라마의 주인공들은 부모와 연인 사이에서 갈등하며 괴로워한다. 이러한 부모와 가족을 의식하는 행동들은 한국 드라마 도처에 깔려 있다. 서구의 세례를 받은 현대의 젊은이라도 전통적 기준에 입각한 '불효자식'의 이미지는 받아들이기 어렵다.[29]

---

27 유대교의 십계명 중 제5계명은 "네 부모를 공경하라"로, 신에 대한 4개 계명 다음이자 인간관계에서 지켜야 할 가장 중요한 계명으로 규정하고 있으며, 기독교에서는 십계명이 적혀 있는 구약의 「출애굽기」와 「신명기」 외에, 신약성경의 「에베소서」 6장에서도 부모 공경의 윤리를 다시 한 번 명시하고 있다.

28 신호웅, 『한류 드라마 속의 도덕관 : 예의염치효용충신』, 도서출판 경혜, 2013, 103쪽.

29 김기덕 외, 앞의 논문, 18쪽.

결국 한국 드라마가 반영하고 있는 결혼으로 인한 가족 간의 대립·갈등 현상은 '우리 집단'의 구성원으로 인정하기 싫다는 '정'의 '배타성'에서 발현된 것이며, 이러한 '정'의 역기능은 유교의 '효' 사상과 결합하여 21세기에도 여전히 강력한 힘을 발휘하고 있는 중이다. 고부간의 갈등이 끊임없이 발생하고, 과도한 혼수가 사회적인 문제가 되는 것은 서로 다른 공동체에 있던 사람들이 한 공동체로 섞이려고 하는 데서 오는 어려움을 방증하는 것이다.

한국 문화에서 개인의 사랑과 결혼은 '정'을 나눌 수 있는 집단으로의 소속 문제이며, 이는 비단 개인과 가족뿐 아니라, 다문화 가정으로 인한 단일민족의 균열이라는 사회적 범위로까지 확장된다. 툭하면 러브라인이 등장하고 가족 갈등을 소재로 한 드라마가 날마다 새로이 만들어질 수 있는 것은 이렇듯 '정'의 폐쇄성이 사회 모든 집단에 적용되는 확장성을 지니기 때문이다.

서열주의(조직·계급)

개인과 가족에 미치는 '정'의 힘은 사회조직에서도 유효하다. 앞서 살펴본 '출생의 비밀' 장치는 개인이 '정'을 경험하지 못할 때 겪을 어려움을 알려주는 것이었고, '결혼 문제'는 '남'을 받아들이는 것에 대해 갈등하는 가족의 고뇌를 보여주는 설정이었다. 이러한 '정'은 개인과 가족의 영역을 넘어 사회·국가적인 영역까지 그 위력을 발휘하는데, 사회·국가적 영역에서 나타나는 '우리 의식'은 개인과 가족관계에서 나타난 그것보다 표현 방법에서 훨씬 직접적이고 노골적이다.

〈커피프린스 1호점〉과 〈성균관 스캔들〉에서 중심이 되는 장치는 '남장 여자' 코드다. 남성들만 허락된 공간에 들어가고 싶은 여성이 남성으로 변

신해서 목표를 달성하는 내용은 주로 동성애라는 성적 정체성과 섹슈얼리
즘의 관점에서 분석되곤 했다. 그런데 남장여자 코드를 '정'의 관점으로 바
라보면, 이는 우리 사회에 뿌리 깊이 박혀 있는 조직 문화에 대한 개인의
추종과 그에 대한 조직의 거부, 그리고 이로 인해 조직이 개인보다 우위에
서게 되는 서열 문화를 보여주는 장치로 볼 수 있다.

　〈커피프린스 1호점〉의 극중 배경은 철저히 남성적 질서에 동화된 공간
이다.[30] 여기서 남성적 질서란 기득권 세력 혹은 사회 지배세력을 상징한
다. 그것이 멜로 코드와 맞물리면서 남성과 여성으로 나타나고 있지만, 이
를 확대하면 경제적 권력을 지닌 집단에 편입되기를 갈망하는 모든 개인
의 욕망이라고도 읽을 수 있다. '커피프린스 1호점' 카페 직원이 반드시 '남
자'(지배세력의 공동체)여야만 할 이유가 없는데도, 그곳에 들어가기를 소
망하는 여자(개인)는 그것에 항거하기보다 자신을 그들이 원하는 모습으로
바꾸는 자발적 순종을 택한다.

　이는 퓨전사극 〈성균관 스캔들〉에서도 비슷하게 전개되는데, 극이 흘러
가면서 여주인공이 남성으로 대변되는 지배계층의 규범에 의문을 제기하
는 내용이 조금 나오긴 하지만, 그럼에도 엔딩 장면은 끝까지 '남성'의 모습
을 한 채로 남성의 구역(지배세력의 공동체)에 남는 것으로 마무리된다.

　두 드라마에서 여성으로 대변되는 개인이 남성이라는 지배세력의 문
화를 수용하려는 행위는 조직 문화로 대변되는 한국 사회의 구성원이 되
기 위한 필수 조건이라고 봐도 무방하다. '가장의 역할=아버지=남성'이
라는 일반적 도식은 한국 사회에서 '사회공동체=조직·집단주의=서열
문화'로 확장될 수 있기 때문에, 남성 세계로 대변되는 기득권 계층(조직
혹은 공동체) 사회에서 약자인 개인은 자발적 동조를 선택한 대가로 공동

30　오장근, 앞의 논문, 109쪽.

체의 보호와 살핌(caring)을 받게 된다. 이는 가장의 권위를 인정하는 대가로 가족 공동체에 소속되는 것과 동일하다.

이처럼 '정'에 근거한 '우리'의 관계가 가족을 넘어 전 사회적으로 확산된 결과는 사회조직 내에서의 인간관계를 복선적으로 만든다. 상급자와 하급자는 업무의 상하관계이면서 형·동생의 관계를 가정하기 때문에 공식적 권위와 의무 외에 책임이 있고, 이것이 관계마다 달라서 적용이 복잡하다. 또한 '우리'이기 때문에 타인과의 '동조화(synchronization)'[31]가 일어나지만, 동시에 '우리'이기 때문에 비교하고 경쟁한다. '우리 의식'은 내적으로는 동질성을 추구하지만 동시에 집단 내에서는 강한 경쟁을 유발하여 정치적 권력, 경제적 부, 사회적 위세를 차지하는 다툼이 치열하게 만든다. 모르는 사람이 논을 사면 괜찮지만 사촌(아는 사람), 즉 집단 내에 있는 '우리' 중 한 명이 논을 사면 배가 아픈 것은 '정'이 지배하는 '우리의식'의 산물이다.[32]

드라마 〈미생〉은 주인공 '장그래'로 대변되는 개인의 자발적 순응과 그가 다니는 회사 '원인터내셔널'(이하 '원인터')로 대변되는 집단의 수용이 충돌될 때 나타나는 사회적 현상을 사실적으로 그리고 있다. 학벌과 자

---

31 최석만·이태훈은 앞의 논문에서 '동조화' 현상을 '우리 의식의 부산물'이라고 보았다. '동조화' 현상이란 "공동체 중심에 나 자신을 맞추어가는 현상", 즉 한국이라는 '우리 공동체'에서 형성된 담론에 맞추어 개인들이 자신의 견해를 조정해가는 현상을 뜻한다. 이때 공동체의 담론은 객관적 기준에 의해 결정되기보다는 공동체 구성원들의 주관적인 판단에 영향을 많이 받기 때문에 쉽게 변할 수 있다는 특징을 갖는다. 한국 사회에서 유행이나 여론이 쉽게 바뀌는 현상 등은 '우리' 의식에 근거하여 형성된 공동체의 담론이 가변성을 띠고 있으며, 그럼에도 불구하고 개인들은 이러한 공동체의 담론에 자발적으로 동조하고 있다는 점에서 그 원인을 찾을 수 있다.

32 최석만·이태훈, 앞의 논문, 29~36쪽.

본(대기업)이라는 기득권을 가진 거대한 사회(원인터)는 이 두 가지를 갖지 못한 개인이 그곳으로 편입되는 것을 공개적으로 거부한다. 〈미생〉 1화에서 인턴 동기들이 타고 있는 엘리베이터에 장그래만 타지 못하는 장면은, 집단에 들어가고자 하는 개인과 이를 거부하는 조직의 배타성을 보여주는 교과서적인 장면이다.

이는 〈미생〉의 극성을 최고조에 이르게 하는 가장 중요한 장치로, 사회는 '고졸 ↔ 대졸', '가난 ↔ 부', '계약직 ↔ 정규직'이라는 기준으로 그룹을 나눈 다음, 개개인을 지정한 기준에 맞춰 둘 중 하나의 집단에 일방적으로 배치시킨다. 이 과정에서 집단 내 구성원 간의 서열 외에, 집단과 집단 사이에도 서열이 존재하는 것은 물론이다. 이는 '사랑과 결혼' 코드로 살펴본 가족 간의 대립이 보여주는 폐쇄성 및 배타성과 일맥상통한다.

한 공동체에 새로운 개인이 들어가는 것은 녹록치 않다. 이는 그 공동체가 기존 구성원들끼리의 끈끈한 '정'으로 연결되어 있기 때문이다.

극중 '장그래'가 가장 격렬하게 반응했던 단어는 "우리 애"였다. 자신을 거부하는 공동체에 들어가려고 온갖 수고를 감내했지만 돌아오는 건 공동체의 거부와 그 안에 속한 기존 구성원들의 집단적인 배척이었다. 그 순간에 들었던 "우리 애"라는 한마디는 조직 세계로 들어가는 것을 포기하려던 마음을 다잡고, 다시금 그 조직 세계에 동화되고자 하는 노력을 이어가도록 만든다.

기존의 공동체(바둑의 세계)에서 다른 공동체(원인터)로 유입되기가 얼마나 어려운가는 〈미생〉 드라마 전반에 걸쳐 매우 직설적으로 그려진다. 이처럼 '정'의 배타적이고 폐쇄적인 성향은 우리 사회에 깊이 뿌리내리고 있을 뿐 아니라 개인에 대한 집단·조직의 폭력과 강압으로도 나타난다. 하지만 한국 드라마 속 대부분의 등장인물들은 이러한 조직의 배타성에 저항하기보다는 어떻게든 그 안으로 편입되려고 하는 모습을 보인다. 이는 한국 사회에서 개인보다 조직이 우선함을 보여주는 것으로, 개인과 조직 간의 서열과 조직 내의 서열이 혼재하는 한국의 복합적인 서열문화를 보여주는 것이라 하겠다.

흥미로운 것은 능력(실력)과 학벌이라는 사회적 권력을 가진 사람이 그렇지 못한 사람들이 모인 집단과 마주쳤을 때에도 여전히 집단의 우위 현상이 나타난다는 것이다. 드라마 〈브레인〉에서 주인공 '이강훈'은 최고의 학벌에 독보적인 실력을 갖춘 의사다. 하지만 그가 마주한 사회(천하대 병원)는 그의 실력을 인정하면서도 그를 받아들이기를 꺼린다. 그 집단에 속한 다른 구성원들은 이강훈과 달리 평범한 실력의 소유자들이다. 한 명의 천재와 다수의 범재 집단이 마주했을 때도 이기는 것은 역시 다수가 모인 조직이다. 시리즈 초반부터 무리들 사이에서 섞이지 못하고 괴로워하던 이강훈은 시리즈 중반에 이르면 그를 압박하는 상사와 외면하는 동료들에 분노하며 천하대 병원을 떠난다. 후에 이강훈은 다시 천하대 병원으로 돌아오는데, 이것은 자신의 고집을 꺾고 조직의 구성원들과 적극적으로 어울리는 노력을 보였기에 가능할 수 있었다.

조직의 중요성을 강조하는 시도는 퓨전 사극인 〈다모〉도 마찬가지다. 〈다모〉는 언뜻 보면 전형적 멜로드라마에 가깝지만, 가족과 이성애로 수렴되는 개인의 존엄을 표면에 배치하고, 동시에 계급과 계층으로부터 비롯되는 국가적 존망을 이면에 배치함으로써 국가와 개인의 관계를 되묻고 있다.[33] 〈다모〉는 극중 인물들이 국가라는 조직에 순응하기보다 저항을 선택했다는 점에서 위의 드라마 속 주인공들보다 적극적인 인물상을 그리고 있지만, 결국에는 모두 죽음을 맞게 되면서 완벽히 패배했다는 점에서 다른 드라마들보다 조직의 힘을 더욱 부각시켰다. 이는 국가를 구성하고 있

---

33 박노현, 앞의 논문, 316~317쪽.

는 조직원들이 이를 침범하려는 개인(타인)의 시도를 철저히 방어했기 때문이다.

이처럼 '정'은 공동체 구성원들이 '타인'을 거부하기 위해 결속하게 만드는 원동력을 제공한다. 이것은 자연스럽게 개인의 패배를 이끌어내고 공동체에 기꺼이 순응하는 자세를 유도한다. 그럼으로써 공동체는 더욱 안정적이고 견고해지는 것이다. '정'을 기반으로 하고 있는 한국 사회가 독특한 조직 문화를 지니고 있는 것은 이 때문이다. 조직 안으로 들어가면 구성원들끼리 끈끈한 정으로 강하게 결속되는 장점이 있지만, 그러기 위해서는 자신을 포기해야 한다. 줄서기, 소위 '라인 만들기'가 우리 사회에서 필수가 되어버린 현상은 이를 위한 개인의 노력으로, '정'에 기반을 둔 한국 공동체 문화의 부정적인 단면을 보여주는 씁쓸한 단상일 것이다.

4. 탈아시아화를 위한 문화유전자 '정'의 활용 방안

앞장에서 우리는 '정'이 한국 드라마의 스토리텔링에서 어떤 모습으로 구현되는지를 살펴보았다. '정'의 긍정적인 모습 이면에는 '우리'와 '남'을 가르는 배타성과 그에 따른 집단과 집단, 혹은 개인과 집단 간의 계급을 부여하는 부정적인 면이 분명이 존재한다.

한국 드라마는 '정'의 양면을 모두 보여주고는 있다. 하지만 '출생의 비밀', '사랑과 결혼'의 뻔한 소재와 '집단의 폭력과 개인의 순응'이라는 불합리한 문화적 단점을 더 많이 보여주고 있다는 점은 아쉽다. 이는 모두 '정'의 부정적 속성에서 기인한 설정들이기 때문이다. 특히 드라마의 이러한 설정들이 혈연주의, 가족 중심주의(가족 이기주의), 서열주의의 불합리성을 고발하기보다 사회질서 유지에 필요한 제도로 보이도록 미화시키는 데 사용되고 있다는 점에서 그 아쉬움은 더 커진다.

　'정'의 '우리'라는 공동체 의식은 한국 문화의 특수성에 기반한 것이지만, 그것을 표현하는 방식이 집단에 대한 수긍을 강요받는 개인, 혹은 집단에서 배척될까 봐 두려워하는 개인으로 그려지는 것은 드라마가 글로벌 한류로 확장되는 데 전혀 도움이 되지 않는다. 또한 같은 공동체 구성원의 사적 영역을 아무렇지도 않게 침범하고 공동체 밖의 인물에게는 절대적으로 냉정한 설정이 자주 등장하는 것도 바람직한 현상이라고 볼 수 없다.

　그렇다 보니 한국 드라마는 '개인'의 선택권이 우선시되는 강한 서구권에서는 소수 마니아들에게만 소비되는 중이다. 그마저도 대부분의 소비자는 동양계 사람들이다. 드라마보다 늦게 한류의 중심 산업으로 떠오른 케이팝이 아이돌 그룹의 화려한 퍼포먼스와 싸이의 코믹한 〈강남스타일〉을 앞세워 유럽과 북·남미의 대중들에게로 활발히 퍼져가고 있는 것과는 대조적이다.

　게다가 심지어 아시아권에서도 한국 드라마의 식상함을 말하는 목소리가 종종 들린다. 2012년 중국에서 방영된 6개국 TV드라마의 시청 취향에 대한 설문조사 결과에서, 중국 시청자들은 "한국 드라마의 스토리텔링이 개연성 없이 선정적 이야기만 나열되고 있으며 이에 호응하는 비논리적 혹은 감정 과잉의 감성이라는 조합"[34]이라고 지적하면서, "부자와 빈자의 적절한 조합 속에 출생의 비밀, 기억의 상실, 불치병의 발생, 사업의 흥망 등으로 대표되는 클리셰(cliche)를 적당히 뒤섞었다."[35]고 대답했을 정도다.

　따라서 한국 드라마가 케이팝처럼 글로벌 한류로 발전하기 위해서는

34　박노현, 「텔레비전 드라마와 한류 담론 — 한류진화론과 위기론에 대한 비판적 고찰을 중심으로」, 『한국문학연구』, Vol.45, 2013, 348~9쪽.

35　위의 논문, 349쪽.

지역과 문화권의 한계를 넘어 보편적으로 통용될 수 있는 문화코드를 사용해야 한다. 동시에 그것이 한국적인 특징을 담아야 함은 물론이다. 이에 대한 방안으로 이 글에서는 1) '정(情)'과 '한(恨)'의 분리화, 2) '정(情)'의 '흥(興)'으로의 승화를 제안하고자 한다.

'정(情)'과 '한(恨)'의 분리화 작업

'정'이 가진 문제점에도 불구하고 '정'은 여전히 매력적인 요소다. '정'의 긍정적 기능인 관용과 배려, 나눔과 공감은 팍팍한 삶을 사는 세계인들에게 위로와 희망을 전달하기에 적합한 감성이자, 동서양을 막론하고 모두가 지향하는 감정이기 때문이다.

이를 위해 한국 드라마는 우선 '정'에서 '한(恨)'의 요소를 제거해야 한다. 출생의 비밀로 인해 가족 공동체를 잃게 되거나 가족 공동체의 테두리 밖에서 살아왔던 사람들의 마음에는 '한'이 가득하다. 사랑하는 사람에 대한 가족들의 반대로 결혼에 실패하거나 불행한 결혼 생활을 사는 사람들의 마음에도 역시 '한'이 맺힌다. 직장이나 학교 등 사회조직에서도 마찬가지다. 아무리 노력해도 '그들'의 사회로 편입되기 힘들고, 심지어는 그들의 모습으로 위장하거나 변장을 해야 한다. 자기 정체성을 포기하는 과정은 고통스럽다. 때문에 나와 사회 조직으로 들어가기 위해 자기 자신을 포기하고 조직의 요구에 순응하기로 한 선택은 결국 '한'으로 남는다.

따라서 한국 드라마가 추구해야 할 스토리텔링은 '정'은 담겨 있되 '한'의 요소는 제거하여, '정'의 긍정적인 면만을 부각시키는 극적 장치를 개발하는 것이다. 다시 말해 '우리 의식'은 강조하되, 개인이 '우리'가 되었을 때 발생하는 시너지 효과를 강조하는 스토리텔링이 요구된다. '남'에게 기꺼이 '정'을 줌으로써 그 사람이 '우리'에 속하고 '나'와 동일화되는 흐름은 한국의 '정'이라 가능하지만, 동시에 전 세계에서도 환영받는다. 이는 〈그림 3〉에서 보듯이 '정'에서 부정적 측면들을 걸러냈을 때 남게 되는 사랑, 관용, 배려 등의 긍정적인 감정들은 전 세계 어디에서나 통할 수 있는 보편성을 가지게 되기 때문이다.

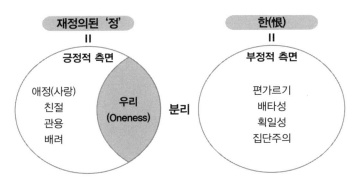

그림 3 한(恨)의 요소(부정적 측면)을 분리시켜 재정의한 '정(情)'

상대를 배려하고 포용하는 마음은 인류 보편의 가치다. 미국 시트콤 〈프렌즈〉에 나오는 6명의 등장인물들은 학벌과 경제적 능력, 자라온 환경이 모두 다름에도 불구하고 한 집에서 살며 화합을 추구한다. 무명의 배우와 대학교수, 동성애 부모 밑에서 자란 회계사, 부모와 쌍둥이 동생과 의절한 안마사, 평범한 요리사와 한때 퀸카였던 웨이트리스는 '정'의 폐쇄성이 힘을 발휘하는 우리 사회에서는 한 그룹으로 묶이기 어렵고, 설령 그렇게 되더라도 그 가운데서 치열한 갈등과 반목을 겪은 다음에야 가능하다.

하지만 〈프렌즈〉에서는 서로 다른 이들이 한 공동체로 묶이기 위해 한국 드라마의 인물들처럼 고통을 받지 않는다. 그들이 어울리는 것은 자연스럽게 이루어지며, 그 가운데서 그들 나름대로의 '미국식 정'도 쌓아간다. 돈을 주고(시즌 9, ep.16) 취업 자리를 알선해주거나 소개팅을 주선(시즌 4, ep.10)해주는 것은 기본이고, 서양인들에게 절대적 개인 공간인 '집'까지 공유한다(시즌 4, ep.12). 그리고 이러한 행위의 결말은 미혼모가 될 위기에 처한 친구를 위해 일부러 남편이 되기를 자청하거나(시즌 8, ep.2) 또는 '진짜' 가족이 되는 것(시즌 7, ep.23~24)이다.

〈프렌즈〉의 극중 6인이 공유하는 끈끈한 '우정(友情)'은 '정'의 긍정적인 기능이 세계 어디서나 통용될 수 있음을 보여준다. 실제로 〈프렌즈〉에 출연한 배우 6인은 6명이 동등하게 쇼의 중심이 되도록 하는 것을 목표로 삼고 '우리는 모두 친구'라며 2001년까지 에미상에 '여우조연상', '남우조연상' 후보로 올려줄 것을 요구했으며, 심지어 출연료 협상도 같이 하여 모두 동일한 출연료로 계약할 정도로[36] 드라마 속 '우정'을 현실에서도 이어갔다.

개성, 배경, 스펙이 다른 이들이 같은 공동체 속에서 어우러지는 것. 이것은 우리와 달라 보였던 서양 문화권에서도 통용되고 있는 가치이자, 우리 사회가 '정'에 대해 일반적으로 인식하고 있는 이미지이기도 하다. 그러나 실제 한국의 '정'은 긍정적인 면과 부정적인 면이 혼합된 특수성을 띠는 데다 이러한 특수성이 서구 문화권에서 단순한 이질감을 넘어 이해하기 어려운 개념으로 받아들여지고 있기 때문에, 이들 문화권에서도 받아들여질 수 있는 보편성을 획득하기 위해서는 부정적인 면을 분리시킨 '긍정적인 정'을 강조하는 것이 필요하다. 이는 비단 한국 드라마 시장의 확대 외에도 드라마를 통해 국가에 대한 긍정적인 이미지를 제고시키는 데에도 유리하다. 따라서 각자가 처한 상황과 배경에 상관없이 모두가 하나로 어우러지는 '정'의 코드를 드라마에 담기 위해서는 '정'에서 '한'이라는 부정적인 그림자를 떼어내야만 한다.

---

36 엔하위키, https://mirror.enha.kr/wiki/프렌즈/등장인물

'정(情)'에서 '흥(興)'으로의 승화 작업

'한'을 제거한 '정'은 한국의 또 다른 감성적 문화유전자인 '흥(興)'과 통한다. '흥'은 한자어로 '마주 들다'는 뜻의 '여(舁)'와 '동(同)'의 합성어로, '힘을 합한다'는 뜻을 지닌다. 또한 "신이 나서 감탄할 때 내는 콧소리"라는 뜻을 가진 우리 고유의 감탄사이기도 하다. 즉, '흥'은 한자어와 우리말에서 유사하게 감동, 즐거움 등의 '긍정적인 감정'이 고양된 정서적 상태를 의미한다.[37] 또한 이러한 '흥'은 "마음속 깊은 데서부터 우러나오는 주체하기 힘든 어떤 흥겨움"을 뜻하는 '신명'과도 일맥상통한다.[38]

'흥'이 가진 상승의 정서는 밝고 긍정적이며 쾌활하다. 한국의 문화 콘텐츠에서 '흥'을 가장 잘 활용하고 있는 분야는 케이팝(K-POP)인데, 역동적이고 화려한 댄스를 통해 온몸으로 기쁨을 표현하는 긍정적 에너지는 '케이팝'을 아시아를 넘어 유럽과 미주의 서구 사회까지 빠르게 진출하도록 만들었다.

또한 '흥'은 '정'과 달리 폐쇄적이지 않고 개방적이다. "한판 놀아보자"며 '흥'을 돋우는 전통 마당놀이나 사물놀이에는 '나'와 '남'의 구분이 없고 '우리'만 존재한다. 지나가는 사람도 관객으로 흡수되고 나아가 공연자와 함께 공연의 주인공이 되기도 한다. 서양의 연극이 무대와 객석을 '막'으로 나누어 관객과 연기자를 구분했지만, 한국의 마당놀이나 사물놀이는 '막'이 없다. 이는 현대로 넘어오면서 케이팝이나 〈난타〉 〈두드림〉 같은 공연, 라디오 공개방송이나 〈개그콘서트〉 같은 TV 예능 프로그램, 그리고 '2002

---

37 신은경, 『풍류-동아시아 미학의 근원』, 보고사, 1999 ; 주영하 외, 앞의 책, 216쪽에서 재인용.
38 최광식, 『한류로드-전통과 현대의 창조적 융화』, 나남, 2013, 133쪽.

년 월드컵 때의 거리 응원' 등 대중문화와 일상문화에서도 자주 나타난다.

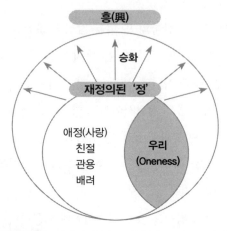

그림 4 재정의된 '정(情)'의 '흥(興)'으로의 승화

한국의 드라마는 '흥'의 이러한 즐거움과 개방성을 스토리에 녹여내야 한다. 신남, 즐거움은 세계인이 모두 추구하는 감정이지만, 특히 한국인은 흥겨움을 문화적으로 표현하는 데 있어 특출한 재능을 선천적으로 부여받았다.

우리나라 고대 축제를 다루고 있는 진수(陳壽)의 『삼국지』 「위지동이전」 마한조(馬韓條)에 보면 "마한 사람들은 매년 5월에 모종을 끝마치면 귀신에 제사를 지낸다. 많은 사람이 함께 모여 떼를 지어 노래 부르고 춤추며 술을 마시는데 밤낮으로 쉬지 않는다. 그 춤추는 모양은 수십 인이 함께 일어나서 서로 따르며, 땅을 낮게 혹은 높게 밟되 손과 발이 서로 응하여 그 리듬 가락이 마치 중국에 탁무(鐸舞)와 같다. 10월에 농사일을 다 마치고 나면 또 5월에 했던 것과 같은 놀이를 한다."고 기록되어 있다.[39]

---

39 최광식, 앞의 책, 130쪽.

남자, 여자가 무리를 지어서 노래하고 춤을 추는데, 손발이 맞닿고 발을 땅에서 뗐다 붙였다 하는 행위는 케이팝에서 보여주는 신명나는 군무로 발전했다. 발로 춤을 추는 것이 익숙한 러시아 같은 북방 사람들이나 손을 많이 사용하는 인도 같은 남방 사람들에 비해, 우리는 손발을 다 사용하여 온몸으로 기쁨을 표현한다. 제이팝(J-POP)을 하는 일본 가수들의 춤만 해도 무릎을 살짝 굽혔다 폈다 하는 정도지 케이팝 가수들처럼 신명이 나서 끼를 주체하지 못하고 역동적으로 마구 뛰지는 않는다.[40]

케이팝이 한국의 '흥'을 표현했는데 드라마라고 못할 리는 없다. 인물들의 갈등이 드라마를 재미있게 하는 것은 맞다. 그러나 그 방식이 꼭 '정'의 폐쇄적이고 배타적인 면을 사용할 필요는 없지 않을까. 〈프렌즈〉가 전 세계적으로 사랑받았던 이유가 서로에 대한 신뢰와 우정이라는 토대 위에서 갈등을 설정하고 그것을 공동체가 '함께 풀어가는 방식'으로 전개되었기 때문임을 기억한다면, 한국 드라마도 이에 대한 스토리텔링의 방식과 극적 장치 개발에 대한 고민을 게을리해서는 안 될 것이다.

5. 나가며

한국 사회에서 한류는 문화(자본)의 수출이라는 산업적 의미에만 머물지 않는다. 한류가 이전까지의 역사에서는 좀처럼 경험할 수 없었던 국가적·민족적 '선진'의 표상으로 자연스레 자리 잡으면서, 그것은 적어도 심리적 측면에 있어서 20세기의 힘들었던 역사에 대한 21세의 문화적 보상이라는 보다 너른 의미를 획득했고, 이로 인해 한류는 최근 10여 년 동안

---

40 의 책, 131~132쪽 참조.

한국 사회에서 가장 '선한 가치'로 간주되었다.[41] 그리고 한국 드라마는 이러한 선한 가치를 지속시킬 국가적 임무를 띠고 세계 속에 한류를 심는 데 기여해왔다.

그러나 이제 한류 3.0 시대를 맞아, 한국 드라마는 스토리텔링 방식에서 변화를 모색해야 할 시점에 이르렀다. 출생, 결혼, 능력 등으로 가족이나 사회와 대립하는 구성을 반복하는 것은 한국 드라마를 퇴보시키는 행위다. 과거 1980년대 아시아를 주름잡았던 홍콩의 대중문화 콘텐츠는 눈앞의 인기에 급급한 나머지 똑같은 스토리텔링 구조를 가진 콘텐츠를 복제·생산하다가 순식간에 세계시장에서 사라지고 말았다.

현재 한국 드라마는 자칫 이러한 홍콩의 실수를 답습할 위기에 처해 있다. 2013년 7월 6일, 한류의 날을 맞아 KBS1이 방송한 특집 프로그램은 근거로 제시된 자료 화면 대부분이 케이팝에 열광하는 해외 교포와 현지인 인터뷰로 채워졌다. 〈겨울연가〉에 대한 언급이 있기는 했지만 케이팝에 비하면 미미한 분량이었다. 한류에 대한 진단과 전망을 시도하는 프로그램에서 드라마에 대한 호명이 거의 없었다는 사실은 한류로서의 드라마가 그 흐름을 더 이상 이어가지 못하고 있다는 무언의 긍정과 같다.[42]

따라서 한국 드라마는 이러한 오명을 벗기 위해, 한류의 최전방을 이끄는 선도자로서 앞으로 한류를 더욱 확산시키는 방향으로 나아가야 한다. 그러기 위해서는 '정'의 긍정적인 면을 강조하여 모두가 어울리는 '흥'의 단계로 발전시키고, '정'의 밝은 면 뒤에 감춰져 있는 ('한'으로 발전되는) 배타적이고 폐쇄적인 습성을 최대한 제거하는 방향으로 스토리를 기획해야 한다.

---

41 박노현, 앞의 논문, 341쪽.
42 위의 논문, 344~345쪽 참조.

이와 관련하여 이 글에서 구체적으로 새로운 스타일의 줄거리 설정을 제시하지 못한 것은 아쉬움으로 남는다. 또한 보편성 확보를 위한 또 다른 방안으로, 드라마 속에 나타난 '정'의 긍정적 측면의 코드들도 함께 분석하고 이를 강화시키는 방안을 다루지 못한 것도 아쉬운 부분이다. 이러한 부분들은 향후 연구를 통해 지속적으로 보완되어야 할 과제이다.

그러나 이러한 한계에도 불구하고, 이 글은 한국 드라마의 스토리텔링 방식을 '정'이라는 감성적 문화유전자의 관점에서 살펴보고, 한국 드라마가 보다 널리 소비되기 위한 방안으로 제도적 측면이나 산업적 측면 대신 한국의 문화유전자인 '정'의 활용을 제안했다는 점에서 그 의의를 찾을 수 있을 것이다.

아시아뿐 아니라 서구 문화권에서도 폭넓게 수용되는 한국 드라마. 그로 인해 세계 곳곳에 한국의 감성적 문화유전자인 '정(情)'이 뿌리내리게 되는 건 한류 4.0 시대를 준비하는 우리 모두의 목표다. 한국 고유의 문화유전자인 '정'을 활용함에 있어 방법을 새롭게 정립한 한국 드라마를 통해 앞으로 진정한 의미의 글로벌 한류 시대가 열리기를 기대해본다.

참고문헌

김기덕 외, 「한류 드라마에 나타난 가족주의 : 현대 중국인의 시각을 중심으로」, 『문화콘텐츠연구』 No.2, 2013.

김명희, 「언어, 교육 : 한국의 '정(情)'과 일본의 '아마에(甘え)'에 대한 인지적 고찰」, 『비교문화연구』 Vol.27, 2012.

김수정, 「동남아에서 한류의 특성과 문화취향의 초국가적 흐름」, 『방송과 커뮤니케이션』 Vol.13, No.1, 2011.

박노현, 「텔레비전 드라마와 스토리텔링 — 미니시리즈 〈다모〉와 〈추노〉의 서사 전략을 중심으로」, 『한국문학연구』, Vol.41, 2011.

──, 「텔레비전 드라마와 한류 담론 — 한류진화론과 위기론에 대한 비판적 고찰을 중심으로」, 『한국문학연구』, Vol.45, 2013.

박은하, 「텔레비전 멜로드라마의 이야기구조와 남녀주인공의 특성 : 방송 3사를 중심으로」, 『한국콘텐츠학회』 Vol.14, No.2, 2013.

박현경, 「한국인의 정서와 에니어그램 — "정(情)"과 "한(恨)"의 에니어그램적 측면에서의 조명」, 『Journal of Eneagram Studies』 Vol.2 No.2, 2009.

신호웅, 『한류 드라마 속의 도덕관 : 예의염치효용충신』, 도서출판 경혜, 2013.

오장근, 「TV 드라마 〈커피프린스 1호점〉을 통해 바라본 대중의 문화기호」, 『한국영상문화학회』 Vol.13, 2008.

이형철, 「한국인의 정서 이해를 통한 효율적인 설교전달 방법 연구」, 총신대학교 석사학위 논문, 2008.

조항제 외, 「텔레비전 멜로드라마에서 나타나는 가족 표현의 변화 : 〈하늘이시여〉와 〈굿바이 솔로〉를 중심으로」, 『한국방송학보』 Vol.21, No.6, 2007.

주영하 외, 한국국학진흥원 엮음, 『한국인의 문화유전자』, 아모르문디, 2012.

최광식, 『한류로드-전통과 현대의 창조적 융화』, 나남, 2013.

최상진 외, 「정(미운정 고운정)의 심리적 구조, 행위 및 기능간의 구조적 관계 분석」, 『한국심리학회지 : 사회 및 성격』 Vol.14, No.1, 2000.

최석만 · 이태훈, 「보편적 세계 인식 원리로서의 가(家)」, 『동양사회사상』 Vol.13, 2006.

「한국드라마, 미국서 '인기'...폭넓은 시청자층 확보」, 『연합뉴스』, 2014. 11. 23, 〈http://www.yonhapnews.co.kr/bulletin/2014/11/23/0200000000A KR20141123014700075.HTML?input=1195m〉

KBS, MBC, SBS 3사 채널 편성표(2014. 7. 7.~7. 13).

http://m.hujiang.com/kr/p625419(2014. 7. 19).

엔하위키, 프렌즈 등장인물 소개, https://mirror.enha.kr/wiki/프렌즈/등장인물

〈Friends〉 Season 4, ep.10 "The one with the Girl from Poughkeepsie Online"

〈Friends〉 Season 4, ep.12 "The One with the Embryos"

〈Friends〉 Season 7, ep.23~24 "The One with Monica and Chandler's Wedding: Part 1&2"

〈Friends〉 Season 8, ep.2 "The One with the Red Sweater"

〈Friends〉 Season 9, ep.16 "The One with the Boob Job"

송정화 이화여자대학교 중어중문학과를 졸업했으며, 고려대학교와 중국 푸단대학교
(復旦大學校)에서 박사학위를 받았다. 연구분야는 『서유기(西游記)』와 미디어 문화, 중
국 신화와 문화콘텐츠이다. 저서로 『西游記與東亞大衆文化-以中國, 韓國, 日本爲中
心』 『중국 여신 연구』, 논문으로 「韓中日 대중문화에 나타난 沙悟淨 이미지의 특징」
「『西游記』에 나타난 食人의 의미에 대한 고찰」 등이 있다. 현재 상명대학교 동북아역
사문화연구소의 연구원으로 재직 중이다.

이기대 한국 고전소설을 전공하였으며, 고려대학교 민족문화연구원, 한국학연구소에
서 연구교수와 학술교수로 재직하며 인문학 관련 프로젝트를 수행하였다. 고전문학
을 콘텐츠화하기 위한 작업에도 관심을 갖고 있으며, 최근에는 역사 인물과 문화적 상
징이 현재 우리에게 미치는 영향에 대해 분석한 논문들을 발표하였다. 저서로 『교감본
한문소설』(공저) 『명성황후 편지글』 『19세기 조선의 소설가와 한문장편소설』 『명성황후
한글편지와 조선왕실의 시전지』(공저) 『고전서사 캐릭터 열전』(공저) 『고전문학과 바다』
(공저) 『한류3.0의 확산과 궁중문화』(공저) 등이 있다. 현재 고려대학교 국어국문학과
부교수로 재직 중이다.

박상언 문화평론가로 활동하면서 한국문화예술위원회 아르코예술인력개발원장, 아르
코미술관장, 경영전략본부장, 한국지역문화지원협의회 사무국장 등을 거쳐 (재)대전문
화재단 제2~3대 대표이사를 역임하였다. 주 연구 분야는 문화정책, 예술행정, 문화콘
텐츠이다. 연구논문집으로 『경기문학 활성화를 위한 지역문학관 정책 연구』, 논문으로
「예술기관 리더십의 의미와 구현 방식」 「지역 아이덴티티 브랜드 개발 전략」 등이 있
다. 현재 중앙대학교 산업ㆍ창업경영대학원(문화예술경영학과) 겸임교수와 미래콘텐
츠문화연구원 원장으로 재직 중이다.

이상우 고려대학교에서 박사학위 과정을 수료했으며(문화콘텐츠학 전공), 현재 그람시적 전통에 바탕을 둔 대중문화 연구를 주제로 학위 논문을 집필 중이다. 등재 논문으로 「일본 라쿠고·만자이를 통해 본 우리 만담의 과제」가 있다. 현재 문화예술콘텐츠학회 책임간사, 고려대학교 독서논술연구회 대표로 고등학교와 대학에서 강의를 병행하며 '독서공동체 사회적 협동조합'을 준비 중이다.

한 우 고려대학교 중국학부를 졸업했으며, 같은 대학원 응용언어문화학협동과정에서 박사학위를 수료했다. 연구 분야는 미디어 문화, 현대 강연과 문화 리더십 등의 문화콘텐츠 연구이다. 현재 강연문화기업 분트컴퍼니 이사로 재직 중이다.

곽이삭 고려대학교에서 박사학위 과정을 수료했다. 연구 분야는 게이머와 게임 공간, 게이머와 게임 메커니즘이다. 학위 논문으로 「MMORPG에서의 유저의 성역할 정체감이 유료 아이템 구매 동기에 미치는 영향」, 학술지 논문으로 「팬덤을 통한 크로스 미디어 연구 : 미국과 한국의 머시니마를 중심으로」 「〈Pixels〉를 통한 게임과 애니메이션의 상호텍스트 사례 분석」 「기호학 적용을 통한 〈ICO〉 의미 분석」 등이 있다. 현재 웹젠 앤 플레이에서 게임 디자이너로 재직 중이다.

김공숙 이화여자대학교 사회사업학과를 졸업했으며, 고려대학교에서 '멜로드라마 캐릭터의 신화원형연구'로 박사학위를 받았다(문화콘텐츠학 전공). 텔레비전 드라마와 신화 콘텐츠를 연구하고 있다. 저서로 『응용인문학과 콘텐츠』(공저), 논문으로 「영화 늑대소년 서사의 상호텍스트성 연구」 「낭만적 사랑 신화의 현대적 해석」 등이 있다. 2015년 제1회 한국방송평론상을 받았다. MBC, KBS, EBS 등에서 방송작가로 활동 중이며, 대표작으로 〈스타다큐〉 〈아침마당〉 〈명의〉 〈휴먼다큐 그날〉 등이 있다.

김근혜 고려대학교에서 박사학위 과정을 수료했다(문화콘텐츠학 전공). 〈헤세와 그림들 展〉 제작과 '2014 문화산업 현장수요지원 기술개발 지원사업' 연구원으로 참여했다. 연구분야는 문화원형과 문화콘텐츠이다. 논문으로 「프랭크 바움의 『위대한 마법사 오즈』에 나타난 영웅서사 분석」 「밀양백중놀이의 문화원형과 문화콘텐츠적 활용방안」 등이 있다. 현재 미래문화연구소의 대표로 재직 중이다.

박선민 이화여자대학교 작곡과를 졸업하고 고려대학교에서 박사 과정을 이수 중이다 (문화콘텐츠학 전공). 15년간 MBC를 중심으로 쇼 전문작가로 활동하며 소녀시대부터 싸이, 패티김에 이르는 다양한 음악쇼와 문화 프로그램을 기획·구성했다. 방송뿐 아니라 본격적인 문화기획·연출로 영역을 확장하면서 '2015 중동순방 한·카타르 교류의 밤' 총감독, 'UN공공행정포럼' 총감독, '세계여수박람회' 연출감독 등을 역임했다. 저서로 『대중가요 리메이크와 복고』, 논문으로 「한국 대중가요의 이별정서 양상과 변화 연구」 등이 있다. 현재 중앙대학교에서 강의를 하고 있으며, 문화스토리그룹 올림의 대표이사로 재직 중이다.

유진희 한국외국어대학교 독일어과와 신문방송학과를 복수 전공했으며, 정부 산학협력 프로젝트인 경기대학교 디지털퍼블리싱콘텐츠학과 석사 과정에 전액 국비 장학생으로 재학 중이다. 방송 및 광고 등 올드미디어 관련 분야에서 약 10년간 근무하였으며, 약 5년간의 콘텐츠 기획 및 제작 관련 프리랜서로 일했다. 뉴미디어 분야인 MCN 산업 및 온라인 오리지널 동영상에 대해 연구 중이다. 현재 MCN협회의 사무국장으로 재직 중이다.

문화원형과
콘텐츠의 세계